本书为教育部人文社会科学研究项目
"马来西亚华裔新生代文学与华文传媒的互动研究"
（09YJA751037）结项成果

本书出版由广东省人文社会科学重点研究基地：
暨南大学海外华文文学与华语传媒研究中心资助

台港澳及海外华文文学与华文传媒研究丛书

王列耀 主编

20世纪90年代马来西亚华文报纸副刊与"新生代文学"

王列耀 温明明 等著

中国社会科学出版社

图书在版编目(CIP)数据

20世纪90年代马来西亚华文报纸副刊与"新生代文学"/王列耀等著. —北京：中国社会科学出版社，2015.11

（台港澳及海外华文文学与华文传媒研究丛书）

ISBN 978-7-5161-7046-5

Ⅰ.①2… Ⅱ.①王… Ⅲ.①中文-报纸-研究-马来西亚②华文文学-文学研究-马来西亚 Ⅳ.①G219.338②I338.065

中国版本图书馆CIP数据核字（2015）第268480号

出 版 人	赵剑英
策划编辑	曲弘梅
责任编辑	慈明亮
责任校对	石春梅
责任印制	戴　宽

出　　版	中国社会科学出版社
社　　址	北京鼓楼西大街甲158号
邮　　编	100720
网　　址	http://www.csspw.cn
发 行 部	010-84083685
门 市 部	010-84029450
经　　销	新华书店及其他书店
印刷装订	三河市君旺印务有限公司
版　　次	2015年11月第1版
印　　次	2015年11月第1次印刷
开　　本	710×1000　1/16
印　　张	21.75
插　　页	2
字　　数	326千字
定　　价	79.00元

凡购买中国社会科学出版社图书，如有质量问题请与本社营销中心联系调换
电话：010-84083683
版权所有　侵权必究

目　录

绪论　马华文学研究对象、现状与方法 ……………………………（1）
　第一节　作为文化镜像的海外中文——马华文学及其学术
　　　　　价值 ……………………………………………………（1）
　第二节　相关概念、术语阐释 ……………………………………（9）
　　一　字辈断代法 ……………………………………………（9）
　　二　马华"新生代作家" ……………………………………（11）
　　三　留台与旅台作家 ………………………………………（11）
　第三节　相关研究回顾 ……………………………………………（13）
　　一　马来西亚华文报纸研究 ………………………………（13）
　　二　马华新生代文学研究 …………………………………（16）
　　三　新生代文学与报纸副刊关系研究 ……………………（23）
　第四节　研究思路与方法 …………………………………………（26）
第一章　边缘的声音：华文报纸的承担 ……………………………（33）
　第一节　参与的政治：华文报纸与华人话语权 …………………（33）
　　一　宰制与回应：华人政治与文化生态 …………………（34）
　　二　"为承认而斗争"：华人社会与华文报纸 ……………（44）
　　三　时间帷幕：《星洲日报》、《南洋商报》………………（49）
　第二节　90年代：报纸副刊的文学承担 …………………………（55）
　　一　花团锦簇：报纸文艺副刊巡礼 ………………………（55）
　　二　文艺副刊：夹缝中的文化空间 ………………………（60）
　　三　编辑理念与副刊走向——以张永修为对象 …………（62）
第二章　马华报纸副刊与作家代际演变 ……………………………（73）
　第一节　副刊变革与新生代崛起 …………………………………（73）

一　副刊改版与秩序重构 …………………………………… (73)
　　二　文学专辑、专栏与"新生代" ……………………………… (77)
 第二节　马华报纸副刊与文坛论争 ………………………………… (81)
　　一　从"'马华文学'全称之商榷"到"开庭审讯" …… (81)
　　二　从"经典缺席"到"现实主义的实践困境" ………… (87)
　　三　从"当代诗选"到"当代文学大系" ………………… (94)
　　四　从"中国性"到"奶水论" ……………………………… (98)
 第三节　文坛论争与文学"新生代" ……………………………… (103)
　　一　副刊"课题"与文坛论争 ……………………………… (104)
　　二　"广场"、"话题"与文坛论争 ………………………… (106)
　　三　"课题"、"话题"与新文学史策略 …………………… (108)

第三章　副刊语境与新生代诗歌书写 ……………………………… (112)
 第一节　文艺副刊与新生代诗人 …………………………………… (112)
　　一　副刊与新生代诗人的文学史登场 ……………………… (113)
　　二　扶持与展示：诗歌新美学的生成 ……………………… (118)
　　三　诗歌新观念与文学空间之互塑 ………………………… (123)
 第二节　副刊语境与新生代诗歌的文化政治 …………………… (127)
　　一　栖身于副刊的诗性言说 ………………………………… (127)
　　二　新生代诗歌的政治性 …………………………………… (130)
　　三　新生代诗歌的文化政治表述策略 ……………………… (134)
 第三节　放逐书写及其诗学韵味 …………………………………… (138)
　　一　放逐与离散 ……………………………………………… (138)
　　二　传统意识的放逐书写 …………………………………… (140)
　　三　新生代诗人的自我放逐与主体建构 …………………… (143)

第四章　文艺副刊与新生代小说 …………………………………… (150)
 第一节　栖身于副刊的新生代小说 ………………………………… (150)
　　一　媒介文化与新生代读者群 ……………………………… (150)
　　二　报纸副刊对新生代小说的推动 ………………………… (154)
　　三　反思：文学性的流失 …………………………………… (159)
 第二节　文艺副刊与新生代小说的历史书写 …………………… (161)

一　历史何以言说：文艺副刊的视角 …………………………（162）
　　二　下南洋：历史的尽头 ………………………………………（163）
　　三　"乡关何处"：故乡与原乡 …………………………………（167）
　　四　族裔伤痛：马共与种族政治 ………………………………（171）
　第三节　副刊语境中的新生代主体性建构：以黎紫书、
　　　　　黄锦树为对象………………………………………………（177）
　　一　参与的主体性：副刊的意义 ………………………………（178）
　　二　"告别的年代"："母土"中的黎紫书 ………………………（181）
　　三　"由岛至岛"：弑"父"的黄锦树 ……………………………（185）

第五章　报纸副刊与新生代散文 …………………………………（192）
　第一节　副刊"换帅"与新生代散文 ………………………………（192）
　　一　本土化：副刊与新生代的共鸣 ……………………………（192）
　　二　"换帅"与新生代的登场 ……………………………………（197）
　第二节　报纸副刊与新生代文化散文 ……………………………（204）
　　一　副刊"规划"与新生代文化散文 ……………………………（205）
　　二　副刊与"文学民意"的生产与传播 ………………………（209）
　第三节　文化散文的政治学与美学诉求 …………………………（215）
　　一　"原乡"神话：疏离与撕裂 …………………………………（215）
　　二　"新神州"："隶属"与"归属" ………………………………（218）
　　三　文类"互渗"："论说化"、"诗化"、"小说化" ……………（222）
　第四节　"副刊化"生存：散文发展的"双刃剑" …………………（229）
　　一　"生活流"、"谈话风"与"文化" ……………………………（230）
　　二　"公共性"取向与议论性散文 ………………………………（235）
　　三　"媒体革命"：机遇还是威胁？ ……………………………（239）

第六章　报纸副刊与新生代理论话语 ……………………………（245）
　第一节　新生代的文学批评生态 …………………………………（246）
　　一　在地批评与本土观照 ………………………………………（246）
　　二　旅台学者与边缘论述 ………………………………………（257）
　　三　直面相同的对象：在地批评者与旅台学者比较 ………（265）
　第二节　评论专栏、专辑与新生代 ………………………………（267）

一　副刊的评论专栏与专辑 …………………………………（268）
　　二　张永修的"有所建树" …………………………………（270）
　第三节　报纸副刊与新生代文学批评 ……………………………（275）
　　一　合理的在场：新生代批评的副刊空间 ………………（275）
　　二　话语的狂欢：副刊语境中的文学论争 ………………（278）
　　三　辩证的反思：朝向一个学理性批评空间 ……………（285）

第七章　"花踪"与新生代群体的崛起 ………………………………（288）
　第一节　《星洲日报》与花踪文学奖 ……………………………（288）
　　一　"花踪"的诞生背景 ……………………………………（288）
　　二　"花踪"的奖项设置 ……………………………………（290）
　　三　花踪文学奖的"奥斯卡"效应 …………………………（294）
　第二节　"花踪"与新生代的成长 ………………………………（297）
　　一　"花踪"与文学场"占位" ……………………………（297）
　　二　步入"花踪"舞台的新生代 …………………………（299）
　　三　"花踪"与新生代"文学典律"的生成 ………………（304）
　第三节　"花踪"与新生代文学追求 ……………………………（309）
　　一　"花踪"与新生代创作的"本土性" …………………（309）
　　二　"花踪"与新生代创作的美学追求 ……………………（315）
　　三　"花踪"盛宴之后的反思 ………………………………（321）

第八章　反思：90年代马华报纸与新生代文学 …………………（328）
　第一节　依附或互动？ ……………………………………………（328）
　第二节　共同的抵抗：生动与深刻的时代文学 …………………（333）
　第三节　抵抗与妥协：艰辛与悲情的"文化表演" ……………（338）
　第四节　互动之后：反思 …………………………………………（340）

后记 ……………………………………………………………………（342）

绪　论

马华文学研究对象、现状与方法

第一节　作为文化镜像的海外中文——马华文学及其学术价值

在中国当代文化与学术语境中研究马来西亚华文文学，除作为一门学问的自身价值之外，还有海外华文的文化镜像意义。最为直接的激发因素应当是随着中国在国际政治、经济、文化等诸多领域具有越来越重要的影响力，作为表述、理解以及进入中国的语言途径，汉语（华文／中文）语言之世界地位因此得到极大提升。搭建更为宏大的理论框架，有助于华文文学获得与国际其他语种文学对话的条件。事实上，探讨传统东方文化与现代性遭遇而走过的曲折历程，其中生存与发展终极命题在远方展现出迷人的承诺；选择出走的移民群体及其文化心理遭遇，因此而成为开掘世界人文社科新论域中一个令人充满期待的课题，其中，"下南洋"是别开生面、意味深长的经典个案。

从中国本位出发，走出国家阈限获得"世界文学"的客观承认，既与语言使用群体规模这一基本现实相匹配，又深刻反映中国历经现代化浪潮对于世界文学格局重新编码的认同焦虑。不论其中是否包含"文化中国"的历史沉淀或某种大国风度的想象，母语文学作为印刻生存主体的感知与沉思方式，显然在现实层面打开了语言与生命的鲜活通道，华文文学提供了在中华文明及其民族志演化的曲折过程中形塑的群体经验，它们因为中国文化的独特性而呈现"世界—地方"、"亚洲—中国"、"中原—南洋"等互动共生的标本意义。

在此逻辑结构中，马华文学因为特殊的历史背景及其展开过程，被隔离于中国本土空间之外，糅合与自身生存密切相关的文化语境，相关文学构思与实践呈现出复杂与差异。在华族融入本土文化的艰难过程中,华人借助中文语言这样一个尚能完整传达华族思想心灵的工具,除了实现语言习得的基本功能之外,还在马来西亚独特时间和空间的历史转换中展现新的意蕴,展示出语言在实践活动中包含的多种可能。当然,这些丰富的功能很大程度上是依靠艺术的形式实现的。

国家命运深刻影响国民而且决定国族文化的内容与结构,汉语在中国走向现代化的过程中被赋予文化政治性。20 世纪初由知识精英发起的以改造国民建构现代国家为根本宗旨的语言改革,着眼于形声文字在文化普及方面的有效性考虑,受东亚国家特别是日本"脱亚入欧"的成功经验刺激,语言"欧化"一时成为国内学者讨论的热点,当时争论的重心甚至不在于汉语是否应该欧化,而是技术层面如何实现欧化的可行性操作,换句话说,有关汉语不再适合时代这一点上几乎不约而同。① 虽然诸种方案最终未产生实质性后果,但是对于汉字本身的意义承载能力及其文化自信多少产生了消解作用,至少动摇了语言作为逻辑思维工具所拥有的不可置疑(unquestionable)特征。由此产生的潜在命题是,语言可以通过丰富的实践保持生生不息的活力,新的语词和表述在交往中被源源不断创造出来,并在世界文学格局中占据越来越重要的地位,其合法性便得到不言自明的确证。如果说中国本土新文学发展仅仅证明文化土壤的繁殖能力,那么,以语言为载体的文学之跨界旅行无疑具有更加深刻的象征意义,它有力地再现出语言本身蕴藏的言说生机,而且还从文化层面彰显语言生命得以

---

① 日本的文言一致被认为是"为建立现代国家所不可或缺的事项"(柄谷行人:《日本现代文学的起源》,赵京华译,三联书店 2003 年版,第 35 页),这一革新从"废汉"入手,幕府末期前岛蜜提出《汉字御废止之义》,并不是为了突出民族意识而消除汉文化"影响的焦虑",而是因为普及国民教育"尽其可能用简易之文字文章"。"日语假名学会"(1883 年 7 月)与"罗马字学会"(1885 年 1 月)的结成正是在所谓鹿鸣馆时代,柄谷行人认为,发生于这段时间的文言一致运动主要是从文字本身来考虑的,出于对文字新概念的认识:"引起幕府反译方前岛蜜注目的是声音性的文字所具有的经济性、直接性和民主性。他感到西欧的优越在于声音性的文字,因此,认为实现日语的声音文字化乃是紧迫的课题。"(柄谷行人:《日本现代文学的起源》,第 36 页。) 由日本效应而对中国留学生或知识精英产生改造汉字/汉语以适应于文化普及的心理暗示,应当是一件比较自然的事情。

维系的重要条件：不同语言之间不存在优劣之分，语言的活力在于主体不断的实践。换言之，语言在日常交往中的操作决定了语言本身的作用。由于面对区域文化语境不同，海外华人群体对于语言特别是母语的应用呈现出巨大差异，此种差异与其说是他族语言带来的选择可能，不如说支撑语言的文化诉求造成自由选择的压迫。他者文化空间的进入意味着"此在"维度的逃离，其执行程度显然取决于主体自身的文化处境。移居西方文化中的海外华人，由代际转换表现出逐渐西化的特征，而在亚洲的华人则努力保持其母语文化身份，恰恰说明文化政治对于主体塑造的深刻影响。

马华文学在海外行旅及运作，得益于华人对族群身份和中华文化的强烈维系决心，儒家重文轻商的文化传统，深化了"向内转"的自我完善理念，华文教育这个根本决定华文文学的条件得以贯穿华人子弟不同阶段，与此同时，华文报纸反映族群利益和心声，着力于通过文学提高文化接受和表达能力，可以说，华教（华文教育的简称）和华刊（华文报纸杂志的简称）成为保证华语文学高效发展的两翼。马华文学面临少数族裔文学发展的普遍困境，如身份认同、族群地位、重建国家文学等诸种问题，皆可归之为生存实际问题，它们塑造了马华文学的基本主题和抵抗色彩，也为其文学现代性诉求提供源源不断的外在动力。马华文学对现实问题的介入，未抽离文学自身无法回避的载道功能。载道与言志这对看起来对立的概念有时暧昧难分，正如周作人当年所戏言，言他人之志即是载道，载自己的道亦是言志。① 当然，如果我们仅从纯粹文学层面考察，具体到形而下的功利考虑可以忽略不计。需要注意马华文学拥有文化自洽性，也就是说，马华文学之于中国文学的镜像意义不是其存在的依据，不论它与中国文学及其传统构成了如何密切的互文性关系，甚至在不同历史年代保持着不同的交互姿态，它并不以中国文学的海外镜像作用而获得存在理由。马华文学由生息、行旅于马来半岛的生存主体创造，其价值确证通过书写对象和文学自身完成。这一

---

① 周作人：《中国新文学大系 散文一集》"序"，良友图书印刷公司1935年版，第11页。

点是主体考察需要注意的方法原则，亦是从"海外华文文学"理论角度谈论马华文学与中国文学的话语前提。

从学理及其知识谱系追溯，如果说马华文学已经成为特定政治文化语境（如马来亚、南洋）培植起来的生命体系，它无疑受益于"五四"新文化运动以降的文化资源——当然远不限于此，至少应当追溯到19世纪下半叶华人在海峡殖民地的规模化谋生浪潮，以及由热带雨林气候塑造的生存和沉思方式。不论如何，马华文学本土化对于中国文学的参照作用，主要在50年代脱殖独立以后的历史维度中得到彰显。作为20世纪中国遭遇现代性曲折展开的重要阶段，中国当代文学与马华文学的对话确实是隐性的，但是潜在对话造成的后果一直渗透在马华文学论域，客观地说，二者对于彼此产生的文化张力并不对等。若取中国文化本位的"外位性"（outsideness）立场观之，马华文学这样一个境外运行标本所提供的参照意义，就是它验证了文学赖以健康、持续生长的基本要素，以及其文学作为话语体系所指向的那些宏大命题，会在很大程度上决定区域文学的政治文化色彩，主体的生存状况和所处时代的命运主题决定着文学的底色和格局，因此马华文学作为折射中国文学困境的一种角度，既有"少数文学"对独特文化议题的深刻揭示，也从以色列理论家佐哈尔（Itamar Even-Zohar）的文学复系统理论（literary polysystem theory）空间中开掘出令人深思的思想空间。①

但是，这些不并能否认马华文学始终将中国文学作为表述文化身份

---

① 率先引入复系统理论分析马华文学的旅台学者是张锦忠，1995年他发表《文学史方法论：一个复系统的考虑；兼论陈瑞献与马华现代文学系统的兴起》，此后有《中国影响论与马华文学》（1998）、《台湾文学复系统中的马华文学》（2001）等文章谈论复系统结构。正如黄锦树曾经质疑的一样，张氏以陈瑞献为个案来讨论马华文学复系统的建构，超越了国籍对作家的限制，亦可能导致复系统的理论自限变得漫无边际，退回到原来的混乱状态（黄锦树：《反思"南洋论述"：华马文学、复系统与人类视域（代序）》，载张锦忠《南洋论述——马华文学与文化属性》，麦田出版社2003年版，第21页），"复系统"本身也成为一个"无用"的概念。本书此处涉及的复系统理论，则指在"中国文学"范畴里面潜藏的其他文学可能，如中原文学、边疆文学、汉语文学、少数民族文学、港台文学，等等。马华文学作为一个海外参照，刺激了我们对文学系统生成、结构及其变异的思考。

或认同意味的参照对象，从华文文学发生到中国文学的海外拓展，特别是早期直接沐浴于中国文学馨香与朝露而成长起来的马来西亚华侨/华人作家，他们在情感认同层面无法否认马华文学与中国文学的显在关系，马华文学以"侨民文学"质地存在于他们内心乃是不容置疑的事实。20世纪60年代末发生的"五一三"种族冲突事件，让广大华人意识到华社必须通过多种渠道壮大集体的力量，在华人被视为外来异族的马来社会中谋取生存话语权力，以加速华人融入马来西亚国家的进程。70年代以降，有关马华文化与马华文学的讨论逐渐摆上台面，马华文学之所以自成体系，逻辑立足点在于马华文学自身合法性的获得。不过，由于马华文学面临的特殊处境，在文学场域上始终存在某种缺憾，何国忠在梳理马华文学政治性时引述留台作家赖瑞和在70年代谈到的一种真实体会，赖氏说："我以为，一个作者，如果真的要严肃的去搞中国文学，或者要在某种中国的传统下写作，他迟早会发现，马来西亚实在不是一个适合的地方。我所持的理由是：'这里的社会不是一个纯粹中国人的社会。'"① 当我们讨论海外华文文学创作的总体条件时，往往只看到拓荒式的工作所带来的正面效果，对实践主体面临的困境则了解不够，或即便有所了解亦将其当成可接受的现实而给予特殊的谅解，赖瑞和的自况与20世纪80年代海外华文文学批评兴起之初的"怜爱"姿态颇为相似，一定程度反映出文化中心主义对认知过程的自我遮蔽，其实在不同群体那里具有同样的发生机制。正如何国忠所说，温瑞安强烈认同中国文学之于马华文学的母体作用，温氏视中国文学为马华文学的前提，因此讨论马华文学的合法性建构首先必须承认华文与汉语之间的同一性，如果只强调马来西亚化，对于文字自身的传统与文化积累必然产生割裂，此种趋向对于马华作家不会产生正面的影响。"温瑞安的儒家心态使他不能停留在'文学就是文学'的美学思考，文学最终溢出美学的范围，大一统的心态使到许多作者强调文学的发展必然是百川汇海。"② 留学中

---

① 赖瑞和：《文化回归和自我放逐》，《马华文学》，文艺书屋1974年版，第154页。
② 何国忠：《马华文学：政治和文化语境下的变奏》，载许文荣主编《回首八十载·走向新世纪：九九马华文学国际学术研讨会论文集》，南方学院出版社2001年版，第421页。

国台湾的经历对于马华作家产生深远影响,直到 90 年代末,台湾向马华青年学生提供的思想资源仍是大陆不能相提并论的,事实上马华新生代的旅台经验收获的不是有关马华文学与大陆、台湾文学脉络之间的权衡取舍问题,而是建立了一种马华文学在世界文学中所居何处的宏大视域,对于包括马华文学在内的少数族裔文学而言,这一点至关重要。

90 年代中国文学面临的重大挑战来自经济体制调整之下的生存方式的变化,以及由商业化运作而产生的文学话语空间重构。不论是新历史主义小说的强势崛起,还是诗歌的"圣化"与"俗化"分裂,都突出了价值多元趋势对于文学理想的某种观念化想象,生存空间在世俗现代性潮流下被悄然拓展,意味着生存主体的实践方式开始发生根本改变。90 年代大马华人的命运亦在现代性浪潮中拓宽了腾挪空间,尽管种族政治必然要在相对稳定的环境中延续其统治威力,但是经受长达 20 年的"新经济政策"洗礼,华人与巫族的经济地位已今非昔比,族群之间的紧张关系得以暂时缓解,并在华人新生代的代际更替中呈现为生存感受、文化与消费立场、审美经验的整体更新。90 年代初开始的代际转换带来的集体心境变化无疑是巨大的,这时来自中原的遥远记忆早已消失,但是在学习、就业方面仍未松动的诸多限制让华裔新生代更为强烈地感到被"自己的国家"排斥,如此困境开始困扰他们对于马来西亚的国家感情,清除自身的中国文化印记与"澄清"马来西亚国民身份之间便建立起隐秘的关联,可以说支撑了 90 年代马华新生代作家的话语姿态。[①] 客观地说,马华的遭遇与其他东南亚国家华人相比,仍然是较早地开启了文化理解和谅解进程。

当然,这种理解过程因为历史和文化复杂性而充满坎坷。进入 90

---

① 如黄锦树对林幸谦"过度泛滥的乡愁"的批评,即是因为林幸谦在诗中表达了对"中原"的强烈思念,黄锦树认为"中国像是一个严重的创伤,让他一直沉浸在创伤的痛楚及由之而来的陶醉中。他像一个失恋者,一直面对旧情人恋恋不忘;以致无法面对其他的可能对象。"(黄锦树:《两窗之间》,《南洋商报》"南洋文艺",1995 年 6 月 9 日,11 版。)此种"身份的焦虑",可参见王列耀、龙扬志《身份的焦虑:论 90 年代马华文学论争》一文分析,载《暨南学报》(哲学社会科学版) 2012 年第 1 期。

年代以后,"马华文学"从概念开始受到新生代作家质疑,作为被类似"海外华文文学"名义统摄的国别华文文学,值得讨论的当然不是名称本身的可商榷性,而是必须深入马来西亚历史语境中的种族政治,探讨马华族群在现代马来西亚国家诸种社会权力结构中的合理诉求。作为一个"不言自明"的认知对象,针对"马华"的反思确实意味深长,以华人为文学主体的定位,可以再现华族完成生存转换及国家认同的复杂过程,由此为文学地位的国家合法性谋求奠定基础,虽然并非当时展开文学概念反思的全部目的,但确实推动了相关课题的思考,至少已经在马华文学纳入马来西亚国家文学内在组成部分提出时成为一个亟须认真审视的问题。90年代由文学主题而逐渐展开的全部话题讨论,使得文学承担起某种社会文化反思的先锋角色,这一点与80年代中国话语空间建构极为相似。从发生学源头看,马华文学的历史面貌由马华族群的生存实践决定,因此马华文学这一个与中国文学平行互生的海外镜像,一定程度上既是华、巫两族之间关系张力的一个缩影,也是一份充满着艰辛、悲情和荣辱的殖民遗产,同时提供了该语言作为使用规模巨大的文学工具在世界文学格局里变异及再生的可能。

孙振玉简要分析过马来西亚华巫种族政治的形成过程:

> 英国统治者为了追求自身的殖民经济利益而推行的移民政策极大地改变了该殖民地的族群结构现状,而其"分而治之"的族群统治手法,又从一开始就造成了包括华巫两族在内的族群间的疏远相对立。所谓"分而治之",就是针对不同的族群采取不同的态度和统治手法,具体而言,就是在政治上利用马来族上层原有的政治资源实现其间接统治的目的,这也的确为殖民地创造过相对稳定的社会发展环境,在保证实现其自身殖民利益的同时,也推动过殖民地的发展,更主要的是,对于马来人上层而言,维系了他们传统的政治地位,并延续了有较长发展历史的马来人的政治文化。然而,在经济方面,英国的殖民统治,却通过引入包括华人在内的大量移民,让他们参与现代商品经济建设,榨取其

创造的剩余价值,与此同时,却把广大马来人(主要是下层)排除在现代经济发展过程之外,让他们继续从事落后的农业种植、山林采集或渔业捕捞,继续维持其落后的生产方式,造成了殖民地原有居民与移民间的经济社会发展差距。分而治之,从一开始就奠定了马来人政治发展与华人经济发展的分野,而为日后两族间的矛盾和对立埋下了种子,为日后马来西亚族群政治的出现种下了根由。[1]

涉及当下意旨,在种族政治和文化背景展开的当代马华文学亦被赋予思想复杂性。围绕语言与种族属性指涉开展的反思,揭示出文学在华人群体命运书写与承担层面的现实针对性。如果从语言操作出发谈论马华文学与中国文学关系,可以发现更多有深层意蕴的现象。以马华作家与中华文化关系为例,新生代作家同样以华族文化继承者自居,但是他们更强调中华文化的"在地"转换,这种姿态显然具有意味深长的文化政治性,其潜在背景无疑是90年代以来思考族群命运时有关"身份重塑"的一部分,虽然大部分新生代作家的成长受中国当代文坛影响,不过青年作家更喜欢将其视为一种与文学本体相关而超越了文化共同体的资源。从这个意义上说,他们对中国文学的阅读和接受,与其他语种的文学没有什么根本区别,只是因为语言便利而有更多接触。

因此,当我们从文化层面谈论中国文学的海外镜像时,或许正是从另一个角度确证海外华文文学研究的意义,虽然海外华文文学从来就不是因为此种功能而存在,但是它呈现出文化互动背景下作为思想激发点的问题基质,也就是说,马华文学自身拥有和必须克服的困境,今天已经成了拓展人类认知领域的某种精神现象"病理",这样一个属于后殖民理论范畴的凝视(gaze)对象,将在其自身命运主宰的不断实践与反思中,获得更为充足的学术与现实价值。同时,90年

---

[1] 孙振玉:《马来西亚的马来人与华人及其关系研究》,甘肃民族出版社2008年版,第54页。

代加速的亚洲一体化进程，极大地促进了亚洲国家之间的文化理解，各国华文文学与中国大陆、台、港、澳文学交流日益密切，在迫切的"去畛域"和"去冷战"趋势下，文学主题、表现形式、艺术策略与所在国华族文化、文学结合，推动大区域华文文学史观念的诞生。以形声文字为基本工具形塑的亚洲华文文学整体性，提供了世界文学谱系重构的契机，"在亚洲发现文学"不仅彰显华文文学的沧桑历史，各个国家内部的语言变革也反映出亚洲文化现代化的复杂性和差异性。由于中国文学及海外华文文学存在语言工具这一"共享文学时空"的基本条件，集中产生了诸多具有超越地区和国家色彩的问题域。在文化呈现出区域一体化的时代浪潮中，马华文学成为一个标准个案，至少在以华文为出发点的观察视野中，因为马华作家的跨区域流动带来了流散诗学背景下的多元文化景观，而围绕马华文学形成的学术空间及其对话，亦因视野差异和理解过程的艰难，具有深入考察和研究意义。

第二节　相关概念、术语阐释

"马华新生代文学"，是本书的重要研究对象。围绕这一对象，有必要对几个有关的概念、术语做一些梳理与阐释。

一　字辈断代法

所谓"字辈断代法"，是指马华文坛独有的一种按照作家出生年代进行代际划分的方法，它起源于20世纪80年代早期，流行于20世纪90年代，至今成为马华文坛重要的代际命名方式。马华旅台作家陈大为对这一命名方式的形成过程及意义有简洁明了的交代：

> 以"字辈"为世代的划分，始于1983年的一部文选《黄色潜水艇》的主题："6字辈人物"；其后就被继续沿用下来，凡是1960—1969年出生的文学创作者，都约定俗成地归入6字辈，渐渐成为一种"共识"。1992年3月始，《椰子屋》文学月刊连续

几期刊载了"7字辈专辑";1994年11月1日始,《南洋文艺》更大规模地推出"马华文学倒数"系列,从7字辈专号开始,一直倒数至元老级的1字辈为止,一连刊载了三个月。

字辈断代法已成为马华文学的特色(如同中国文学史以朝代断代),它让读者能更有效地检视各世代的创作情况,以及语言风格和题材的差异性。草创之初,它并不具有任何文学史的意义,只是一个特定创作群的称谓,但随着大马本土7字辈的后现代风格逐渐成形,以及6字辈的后续风格发展,跟5字辈以上的现实主义拉开了距离。于是"字辈"便成为一项笼统的风格指标。①

字辈断代法有许多的风险,如强行将1960—1969年出生的作家归为一个代际,这种整合的后果可能是过度夸大他们之间的共性而忽视差异的存在,但对于20世纪90年代的马华文坛来讲,它仍有其相当的合理性,因而在本书的研究中,我们沿袭这一命名方式,将1950—1959年出生的文学创作者命名为"5字辈",1960—1969年出生的文学创作者称为"6字辈",1970—1979年出生的文学创作者归为"7字辈"。

借助字辈断代法来讨论新生代作家及其文学创作,可能会模糊不同作家的主体差异,特别是对新生代作家群体的复杂个性及文学趣味造成重大遮蔽,新生代的文学实践和理想注定同样是一个混杂的主体,当我们用一个群体性的称谓来描述90年代新生代文学创作及其整体性时,内在风险可能是掉入以进化论为根基的本质主义思维方式之中而不自知。客观、全面评判马华新生代及其在平面媒体文学空间的呈现状况,必须将其置入历史序列加以语境化处理,唯其如此方能准确呈现出一代人的文学史意义。因此,必须强调,这种字辈的划分并不能绝对化为美学风格的判断,同一字辈内部及不同字辈之间作家

---

① 陈大为:《序》,陈大为主编:《马华当代诗选(1990—1994)》,文史哲出版社1995年版,第9页。

的共性与差异，都有待论者进一步的辨析与把握。

二　马华"新生代作家"

20世纪90年代的中国大陆学界开始用"新生代"来指称那些20世纪60年代以后出生、90年代开始进入文坛的作家，这一称谓后来也被华文文学研究界"挪用"，以解决海外华文文坛类似作家的命名问题①。

在本书中，我们结合马华文坛特有的"字辈断代法"，将"马华新生代"界定为以"6字辈"和"7字辈"为主的一批作家，他们在20世纪60—70年代出生，80年代后期、90年代初进入文坛，代表人物有：黄锦树、林建国、陈大为、钟怡雯、黎紫书、林幸谦、李天葆、廖宏强、辛金顺、张光达、毅修、吕育陶等。

1991年1月19日与22日，黄锦树在《星洲日报·文艺春秋》上发表《"马华文学"全称之商榷——初论马来西亚的华文文学与华人文学》，提出"马华文学"作为一个简称，应指"马来西亚华人文学"而非"马来西亚华文文学"。黄锦树的颠覆举动自有其深刻的文学史意义。在本书中，我们仍沿用以往约定俗成的界定，将"马华新生代文学"理解为"马来西亚新生代作家创作的华文文学"，即我们讨论的是以华文为书写媒介的文学，其他语种文学未予涉及。

三　留台与旅台作家

20世纪50年代末以来，在中国台湾地区"施恩式"侨教政策带动下，不断有在当地完成华文中学教育的马来西亚华人子弟赴台留学，他们中有些人后来成为马华文坛的重要作家。在学界，论者常用"留台"、"旅台"来指称马华作家与中国台湾文坛的脐带血缘关系，如不仔细辨识，往往会混淆使用。

---

①　有意思的是，我们发现，相较于中国大陆华文文学研究界惯用的"马华新生代"，中国台湾学界及马华本土批评界，却几乎不用这一称谓，而代之以"6字辈"、"7字辈"，甚至有意取消或模糊这种略带生硬的代际命名方式。这从一个侧面反映了中国大陆的华文文学研究与中国现当代文学研究的密切关系。

"留台"是指曾经留学中国台湾而非目前留在台湾，留台生安焕然认为："'留台'是指曾留学过台湾，而今已返马者"①，而现已定居台湾的马华作家陈大为也基本持这一观点："'留台'单指曾经在台湾留学，目前已离开回马或到其它国家谋生的作家"②。根据这一界定，马华文坛的留台作家应指具有留学中国台湾经验但已返回马来西亚的作家，如潘雨桐、商晚筠、黄昏星、王祖安、陈强华、傅承得、刘国寄、廖宏强、林惠洲、许裕全、杜忠全、林金城、方路、安焕然、龚万辉等，这些作家目前一般被归为马华在地作家。

　　"旅台"及"马华旅台文学"，是在中国大陆、中国台湾及马来西亚学界广泛使用的两个术语。刘小新的《马华旅台文学现象论》③、《马华旅台文学一瞥》④，曹惠民的《在颠覆中归返——观察旅台马华作家的一种角度》⑤，李苏梅的《马华旅台作家小说创作论》⑥，陈大为的《大马旅台一九九〇》⑦，黄昈盛的《大马旅台文学的星空》⑧，张光达的《马华旅台文学的意义》⑨等皆使用"旅台"或"旅台文学"，来概括台湾文学场域内的马华文学生产。马华留台生在台湾完成大学或研究所学业之后，大多离台回马或移居他国，但也有一部分选择在台湾就业定居甚至入籍，此时，"留台"这一称谓对这一部分人来讲已经失效，相应地就有了"旅台"这一指涉范围更广的概念。陈大为认为："'旅台'只包括：目前在台求学、就业、定居的写作人

---

①　安焕然：《内在中国与乡土情怀的交杂——试论大马旅台知识群的乡土认同意识》，《本土与中国：学术论文集》，南方学院出版社2003年版，第241页。
②　陈大为：《从马华"旅台"文学到"在台"马华文学》，《华文文学》2012年第6期。
③　刘小新：《马华旅台文学现象论》，《江苏大学学报》2002年第2期。
④　刘小新：《马华旅台文学一瞥》，《台港文学选刊》2004年第6期。
⑤　曹惠民：《在颠覆中归返——观察旅台马华作家的一种角度》，《华文文学》2011年第1期。
⑥　李苏梅：《马华旅台作家小说创作论》，硕士学位论文，暨南大学，2008年。
⑦　陈大为：《大马旅台一九九〇》，《台港文学选刊》2012年第1期。
⑧　黄昈盛：《大马旅台文学的星空》，《蕉风》1995年第467期。
⑨　张光达：《马华旅台文学的意义》，《南洋商报》"南洋文艺"2002年11月1日。

口（虽然主要的作家和学者都定居台湾或入籍），不含学成归马的'留台'学生，也不含从未在台居留（旅行不算）却有文学著作在台出版的马华作家。从客观层面看来，'旅台'的意义着重于台湾文学及文化语境对旅居的创作者产生了直接的影响，那是一个完整的教育体制与文学资源，在一定的时间长度中（大学四年或更久），从单纯的文艺少年开始启蒙—孕育—养成—茁壮其文学生命（间中或经由各大文学奖的洗礼而速成），直到在台结集出书，终成台湾文坛一分子的过程。从结果来看，这个过程并非单向的孕育，台湾文学跟马华旅台作家之间产生了双向渗透，旅台作家以强烈的赤道风格回馈了台湾文学，成为台湾文学史当中唯一的外来创作群体。"① 根据陈大为的界定，"旅台"是指具有留学台湾的经验且在完成学业后仍"旅居"台湾，因而，"马华旅台作家"是与马华在地/本土作家在地理空间上相对应的一个创作群体，包括黄锦树、陈大为、钟怡雯等。

第三节　相关研究回顾

一　马来西亚华文报纸研究

近代中文报纸滥觞于马来半岛，马来西亚华文报业的历史甚至比中国大陆还要悠久。② 20 世纪 80 年代以来，中国与海外华侨、华人联系日益密切，华侨华人研究日益受到中国学界重视；海外华文报纸研究成为相关领域的学术亮点，马来西亚华文报纸研究也取得了许多成果。

相关学术专著以时间先后为序，可以勾勒出一个大致的学术脉

---

① 陈大为：《从马华"旅台"文学到"在台"马华文学》，《华文文学》2012 年第 6 期。

② 张锦忠将马华文学起源追溯到 1815 年创办于马六甲的《察世俗每月统记传》（Chinese Monthly Magazine），参见张锦忠整理的《马华文学系年简编》，《中外文学》第 29 卷第 4 期，2000 年 9 月，第 346 页。具体地说，该报创办的时间是 1815 年 8 月 5 日，创办人为马理逊和米怜，此为世界第一份中文民报，内容注重宣教和介绍新知。

络。马来西亚林水檺等编的《马来西亚华人史新编 第3册》(马来西亚中华大会堂总会,1998年),收集了不少原始资料;《海外华文新闻史研究》(王士谷,新华出版社1998年版)、《海外华文传媒研究》(程曼丽,新华出版社2001年版)、《东南亚华文传媒研究》(赵振祥主编,世界知识出版社2007年版)、《海外华侨华人文化志》(谭天星、沈立新,上海人民出版社1998年版)、《东南亚华文日报现状之研究》(崔贵强,新加坡华裔馆、南洋学会,2002年)等,皆有专门篇章或内容讨论马来西亚华文报纸的历史与现状。彭伟步《东南亚华文报纸研究》(社会科学文献出版社2005年版)、《海外华文传媒概论》(暨南大学出版社2007年版)、《〈星洲日报〉研究》(复旦大学出版社2008年版)、《新马华文报文化、族群和国家认同比较研究》(暨南大学出版社2009年版)等专著,采用新闻学、传播学、社会学等研究方法,描述与分析马来西亚华文报纸的历史、现状及其与华人认同的关系,为后来者提供了一些有益的线索。

在离散主题不断扩展、深化的文化背景下,作为构成海外华文文学的重要一维,马华文学的区域文化意义越来越凸显,马华文学及其华文媒体成为近年高校学位论文的选择对象。肖方峥的《马来西亚华文报业研究——以华文日报为研究中心》(福建师范大学硕士论文,2004年),以华文日报为中心,从历史学、新闻学和社会学等角度,分析马来西亚华文报纸的历史、现状、特征、社会功能、商业竞争及政治操控等内容。彭润萍的《信息化时代马华报业的革新与图强——以马来西亚华文报纸〈星洲日报〉为例》(华东师范大学硕士论文,2010年),以《星洲日报》为案例,介绍分析了马来西亚华文报纸的发展历史与现状,以及互联网时代马华报纸面对的问题与应对策略。翁倩的《马来西亚华文报纸涉华报道研究——基于〈星洲日报〉的内容分析》,通过对《星洲日报》内容的分析,归纳总结了马华报纸报道中国的规律性特征。其他诸如王毅的《东南亚华文报纸中国大陆新闻报道之研究》(广西大学硕士论文,2008年)、陈旺的《东南亚华文报纸涉华社论研究》(厦门大学硕士论文,2009年)、李妍的《海外华文报纸的经营策略研究》(内蒙古大学硕士论文,2009年)等,都不同程度地讨论了马来西亚华文报纸。

　　登载于国内外期刊的学术论文相对丰富。据巫连心《马来西亚华文报研究现状综述》(《东南亚纵横》2010年第11期)统计，有梁若尘的《马来亚华侨报业杂记》(《新闻研究资料》1981年第5期)，馨文的《马来西亚八家中文日报现状》(《华人》1985年第9期)，方积根的《马来西亚的华文报刊（上、下）》[《人民日报》（海外版）1987年10月30日、11月13日]、《马来西亚华文报刊的历史和现状》(《新闻研究资料》1988年总第42期)，陈鸿斌的《马来西亚华文报纸难以为继》(《新闻记者》1987年第3期)，林金枝的《近代福建华侨与新加坡、马来亚的华文报》(《华侨大学学报》1988年第2期)，雷雯湘的《1900—1930年马来亚华文报业之发展》(《资料与研究》，1992年)，钟小力的《1919—1941年马来亚华侨报业》(《侨史学报》1993年第3期)，王绍据的《我看马来西亚报纸》(《中国记者》1994年第7期)，齐连声的《弘扬中华文化传统的马来西亚华文报纸》(《报刊之友》1995年第4期)，张秀平的《他乡遇故知——马来西亚华文报印象记》(《新闻三昧》1995年第6期)，谭雪梅的《在马来西亚读华文报纸》(《新闻知识》1996年第1期)，汤小薇的《孙中山和陈嘉庚都在这里办过报——访马来西亚〈中国报〉蔡树彬先生》(《采·写·编》1996年第2期)、《马来西亚的华文报纸》(《新闻爱好者》1996年第5期)，张允若的《马来西亚报业的风雨里程》(《国际新闻界》1996年第5期)，鹿舫的《马来西亚报纸电视一瞥》(《新闻战线》1996年第6期)，谢湘的《稳重负责——马来西亚华文报刊印象》(《中国记者》1997年第9期)，彭伟步的《从中国妇女受辱案看马来西亚华文报的历史责任》(《东南亚研究》2006年第3期)等。总体看来，如肖方峥所说，现阶段的马来西亚华文报纸研究大多"只停留在华文报业历史发展及现状等层面上的叙述，较少从整体上，系统、深入地探讨华文报刊与华人社会如与华人社团、华文教育之间的关系；透过华文报刊的表面深入分析其背后较为隐性的内容：如华文报刊所属报业集团及其商业集团之间的竞争（尤其是恶性的竞争）、商业集团背后政治力量即政府和政党的操控等,从而揭露华文报刊和华人社会存在的问题,并对其未来发展前途做出预测"①。

二 马华新生代文学研究

由于中马两国之间长期隔离,大陆马华文学研究20世纪90年代才逐渐形成规模,并迅速成为海外华文文学研究的"增长点";在这一背景中,马华新生代文学研究,亦逐渐走到"前沿地带"。目前,马华文学研究,尤其是马华新生代文学研究,可谓气候已成,呈现出马华本土、中国大陆与台湾及海外研究者遥相呼应,微观研究与宏观研究相结合态势,涌现出一批较为优秀的成果。

中国大陆学者的马华新生代文学研究,起步于90年代中期。刘小新、黄万华、朱崇科、朱立立、张琴凤等,都曾涉足这一课题。他们"大多从新生代书写的身份认同、文化归属、历史想象、本土意识等层面展开论述,揭示了马华新生代创作中的边缘流散心态和消解、颠覆传统的反叛精神"②。

刘小新是大陆较早从事马华新生代文学研究的学者之一,他在《华侨大学学报》1996年第2期上发表的《当代马华诗歌的两种形象》,是大陆研究马华新生代文学的先声。此后,刘小新不断拓展新生代文学研究,先后发表了《解构与逃遁:马华新世代诗的一种精神向度》[《华侨大学学报》(哲学社会科学版)1996年第3期]、《九十年代马华诗坛新动向》[《华侨大学学报》(哲学社会科学版)1997年第2期](与黄万华合作)、《近期马华的马华文学研究管窥》[《华侨大学学报》(哲学社会科学版)1997年第4期]、《马华作家林幸谦创作论》[《华侨大学学报》(哲学社会科学版)1998年第2期]、《"黄锦树现象"与当代马华文学思潮的嬗变》[《华侨大学学报》(哲学社会科学版)2000年第4期]、《世代更替与范式转换——近十

---

① 肖方峥:《马来西亚华文报业研究——以华文日报为研究中心》,硕士学位论文,福建师范大学,2004年,第8—9页。

② 张琴凤:《马华"新生代"创作研究述评》,《海南师范大学学报》(社会科学版)2007年第3期。

年马华文学发展考察》[《镇江师专学报》（社会科学版）2001年第1期]、《从方修到林建国：马华文学史的几种读法》（《华文文学》2002年第1期）、《论马华作家黄锦树的小说创作》（《世界华文文学论坛》2002年第1期）、《论黄锦树的意义与局限》（《人文杂志》2002年1月号）、《马华旅台文学现象论》[《江苏大学学报》（社会科学版）2002年第2期]、《当代马华文学思潮与"承认的政治"》[《华侨大学学报》（哲学社会科学版）2007年第4期]等文。这些论文后来收入江苏大学出版社出版的《华文文学与文化政治》。刘小新注重挖掘文学现象中潜藏的文学发展规律，把马华新生代置于马华文学思潮嬗变的脉络中进行考察，及时发现了新生代的文学范式。①

黄万华对马华新生代文学研究，也开始于90年代中期。他与刘小新合作的《九十年代马华诗坛新动向》，通过对陈大为主编《马华当代诗选》的分析，指出新锐诗人的创作实践构成了马华新诗意识形态和艺术方式变革的新景观，也带来了90年代马华文学"再出发"的契机，"新锐诗人群体的崛起是马华90年代诗坛的新动向。《马华当代诗选》展示了新动向的一些鲜明侧面，他们的创作有力地推动着马华诗坛走向世界。"②黄万华将马华新生代作家植入不同的参照坐标中，通过纵向与横向比较，分析马华新生代文学的独特意义。《"边缘"切入和"断奶"之痛——文学中传统（民族）和现代（西方）

---

① 刘小新在谈论新生代作家与当代马华文学思潮变化时指出："'黄锦树现象'是由一特定的文学群体的文学活动构成的。这个群体的成员有陈大为、钟怡雯、林幸谦、张锦忠、林建国、陈强华、黄昕盛、辛金顺、吕育陶、邱王非钧、林金诚、吴龙川、林春美、赵少杰、廖宏强、禤素莱、欧文林、林惠洲、许裕全、刘国寄……黄锦树是其中在评论和小说创作方面颇有建树的代表人物。这个群体成员大多出生于60—70年代，也大多有留学中国台湾地区的人文背景。这一新世代作家群的崛起是90年代以降马华文坛的最大事件，标志着马华文学已进入世代更替和文学范式转移的新时期，'黄锦树现象'便是马华文坛思潮流变美学范式转型和话语权力转移的聚焦式体现或象征性表征"，"从文学思潮的消长流变看，'黄锦树现象'隐含的是马华写实主义传统力量和现代主义变革声音之间的美学矛盾和意识形态龃龉"。刘小新：《"黄锦树现象"与当代马华文学思潮的嬗变》，《华侨大学学报》（哲学社会科学版）2000年第4期。

② 刘小新、黄万华：《九十年代马华诗坛新动向》，《华侨大学学报》（哲学社会科学版）1997年第2期。

关系的一些思考》，比较50年代台湾现代主义诗歌与90年代马华文坛"断奶"论争，指出"传统的现代性转换机制往往建立于两种'对峙'价值互补互动的过程中，而从文学的艺术本性出发，才能真正沟通传统和现代的联系"；"在对传统资源的开掘和利用上，6字辈显示出更大的野心、更宏伟的建构，也取得了相当可观的实绩。仔细考察6字辈的创作，在他们异常激烈的反传统的理论建构中，事实上却包含着对传统的超越性建设"[①]。《两种文学史视野中的马华文学——〈马华文学大系·评论〉和〈赤道回声〉的对照阅读》，选择两本马华文学选集——旅台新生代作家陈大为、钟怡雯、胡金伦主编的《赤道回声——马华文学读本Ⅱ》和马来西亚华文作家协会出版、谢川成主编的《马华文学大系·评论》——为比较分析对象，指出这两本选集"表现出马华作家的两种文学史视野，即去中心的马华文学史观和历史本质性的马华文学史观"[②]，反映了马华新生代与中生代之间文学（史）观念的巨大差异。《"在旅行中""拒绝旅行"——华人新生代作家和新华侨华人作家的初步比较》（《中国比较文学》2003年第3期）把处于不同空间的马华新生代作家与欧美新移民作家进行多元比较，分析了他们在文化取向、原型群落、形象内质、审美情趣等方面的异同，凸显了全球化语境中马华新生代作家在世界华文文学体系中的独特性。

朱崇科先后出版《本土性的纠葛——边缘放逐·"南洋"虚构·本土迷思》（台北：唐山出版社2004年版）和《考古文学"南洋"：新马华文文学与本土性》（上海三联书店2008年版），反思马华文学本土性的历史动机和各种矛盾。《本土性的纠葛》一书，收入分析黄锦树及其著作的4篇论文：《台湾经验与黄锦树的马华文学批评》、《吊诡中国性——以黄锦树个案为中心》、《"去中国性"：警醒、迷思及其他——以王润华和黄锦树的相关论述为中心》和《马华文学：为

---

① 黄万华：《"边缘"切入和"断奶"之痛——文学中传统（民族）和现代（西方）关系的一些思考》，《暨南学报》（哲学社会科学版）2005年第5期。

② 黄万华：《两种文学史视野中的马华文学——〈马华文学大系·评论〉和〈赤道回声〉的对照阅读》，《中外文化与文论》2008年第2期。

何中国，怎样现代?》。朱崇科对黄锦树的系列反思——无论是台湾经验对黄锦树的影响，还是黄锦树的中国性论述，在高度肯定其洞见时也指出其盲点。他认为台湾经验与黄锦树之间存在一种暧昧关系："黄锦树的台湾经验（位置）使得他可以更清醒地远距离观照马华文学，也使他从更高的起点评判其中的是非功过，但有时候他的似乎永远跃跃欲试、准备开战的架势使他缺乏对马华文学展开更令人心悦诚服的对症下药式的批评"①；在论述马华文学与中国性的关系时常显得力不从心、断断续续，但是，作为这方面的一个亲历者和旁观者，黄锦树的吊诡身份与经历让他发表了许多前人难以觉察的洞见（虽也有一些盲点），发人深思。②

朱立立的马华新生代文学研究，着眼于新生代的身份建构和文化认同。《历史记忆·始源想象·身份建构——马华新生代作家的历史书写及属性意识》③，通过对林幸谦、陈强华、林春美、辛金顺、钟怡雯、林金城、黄锦树、陈大为等新生代作家历史书写的分析，认为"无论是召唤历史意识的觉醒，抑或是言说历史叙事成规的虚妄，无论是文化乡愁的书写还是解构乡愁，马华新生代的历史书写和溯源想象都已成为建构自我的起点"④。《论新生代马华作家的文化属性意识》⑤，通过对林幸谦、钟怡雯、辛金顺、林金城等马华新生代的散文分析，认为马华新生代有文化属性的自觉意识。

张琴凤的马华新生代文学研究，侧重于对历史叙事、文化记忆与

---

① 朱崇科：《本土性的纠葛——边缘放逐·"南洋"虚构·本土迷思》，唐山出版社2004年版，第223页。

② 同上书，第238页。

③ 该文原载《华侨大学学报》2000年第3期，后经修改以《历史记忆·始源想象·身份建构：马华新生代作家的历史书写及身份意识》为题收入到2008年上海三联书店出版的朱立立专著《身份认同与华文文学研究》一书中。

④ 朱立立：《历史记忆·始源想象·身份建构——马华新生代作家的历史书写及属性意识》，《华侨大学学报》（哲学社会科学版）2000年第3期。

⑤ 该文原载《华文文学》2002年第1期，后经修改以《原乡迷思与边陲叙述：从散文看马华新生代作家的身份书写》为题收入到2008年上海三联书店出版的朱立立专著《身份认同与华文文学研究》一书中。

身份认同的解读、分析。《边缘处的历史记忆与本土认同——马华新生代作家创作初探》，认为马华新生代的创作"一直处于'双重边缘'状态"，"这种边缘姿态使作家们背向中心呈现出更为广阔的真实生存世界，从而营构艺术自我的中心。新生代作家在边缘和中心的关系上，较多的关注'边缘'的历史，力图开掘多个中心交叉于边缘所形成的力量，他们更加自觉地在漂泊中寻求自身的立足点，并不是为了进入中心而急功近利，在他们心中，'边缘'不再是一种流放，一种无奈的困境，而是一种独异的文化财富和有价值的生命归宿"，同时，新生代的创作也表现了对马华本土的认同意识，"他们力图解读南洋本土文化的深层密码，关注极具南洋色彩的乡土生活"。[①]《浅论马华作家黄锦树小说的叙事形态》（《四川教育学院学报》2006年第5期），从失踪—寻找的叙事模式、故事新编的叙事策略、象征诡谲的叙事手法、实验性的后设技术等层面，解析黄锦树小说叙事形态的多元性及其对华人族群身世和文化身份的追问。《论马华新生代作家的历史叙事》、《论台湾地区及马华新生代作家的"戏仿"历史叙事》、《论马华新生代作家的创伤性历史成长记忆》等文，从不同侧面分析了马华新生代历史叙事的表现形式、艺术特征和深层内涵，指出马华新生代作家的"历史成长记忆具有强烈的创伤性体验"，"重新书写了新一代海外华人漂泊无根的多元精神创伤"，他们"以其鲜明的个人化解构历史叙事挑战、颠覆了马华文学传统的宏大历史叙事，重构了一种非主流的民间化个人野史"[②]，而黄锦树的历史"戏仿"小说则凸显了新生代对大历史叙事的反叛和颠覆。[③] 除了以上学者的相关研究，徐学、章妮、余禺、赵牧等大陆学者，也都曾从微观与宏观两个层面，探讨了马华新生代作家的艺术特质、文学成就和文学史意义。

---

① 张琴凤：《边缘处的历史记忆与本土认同——马华新生代作家创作初探》，《当代文坛》2005年第4期。

② 张琴凤：《论马华新生代作家的历史叙事》，《海南师范大学学报》（社会科学版）2008年第5期。

③ 张琴凤：《论台湾地区及马华新生代作家的"戏仿"历史叙事》，《当代文坛》2010年第6期。

中国台湾地区一直是马华文学研究极重要的学术场域，有人曾戏言"马华文学在新马，马华文学研究在台湾"①。张锦忠《马华文学论述在台湾》②梳理了1998年之前在台湾发表、出版的马华文学论述文本，杨宗翰《马华文学在台湾（2000—2004）》③也简要地回顾了2000—2004年间马华文学及其研究在台湾的发展状态，从中可一窥马华新生代文学研究在台湾发生、发展的脉络。④ 台湾的马华新生代文学研究，多刊登在《中外文学》、《文讯》、《联合文学》、《中国时报》与《联合报》文艺副刊上，包括期刊论文、书评、访谈、文学报道和学位论文。受整体学术语境影响，台湾的马华新生代文学研究，不仅是新批评式的文本阅读，后殖民论述、巴赫金的众声喧哗论、解构主义、新历史主义、符号学、系统论、文化批评等当代登陆台湾的西方文学/文化思潮，取代了传统的阅读策略或方法论，成为新一代学者所乐用的论述工具或架构⑤。但是，这一区域的马华新生代文学研究，也多局限于旅台新生代文学，特别是钟怡雯、黄锦树和陈大为等；马华本土其他新生代作家，除了黎紫书，几乎在台湾"集体消失"。

钟怡雯研究在台湾可谓成果丰硕，仅硕士学位论文就有《穿越时空的长廊——钟怡雯散文研究》⑥、《拼贴的岛屿、生命的凝视——论

---

① 杨宗翰：《马华文学在台湾（2000—2004）》，《文讯》2004年第229期。
② 见戴小华、尤绰韬主编《扎根本土·面向世界：第一届马华文学国际学术研讨会论文集》，马来西亚华文作家协会、马来亚大学中文系毕业生协会1998年版，第90—106页。
③ 杨宗翰：《马华文学在台湾（2000—2004）》，《文讯》2004年第229期。
④ 这里要分析的是台湾学者的马华新生代文学研究，至于大陆学者在台湾发表的相关论述，则归于大陆学界，而黄锦树、林建国、陈大为、钟怡雯等旅台新生代的马华文学论述，我们将在第六章"马华新生代理论话语建立"中深入阐释，这里也暂不评述。特此说明。
⑤ 张锦忠：《马华文学论述在台湾》，戴小华、尤绰韬主编：《扎根本土·面向世界：第一届马华文学国际学术研讨会论文集》，马来西亚华文作家协会、马来亚大学中文系毕业生协会1998年版，第104页。
⑥ 曾怡菁：《穿越时空的长廊——钟怡雯散文研究》，硕士学位论文，台湾中兴大学，2010年。

钟怡雯的散文创作》①、《论在台马华女性作家——以商晚筠、方娥真、钟怡雯为观察核心》②、《在台马华文学中的原乡再现——以黄锦树、钟怡雯、陈大为为例》③、《家庭·城市·旅行——台湾新世代女性散文主题研究》④等多篇；研究钟怡雯及其散文的期刊论文、报纸书评和序文甚至有 30 篇之多⑤。这些论述抓住钟怡雯的马华旅台背景及其散文的学院化色彩，深入解读了钟怡雯散文的原乡叙事、性别书写、创作特色、修辞艺术等。

从 20 世纪 80 年代末到 90 年代，黄锦树以小说创作打入台湾文坛，先后获得 18 项文学奖、4 个书奖，出版 18 本作品集，进入了台湾学术界的研究视野：对他的研究主要有三，创作（小说和散文）研究、马华文学论述研究和访谈。其中论及黄锦树的硕士论文有 3 篇：《文化身份的追寻及其形构——骆以军与黄锦树小说之比较研究》⑥、《在台马华文学中的原乡再现——以黄锦树、钟怡雯、陈大为为例》⑦和《阅读马华——黄锦树的小说研究》⑧。这三篇硕士论文以黄锦树的小说为论述重点，兼及黄锦树的马华文学论述。前两篇，或将黄锦树

---

① 沈品真：《拼贴的岛屿、生命的凝视——论钟怡雯的散文创作》，硕士学位论文，台湾中兴大学，2010 年。

② 吴柳蓓：《论在台马华女性作家——以商晚筠、方娥真、钟怡雯为观察核心》，硕士学位论文，台湾南华大学，2007 年。

③ 陈芳莉：《在台马华文学中的原乡再现——以黄锦树、钟怡雯、陈大为为例》，硕士学位论文，台湾成功大学，2008 年。

④ 郑恒惠：《家庭·城市·旅行——台湾新世代女性散文主题研究》，硕士学位论文，台湾"中央"大学，2008 年。

⑤ 参阅曾怡菁《穿越时空的长廊——钟怡雯散文研究》，硕士学位论文，台湾中兴大学，2010 年，第 4—9 页；沈品真《拼贴的岛屿、生命的凝视——论钟怡雯的散文创作》，硕士学位论文，台湾中兴大学，2010 年，第 6—10 页。

⑥ 洪王俞萍：《文化身份的追寻及其形构——骆以军与黄锦树小说之比较研究》，硕士学位论文，台湾成功大学，2005 年。

⑦ 陈芳莉：《在台马华文学中的原乡再现——以黄锦树、钟怡雯、陈大为为例》，硕士学位论文，台湾成功大学，2008 年。

⑧ 萧秀雁：《阅读马华——黄锦树的小说研究》，硕士学位论文，台湾暨南国际大学，2009 年。

"置于与骆以军对照阅读与比较的分析,呈现他们经'叙事—离散'而来的第二种文化身份的建构";或"将黄锦树的小说置于在台马华文学的架构下,与钟怡雯的散文、陈大为的新诗并排论述,作为在台马华文学三个再现原乡的个案"①。第三篇,将黄锦树置于马华文学脉络下,作为个案/现象进行观察,通过对其马华文学论述及小说创作的研究,揭示文本背后复杂的马华文学"表意"。此外,台湾的张系国、陈长房、郑明娳、骆以军、梅家玲、刘建基、彭瑞金、朱恩伶、杨照、筒井、陈雅玲、徐淑卿、高丽珍、蔡宜珊等,都曾撰文讨论黄锦树②,"他们比较钟意在黄锦树的写作策略上展开论述"③,揭示黄锦树在马华文坛和台湾文坛的独特意义。

与中国大陆及台湾的相关研究相比,马华本土的新生代文学研究,开掘面更广,但理论深度略显不足。与他们亲炙马华文学现场有关,一些在中国大陆及台湾学界很少受到关注的新生代作家及文学现象,如禤素莱、陈强华、林惠洲、吕育陶、翁弦尉、林健文、林若隐、苏旗华等作家,大专文学、东马文学④、国家文学等文学现象/议题,受到充分关注。马华本土的新生代文学研究,主要发表在《星洲日报》与《南洋商报》文学副刊及《蕉风》上,批评队伍的构成也以新生代为主,包括张光达、刘育龙、庄华兴、林春美、潘碧华、许文荣、何国忠等。

三 新生代文学与报纸副刊关系研究

马华新生代文学在20世纪80年代末90年代初崛起,与马华报纸副刊有密切关系。对此,学界的重视与论述较少,马华新生代文学与

---

① 萧秀雁:《阅读马华——黄锦树的小说研究》,硕士学位论文,台湾暨南国际大学,2009年,第12页。
② 参阅萧秀雁《阅读马华——黄锦树的小说研究》"文献回顾"及相关附录。
③ 萧秀雁:《阅读马华——黄锦树的小说研究》,硕士学位论文,台湾暨南国际大学,2009年,第15页。
④ 马来西亚分为西马(马来半岛)和东马(婆罗洲北半边),西马是马来西亚政治、经济、文化的中心,西马一直是马华文学研究的中心,东马则作为"边陲"受到冷落,特别是在马华本土之外。

报纸副刊的关系研究,还有待全面开掘。

黄羡羡的硕士论文《90年代马华文学论争的一种回顾及反思》,将90年代马华文学诸多论争置于报纸副刊的语境中进行考察,讨论了"文坛与媒体的'世纪末狂欢'"及"'重构'中的汉语媒体与文学走向";认为报纸副刊在90年代马华文学论争中扮演着重要角色:"当媒体介入文学的那一刻起,文学就难以再保持其纯粹性而且不可避免地与媒体产生一定的互动,这种互动不再是单向的你投稿我刊登的关系,而是一种双向的互动。而文学在这种互动中其独立性或多或少将受到媒体的牵制"①,"文学的主体性在一定程度上被挤向了'边缘'"②。通过文学与媒体关系的考察,作者发现报纸副刊与马华新生代文学不仅存在一种"合谋"关系,同时也参与甚至"操控"了90年代马华文学的转型:"在马华文学的建设中,媒体通过对文学的包装、宣传、操作或多或少影响着马华文学的重新建构","不得不承认马来西亚华文报纸在90年代的论争中为重构以现代性文艺思潮为主流的过程中不可或缺的地位;在这过程中,文学与媒体的'合谋'共同重构了马华文学的新局面"③。论文角度较新颖,为了解马华新生代文学特别是90年代马华文学论争提供了有益的参照。朱敏的硕士论文《花踪文学奖与马华新世代作家群》,以《星洲日报》主办的花踪文学奖为研究对象,考察这一文学奖对马华新生代的崛起及创作的影响。朱敏认为,"花踪文学奖给马华新世代作家们提供了一个展示自己能力的舞台,同时也给马华文坛带来了新的繁荣气象:由于花踪文学奖注重作品的马华本土属性,马华小说中的异族叙事也发生了相应的变化,主要具体表现在异族形象的变化上。"④论文注意到花踪文学奖与马华新生代之间的深层关系,有一定的开创性。但是,上述二

---

① 黄羡羡:《90年代马华文学论争的一种回顾及反思》,硕士学位论文,暨南大学,2007年,第19页。

② 同上书,第23页。

③ 同上书,第28页。

④ 朱敏:《花踪文学奖与马华新世代作家群》,硕士学位论文,暨南大学,2010年,第Ⅰ页。

文，对有关资料的收集及对文学奖与文化资本及文学场之间结构关系的分析，还有待深入。

张光达、张永修和林春美等马华本土评论者，置身马华新生代文学现场，亲炙报纸副刊对马华新生代文学的影响，相关论述一定程度上还原了历史"真相"。

90年代后期，张光达为《南洋商报》文学副刊《南洋文艺》撰写年度回顾，梳理本年度《南洋文艺》的文学收获。2009年7月14日，张光达发表《管窥副刊专辑与马华文学——1998—2008年〈南洋文艺〉的例子》，提出"要考察、剖析马华文学的发展，文艺潮流的趋势动向，马华作家的关怀面向等现象，两大报的文学副刊势必成为一窥马华文学究竟的重要途径，换言之，透过探讨中文报纸的文学副刊，我们能够把握某个时期马华文学的生态秩序与书写形式"①。90年代，张永修先后主编《星洲日报·星云》和《南洋商报·南洋文艺》，是这一时期马华文学副刊的重要"把关人"，他的《近处观战》②和《副刊本土化之实践——以我编的〈星云〉及〈南洋文艺〉为例》③，发掘出许多以编辑身份参与马华新生代文学建构的细节，为解读报纸副刊与马华新生代文学关系提供了许多有力的佐证。

林春美在《文艺副刊与马华地志散文之兴起》中，以参与者的身份写道："90年代初期综合文艺副刊《星云》所策划的'大马风情话'与'南北大道'两个系列的文章，促使马来西亚（以马来半岛为主）由南至北许多大城小镇、甚至一些之前罕为人知的小地方，集体浮出马华文学的地表。其以主文形式处理这些地志散文的编辑方式，提高了'地方'的能见度。这两个系列所刊载的文章，就其数量、书写者，与所涉地方（内容）之总和而言，可说是马华文学史上

---

① 张光达：《管窥副刊专辑与马华文学——1998—2008年〈南洋文艺〉的例子》，《南洋商报》"南洋文艺"2009年7月14日。

② 见张永修等主编《辣味马华文学——90年代马华文学争论性课题文选》，雪兰莪中华大会堂、马来西亚留台校友会联合总会2002年版，第c—g页。

③ 张永修：《副刊本土化之实践——以我编的〈星云〉及〈南洋文艺〉为例》，《人文杂志》2002年总第17期。

规模最大的一次地方书写活动。从其成果而言,它不仅从某个程度上绘制马来西亚地理版图,亦初步总结了马华作家对国境之内诸多地方的感性经验。与此同时,它亦展览不同地方与不同世代作家的地方感,不仅使地方景观成为可见(visible),亦使一些随时代变化而不复存在的隐形景观(invisible landscape)得以展示。90年代初的这场地方书写活动,以文学建构地方,以书写赋空间以意义。其突出的成果,在某个程度上,也许,牵动了21世纪蓬勃的马华地方书写的活动与发展。"[1] 林春美这篇资料翔实的论文,深化了马华地志散文的研究,也提示着报纸副刊与马华新生代文学的关系还有许多可供观察的维度。

由此可见,不论从文学本体对马华新生代文学的研究,还是从传播平台对马华新生代文学的考察,多为散点透视和平面描述;论析也集中于身份建构、文化认同、历史叙事和本土意识等方面。研究范围个案,多集中于黄锦树、林幸谦、陈大为、钟怡雯、黎紫书、李天葆等;还有许多出生于60年代和70年代的新生代作家,没有得到充分重视;研究范围与深度,都有待进一步开拓。即便是从文学与媒体的角度入手,仍然需要一种立足于报纸副刊的"全景式"研究,深入探讨90年代新生代文学与栖身平台的关系;以揭示在后现代语境与少数族裔这一双重政治、文化夹缝中,马华新生代群体如何表达其生存经验,如何发出独特的文学声音。

第四节　研究思路与方法

作为一种流散景观,海外华文文学在东南亚地区的繁荣发展彰显出语言与文化生生不息的内在活力,而它与所在国其他族群的复杂交往反映出文化与生存之间依存关系,以及在生存及发展主题下,华人族群对他者文化的认知和妥协性接受,马华文学因此成为一个意蕴复

---

[1] 林春美:《文艺副刊与马华地志散文之兴起》,《暨南学报》(哲学社会科学版)2010年第6期。

杂的实践性课题，在学术范畴里面临多重维度之审视。简言之，有关马华文学的研究，不仅仅通过学术话语实践回应中国社会科学的论域新拓和边界扩张，同时也借助具体研究推动不同学者就海外华文文学相关问题展开深入探讨，以此证明当代历史在类同转化中疾步前行，甚至逐渐演进为组成某种学科框架及其填充物的基本知识。

可以说，马华文学的外部支援条件使其在"海外华文文学"中成为一个建制完善的文化体系，围绕马华文学组建起来的文化场域，不仅包含了一流的文学家，而且也支撑了一个功底扎实、视野开阔、锐意创新的华人学者团体。这些文化主体因为经历了第三世界边缘文化体验，切肤之痛转换为诸多命题的发现和发明，如留台生黄锦树率先对"马华文学"内涵展开的反思，探及语言、文化和国民身份等核心关系，由此揭开90年代重新思考马华文学何去何从的序幕。因此，有关新生代马华文学在90年代文化空间和传播空间渐次生长的研究，自然不能将文学与文化体系割裂开来，必须把文学主体置入历史的空间，联系大马华人自马来西亚建国以降的现实生存环境，只有穿越相关种族政治和文化政策，才能对马华文学的历史来源与新生代的追求抱负有更深刻的体会。从这个意义上说，马华新生代文学研究必然是跨学科的综合方法，在社会学、人类学、政治学、经济学等多种视角内，结合文学文本展开文化研究。

本书共设八章。第一章命名"边缘的声音：华文报纸的承担"，意在从报刊史的角度梳理马来西亚华文报纸与马华文学的互塑过程。马华文学的早期形成和发展离不开华文报纸，马来西亚建国之后由于种族文化制度而被剥离于国家体制之外，与华人政治地位一样，亦经历了"为承认而斗争"的艰难过程。90年代马华报纸的文艺副刊经历了80年代末政治风波洗礼，从现实抗争的重心转到一代马华新人的塑造，马华文学的历史使命因而变得更加实际。"马华文学再出发"，着眼于马华报刊的文学承担，从平台到编辑，以努力创造新的华文报纸和新的文学副刊为要务，在报纸为最重要载体的马华文坛，这种鲜明的姿态宣告了一个新时代的开始，加速了当代马华文学和新生代作家的崛起。

第二章主要研究马华报纸副刊与90年代马华作家代际演变,从文学史角度探讨马华新生代与其他作家的话语冲突,以及报纸副刊顺应时代潮流发展扮演新生代护航者角色所起的扶持作用。代际演变作为一个现代性课题,其合法性通常建立在线性时间的进化和更替层面,但是新生代与前辈作家的冲突,主要由于主体性的建构困境。为了强化主体的国族认同,60年代以降出生的马华新生代已经实现马来西亚国民身份的蜕变,支撑其新文化的文学观念由此表现为对现实主义"陈旧"观念的断裂,而学习西方的留台学生文学作品恰好符合这样一种有关异质文化的期待,加上他们的作品在台湾获得各种奖项,于是在部分人士那里被追认为马华文学的希望和方向。他们的作品在争议声中完成"内销"过程,为马华文坛刮起一阵又一阵新鲜之风,其有关马华文学如何发展的言论,亦被相关媒体平台把持者优先、有计划地发表,年轻人的干劲十足,善于制造一系列以文采充当有力武器的对峙和冲突。在90年代初期开始产生的种种"事件",其实是有力地促进了新生代整体形象的形成。

第三章主要解读考察马华新生代诗歌在90年代报纸副刊的生长。诗歌作为直接反映主体心灵的书写,其话语修辞虽然足够隐蔽,但是文化政治性在所有文学类型中最为饱满。没有其他文学体裁在代表性的两报副刊中比诗歌发表比例更大,编辑也能找到更多的办法帮助新诗人成长。本章重点从南洋想象与中国性批判角度展开讨论,意在发掘新生代诗人在文化身份方面的表述意图,以及借助现代主义方法达到马华文学的艺术再生。不过也应该看到,经过90年代的风云激荡,马华族裔文学的政治话语主题在现代性背景中有所调整,种族政治的松动淡化了族群遭遇的命运悲情,在喧哗与骚动中,寓示了诗歌写作的多种向度,这都是需要努力挖掘的。

马华诗歌受台湾诗坛的深刻影响,并通过台湾管道与世界潮流保持密切关系。多元通道的建立,消解了马华新生代诗歌指向传统种族政治的批判性。需要注意的是,离散诗学在超越中国性的实践背景中成为一种"万能"的工具,通过它建构的论文和其他理论话语,常用以表明某种令人生疑的姿态和话语立场,这样就有可能走向了离散拥有先锋性、边缘性、对抗性意涵的反面。可以理解，马华文学中身份对抗的消失，是伴随政治语境改变而改变的，因此，尖锐的政治文化问题，逐渐回归到不同文化、不同心灵之间的理解与交流困难，虽然它将极大地淡化种族色彩，但会凸显出文化的冲突，因而文明对话将在马华文学中生成更为强烈的意愿与理论空间。

第四章从新生代小说与副刊相互关系出发，努力建立一个观察马华文学新传统塑造的有效角度。马华小说在90年代的发展当然离不开极具盛名的"花踪"文学奖，不过"花踪"仍然是由媒体平台创造、维护运行的一种机制，文学奖也不能完全替代媒体。不难想象栖息于副刊的新生代小说遭遇的生存困境，除非有特定目的的安排与照顾，要看到个人在副刊中大显身手是一件不容易的事。因此，我们又专门设立专章（第七章）讨论"花踪"文学奖与新生代小说家的兴起，其个案性由于文学奖本身在马华文坛的巨大影响力而成为一种普遍现象，仿佛被荣誉、名利、使命包围的节日狂欢，文学奖成为诸多新生代作家的成人礼，获奖者由此步入文坛开始新的"征程"。没有一个其他奖与一代人的成长如此关系密切，而从奖项本身也可以看出新生代作家的心理状况，因为还没有哪一个有"野心"的作家能真正做到无动于衷。所以，即便有诸多学者涉及"花踪"讨论，但是并未充分揭示出文化意义，特别是参与者在获奖前后复杂的心理反应，它未必是纯粹文学研究的内容，却有同等重要的考察价值。

回到本章的研究思路。需要指出的是，小说在报纸副刊的出现并不具有独特的文化意味，但是当副刊成为小说发表的重要途径甚至唯一渠道时，才会从总体上产生某种后果。小说原本不受篇幅制约，根据题材、内容、作者想法自由决定文字的长短，是作家的自由。但是若要在副刊发表，则需要作出妥协和牺牲，报纸只能在固定的周期中提供固定的文学版面，除了文学价值的标准之外，编辑还有排版、读者阅读、作者数量等多种考虑，大多数作品必须篇幅短小，又有可读性。小说戴着镣铐跳舞，这样一种模式化创作，是副刊小说必须面对的问题。与此同时，以新闻报纸为依托的文学阅读，需要考虑社会性、新闻性与文学性的融合，这些都是马华小说在商业报纸中获得一席之地的过程中,必须面对的新课题。

第五章主要研究马华新生代散文。散文是一种与社会生活关系密切的文体,除阅读量和刊载量巨大之外,其亲和性比诗歌和小说要更为明显。作为文学新变的重要内容,受到新生代作家喜爱,新的散文观念统一于新生代的书写意识与叙述技巧。散文被寄予厚望,除了与华教、族群文化、权利诉求等华人切身利益表达高度关联之外,在文学技艺、观念层面亦起着重要的"训练"作用;并且新生代也需要超越日常生活,突入一代人的心理经验和文化视野,写出更有厚重感的新散文。我们将从地志书写、都市书写、文化书写、域外书写等若干角度展开具体探讨。此外,由于新闻报纸副刊往往以都市、消费文化为基本考虑,商业性对文学性的消解又是不言自明的问题,本书不是对此作出某种结论式的判断,而是以史料为依据,选择专栏为解剖对象予以深入研究。散文专栏的定期开设反映出商业化报纸无法回避的"软文"特征,由此产生了无节制的书写,以及"抒情的泛滥"。这些文学症候成为新生代作家不得不面对的问题。

第六章讨论"马华新生代理论话语建立"。新生代理论话语构成了马华文学一大文化景观,通过理论问题争论,马华文学获得更为自觉的思考意识。马华新生代理论话语生态可分为本土与国外两大体系,其中旅居台湾的学者发出"双重边陲化"的声音,这一主体因为身份变化经历不同阶段,90年代末以来,居留台湾成为台湾高校学院学术的重要组成部分,虽然新的思考具有同样重要的持续性,但是由于时间限定而未被纳入本书考虑范围。90年代初期由新生代发动的若干次理论建构,反映出他们敏锐的判断力和强烈的主体性焦虑,建立在理论操作能力层面的自信,缺乏实际支撑,因此也消解了他们进一步思考的可能性向度,而这可以归结为少数族裔文学在所在国确证其文化权力的身份焦虑。同时需要进一步探讨的是,论题化的系统展开,离不开编辑的运作,因为这对于新生代理论话语的建立起到不可忽视的作用。

以华文报纸副刊为研究对象,不仅有利于借助研究对象回到文学历史场景,而且也能通过报纸承载的社会信息获得一种观察社会的万花筒式角度，尽管它们被多次裁剪和提纯，对于海外异质文化空间而言，仍然是不可多得的观察标本。通过多代华人作家惨淡经营，马华文学自身早已发展为海外华文文学大传统的重要分支，某种程度上说是最为壮观的海外华语运作中心，由此文学景致促动，在文学研究领域，针对文学个案与现象的论析已经卓有成效，但是对整体性的资料打捞则尚付阙如，这样一种现象与其说归结为学术兴趣和关注中心的选择，不如说它本身即与学术的生产、资助联系在一起。我们从史料角度出发，重点考察文学与传播媒介的互动关系，不仅有可能抓住媒介这一重要语境进行文学史的资料整理，引起国内外学者研究的注意，同时为相关文学问题和话语展开奠定阶段性的基础，还有可能更深入地理解编辑和媒体在参与马华文学新变的过程中，甚至种种试图推动前行的努力。马华报刊人士之所以如此虔诚参与新生代文学成长，以至有拔苗助长的主体强烈意愿，除了他们自身代表着新生力量成长之外，再次反映出华社（华人社会的简称）、华校（华文学校的简称）与华教之于马华族群的支柱性意义，也是集体为承认而进行的斗争形成的内在压力，这种压力有助于建立起以自觉防护为追求的族群伦理。事实上，在马来西亚，社团、华教和华文媒体一样，深深地渗透着超越个人利益的集体色彩，它们的号召力如此强大，甚至在某些时刻引发社会的强烈震动。

　　媒体对于文学发展的作用关系到文学流通环节的最终实现，必须在时间的序列中才能充分理解副刊之于马华文学的塑造。结合刊物的兴衰流变，从而在平面化的静态再现中发掘出文学、观念、社会思潮的时间性建构，并努力在这种历史巨变中体现出主体生存及其条件的深刻变化。简言之，本书以马华新生代与华文报纸副刊关系为考察中心，旨在探讨马华文学在90年代的文化背景及其文学史展开，在诗歌、小说、散文等具体文类上予以分别研究，结合族裔文学、文学制度、文学传播等相关角度，将马华新生代文学还原于历史文化语境及其华文报纸这一具体生存空间，考察支配马华文学运行的文化场域变动与重组。同时紧扣若干重要论争梳理马华文学观念和思潮变迁，作为审视新生代在现代性浪潮中寻找自我定位和身份建构的一种方法。

因此，必须从传播学角度探讨编辑和媒体在文学设计中的导演作用，探讨在一系列文学论题和创作思潮中所设置的议程，如何或隐或显地影响到新生代文学的前行。

同时必须意识到马华新生代文学的几个重要言说向度，除了始终面对"为承认而斗争"的国家文化命题之外，还肩负了推陈出新、经典建构的任务，在此议题下，"中国性"问题成为马华作家尤其是新生代作家必须面对的精神现实，甚至是一种暧昧不明、极难脱身的"两难困境"。简单地说，由于内心强烈的故国情感，老一代华人作家以游子自居，其文学秉承左翼现实主义传统无法跟上艺术变革时代，这成为新生代作家亟欲划清的界限。经由落地生根、完成国家认同以马来西亚人自居的新生代，意识到这样一种身份认同在当时政治语境下存在国族认同的基本矛盾，必须从内心深处去除中国烙印，但是以语言、文化、传统记忆为载体的"中国性"又是华族在异质文化空间中表明身份的基本符号，否认中国性相关的精神归属，在一定程度上等于自我身份的消解，因此，承认中国性与否，都可能导致不可避免的精神难题。"中国性"在新生代作家那里成为一个必须背叛的参照，正是在破解这样一种主体困境的前提下提出来的，但是这批习惯说狠话、桀骜不驯的前行者依凭的是90年代台湾先锋文学，却不可否认，不论在文化的理论维度还是实践维度，仍然属于纯正的中国性范畴。可以说，"马华性"与"中国性"的关系，直接决定了新生代文学的基本想象和精神境况，我们在后面展开的研究里也会注意这一点。

第一章

边缘的声音：华文报纸的承担

马来西亚建国后，马来人的"土生特权"不断被强化，马来人血缘意识渗透到"国家文化"及"国家文学"概念中，华人在马来西亚政治文化生活中逐渐流于边缘。"为了维护本身的权益及文化特征，马来西亚华人也不得不调动各种资源来抵抗马来政治精英的文化霸权。社团、学校与报纸是华人操作抵抗的三大支柱，而从一九一九年发展起来的马华文学则是另一个抵抗机制——生产抵抗话语的机制。"[①]

马来西亚有着悠久的华文报业史，尤其是创办于20世纪20年代的《星洲日报》和《南洋商报》，历久弥新，成为90年代马来西亚华社重要的舆论阵地。作为华社的重要支柱，华文报纸积极参与马来西亚华人"为承认而进行的斗争"，捍卫华人的话语权。

"马华文学在马来西亚的边缘处境，而文艺作品在以商业大众为导向的报纸中又可谓是边缘性格。"[②] 马华报纸文艺副刊是马华文学的重要载体，虽难以摆脱"边缘处境"；但是，经过许多有心人的艰辛努力，仍在夹缝之中延续与拓展了华人的文学理想。

第一节 参与的政治：华文报纸与华人话语权

马来西亚独立建国后，特别是"五一三"事件之后，被视为"外

[①] 许文荣：《南方喧哗：马华文学的政治抵抗诗学》，南方学院出版社2004年版，第23页。
[②] 张光达：《管窥副刊专辑与马华文学——1998—2008年〈南洋文艺〉的例子》，《南洋商报》"南洋文艺"2009年7月14日。

来者"的华人流于边缘,多元族群构成的马来西亚发展为由单一马来族主导的政治模式。在政治霸权的推动下,马来西亚华人热衷于经济领域而在政治领域鲜少作为,文化、文学领域也形成了以马来族为中心的话语体系。"宰制"伴随着抵抗,其间,作为华人族群重要支柱之一的华文报纸,扮演了马来西亚华人维护华社权益、捍卫华人话语权的重要角色。

一 宰制与回应:华人政治与文化生态

华人移民到马来西亚最早可以追溯到15世纪的马六甲王朝时期①,大规模的移民则开始于19世纪中期。经过数百年的发展整合,到1957年马来西亚独立前夕,"马来西亚华人已经是一个完整自足,并且有着自己特色的群体,他们和其他族群平起平坐,草拟新国家的图景"②。1955年,中国政府宣布取消双重国籍,许多长期在马来西亚生活,对这片土地产生深厚感情的华人开始放弃中国国籍。1957年马来西亚独立后,继续留在这块土地的华人纷纷宣誓效忠这个新生的国家,并入籍成为马来西亚公民。但是,华人的政治表态并没有获得马来人的认可,或者说消除他们心中的疑虑,"在许多马来人的心目中,要效忠马来西亚,一切应该本土化……这种堂而皇之的理由为族群之间制造了新的宰制关系"③。族群之间的"宰制关系"在独立前"草拟新国家图景"的进程中就已出现,华人对华文教育的妥协④以及争取华文成为官方语文⑤的失败可作为这一"宰制关系"的注解。

---

① 颜清湟:《华人历史变革》,载林水檺等编《马来西亚华人史新编 第1册》,马来西亚中华大会堂总会1998年版,第5页。

② 何国忠:《导论》,载何国忠编《百年回眸:马华社会与政治》,华社研究中心2005年版,第 i 页。

③ 何国忠:《马来西亚华人:身份认同、文化与族群政治》,华社研究中心2006年版,第100页。

④ 何国忠:《马来西亚华人:身份认同、文化与族群政治》,华社研究中心2006年版,第49—88页;暨南大学东南亚研究所、广州华侨研究会编著:《战后东南亚国家的华侨华人政策》,暨南大学出版社1989年版,第52—53、60—67页。

⑤ 周南京主编:《华侨华人百科全书 历史卷》,中国华侨出版社2002年版,第600页。

马来西亚独立后,在"一切应该本土化"的观念指导下,作为"外来者"的华人丧失了与土著马来人"平起平坐"的权利,沦为被"宰制"的对象,马来人在这个多元族群构成的国家逐渐建构了一种"土著特权":"马来人在1957年占马来半岛人口的49.8%,而华人占37.17%,1964年(包括新加坡),马来人占40.6%,华人占42.2%,1970年马来人占46.6%,而华人则占34.4%。人口上的这种非绝对优势,使马来人担心其地位受到挑战,因此他们通过一些步骤以得到这个国家的支配权,最简单的方法就是通过某种'特权'维持强势,'土著的特权'就这样衍生。"①

1957年马来西亚独立至20世纪90年代,马来西亚的文化、政治生态大致可以分为三个阶段:1957—1969年"五一三事件"②为第一阶段,1970—1990年为第二阶段,20世纪90年代为第三阶段。其中,1969年"五一三事件"是马来西亚文化、政治的重要分水岭。此前,马来人特权虽已在各个领域出现,但族群之间的宰制关系还不是非常突出,华人甚至还在通过一步步的斗争争取族群之间的"平起平坐"。"五一三事件"之后,一切似乎都急转直下:"1969年发生的'五一三'族群冲突,令华人社会受到极大震撼,由于族群创伤和国会民主中断,华人政治一时陷入低潮。随后,政府施行扶持马来人的新经济政策,并筹组'国民阵线'(简称国阵,Barisan Nasional)以

---

① 何国忠:《马来西亚华人:身份认同、文化与族群政治》,华社研究中心2006年版,第93—94页。

② "1967年政府规定只有考获政府教育文凭的学生才可以出国留学,这又燃起了维护中华文化人士内心中的怒火,他们在这个时候建议创办独立大学,马华公会觉得华教斗士要求过分,决定和巫统站在一起,并设立拉曼学院抗衡,其总会长陈修信还讥讽创办独立大学犹如铁树开花。马华公会虽然声称代表华社,但在文化传承的问题上,华社却以华教团体为依归,马华公会领导人的声音反倒成为华社的少数。在1969年的大选中,马华公会惨败,联盟所得的议席也大减。反对党在获得了突破性的成绩后游行庆祝,巫统内部强硬派大为不满,发动在吉隆坡市区举行反示威,就在5月13日两派人马起冲突,这是马来西亚历史上出名的五一三流血暴动。"见何国忠《马来西亚华人:身份认同、文化与族群政治》,华社研究中心2006年版,第90页;有关"五一三"事件还可参阅周南京主编《华侨华人百科全书 历史卷》,中国华侨出版社2002年版,第498—499页。

扩大联盟的执政基础，同时宣布以土著文化为核心的国家文化政策，还收紧民主运作的空间。"五一三"事件对华人政治带来巨大冲击，马来族群政党巫统（UMNO）的政治支配地位因官僚体系和军队的支持，得以进一步巩固。独立后建构起的执政联盟（Alliance）各族精英的协和式民主（consociational democracy）运作不复存在，反而架设一套'后五一三架构'的政经策略。"① 整个70、80年代，马来西亚不断强化马来人特权，在政治、经济、文化等领域逐步巩固以马来人为主导的话语体系。

经济方面，"五一三事件"之前的12年间（1957—1969年），马来西亚政府出于政治和经济方面的考虑，"基本上维持独立前让华人在中下层经济中自由发展的原则"②。"五一三事件"之后，由于许多马来人认为导致这一事件的根本原因在于马来人与华人之间经济地位的不平等，于是，马来西亚政府决定从1970年至1990年推行"扶马抑华"的"新经济政策"。"新经济政策的宗旨是通过消除贫穷，重组社会，达到全民团结，并建立一个公平合理、进步和繁荣的国家的目的。""对华人经济影响最大的是'重组社会'。但新经济政策的核心恰好是通过重组社会，纠正经济地位不平衡状况，制造马来人的工商业社会，使马来人及其他原住民成为国家经济活动的伙伴，进而减少及最终消除经济上的种族区分。政府宣称从1970—1990年实施新经济政策，其目标是，到1990年，工商业各个领域中的股权分配为土著30%、非土著40%、外资30%。""按照马来西亚原有经济股权分配情况，要在大约20年中达到上述目标，远非易事。……因此，必须依靠政府的各种强有力的扶助政策，来实现马来人经济股权的超常发展。而这些扶助政策则或多或少地抑制马来西亚华人经济的发展。"③ 此后，马来西亚政府不断推出各种经济法令和措施以保证新经

---

① 潘永强：《抗议与顺从：马哈迪时代的马来西亚华人政治》，载何国忠编《百年回眸：马华社会与政治》，华社研究中心2005年版，第206页。
② 暨南大学东南亚研究所、广州华侨研究会编著：《战后东南亚国家的华侨华人政策》，暨南大学出版社1989年版，第68页。
③ 同上书，第71页。

济政策目标的实现，例如工业协调法①等。这种明显带有种族偏差色彩的经济政策的推出，是马来人特权在经济领域的延伸，对华人的经济利益造成了极大损害，一些华人选择将资本投向国外，"马来西亚的私人投资因而不断减少，1982年私人投资项目从1981年的613项减少到481项，下降了21.5%。据大马中央银行透露，1984年资金外流达14亿元，其中不少是华人资本"②。

文化方面，马来西亚是一个由马来人、华人、印度人、原住民等不同族群构成的国家，每一族群都将他们的文化深深地扎根在这片土地上，"由于族群之间在文化层面上有许多不同点，族群标签从来不曾淡化过。马来西亚的文化发展长期笼罩在政治的阴影下，而政策的贯彻又被族群问题所主导，文化问题就在族群问题不能消弭下带给华人长期的负担和挑战，也使华社起了错综复杂的反应"③。文化一旦披上政治的外衣，问题就变得复杂而难解。1971年8月16—20日，文化、青年及体育部在马来亚大学召开国家文化大会，参与大会的大约1000人，但几乎全部由马来人组成，只有几位是非马来人，因而它能否代表马来西亚全体国民的意志也屡遭质疑。这次大会的重要影响是明确了"国家文化"的基本内涵：一是，马来西亚的国家文化必须以本地区原住民的文化为核心；二是，其他适合及恰当的文化元素可被接受为国家文化的元素，唯必须符合第一及第三项的概念才会被考虑；三是，伊斯兰教为塑造国家文化的重要元素。这一决议把华人文化等马来西亚其他族裔的文化视为"外来文化"而排斥在"国家文化"之外，这是一种典型的依赖"政治霸权"建构起来的"文化霸权"，它使马来西亚华人的文化身份再次变得模糊，而且，必须重新

---

① 这项法令规定：工人25人以上、资本25万元以上的小型制造工业要申请执照，须让土著拥有该企业30%的股份，所雇用的工人中土著工人应占50%。见暨南大学东南亚研究所、广州华侨研究会编著《战后东南亚国家的华侨华人政策》，暨南大学出版社1989年版，第72页。

② 暨南大学东南亚研究所、广州华侨研究会编著：《战后东南亚国家的华侨华人政策》，暨南大学出版社1989年版，第73页。

③ 何国忠：《独立后华人文化思想》，载林水檺等编《马来西亚华人史新编 第3册》，马来西亚中华大会堂总会1998年版，第46页。

定位和寻找认同。同时，在现实层面上，"华人文化不能直接纳入国家文化当然影响重大，宪法虽然规定华人可以自由发展自己的文化，但是华人文化如果不是国家文化的一部分，政府就没有义务去发展它。华人的艺术、文学、音乐、哲学等人文学科的范畴，就只得靠自己努力。更加严重的是，政府不只不支持发展华人文化，它还推前一步，不允许华人发展自己文化。"① 例如，华人在公众场合舞狮遭限制，工艺大学要求毕业生穿马来传统服装参加毕业典礼，对广告招牌的中文字面积有严格规定等。

文学方面，独立前的1950年，"国家文学"概念就在马来民族主义思潮高涨的背景下被提出并引起广泛讨论，它比"国家文化"在1971年的提出早了21年——但真正引起华人社群关注还是在"国家文化"提出之后，从此，"国家文学"作为"国家文化"的一部分借助政治的力量加以建构和推进。1971年，时任马来作家协会主席的依斯迈·胡辛在《文学》杂志9月号上发表《马来西亚国家文学》，对"国家文学"的内涵进行了界定："只有以马来西亚马来文写作的作品才可以接受成为国家文学。其他土著语系文学（譬如伊班、马拉瑙、比沙雅、慕禄、柯拉必、加央、肯雅、普南等等）可以视为地方文学（sastera daerah）。而以中文、淡米尔文以及其他族群语文书写的作品可视为马来西亚文学（Kesusasteraan Malaysia/Malaysia literature），但是基于这些作品的读者只限于某些群体，则我们不把它视为国家文学。"② 在文章中，依斯迈·胡辛坦陈将马来语作为"国家文学"的创作媒介语包含了文化与政治的考虑，在谈到为什么"国家文学"被限定为以单一马来文创作的文学，华文文学等以其他语种创作的文学则被视为"族群文学"而排斥在"国家文学"时，依斯迈·胡辛认为："马来文是本邦原生者（anak negeri）的语文，它在本区域生长、扎根。与本邦其他土著语

---

① 何国忠：《马来西亚华人：身份认同、文化与族群政治》，华社研究中心2006年版，第104页。

② 依斯迈·胡辛：《马来西亚国家文学》，载庄华兴《国家文学：宰制与回应》，雪隆兴安会馆、大将出版社2006年版，第35页。

言比较，马来文拥有最悠久的文学传统，因而它被赋予上述功能是非常合理的。此外，为了塑造主体性，我们不能挪用外界的基础。中文、淡米尔文、英文是外来语文，各自都有博大精深的文学与文化传统。当我们使用那些语文，我们将活在外来文化的阴影之中，我们将无法自由地以自己的辞汇创造自己的文化。"① 在这里语言被高度政治化，表面上看是为了防止外来语种文化或文学对"国家文学"的侵蚀，内在地却处处表现出纯正马来人血缘意识。正如有学者指出："'国家文学'概念实际上是马来文学与知识界在摆脱长久帝殖禁锢之后的文化愿景。它一方面通过国家机制仿效印尼青年宣言（Sumpah Pemuda）的做法，以'一个民族，一种语言'为文化建设与建国纲领，另一方面却掉进帝殖霸权的陷阱之中，以'一种语文，一个传统'为依归，建构后殖民模式的'国家文学'。从依斯迈·胡辛的地缘——语言通行论到赛·胡辛·阿里倡议的地缘——传统决定论无不显示马来文化独尊/大一统（以大统小）的用心。"② 在"国家文学奖"的推动下，"国家文学"蓬勃发展，而马华文学则一度陷于沉寂；直到90年代《星洲日报》花踪文学奖的创办及"意外走红"，马华文学才重拾一些自信并恢复了一线生机。

20世纪70、80年代，是马来西亚建国后华人处境最为艰难的时期。进入90年代，马来西亚的政治形势开始出现一些变化："国际环境方面就是冷战结束，意识形态淡化，经济建设成为时代的主旋律。国内环境方面就是2020年宏愿目标的提出。配合这种变化，马来西亚政府实行开放政策，使种族关系的紧张程度有所舒解。在政治上，逐步淡化意识形态的色彩，放宽华人到中国旅游探亲的限制。在经济上，鼓励华巫合作，华商到中国投资不再被视为不效忠的表现。在文化教育上，提倡回儒交流，鼓励马来人学习华文，对华文教育采取灵活的政策，批准设立南方学院和新纪元学院等。在民族关系上提出建

---

① 依斯迈·胡辛：《马来西亚国家文学》，载庄华兴《国家文学：宰制与回应》，雪隆兴安会馆、大将出版社2006年版，第36页。

② 庄华兴：《国家文学：宰制与回应》，雪隆兴安会馆、大将出版社2006年版，第122页。

设马来西亚国族的概念,冲淡非土著的不满情绪。"① 政治上的开放,使族群关系一度较为缓和,90年代也成为马来西亚建国以来各族矛盾较少的时期。但是,族群关系的缓和并不代表"宰制关系"已经解除,它只是被暂时的经济繁荣所掩盖,"国家文化"、"国家文学"等带给马华文化及马华文学的消极影响没有被消除,马来西亚华人所面对的政治文化环境没有发生根本改变,他们仍然需要在马来人建构的话语体系中艰难地维护自己的权利。

有"宰制"就会有回应与抵抗,独立以来,马来西亚华人不断发出自己的声音,除了轰轰烈烈的华教运动之外,华人在文化与文学方面也有积极的行动。

文化方面,1971年"国家文化"概念提出之后,或许是"五一三事件"留下的心理阴影在华社还挥之不去,在整个70年代还看不到华社对"国家文化"及其相关政策做出积极反应。转折出现在1981年,这一年恰好是"国家文化"提出10周年,政府突然公开表示要各族群对"国家文化"进行检讨,华人开始作较系统性的回应。1983年3月27日,由马来西亚13州的华人大会堂、中华公会、中华商会等州级性华人最高领导机构及董总、教总所组成的15华团在槟城举行文化大会。3月30日,大会向文化、青年及体育部呈交《国家文化备忘录》。备忘录认为,马来西亚为多元民族、多元语文、多元宗教及多元文化的国家,因此,反对以原住民文化为核心,反对只将其他文化中有适合和恰当成分作为国家文化的一部分,反对将伊斯兰教作为塑造国家文化的重要成分。这份备忘录,还对国家文化提出了以下具体建议:(1)国家文化的基本特征是:多元的文化形式,共同的价值观与本地色彩;(2)各族文化的优秀因素是国家文化的基础;(3)科学、民主、法治精神与爱国主义思想,是建立共同文化价值观的指导思想;(4)国家文化应基于民族平等的原则,通过民主协商来建设,在建设的过程中,应重视文化发展的自然规律,而不应有人为

---

① 张应龙:《百年回眸:马来西亚华人政治史之变迁》,载何国忠编《百年回眸:马华社会与政治》,华社研究中心2005年版,第12—13页。

干预；(5) 建设国家文化的过程，也就是各族文化的相互交流、去芜存菁，并吸收外来文化的优秀因素，建立共同价值观的过程；(6) 政府应一视同仁，平等对待，同样扶助各民族文化，并大力促进它们的交流。① 1984 年开始，各州华团领导机构轮流举办"全国华人文化节"，通过各种文化活动，宣传推广华人文化。

1996 年 11 月 17 日，68 个华人社团在吉隆坡召开第 2 次全国华团文化大会，这次大会通过了《全国华团文化工作总纲领》初稿，并再次呼吁马来西亚政府在推进国家文化建设时必须贯彻以下 4 项原则：(1) 马来西亚各族文化的优秀因素是国家文化的基础；(2) 科学、民主、法治精神与爱国思想，是建立共同文化价值的指导思想；(3) 共同价值观应通过多元民族形式来表现；(4) 国家文化应基于民主协商来建立。② 将这 4 项原则与 1983 年《国家文化备忘录》中提出的 6 项具体建议相对比，可以发现，两者并没有很大区别，几乎是老话重说，这多少反映了华社在应对"国家文化"时的无奈，毕竟它披着一件厚重的政治外衣。这种"无奈"还体现在将发展华人文化寄希望于政府的"宽容"："在塑造国家文化特征及形象的过程中，政府有必要认清马来西亚的种族背景，以及各种族的意愿、理想、心声和禁忌。我们不期望政府缔造'马六甲皇朝的文化'或'天方夜谭的文化'，我们也不期望政府为华人的文化越俎代庖。我们不很企求政府承认或接受华裔的文化特征为国家文化的特征，我们只企求政府不要处处妨碍或压制华裔文化特征的活动、存在与表扬。"③

文学方面，从方北方、陈应德到张锦忠、黄锦树、林建国与庄华兴，马华文学的几代人都有沉重的"国家文学情结"。尽管由于文学观念、立场等的不同，不同代际对"国家文学"的回应与提出的思路并不一致，

---

① 见何国忠《马来西亚华人：身份认同、文化与族群政治》，华社研究中心 2006 年版，第 106 页；周南京主编：《华侨华人百科全书　历史卷》，中国华侨出版社 2002 年版，第 550 页。

② 周南京主编：《华侨华人百科全书　历史卷》，中国华侨出版社 2002 年版，第 79 页。

③ 周福泰：《国家文化与华人文化》，载罗正文主编《当代马华文存：文化卷·80 年代》，马来西亚华人文化协会 2001 年版，第 11 页。

但都不同程度地"彰显了论者从失落到追寻的循环往复的焦虑感与两极紧张（两极指华极与巫极，即华人模式与马来人模式，引者注）"①。

方北方被认为是独立后最早对"国家文学"做出回应的马华作家之一，他曾写了《马来西亚文学概念：文学是时代的产物》（1978年）、《马华文艺与马来西亚文艺》（1980年）、《马华文学与马华社会的关系：从"马华文学"、"国家文学"、"华文文学"说开去》（1986年）三篇文章。在这些文章中，方北方"认为文学发展不能与时代的动向背道而驰，不能脱离本国社会环境的风格，文学作品必须具有精神意识，而精神意识与时代面貌和人民呼吸息息相关。……精通马来文而能写作的马来作家所写的是本族的人民生活与社会现象，可以说完全是一个种族的文化。因而对何以一个种族文化可以代表由三大民族组成的马来西亚国家文化提出质疑"②。对由单一马来文学建构的"国家文学"概念，方北方也提出质疑："不论你具有如何高深的文学理论，甚至企图强词夺理，也找不出充分的理由适合逻辑，说明一个以综合文化结成的国家，可以单独反映一个种族文化作为代表这个多元种族的国家文学"；"因为反映华人社会的文学，只能称为'马华文学'；反映印人社会的文学，只能称为'淡米尔文学'。那么除却政治立场，以文学的眼光透视所谓'国家文学'，也不过是'马来文学'，因为它只是反映马来社会而已"③。方北方的回应，代表了一代马华作家的声音。

张锦忠、黄锦树和林建国是马来西亚旅台学者的重要代表，他们的相关阐释在90年代马华文坛产生了重要影响。张锦忠和黄锦树对"国家文学"的回应主要是从拆解和重新定义/定位马华文学开始的。1984年，张锦忠在《蕉风》第374期上发表《华裔马来西亚文学》，提出将"马华文学"更名为"华马文学"即"华裔马来西亚文学"，这一观点在当时并没有引起关注。1991年，黄锦树在《星洲日报》

---

① 庄华兴：《国家文学：宰制与回应》，雪隆兴安会馆、大将出版社2006年版，第12页。
② 同上书，第113页。
③ 方北方：《马来西亚文学概念：文学是时代的产物》，转引自庄华兴《国家文学：宰制与回应》，雪隆兴安会馆、大将出版社2006年版，第113页。

文学副刊"文艺春秋"上发表了《"马华文学"全称之商榷——初论马来西亚的华文文学与华人文学》,提出将"马华文学"由"马来西亚华文文学"修改为"马来西亚华人文学",文章发表后在马华文坛引发轩然大波,最后演化为一场火药味极浓的马华文学定位论争。概括地讲,张锦忠与黄锦树吸收人类学的方法,将"马华文学"由语种文学概念置换成族裔文学概念,试图把传统马华文学概念中被忽略的部分(如华裔英文、马来文创作、峇峇文学、文言文学等)建构成可以解释和言说的对象,并在马来西亚华人族群内部不同语种文学之间建立起一种可以相互了解、交流与沟通的机制,使人们能够"以一种整体的视野来观照生活于大马的华人在不同的语言世界中留下的心灵记录"①。当然,他们还有更大的"企图",那就是解构笼罩在"国家文学"之上的官方意识形态与马来人血缘意识,正如林建国在《为什么马华文学》中指出的:"黄锦树的概念虽有人类学支撑,可是视野超乎陈志明的设计,使'马华文学'成为更广延、更具动力和颠覆力量的概念,使马华文学既在马来文学之内,又在其外,整个摇撼了'国家文学'的族群语言中心论。换言之,黄锦树重新定义马华文学的同时,也重新解释了马来文学,并将'国家文学'解构";"表面上它以血缘界定华人族群文学,实则藉这族群的多语与多元文学现象,突显大马人书写活动的真实面貌。这是伦理和道德的问题,旨在打破官方的血缘中心历史诠释视野,免受意识形态国家机器收编、分裂和操纵,使最后受伤害的还是文学和人民记忆……如此暴露血缘观意识形态的逻辑是一石二鸟之计,划出了马华文学与中国文学的相对位置,也摧毁了大马'国家文学'的依据"②。

庄华兴是马华本土新生代学者,长期关注"国家文学"议题,代

---

① 胡金伦专访:《寻找马华文学的定位——马华文学实质为何》,载张永修等主编《辣味马华文学——90年代马华文学争论性课题文选》,雪兰莪中华大会堂、马来西亚留台校友会联合总会2002年版,第96页。

② 林建国:《为什么马华文学》,载张永修等编《辣味马华文学——90年代马华文学争论性课题文选》,雪兰莪中华大会堂、马来西亚留台校友会联合总会2002年版,第45、54—55页。

表了与黄锦树等旅台学者不同的回应思路。在庄华兴的意识里,"今天我们处理国家文学以及各族群文学之间的互动等问题基本上无法不考虑这样一个历史元架构。即如何面对那继承自殖民主义的思想意识以及它如何内化于文化霸权的结构上"①。他认为,"国家文学"对马来文学之外的其他语种文学的排斥源于马来民族主义对文学的干涉,这种干涉直接导致马华文学只能成为"国家文学"语境中的他者,并最终遭遇放逐。在大的政治环境无法根本改变的情况下,庄华兴认为,华社要关心的不应是"国家文学"概念在理论上是否成立或存在多大的缺陷,而是如何去"导正":"我们关注的是如何巩固与贯彻一个'多语—国家文学'(multi-languages-national literature),而非'单语—国家文学'(mono-lingual national literature)或'单一民族—国家文学'(literature of single nation-state)"②。在如何"导正"马华文学与"国家文学"的关系,或者说马华文学如何进入"国家文学",庄华兴提出的思路是:马华更多的作家进行华马双语创作。华马双语创作是否能够使马华文学进入"国家文学",还需要时间的检验③,但是,庄华兴无疑给马华文坛指出了一条"妥协性"出路。

二 "为承认而斗争":华人社会与华文报纸

华文报章与华人社会密不可分,有着相辅相成的互动作用。华报需要华社人士的支持,没有读者的支持,华报就如残花败柳,失去雨水的滋润,便要枯亡。另一方面,华报也可尽量发挥文字的功力,使之成为社会的公器,扮演一种督导与制衡的角色,使华社愈益健康成长与壮大。而且,报社与新闻从业人员也可以大义凛然,为中华文化的传承,民族教育的发扬,与华人权

---

① 庄华兴:《国家文学:宰制与回应》,雪隆兴安会馆、大将出版社2006年版,第10页。
② 同上书,第15页。
③ 黄锦树对庄华兴提出的这一思路就不是很赞成,两人就此有过一番争论,相关文章可见庄华兴《国家文学:宰制与回应》附录部分。

益的争取，发出正义的呼声，形成一股沛然莫之能御的力量。①

崔贵强的这段话提示着我们，如何去把握马来西亚华文报纸与华人社会的关系。在独立以来华社为"承认"而进行的"斗争"中，华文报纸一直是华人社会的重要舆论阵地，华人的政治、经济、文化、教育等诉求多通过这一渠道向外表达，使华人在马来人主导的政治语境中不至于成为失声的族群。

独立后，政治认同没有给马来西亚华人带来多少困扰，他们很快就以这个新生国家的公民自居，并积极参与当地事务。最大的困扰来自华人对文化身份的坚持："华人虽然和中国断绝了政治关系，但是国家认同的转向从来不曾使他们忘记自己身为华人的事实，主观上不愿和旧有的母体文化脱节，华教工作者的目标可说代表了文化传承的最高理想。在这些人看来，文化是民族的根本，没有文化，就没有华人，文化传承从独立开始就是许多人日夜操劳的问题。"② 华文报纸是马华文化生长、传播的重要园地，独立以来，《星洲日报》、《南洋商报》等报纸直面马华文化不被"国家文化"承认的现实，逆势而上，为马华文化适应时代的发展寻找新的出路。

1988年，张晓卿收购《星洲日报》。他认为：马来西亚经济高速发展，文化建设却十分滞后；"这种以'经济挂帅'作为社会发展本质的想法，其实也是一种以客为主，以'手段'当成'目标'的偏差发展方向，很容易使社会流于庸俗化、商业化和物质化，不但缺乏文化内容，也缺乏原创的生气和动力。""经济高增长无以证明生活品质的改善和提高。社会本身缺乏艺术、文学及精致文化的熏陶，长期以往是会腐化人心的。"③ 鉴于此，1990年3月，《星洲日报》宣布从是年起，举办两年一届的"星洲日报文学奖"（后改名"花踪文学奖"）。在90年代连续举办了5届，被誉为文学界的奥斯卡，成为

---

① 崔贵强：《东南亚华文日报现状之研究》，华裔馆、南洋学会2002年版，第97页。
② 何国忠：《独立后华人文化思想》，载林水檺等编《马来西亚华人史新编 第3册》，马来西亚中华大会堂总会1998年版，第46页。
③ 张晓卿：《期许与愿望》，《花踪文汇1》"献词"，《星洲日报》1992年版。

《星洲日报》具有世界影响力的文学文化品牌,对推动90年代马华文化的发展,尤其是提高马华文化的影响起到了重要的作用。"星洲日报创办'花踪'文学奖,诚如宗旨所揭示的那样:鼓励创作、发扬文学和传承薪火。如果要作进一步阐释的话,那就是,在文化良知的驱策和众人的期待与鼓舞之下,勇敢地负起一份艰巨但充满意义的文化传承工作","希望通过主动的反思和批评,能为这个已经绚丽多姿的社会,创造更丰富和更有气质的文化内容"①。10年间(1990—1999年),《星洲日报》共举办5届花踪文学奖,获奖作品大部分都在《星洲日报》重要的文艺副刊"文艺春秋"上刊登,这些作品结集成《花踪文汇1—5》成为90年代马华重要的文学、文化创获。此外,在花踪文学奖举办的过程中,《星洲日报》不断邀请中国大陆、台湾和香港的知名作家、文化人到马来西亚讲学,解读中国文学和中国文化,在华社引起广泛影响。花踪文学奖的意义或价值,除了其累积的成果成为一个时代马华文化的标志之外,还在于通过它的奖项效应,使华人文化焕发出新的活力,也使更多的人去关注这一在马来西亚处于弱势地位的族群文化,同时,花踪文学奖使许多20世纪60、70年代出生的马来西亚华人新生代参与到华文文学的创作中,加强了他们对华人文化的认同,也使马来西亚华文文学和华人文化得到了延续和发展。

20世纪80年代中后期开始,一批60、70年代出生、被称为马华新生代的马来西亚华人开始活跃起来,成为各个领域的新鲜血液。与祖辈、父辈不同,这代人是华人第二代或第三代,他们在马来西亚出生、成长并接受教育,对中国的印象大部分来自祖辈、父辈的口说言传,他们对中国文化的认知,不再像他们的先辈那样仰视,而是要求与中华文化"断奶",建立一个与当地文化相融合的新型华人文化。马华新生代对华人文化的要求反映到文学中,就在90年代出现了各种文学论争,如1991—1992年关于"马华文学定位"的论争、1992年关于"经典缺席"的论争、1998年关于"马华文学断奶论"的论

---

① 张晓卿:《期许与愿望》,《花踪文汇1》"献词",《星洲日报》1992年版。

争、1999年"旅台与本土作家跨世纪对谈"引起的论争等。作为文化现象考察，这些主要发生在《星洲日报》和《南洋商报》上的文学论争，反映了90年代马华文化的焦虑，也表达了马华新生代建构新型马华文化的强烈诉求，他们要求解构长期以来笼罩在"国家文化"之上的马来意识形态，辩证地看待中华文化及其对马华文化的影响，确立马华文化的自信和独立意识。

华文教育是传承华人文化的重要途径，因而历来为华人社会所重视，独立后，为了争取华文教育的权利进行了不懈的努力和斗争，其间，林连玉更是被誉为"华教斗士"而受到华人社会的普遍景仰。作为华人社会的喉舌，马来西亚华文报纸一直在为华教运动鼓劲与呼吁。

社论是报纸的灵魂，代表了报纸的立场和方针，《星洲日报》和《南洋商报》都设有社论委员会，负责撰写社论，对一些重大的社会问题表明本报的立场和观点。在两报社论涉及的课题中，华文教育是重要的一环。由邓日才主编的《当代马华文存 教育卷》"80年代"及"90年代"中，共收入《星洲日报》和《南洋商报》相关社论11篇。1987年，马来西亚教育部派遣不具华文资格教师到华小任高级职位，被华文报纸报道后，引发华人社会一片哗然；华人社会及董教总立即做出反应，强烈反对这项侵犯华人教育权利的措施，成为轰动一时的"华小高职事件"。10月10日，中华大会堂等华团在吉隆坡天后宫召开抗议集会，为了声援这次集会，当日《南洋商报》发表题为《一致行动维护华教》的社论，对华团与华裔政党为了维护华文教育携手合作团结一致予以高度肯定，认为这是一个"有意义的突破性进展"，"一个令人鼓舞的开端"，"象征着华社的更大觉醒与团结"；对于引发这一事件的根由，社论认为："归根究底，是政府没有好好发展华小师资的结果，有关方面在商议问题解决之时，显然有必要检讨目前华校师训班或母语班所出现的偏差和弊端，以改善在国家教育范畴内的华校师资训练情况，从而一劳永逸的解决有关华小调升问题。"同时，社论还强调："华社反对教育部的有关调升措施是坚决的，雪隆甲华小三大机构为抗拒教育部的不合理措施，准备发动的罢课行动，霹雳抗议大集会准备在全国发动的'甘地式'不合作运动，是华社不满情绪的具体反映，当局应正视华社在有关课题上所表达的公意，从详考虑各华团所提呈的备忘录，尽速作出俯顺民意的纠正措施，使有关问题所引起的风波早日平息下来。"[①] 这次事件在华社及各华文报纸的共同努力下，于1988年取得了较为满意的结果，是年2月25日《南洋商报》再次发表社论：《华小高职问题基本解决》，表达该报对这一事件的高度关注。进入90年代，在族群关系稍微缓和的形势下，华文教育继续成为华文报纸关心的课题，在《当代马华文存 教育卷·90年代》收入的社论中，就包括《让精明教育发挥更大功效》(《星洲日报》)、《重视及解决华小面对的问题》(《星洲日报》)、《私立学院莫抄捷径》(《南洋商报》)、《教育泛政治化的隐忧》(《星洲日报》)、《民间办学应受赏识》(《南洋商报》)、《从政策层面解决华教问题》(《星洲日报》)、《敦拉萨大学承认统考文凭》(《南洋商报》)、《解决华小师资短缺仍需各方配合》(《星洲日报》)、《华文教育必须与时俱进》(《星洲日报》) 等，内容涵盖幼儿/初等教育、高等教育、教育政策/制度、课程与师资、母语教育的发展等，充分反映了华文报纸对华文教育的重视。

除了刊登与华文教育有关的社论及文章外，华文报纸充分发挥大众传媒的教育功能，《星洲日报》专门开辟"升学经"、"学海"等教育类专、副刊，以及针对青少年的"青春"、"青年园地"等副刊，寓教于乐，培养华校生学习华文的兴趣，弥补华文教育的不足。90年代，《星洲日报》纯文学副刊"文艺春秋"本着为文坛发掘新秀、传承薪火的宗旨，特辟"新人出击"专栏，后改名"新秀特区"，专门刊登华校生的文学作品。从华文教育的角度来看，"新秀特区"及其前身"新人出击"是华校生的实践课堂，锻炼了他们使用华文的能力，引导一批华校生走上华文文学创作的道路，影响深远。

---

① 南洋商报：《一致行动维护华教》，载邓日才主编《当代马华文存 教育卷·80年代》，马来西亚华人文化协会2001年版，第41—42页。

马来西亚的华校，由于得不到政府的财政支持，大多面临经费不足的难题，因此不得不向社会募资筹款，而华文报纸在这方面也是积极行动。"《南洋商报》自1987年起，在黄帽啤酒赞助下，举办了十大歌星义演，到全马各地巡回演出。至1999年所筹得的总额高达1亿6千300万零吉，分给各地329间中小学校。其他四家华文报，都以不同的形式，分别为华校筹募款项，为华校的存亡绝续尽一份绵力。"①

回顾独立以来，马华报纸的发展史，也是华人在马来西亚落地生根的血泪史，以及马华文化、文学在马来西亚的生长、传播史。在马来西亚的文化政治语境中，马来人拥有"不容置疑"的"土生特权"，但是，华人不甘沦为"被宰制"的对象，为"承认"而进行着不懈的斗争与抵抗，其中，马华报纸是华人参与斗争与抵抗的机制之一，积极捍卫华人的话语权。

三　时间帷幕：《星洲日报》、《南洋商报》

在华文报业史上，马来西亚有着独特的地位和意义，1815年8月5日《察世俗每月统计传》在马六甲创办，它"不仅是华文报业在马来亚及东南亚的滥觞，更重要的，它还标志着中国近代报业的发端"②。1957年马来西亚摆脱英殖民统治之前，出版华文报纸87种③，代表性的有《光华日报》、《现代日报》、《星槟日报》、《建国日报》、《南洋商报》（马来西亚版）、《星洲日报》（马来西亚版）等，这些华文报纸对马来西亚华人社群的形成与发展产生了重要作用："对内，它促进了华族社群在政治、社会和民智方面的发展；对外，则激励了

---

① 崔贵强：《东南亚华文日报现状之研究》，华裔馆、南洋学会2002年版，第99页。

② 陈蒙鹤：《早期新加坡华文报章与华人社会（1881—1912）》，胡兴荣译，广东科技出版社2008年版，第5页。

③ 王慷鼎：《独立前华文报刊》，载林水檺等编《马来西亚华人史新编　第3册》，马来西亚中华大会堂总会1998年版，第91页。

华人团结一致,以捍卫自身的利益。"① 1965年马来西亚、新加坡在政治上的分离导致华文报纸的分流,《南洋商报》、《星洲日报》开始在马来西亚建立独立总部,落地生根,成为马来西亚重要的华文报纸。80年代,马来西亚华文报纸一度陷于低迷,一些历史悠久的报纸如《建国日报》、《星槟日报》等被迫停办,《星洲日报》也在"茅草行动"中遭遇短期停办整顿。80年代后期开始,马来西亚华文报纸进入集团化的发展轨道,整个市场几乎被星洲媒体集团与南洋报业集团所控制,《星洲日报》和《南洋商报》成为90年代马来西亚影响力最大的两家华文报纸。

1. 《星洲日报》②

《星洲日报》由胡文虎及其弟胡文豹于1929年1月15日创办,社址在新加坡,创办初期总经理邓荔生占有一定股份,同年6月邓荔生辞职,其名下股份全部转让给胡文虎,《星洲日报》便由胡家独资经营。在创刊宣言中,《星洲日报》宣称:"提高国人知识,补助学校教育之不足","舆论界司社会喉舌,负指导天职,地位多么庄严,责任多么重大","求民族、政治、经济的平等地位;力倡华侨投资祖国,藉定国基;提供各种教育,沟通中西文化,以增进华侨地位","环顾星洲,物质文明一方面虽稍发展,而精神文明则实多缺陷。故极应增进社会教育的效能,为之补救。如对于宗法社会之陋习,封建时代的思想,应根本改革。而现时代的文化、政治、经济、教育、美术,更应沟通传播,此其所负者一,精神团结,则力量膨胀,故要求精神的团结,必使言论之集中。此其所负者二,建设伊始,实业交通,种种计划……我们的言论界应居于督促地位俾其认真建设,此其所负者三。总观此三点,可明白创办本报之动机,完全是适应时代与现代化社会的需要。"③ 这份宣言传达了《星洲日报》的文化追求和

---

① 陈蒙鹤:《早期新加坡华文报章与华人社会(1881—1912)》,胡兴荣译,广东科技出版社2008年版,第123页。

② 下文有关《星洲日报》发展的历史轨迹,主要参照了彭伟步的专著《〈星洲日报〉研究》"第一章 历史回顾"的描述,特此说明,以致谢意。

③ 转引自彭伟步《〈星洲日报〉研究》,复旦大学出版社2008年版,第6页。

社会使命。作为一份由商人创办的报纸,《星洲日报》追逐商业利益无可厚非,"但这并不妨碍其也利用该报传播中华文化和推动当地的华文教育"①。《星洲日报》创刊后聘请傅无闷②、关楚璞③、郁达夫④等著名报人参与主持编务工作,加上资金雄厚、印刷精美、内容丰富等原因,《星洲日报》受到读者的欢迎,销量不断提升。

1941年12月8日太平洋战争爆发,日军南侵,1942年2月8日新加坡沦陷,9日《星洲日报》停刊。1945年日本投降,新加坡光复,9月8日《星洲日报》复刊。进入50年代,随着新马及中国政局的演变,《星洲日报》开始把关注的重心由中国逐渐转向新马,以往新闻报道中那种浓重的中国情结开始淡化,特别是1955年中国政府宣布取消双重国籍之后,大多数当地华侨入籍马来西亚或新加坡。马来西亚华人政治身份和认同的转变,使得《星洲日报》的办报宗旨也发生了方向性的转移:"自此以后,《星洲日报》不再宣传效忠中国的政治观,而是教育华人要为当地国服务,传播华文目的也仅限于族群的维系,在刊登华文时,不再称'我国'的文化历史如何悠久,而只是谈文化如何博大精深,鼓励华人学习华文","他们把更多的视角投放到当地华人身上,把更多的笔触描写华人社会的动态,把更多的版面去反映马来西亚的华文文化,呼吁华人融入社区,教育华人落地生根。"⑤

1982年,槟城富商林庆金收购《星洲日报》与《星槟日报》,至此《星洲日报》才正式与新加坡《星洲日报》分家,完成马来西亚化。1983年新加坡《南洋商报》与《星洲日报》合并成《联合早

---

① 彭伟步:《〈星洲日报〉研究》,复旦大学出版社2008年版,第7页。
② 傅无闷1929—1937年11月受聘《星洲日报》主持编辑事务,锐意改革,使《星洲日报》成为新马地区与《南洋商报》比肩的华文大报。
③ 关楚璞接替傅无闷担任《星洲日报》主笔至1940年,其间,他增辟"南洋史地"、"南洋经济"与"南洋文化"三个研究副刊,又辟三个文艺园地,促进南洋研究,极大地推动了当时的新马华文文学发展。
④ 郁达夫1938年底进入《星洲日报》主持文艺副刊,编辑"繁星"、"晨星"等文艺副刊,成为当时马华文学的重要阵地。
⑤ 彭伟步:《〈星洲日报〉研究》,复旦大学出版社2008年版,第28、29页。

报》，胡氏家族创设的《星洲日报》在马来西亚继续延续。林庆金收购《星洲日报》之后，扩充设备，引进人才，增加版面，丰富内容，一心想把《星洲日报》办成马来西亚第一大华文报纸，但是，事与愿违，1986年，林氏陷入财务危机，1987年在政府的"茅草行动"中《星洲日报》因"触犯出版准证条例"被吊销出版准证半年①。《星洲日报》停刊后，总编辑刘鉴铨四处奔走，最终说动"木材大王"张晓卿以2100万令吉收购《星洲日报》，从此《星洲日报》进入了辉煌的"张晓卿时代"。1988年4月8日，《星洲日报》复刊，张晓卿在当天的报纸上发表了一篇题为《我们开始新的长征——〈星洲日报〉复刊有感》的文章，申明《星洲日报》的办报宗旨："本报渡过了艰辛的历程，现在又开始新的长征。承先启后，继往开来，我希望本报同仁将能继续站稳立场，坚守岗位，克尽报人天职；并为促进国民团结，为建立一个和平、繁荣富强的马来西亚而加倍努力。"同时，张晓卿也重申了六点办报方针："①考虑到多元民族社会的特征，为顾全大局，时刻自我克制和约束，适当地行使新闻自由权利。②在沟通官民合作方面，扮演上情下达、下情上达的角色。③为广大读者提供互通讯息，表达心声的便利。④启迪民智，推广教育，发扬文化。⑤在党派政治中，明辨是非，不卑不亢，严守中立。⑥促进文化交流，以达致国民相互谅解及和睦相处的目标。"②复刊后的《星洲日报》浴火重生，销量一步一个台阶，最终在1992年超越《南洋商报》成为马来西亚第一大华文报纸。

2.《南洋商报》

《南洋商报》1923年9月6日由陈嘉庚在新加坡创办，该报创办

---

① 1987年10月18日半夜时分，在吉隆坡的中南区一马来青年，手持莱福枪，向群众乱枪扫射，造成三人死伤，受害者有华巫裔人士。经过报章报道后，即掀起种族间的紧张关系。接着由于"华小高职事件"，各语文报章发表激烈言论，使紧张气氛火上加油，大有一触即发之势。当局因此采取"茅草行动"，展开大逮捕，激进分子如林吉祥等人遭扣押，一时间风声鹤唳，人人自危。当局以《星洲日报》刊登危险言论而勒令其停刊。见崔贵强《东南亚华文日报现状之研究》，华裔馆、南洋学会2002年版，第66页。

② 张晓卿：《我们开始新的长征——〈星洲日报〉复刊有感》，《星洲日报》1988年4月8日。

伊始就明确地定位为商业性华文报纸，后人在研究陈嘉庚的办报动机时也往往看重他对经济利益的追逐："产品常年所用的标贴、单据的印刷数量很大。让人家来承印，在生意算盘上当然划不来，又为了推销商品而需要向报章刊登广告，这又是一笔很大的开销。陈先生觉得，如果自己办一张报纸，为自己的产品做广告宣传，这笔庞大的广告费，也自然由自己的报馆赚回去，常年所印的标贴、单据、也就不必依赖他人的印刷馆了。"① 我们不必讳言陈嘉庚创办《南洋商报》的商业目的，在商言商无可厚非，但是，我们从陈嘉庚为《南洋商报》撰写的"闭幕宣言"②也可看出他对《南洋商报》还有另一番期许："教育之必需经济，经济之必赖实业。实业也，教育也，固大有互相消长之连带关系也明矣。我力至微，而望乃至奢，人之欲善，谁不如我。与其苦心孤诣，一意孤行，何如大声疾呼，广招群应。"③ 在这篇类似发刊词的"宣言"中，陈嘉庚大谈实业与教育、教育与兴国的关系，希望通过创办《南洋商报》振兴实业去推进教育的发展。

马来西亚《南洋商报》与《星洲日报》的发展历史较为相似：新马分家之前都是新加坡该报的马来西亚版，总部在新加坡，由新加坡编辑出版，日后随着政治上的分家逐渐独立为马来西亚华文报纸。

20 世纪 30 年代初，受世界经济危机影响，陈嘉庚宣告破产，1933 年《南洋商报》由李光前与李玉荣等人接收，成为李氏家族的企业，后聘傅无闷、胡愈之等著名报人主持编务，销量大增，一时间成为报界翘楚。日治期间《南洋商报》与众多华文报纸一样被迫停刊。日军投降后，《南洋商报》于 1945 年 9 月 8 日复刊，由于经营得当，《南洋商报》销量一路攀升，除了新马之外，在印尼、泰国等都有销售，成为新加坡名副其实的第一大华文报。

---

① 朱炎辉：《南洋商报六十年史》，载《南洋商报六十年》，南洋报社有限公司 1984 年版，第 12 页。

② 原题《本报闭幕之宣言》，又题《实业与教育之关系》，刊登在 1923 年 9 月 6 日、7 日的《南洋商报》上。

③ 陈嘉庚：《本报闭幕之宣言》，载杨进发《战前的陈嘉庚言论史料与分析》，南洋学会 1980 年版，第 38 页。

1957年马来亚独立，新马两地的《南洋商报》开始分流，1962年8月，《南洋商报》将吉隆坡办事处升格为独立核算的支社，负责编印及销售马来亚境内的报份，并加强对马来亚地方新闻的报道。1965年，新加坡退出马来亚，两报公开分立，并删除版头"马来西亚版"字样，加速《南洋商报》的马来西亚化。1968年起，马来西亚《南洋商报》全部由吉隆坡报社负责。1975年，按照马来西亚印刷业（修正）法令的规定，《南洋商报》1/3的股份卖给马来西亚国营企业机构，1/3的股份仍由李氏家族所有，剩下的1/3股份分散在社会人士手中，至此，《南洋商报》成为完全由马来西亚人（包括已入籍的华人）掌控的华文日报。1983年，新加坡《南洋商报》与《星洲日报》合并为《联合早报》，陈嘉庚当年在新加坡创办的《南洋商报》只在马来西亚继续延续它的生命。1989年，销量此前一直独占鳌头的《南洋商报》获准挂牌，成为马来西亚第一家上市的华文日报。进入90年代，《南洋商报》一直处于各种变革之中：1991年马来西亚丰隆集团收购南洋报社，1996年《南洋商报》实现网络化，1998年原"南洋报业有限公司"更名为"南洋报业控股有限公司"，2000年成立南洋报业线上有限公司。由于锐意改革创新，《南洋商报》在70、80年代一直都占据着马来西亚华文报纸销量的头把交椅，直到1992年才被《星洲日报》迎头赶超，成为马来西亚第二大华文报，尽管如此，《南洋商报》在整个90年代马来西亚华社仍有很大的影响力。

20世纪90年代，马来西亚华文报业进入集团化时代。1992年，张晓卿掌控的常青集团收购《光明日报》，加上1988年收购的《星洲日报》，拥有这两家报纸管辖权的朝日报业有限公司已初具报业集团规模。同年10月，丰隆集团再度兼并中国报有限公司及生活出版有限公司，由南洋报社集团统一管理，而南洋报业也成为这一时期马来西亚最大的华文报业集团，拥有《南洋商报》、《中国报》、《新生活报》、《青苗》、《亚洲时报》、《先生周报》、《少年月刊》、《生活电视》、《新潮》等十几份刊物。经过这一系列收购，90年代的马来西亚华文报业，已经形成南洋报业集团与朝日报业集团两大实力雄厚的华文报团。

第二节 90年代：报纸副刊的文学承担

在马来西亚，中文报纸的文艺副刊，形成一个很特别的传统，既是报业传播文艺思想的一部分，也是文坛结构的一部分，前者在马来亚独立之前的副刊最为显著，后者对于马华文学的长远发展更是具有举足轻重的影响力。①

在马华文学的传播生态中，华文报纸文艺副刊一直是极为关键的一环，在很长的一段时期里，马华文坛即报坛。华文报纸文艺副刊成为"文坛结构的一部分"，对马华文学的发展影响深远。考察90年代马华文学的发展，华文报纸文艺副刊不容忽视；换言之，探讨90年代马华报纸文艺副刊艺术追求、编辑方针等，有利于我们把握这一时期马华文学的生态景观和艺术走向。

一 花团锦簇：报纸文艺副刊巡礼

马华报纸副刊，尤其文艺副刊是马华文学的摇篮。独立前，在马华报坛及文坛影响深远的文艺副刊有《新国民日报》副刊"荒岛"、《叻报》副刊"椰林"、《南洋商报》副刊"狮声"、《星洲日报》副刊"晨星"等。独立后，马华报纸文艺副刊继续发展，进入90年代，更是花团锦簇，迎来了文艺副刊发展的黄金时期。

1. 以《星洲日报》"星云"、《南洋商报》"商余"为代表的综合性副刊

《星洲日报》"星云"和《南洋商报》"商余"，都是马来西亚华文报纸历史悠久的综合性副刊。"星云"创刊于1952年，周一至周六出版，林健安、杨绿水、李开、李文学、陈振华等知名报人都曾担任

---

① 张光达：《管窥副刊专辑与马华文学——1998—2008年〈南洋文艺〉的例子》，《南洋商报》"南洋文艺"2009年7月14日。

过"星云"的主编。1988年《星洲日报》复刊后,新生代报人张永修接掌"星云",锐意创新改革,成为影响马华文学发展的重要副刊。1994年5月,张永修转到《南洋商报》主编"南洋文艺"后,在王祖安、赖碧清和黄菊子等几任主编的影响下,"《星云》变得相当'年轻化'起来,不但作者绝大多数较为年轻,而且无论是从题材、内容、表现方式等等来看,都显得很新颖,作品也以'清新'为主"①,文学性有所削弱。"商余"的历史比"星云"还要悠久,可以追溯到《南洋商报》创办的20年代,最初名为"商余杂志",与《新国民日报》副刊"新国民杂志"和《叻报》副刊"叻报俱乐部"齐名,是20年代最重要的综合性副刊之一。

马来西亚华文报纸受台湾影响较大,"1980年代中至1990年代初,《星云》及《商余》可说都是台湾《人间》副刊的模仿者,剪报、剪图,连排个版、画一条线都'人间'化"②。90年代之前,"星云"和"商余"也多以"引进外来资讯"为主:"其文稿多转载自大陆、港、台报刊,本地用稿不多,本地文学创作更少,偶尔点缀其间的多是杂感随笔和旧体诗"③;进入90年代,随着大马经济的发展,马华社会更加都市化和本土化,"星云"和"商余"也朝本土化转型,"张永修在陈振华变革的基础上,对《星云》之本土化作出更深广的开拓。他将固定作者的每日专栏'星眼',改为公开专栏'龙门阵'。另又新辟一周六日连续见报的'六日情'专栏,让读者自拟主题,一题六写,改写了专栏为名家所垄断的局面。以公开专栏方式容纳短文,一方面使《星云》得以逐渐减少对外国作品的转载,另一方面亦迅速刺激本土作者在该版位的大量涌现。据编者自己估计,当时

---

① 马汉:《44年回首来时路——谈〈星云〉的几个时期与风格》,载李锦宗主编《马华文学大系·史料(1965—1996)》,彩虹出版有限公司、马来西亚华文作家协会2004年版,第263页。

② 庄若:《健忘者的回忆录》,载潘永强、魏月萍主编《解构媒体权力》,大将事业社2002年版,第99页。

③ 林春美:《文艺副刊与马华地志散文之兴起》,《暨南学报》(哲学社会科学版)2010年第6期。

《星云》所用本地作品,占所刊作品总数百分之七十五"①,"商余"也出现了加强本土文学创作的趋势。

作为综合性副刊,"星云"和"商余"以刊登杂感小品为主,内容涉及历史典故、风土人情、时事政治、名人逸事等,题材涵盖社会生活的方方面面。除了内容广泛之外,"星云"和"商余"的另一特点是专栏性(或框框性),其版面被相对固定的各种专栏所瓜分,文章篇幅多在千字以内,故而又称"豆腐块"。"星云"的专栏主要有:"六日情"、"龙门阵"、"看云录"、"放眼天下"、"十口足责"等;"商余"的专栏主要有:"流花亭"、"坦言堂"、"摸鱼集"、"戏说人生"、"南园忆旧"、"报林一族"、"水云间"、"敲锣记"、"商余精品"、"客座随笔"等。

2. 以《星洲日报》"小说世界"、《南洋商报》"小说天地"为代表的小说类副刊

小说曾经是所有文艺副刊的宠儿,90年代马来西亚华文报纸副刊上的小说园地,主要包括两个方面:一是专门性的小说副刊《星洲日报》"小说世界"与《南洋商报》"小说天地";二是刊登散文、诗歌、评论、小说等内容的纯文学副刊《星洲日报》"文艺春秋"与《南洋商报》"南洋文艺"。

"小说世界"(后改名"小说")和"小说天地"(后改名"小说")每日出版,是《星洲日报》和《南洋商报》唯一不间隔出版的副刊,格调偏于通俗。以连载中国大陆、香港及台湾的长篇小说为主,尤其是金庸、梁羽生、古龙、琼瑶、亦舒等的武侠言情小说最多,"武侠小说蕴含了中国人仗义救人、扬善除恶的传统美德,展现了中国博大精深的悠久历史文化,所以副刊都把登武侠小说当作宣扬中华文化的载体推荐给读者"②。把武侠小说与宣扬中华文化联系在一起,或许只是某些报人的一厢情愿甚至是广告宣传。但武侠言情小说能够在"小说世界"和"小说天地"上长盛不衰,可见这一类型的

---

① 林春美:《文艺副刊与马华地志散文之兴起》,《暨南学报》(哲学社会科学版)2010年第6期。

② 彭伟步:《〈星洲日报〉研究》,复旦大学出版社2008年版,第116—117页。

小说在华人世界的确拥有厚实的消费基础。除了武侠言情小说，"小说世界"和"小说天地"也间歇性地连载一些著名作家的"非通俗"小说，比如 1994 年"小说世界"就曾先后连载过贾平凹的《清茶》（3 月 3—5 日）、王蒙的《调试》（3 月 12—17 日）、苏童的《玉米爆炸记》（11 月 28—30 日）、黄碧云的《其后》（12 月 16—20 日）等。"外来资讯"虽然是"小说世界"和"小说天地"的主色调，但它们也都分别开辟一个专门的版面刊登马华本土作者的小说作品。"小说世界"配合花踪文学奖的评选，及时刊登小说组决审入选作品，比如 1994 年"小说世界"就刊登了第二届花踪文学奖小说组决审的 11 位作家的 11 篇入选作品，分别是赖大安的《最终消失了的笛子》（1 月 1—6 日）、雅波的《补洞》（1 月 7—13 日）、洪金春的《婴哭》（1 月 13—18 日）、龚台雄的《孤山寒——乳癌患者的悲歌》（1 月 19—24 日）、刘先琏的《板车岁月》（1 月 24—29 日）、白丁的《同窗小友》（1 月 30 日—2 月 2 日）、毅修的《流失的悲沙》（2 月 3—7 日）、须兰的《闲情》（2 月 19 日—3 月 2 日）、庄魂的《疯女阿莲》（8 月 1—15 日）、寒黎的《琉芳》（8 月 16 日—9 月 14 日）、鞠药如的《无从》（9 月 14 日—10 月 17 日）。《南洋商报》"小说"也在 1999 年 7 月 5 日开辟"10 大小说高手一日一精彩"专栏，每天轮流刊登马华本土小说家曾子曰、李恒义、蒙路、许友彬、柏一、李国七、朵拉、雨川、范俊奇、洪秀琴等的小说作品。

"文艺春秋"和"南洋文艺"虽然不是专门性的小说副刊，但也时常刊登马华小说家的优秀作品，朵拉、潘雨桐、黄锦树、黎紫书、李天葆、李国七、廖红强等作家都是这两大副刊的常客。与"小说世界"和"小说天地"不同，"文艺春秋"和"南洋文艺"刊登的作品以短篇为主，很少连载，格调上也偏于高雅。

3. 以《星洲日报》"文艺春秋"、《南洋商报》"南洋文艺"为代表的纯文学副刊

《星洲日报》"文艺春秋"和《南洋商报》"南洋文艺"是 90 年代马华最重要的文学园地，每周出版两期，刊登诗歌、散文、小说、评论、翻译和文坛资讯，且以马华作家作品为主，10 年间刊登的马华

作品成为这一时期马华文坛的重要创获。

"文艺春秋"创刊于1975年10月18日,"以取代当时由新加坡星洲日报编的文艺副刊《青年园地》"①。创刊时由马华知名作家、报人甄供负责,90年代则由新生代报人王祖安担任主编。"文艺春秋"起初强调创作与翻译并重,在其创刊宣言《编者的话》里就明确表示:"我们要求内容坚实的各种体裁的文学作品。我们重视创作,欢迎创作,鼓励创作。但是,对于我国兄弟民族和外国文学作品的译介也不偏废,因为通过译品的介绍,不但可以使我们认识到艺术海洋的辽阔,同时也可以作为文艺工作者提高创作水平的借鉴。"②进入90年代,"文艺春秋"开始偏重于创作,只是偶尔刊登一些翻译的外国文学作品或本国其他族群的作品,比如1991年3月5日刊登了陈黎翻译的渥大维·奥帕兹的《静物练习》、1997年7月6日刊登了由庄华兴翻译的Lim swee tin的《如刀扎一般》等。"文艺春秋"历来坚持严肃高雅的办刊方针,90年代聚拢了一批马华文坛的重要作家和批评家,诗歌方面有陈大为、刘育龙、林幸谦、林金城、吕育陶、林惠洲等,小说方面有潘雨桐、雨川、朵拉、黄锦树、黎紫书、毅修、李天葆、李国七、廖红强等,散文方面有邡眉、陈大为、钟怡雯、郑秋霞等,评论方面有陈雪风、张锦忠、黄锦树、张光达、林建国等。

"南洋文艺"是90年代马华文坛的另一重要阵地,1994年5月起由张永修负责主编,"南洋文艺"面貌焕然一新。一方面继续坚持纯文艺的办刊方针,充分发挥副刊园地培植作家的功能,使许多新生代作家由"南洋文艺"进入文坛;另一方面,张永修也充分发挥了副刊编辑的策划功能,开设了许多专题性的栏目,比如"我的文学路"(1998年9月9日—1999年1月15日)、"我最欣赏的作家"(1999年8月3日—11月20日)、"80年马华文学"(1999年10月9—26日)、"马华文学嘉年华"(1999年12月28日—2000年1月8日)

---

① 李锦宗:《10年的〈文艺春秋〉》,载李锦宗主编《马华文学大系·史料(1965—1996)》,彩虹出版有限公司、马来西亚华文作家协会2004年版,第265页。
② 转引自李锦宗《10年的〈文艺春秋〉》,李锦宗主编:《马华文学大系·史料(1965—1996)》,彩虹出版有限公司、马来西亚华文作家协会2004年版,第265页。

等专辑①,这些专辑的推出,密切了"南洋文艺"与马华文坛的关系,积极地推动了90年代中后期马华文学及其研究的发展。为了很好地总结和整理每一年"南洋文艺"的收获,从1995年起,《南洋商报》出版南洋文艺年选,包括诗歌、散文和小说三大文类,同时还邀请马华新生代批评家张光达为每一年的"南洋文艺"撰写批评性回顾文章,"年选"和"回顾"两者相得益彰,有效地建构了"南洋文艺"在马华文坛结构中的特殊位置。

二 文艺副刊:夹缝中的文化空间

> 副刊的重要,来自它具有除了提供新闻和资讯之外的文化传播意义,它是华文报业"以传播硬体生产的软体形式出现之文化的商品化",一方面象征着某种文化认同(cultural identity),一方面又是文化价值的生产机器。②

在马来西亚,华文报纸副刊除了是华人文化认同的象征和华人文化价值的生产机器之外,它也是马华文学生长发展的园地。"马华文学在马来西亚的边缘处境,而文艺作品在以商业大众为导向的报纸中又可谓是边缘性格,然而透过作家在副刊发表作品,执行者规划引导文艺理念,以及文学读者群对这些作品或论述的吸纳和接收流传,却形成一个很独特的'副刊文化'。"③ 在这个由文艺副刊建构的文化空间里,艰难地延续着华人的文学理想。

文艺副刊作为华文报纸的重要组成部分,兼具传媒和文学双重属性,"在大众传播媒介的功能上,它必须留意'大众'的消费需求,一如马奎尔所说,作为文化产品(出之以形象、思想和符号的形式)

---

① 有关张永修在《南洋文艺》策划的其他专辑,可参阅张永修《马华文学论述在南洋文艺》,《南洋商报》"南洋文艺",1997年12月24日、31日。
② 林淇瀁:《书写与拼图——台湾文学传播现象研究》,麦田出版社2001年版,第77页。
③ 张光达:《管窥副刊专辑与马华文学——1998—2008年〈南洋文艺〉的例子》,《南洋商报》"南洋文艺"2009年7月14日。

在媒介市场中如商品一样地产销；而在文学此一心智的创造中，它又属于一种菁英趣味，是作家或编者个人理念和文学品味对社会生活的总体呈现，'不仅止于权力和交易……也包括审美经验、宗教思想、个人价值与感情以及知性观点的分享'"①。"这种介于大众文化与精致文化之间的摆荡"，迫使副刊编辑必须做出选择与平衡，在经济利益至上的90年代，编辑的选择益发艰难，因而我们看到许多华文报纸不断削减纯文学版面，增加休闲、娱乐、饮食等符合都市中产阶层消费需求的生活时尚版面。当然，我们也看到，张永修、王祖安②等《南洋商报》和《星洲日报》的文艺副刊编辑，在边缘的处境中继续坚守他们的文学理想，"上个世纪80年代以来，国内两大报《南洋商报》和《星洲日报》的文艺副刊《南洋文艺》、《文艺春秋》，其影响力可能已经超越了马华文学杂志或任何文艺刊物的地位，甚至已经取代了马华文艺团体、出版界和文学杂志的功能，成功整合了马华个别重要作家、文坛、文艺编辑和广大的（文学）读者群"③。如果没有"南洋文艺"和"文艺春秋"等文艺副刊提供稳定的发表园地，90年代的马华文学将会凋敝许多。张光达在总结1998年的马华文学收获时就曾指出："1998年的马来西亚，是十足的'多事之秋'的一年，无论是政治、经济、社会各个层面，都有令人瞬息万变峰回路转的感觉。相对的文学乃至文坛，比较起来却显得冷清寂静得多，作家们面对政经结构的变化，只能发出微弱的声音。这一年的马华文学，如果不是《南洋文艺》有计划的推出数项专辑和系列专题文章，如果不是《南洋文艺》刊载数量可观的老中青三代作家的文学创作，整个马华文学的成绩水准将显得逊色乏力。"④

---

① 林淇瀁：《书写与拼图——台湾文学传播现象研究》，麦田出版社2001年版，第78页。

② 王祖安，马来西亚新生代报人，80年代曾担任马来西亚著名的纯文学期刊《蕉风》的编辑，90年代长期担任《星洲日报》纯文学副刊"文艺春秋"主编。

③ 张光达：《管窥副刊专辑与马华文学——1998—2008年〈南洋文艺〉的例子》，《南洋商报》"南洋文艺"2009年7月14日。

④ 张光达：《众声合唱——回顾1998〈南洋文艺〉的文学现象和创作》，《南洋商报》"南洋文艺"1999年1月9日。

在文类方面，散文和小说历来都是马华文艺副刊的重头戏，据笔者统计，1990—1999年10年间"文艺春秋"共发表散文1000多篇，"南洋文艺"在1997—1999年3年间也发表了近400篇，如果再加上"星云"和"商余"发表的大量专栏散文，10年间华文报纸文艺副刊发表的马华散文可用丰收来形容；小说方面，1990—1999年"文艺春秋"发表小说300多篇，"南洋文艺"在1997—1999年也发表了近200篇，此外"小说世界"和"小说天地"等每日出版的小说副刊发表的马华小说就更多了。除了数量可观之外，"文艺春秋"和"南洋文艺"发表的散文和小说的质量也不容小觑，黎紫书、黄锦树、李天葆、潘雨桐、钟怡雯、陈大为等马华著名作家都是马华文艺副刊的"常客"，他们的许多重要作品都曾在"文艺春秋"和"南洋文艺"发表。诗歌的"衰落"是90年代整个中文世界的普遍趋势，诗人多，但是发表诗歌的园地和阅读诗歌的群体却急剧萎缩。在马来西亚，诗歌虽然没有专门的副刊版面，但"文艺春秋"和"南洋文艺"的主编却都十分重视诗歌，诗歌的发表率反而成为"所有文类之冠"①。"90年代马华诗创作的发表园地版位，取得最丰硕成果的数《南洋商报》的副刊《南洋文艺》和《星洲日报》的副刊《文艺春秋》。这两份报纸的文艺副刊，提供了宝贵的诗发表园地，刊登大量的诗作，品质都有一定的水准。"②

三 编辑理念与副刊走向——以张永修为对象

> 编辑是信息源与受众之间的中介，而这种中介对新闻有生杀予夺的权利。③

报纸编辑被认为是报纸的"守门人"或"把关人"，主要源于他

---

① 张光达：《众声合唱——回顾1998〈南洋文艺〉的文学现象和创作》，《南洋商报》"南洋文艺"1999年1月9日。

② 张光达：《马华当代诗论：政治性、后现代性与文化属性》，秀威资讯科技股份有限公司2009年版，第3页。

③ 赵鼎生：《比较报纸编辑学》，人民日报出版社2009年版，第4页。

所掌握的"编辑权":"编辑权即信息传播之前的选择加工权,是传播者在传播过程中把关控制的具体表现形式。"① 编辑不直接参与信息的生产,却负责信息的再加工,"不仅决定人们看到什么,还决定人们怎样去看"②。报纸文艺副刊编辑,是连接作者与读者的中介,是副刊文学传播的枢纽;文艺编辑的个人品位和编辑理念,是文艺副刊风格形成的关键要素,"编者更替,常影响有关副刊的风貌"③,可以说有什么样的编辑,就有什么样的副刊。张永修在 90 年代长期担任"星云"和"南洋文艺"的主编,解读其编辑理念,有助于我们把握"星云"和"南洋文艺"的美学特质,把握编辑的能动性对文艺副刊的重要影响。

张永修,1961 年生于马六甲,1982 年进入《星洲日报》新闻组,1988 年《星洲日报》复刊后接替原主编陈振华负责"星云",直至 1994 年 2 月。该年 4 月加入《南洋商报》副刊组,5 月起接手主编"南洋文艺",是 90 年代马华报纸重要的文艺副刊编辑。张永修的编辑思想大致可概括为以下三个方面:

1. 重视副刊本土化

1982 年张永修进入《星洲日报》新闻组时,"副刊组组员只有三两位,陈振华为其一","陈振华当时负责《星云》版的排版工作,选稿则由电讯组主任王锦发兼任。当年的《星云》多用史料掌故文章。不久后,王锦发离职,陈振华即接手主编《星云》,开始大量转载台湾《联合报》、《中国时报》副刊的文稿"④,很少刊登马华本土作者的作品。1988 年张永修接手"星云"之后,"自觉为本土现实腾出版面空间是一个编辑的职责"⑤,积极推动副刊朝本土化方向发展。

---

① 段京肃:《大众传播学:媒介与人和社会的关系》,北京大学出版社 2011 年版,第 305 页。
② 赵鼎生:《比较报纸编辑学》,人民日报出版社 2009 年版,第 4 页。
③ 张永修:《副刊本土化之实践——以我编的〈星云〉及〈南洋文艺〉为例》,《人文杂志》2002 年总第 17 期。
④ 同上。
⑤ 同上。

一方面，张永修改变以往"剪稿转载"的办刊模式，向本地作者和读者征求文稿，刊登具有马来西亚本土色彩的文学创作。"南北大道"和"大马风情画"就是张永修精心策划创办的两个完全本土化的专栏，"前者多将相关文章以主文方式刊出，并有所写之地的相片为配图，台湾《人间》副刊的影响至此已迅速淡出。后者虽是专栏，然而编者却突破以专栏为编稿的既定排版样式，同期刊登数篇专栏，并破格以主文的方式处理之。编辑的操作手法，让此二专辑的主体——地方、本土，成为醒目而显著的内容"①，"大马风情画"还被张永修自己认为是"有计划的主题篇文章本土化的开始"②。

另一方面，张永修充分发挥编辑的能动作用，加强本土性专栏与主题专辑的策划和制作，使"星云"强化对马来西亚本土的观照。张永修接过"星云"之后第一个大的改革举措即是用"龙门阵"取代原来的专栏"星眼"，公开接收马华本地作者的来稿，"让读者主动叫阵论事"。"当时，'个人专栏'在报刊副刊涌现，蔚然成风。我想，一些写得一手好文章的读者，因为没有地盘，不多人知晓，如果有一个专栏供他们发挥，或者可以发掘出几个作家"③，于是，张永修在"星云"上相继开设"六日情"、"六好小品"、"志在四方"、"情事一箩筐"、"不寄的信"、"南北大道"等短期性主题专栏，它们通常为期两个月，邀请马华多位本土作家轮流主持，收效良好，稿源不断，成为"星云"的亮点。除了短期性主题专栏，主题专辑的策划与制作也是张永修加强"星云"本土化的重要"手段"，例如同性恋课题的"紫色漩涡"、环保课题的"绿色呼唤"、奇异事件的"灰色地带"、感情姻缘的"牵手路上"、读书课题的"书痴自述"等，"通过将综合性副刊作专题报道式的处理，《星云》成功地将同性恋与环保这两项当时甚为新鲜、甚至是敏感的全球性课题，置入了本土的语

---

① 林春美：《文艺副刊与马华地志散文之兴起》，《暨南学报》（哲学社会科学版）2010年第6期。
② 张永修：《副刊本土化之实践——以我编的〈星云〉及〈南洋文艺〉为例》，《人文杂志》2002年总第17期。
③ 同上。

境。后三个系列则或志灵怪、或叙情事、或道文心，虽皆为'永恒的话题'，然而却也是当地的题材、自己的故事"①。而1992年由"文学的激荡"专辑引发的"马华文学定位"和"马华文学经典缺席"论争②，可谓是张永修多年实践"星云"本土化的意外收获，使"星云"成为90年代改写马华文学发展进程的重要副刊。经过张永修多年的苦心经营，"星云""已经与王锦发（代表旧式的传统）、陈振华（代表台湾移植的传统）时期的有明显不同"③，形成了一个本土化的传统。

1994年5月张永修转到《南洋商报》主编纯文学副刊"南洋文艺"之后，也面临副刊本土化的问题，"上班首日，我的新任上司陈和锦（何谨）提醒我，中国作家吹捧本地作家的文稿曾经泛滥《南洋文艺》，希望我把好关口，多刊登本地作家的创作"④，在这种情形下，"星云"本土化的办刊理念在"南洋文艺"得以延续。除了逐步减少外国作家文稿、多刊登本地作家的创作之外，张永修在"南洋文艺"的本土化实践更多的是以主题专辑的方式加以推进。

---

① 林春美：《文艺副刊与马华地志散文之兴起》，《暨南学报》（哲学社会科学版）2010年第6期。

② 1992年4月，张永修收到留日学生禤素莱由日本寄来的《开庭审讯》一文，内容是有关日本教授对马华文学定位的争议。张永修认为马华文学的名实问题实在有被关注与讨论的必要，从而引起普遍读者对马华文学的关注。于是，他安排该文在最短的时间内以主题篇的显著位置刊登于《星云》，并设"文学的激荡"栏目召唤读者对此课题的探讨。文章刊出后，读者的回响异常激烈，石琇、沙禽、陈应德、岳衡、王炎、巴依等都在《星云》上发文回应。5月28日黄锦树在《星云》上发表《马华文学"经典缺席"》，对马华文学的素质表示质疑，由于其内容的颠覆性和措辞的火药味，论争的批判矛头由原来的日本东南亚史学会衮衮诸公迅速转向黄锦树，并导致了另一场更加激烈持久的论争：马华文学经典缺席。见张永修《副刊本土化之实践——以我编的〈星云〉及〈南洋文艺〉为例》，《人文杂志》2002年总第17期；张永修：《近处观战》，《辣味马华文学——90年代马华文学争论性课题文选》，雪兰莪中华大会堂、马来西亚留台校友会联合总会2002年版，第c页。

③ 张永修：《副刊本土化之实践——以我编的〈星云〉及〈南洋文艺〉为例》，《人文杂志》2002年总第17期。

④ 同上。

其一，策划作家专辑，推介不同年代的本地作家群。

"很多读者对本地作家（更遑论是已经'入土'了的本地作家）的了解，比不上对海外名家的熟悉。海外名家的著作通常占据了大部分本地书局的橱柜，也占尽最当眼的位置。他们前来演讲，本地媒体也给予大量的包装和宣传。不过，马华作家却得不到相等的待遇。我认为，《南洋文艺》作为本地仅有的两个文艺副刊之一，应该责无旁贷的扮演马华作家'专柜'的角色。"① 张永修主编"南洋文艺"之后推出的第一个主题专辑即是对马华作家面貌做初步梳理的"马华文学倒数"系列，这个专辑从1994年11月1日开始到1995年3月31日结束，以7字辈为始，以3、2、1字辈为终，倒数各个字辈作家的成就，既有相关字辈作家的写作风格特色的评介，同时也刊载该字辈作家的最新作品。类似的作家专辑还有"但愿人常久"系列②、"为诗人塑像"或"国际诗人节特辑"③、"我的文学路"系列④、"两个医生作家"⑤ 等年轻作家专辑等。这些作家专辑通过传媒的包装和宣传，使马华作家以集群的方式在某一时期集中"亮相"，在经济至上的90年代对读者了解马华作家及其创作，无疑起到了积极的作用。

其二，推出文学专辑，展示本土作家最新的优秀作品。

张永修接手"南洋文艺"后，在1994年5月21日的"南洋文艺"发表了一则题为《好》的"编者话"："《南洋文艺》愿意许下'好'的承诺，期盼马华才俊能以好稿相助。特此诚邀各家赐稿，体裁以小说、诗歌、散文创作及文学评论为主，题材构思与表现手法以

---

① 张永修：《副刊本土化之实践——以我编的〈星云〉及〈南洋文艺〉为例》，《人文杂志》2002年总第17期。

② 1996年起，在中秋节期间推出，由作家的作品、照片、画像、签名式、书影、创作年表及评论家对作家作品的评论组成。在这一专辑出现的作家有：方北方、宋子衡、姚拓、温任平、梅淑贞、潘雨桐等。

③ 在国际诗人节或端午节期间推出，介绍马华知名诗人，先后评介过的诗人有吴岸、小曼、白垚等。

④ 1998年9月9日开始到1999年1月15日结束，邀请了傅承得、戴小华等36位作家介绍他们与文学结缘的心路历程，让读者更多地认识马华本地作家。

⑤ 1999年推出，评介马华两位表现优秀的青年医生作家：陈坦和与廖宏强。

'好'为要,稿长则以不超过五千字为宜。本版发表的优秀作品将被选入《南洋商报丛书》之《南洋文艺年选》。让我们共同努力交出更好的成绩。《南洋文艺》版编辑张永修谨启。"① 这则不足200字的"编者话"可看作是张永修的选稿理念,一个"好"字彰显了张永修对《南洋文艺》的定位,通过不断推出优秀的马华文学作品无疑是落实《南洋文艺》本土化的最好保障。1995年11月10日,"南洋文艺"推出张永修接手之后的第一个文学专辑:"精致的鼎:马华作家散文展"系列,到12月12日共推出5个系列,刊登了辛金顺《亲爱的动物们》、潘雨桐《东谷纪事》、钟怡雯《禁忌与秘方》、梁志庆《柳叶舟上过险滩》、凌如浪《做一棵溪边的树》和梁放《一滴水》这6位作家的6篇散文。在"系列1"里配发了一则"编者按":"新加坡作家淡莹,曾对马华作家的散文给予很高的评价,并认为大马将是中国以外的散文重镇。《南洋文艺》今起推出'精致的鼎:马华作家散文展'系列精品,以飨读者,敬请垂注。"② 由此观之,"散文展"的推出意在展示马华散文的实绩。类似的文学专辑还有每年定期推出的诗歌展、散文展和小说展。

其三,制作文学史特辑,梳理马华文学走过的艰辛历程。

马华新文学从1919年发轫到90年代末,已有近80年的历史,"80年的文学史,有多少疑惑已经封尘?有多少迷思仍在继续?有多少玉石未被鉴别?在马华文学庆祝80大寿之际","南洋文艺"从1999年10月9日起到10月26日止推出5辑"80年马华文学"系列,"访问不同年龄层与关注面的马华文学研究者,从不同角度探向不同时期的历史"③,发表的文章有张永修、方修《马华文学史整理第一人》,林春美、杨松年《缩微胶卷看过去——就郁达夫留下的问题访杨松年》,张永修、张锦忠《马华文学与现代主义》,张光达、庄华兴《80年代的时代命题》和张光达、许文荣《90年代年轻的一代》等5篇。同年12月,"南洋文艺"又推出4辑"马华文学嘉年

---

① 张永修:《好》,《南洋商报》"南洋文艺"1994年5月21日。
② 《南洋商报》"南洋文艺",1995年11月10日。
③ 《南洋商报》"南洋文艺",1999年10月5日。

华"系列①，邀约马华作家出席"马华嘉年华"，共聚一堂，回顾过往，展望将来。张永修在马华文学80年这样一个特殊的时间制作相关文学史特辑，使读者回溯历史，在一个更为宏观的视野中去审视马华文学，表现了"南洋文艺"深切的本土关怀。

其四，打造"文学言论版"，用本土视野观照本地作品。

张永修"鼓励本地文学评论人评论本土作品"，使"本地作品能在学理上获得更好的解读与诠释"②，是"南洋文艺"本土化要实现的目标之一。为此，张永修开设评论专辑，邀请本地评论家对发表在"南洋文艺"上的本土作品进行解读，另外张永修也在"南洋文艺"上设定一些马华文学课题或范围，公开征求马华文坛诸家与文艺版读者对有关课题的看法，推进马华文学研究的本土化。"双月文学点评"是"南洋文艺"1995年推出的评论专辑，邀请本土人士针对"南洋文艺"上发表的散文、诗歌和小说每两个月做一次点评，参与点评的本土评论家有刘育龙、何乃健、陈雪风、陈蝶、黄锦树、李天葆、赖瑞和、吴岸等，这一专辑还引发了黄锦树与林幸谦之间关于马华文学中国性的论争。"双月文学点评"改变了"南洋文艺"多数评论来自外埠的状况，使更多的本地文学评论人参与到本土作品的批评中来。1996年开年伊始，在"双月文学点评"的基础上，张永修开设"进谏马华文学"系列，广邀老中青三代作家为马华文学"把脉"，反响热烈，参与者达30余人，包括云里风、姚拓、甄供、陈雪风、唐林、戴小华、李忆莙、年红、梁志庆、艾斯、方昂、田思、何乃健、黄锦树、陈大为、钟怡雯、辛金顺、庄若等。

张永修在"星云"和"南洋文艺"进行的本土化实践，既活跃

---

① 这一专辑采用问卷的形式，公开让读者参与作答。所拟的问题如下：1. 80年来马华文学诸多事件，不论是最愉快的最遗憾的最光辉的最滑稽的还是最悲哀的，请列出一件您本身觉得是不该被忘记的事；2. 请推荐5本您心目中具有影响力的马华著作；3. 请推荐5位出色的马华作家；4. 您觉得当前的马华文学最迫切需要什么？5. 您认为下个世纪马华文学的理想面貌应该是怎样的？

② 张永修：《副刊本土化之实践——以我编的〈星云〉及〈南洋文艺〉为例》，《人文杂志》2002年总第17期。

了副刊，也热络了文坛，它"把处在边缘的马华文学（相对于居于中心的中国文学而言）拉到聚光灯下，自我审视"①，推进了马华文学的本土化进程，为马华新生代作家在90年代的崛起提供了园地保障。

2. 坚持创作与评论并重

"星云"作为综合性副刊，所选文稿偏向"软性"，即便如此，张永修也曾开设"文学的激荡"主题专辑，激起马华文学定位与经典缺席论争，这在华文报纸的综合性副刊是极为少见的。张永修曾说："我一直认为，文学创作与文学评论是相辅相成的。专业的批评体制的建立，不仅有助提升读者的鉴赏水平，而且对创作者而言，也起着一种鼓励与督促的作用。因此，我有意识的在《南洋文艺》刊登了相当大量的文学论述"②，"我希望文学评论的兴盛能刺激本地文学创作更深邃与更高远的开拓"③。到90年代末，"南洋文艺"已经成为本土马华文学评论的一个重镇。

除了策划的大大小小几十个评论专辑之外，"南洋文艺"的文学评论都被集中在"文学观点"栏目刊登。1997年12月，张永修在"南洋文艺"上发表《马华文学论述在南洋文艺（1994年5月—1997年6月）》④，系统整理了自1994年5月到1997年6月他主编"南洋文艺"期间刊登的马华文学评论，从文末的一份马华文学论述年表中，可看出这三年"南洋文艺"的文学评论收获丰厚。1999年初，张光达在总结1998年"南洋文艺"的收获时，特别指出：

> 《南洋文艺》最大的特色是它刊登大量的文学理论或评论文

---

① 张永修：《副刊本土化之实践——以我编的〈星云〉及〈南洋文艺〉为例》，《人文杂志》2002年总第17期。

② 张永修：《近处观战》，载张永修等主编《辣味马华文学——90年代马华文学争论性课题文选》，雪兰莪中华大会堂、马来西亚留台校友会联合总会2002年版，第d页。

③ 张永修：《副刊本土化之实践——以我编的〈星云〉及〈南洋文艺〉为例》，《人文杂志》2002年总第17期。

④ 该文分上、下两部分刊登在1997年12月24日和31日的《南洋商报》"南洋文艺"上。

章，这一点也是它至今为止所取得的最大的成就，目前还没有其他报刊的文艺版能够望其项背，甚至可以说，如果不是《南洋文艺》刊登这些论述文章，则1998年的马华文学评论将显得贫瘠，这些被冠上"文学观点"的文章，包括了文学作品批评，文学理论评议，文学现象论证，文学课题的论战文章和作品鉴赏的读后感。参与发表文学观点的文评作者有黄锦树、林建国、叶啸、何乃健、唐林、张锦忠、陈应德、孟沙、陈蝶、温任平、刘育龙、张光达等人，各个作者都在评文里头表现出对文学理念的热诚，对马华文学现象的关怀思考，大致上来说，他们在文学批评方面的表现令人激赏，如黄锦树的犀利，林建国的深厚，唐林的老练，何乃健的平稳，陈应德的热诚……这个成绩扭转了"马华文学评论沙漠"的负面形象。①

张永修对文学评论的重视，扭转了马华文学评论缺乏的局面，使马华本土学人积极参与到马华文学的评论中，提振了马华本土评论界的信心，深化了文坛对马华文学的认识，同时也起到了助推马华文学向前发展的积极作用。

3. 积极扶植文学新人

90年代的马华文坛，文学生态虽较之以往有了很大的改善，特别是网络发展起来以后，但华文报纸文艺副刊仍然是马华作家成长的摇篮。文艺副刊编辑长期扮演着文学园丁的角色，在他掌管的"一亩三分地"辛勤地"浇花种树"，所谓"浇花"是指副刊编辑为马华文坛已成熟的作家提供了一方继续绽放文学生命力的园地；所谓"种树"是指副刊编辑在不断地为马华文坛培养新人新秀。80年代末，张永修开始主编文艺副刊时，恰逢马华文坛代际更替，一大批6字辈、7字辈作家以新人的姿态崛起于文坛，在这一进程中，张永修"采取'看

---

① 张光达：《众声合唱——回顾1998〈南洋文艺〉的文学现象和创作》，《南洋商报》"南洋文艺" 1999年1月9日。

稿不看人'的态度，录用了不少名气不是很大的作者的稿"①，为90年代的马华文坛扶植了众多文学新人。张永修扶植文学新人的方式除了不定期刊登新人作品之外，还包括为文学新人开设专栏，以及不定期出版"新人/秀展"、"新鲜人展"等。

　　有些6字辈作家在80年代中后期开始创作，甚至已在文坛立足；但是整体而言，90年代初，6字辈作家还没有形成群体优势，许多作家还处在成长阶段。马华文坛的诸多文学园地尚被他们的前辈——中生代和前行代——占据。对6字辈作家来说，文艺副刊版面仍然稀缺而重要。张永修主编"星云"期间，不断为6字辈开设专栏，邀请6字辈作家加盟集体性专栏，给他们提供固定的发表园地，类似的专栏包括"放眼天下"、"六好小品"、"四块玉"、"十口足责"、"不寄的信"、"思海学踪"、"南北大道"等。一方面，通过撰写专栏，锻炼了文笔，积累了创作经验，逐渐形成了自己的文学风格；另一方面，随着在"星云"见报率的提高，许多6字辈作家也逐渐为读者所熟知。

　　1994年11月张永修在"南洋文艺"推出"马华文学倒数"专辑，"倒数"的第一个字辈属于文学新人的"7字辈"。专辑推出后，引发了一些争议："一小部分前辈作家对年轻一辈的写作者的表现不以为然，对编者花上不少篇幅来推介新生代，以为是一种颠覆，而表现得不满和慌张。其实，这是不必要的。这些年轻人是否昙花一现，或称为明日马华文坛接班人，与前辈作家以及副刊编辑有没有给予他们机会和鼓励，息息相关。他们目前的成就，我们就以'暂时存档'（庄若语）处之。"② "7字辈"专号的推出，最大的意义在于借助编辑的策划力量，使文学的新生力量得到了一次集体展示的机会，使他们正式进入公众的观察视野；事实证明，专号介绍的一些7字辈作

---

　　① 马汉：《44年回首来时路——谈〈星云〉的几个时期与风格》，载李锦宗主编《马华文学大系·史料（1965—1996）》，彩虹出版有限公司、马来西亚华文作家协会2004年版，第263页。

　　② 张永修：《马华文学论述在南洋文艺（1994年5月—1997年6月）》（上），《南洋商报》"南洋文艺" 1997年12月24日。

者，日后的确成为了文坛的中坚。1994—1995 年间，"南洋文艺"先后推出"隆中新鲜人展"（1994 年 10 月 5 日）、"马大中文系新人展"（1995 年 1 月 13 日）和"理大新鲜人展"（1995 年 2 月 21 日）等新人特辑，集中介绍了杨嘉仁、周若涛、孙天洋、莫泽明、阿安、林德顺、颜俊鸿、胡金伦、蔡其峰、阿心、张惠凤等 10 多位校园作者，其中的杨嘉仁、孙天洋和胡金伦在 90 年代末已成为文坛的活跃之士。

第二章

马华报纸副刊与作家代际演变

90年代，随着全球化的到来，马来西亚华文报纸副刊的生态环境发生了巨大变化：多元文化的开启，引导人们的价值观念、阅读品位发生转变；新媒介时代的到来，为"文艺作品找到了新的安身立命之所"①，对报纸、杂志等传统媒介造成强烈的冲击；报纸受众发生重要变化，新的读者群表现出新的消费需求。华文报纸副刊，必须通过不断变革，来满足时代的需求。新生代作家的观念、创作，以及他们对文坛的挑战，既是90年代文艺潮流变革的契机，也是报纸副刊与之共振的机会。马华报纸副刊，适时发挥"一只有形抑或无形的手"的作用，促进了"新生代"作家的整体性崛起。

第一节 副刊变革与新生代崛起

一 副刊改版与秩序重构

在新的媒介生态环境中，华文报纸副刊的改版可谓势在必行。如何在副刊文学园地中，一方面守护文学，另一方面满足市场的需求，保证报纸销量，是《星洲日报》与《南洋商报》副刊急需解决的问题。

首先，副刊改版最为直观的变化，是副刊版面的活泼化、时尚化。90年代是"亚文化"②集体入侵的年代，报纸副刊为了满足读者

---

① 张邦卫：《媒介诗学——传媒视野下的文学与文学理论》，社会科学文献出版社2006年版，第136页。

② 亚文化：又称"次文化"，社会学中的名词，是指在某个较大的母文化中，拥有不同行为和信仰的较小文化或一群人，亦称为亚文化。次文化和其他社会团体之间的差别，在于他们有意使自己的服装、音乐或其他兴趣与众不同。

群的需求,报纸副刊逐渐出现彩色的版面形式,动漫、时尚、新颖的美编不仅为副刊增添了新的活力,更通过明快的色调,活泼的形式刺激读者的视觉感官。其次,纯文学与通俗文学双线并行。1994年的《星洲日报·星云》主张"本土化";1994年后,《星云》便逐渐转向纯文学与通俗文学双线并行。一批有关宗教信仰、情感经历、"心灵鸡汤"的文章逐渐占据重要版面。再次,为了顺应"速食文化"趋势,副刊版面逐渐向小小说、随笔、散文等文类倾斜。90年代后的《星洲日报·文艺春秋》、《南洋商报·南洋文艺》,明显减少了长篇连载小说的分量,在适度满足老读者需求的同时,更注重满足读者群的"速食"要求。最后,也是最重要的,两报副刊均在推介文学新人上花了较大的工夫。

新鲜感,是报纸更是报纸副刊吸引读者的重要手段;而新面孔、新作品、新风格,无疑是会聚新兴读者群,寻求突破与发展的宝贵资源。正在寻求变革的马华报纸副刊,与以挑战者姿态出现的"新生代"作家,在新鲜与求变的取向上,可谓不谋而合,因此也拉开了马华文学场秩序重构的序幕。查阅90年代《星洲日报》"文艺春秋"及《南洋商报》"南洋文艺"两大报纸副刊,按照诗歌、散文、小说三大文类,分成为"新生代作品数量"、"副刊上总的作品数量"、"新生代作品所占百分比"三个项目进行抽样统计;从数据中可以发现由于"一只有形抑或无形的手"与"新生代"作家共振,"新生代"作家整体性崛起、90年代马华文坛文学场重构的相关迹象。

表1 《文艺春秋》诗歌统计

年、月份	新生代诗歌数量(首)	副刊上总的诗歌数量(首)	百分比(%)
1990.04	0	2	0
1991.01—10	6	30	20
1992.05—12	25	91	27.5
1993.01—07、10—12	22	83	26.5
1994.01—07	20	51	39.2
1995.01—12	45	141	31.9
1996.01—04、08—12	31	74	41.9

续表

年、月份	新生代诗歌数量（首）	副刊上总的诗歌数量（首）	百分比（%）
1997.01—12	36	113	31.9
1998.01—12	36	129	27.9
1999.01—02、05—12	23	75	30.7

表2　《南洋文艺》诗歌统计

年、月份	新生代诗歌数量（首）	副刊上总的诗歌数量（首）	百分比（%）
1991.02—07、08—12	24	167	14.4
1992.01—04	7	43	16.3
1993.01	2	8	25
1994.04—12	37	113	32.7
1995.01—05、10—12	47	107	43.9
1997.01—12	36	116	31.0
1998.01—12	44	126	34.9
1999.01—12	80	142	56.3

表3　《文艺春秋》散文统计

年、月份	新生代散文数量（篇）	副刊上总的散文数量（篇）	百分比（%）
1990.01—12	16	181	8.8
1991.01—05、09—12	7	59	11.8
1992.01—12	23	111	20.7
1993.01—12	28	136	20.7
1994.01—12	28	93	30.1
1995.01—12	19	89	21.3
1996.01—12	15	42	35.7
1997.01—12	27	111	24.3
1998.01—12	28	83	33.7
1999.01—12	22	82	26.8

表 4　　　　　　　　　《南洋文艺》散文统计

年、月份	新生代散文数量（篇）	副刊上总的散文数量（篇）	百分比（%）
1991.02—07、08—12	11	3	15.1
1992.01—04	3	17	17.6
1993.01	1	4	25
1994.04—12	10	50	20
1995.01—05、10—12	14	53	26.4
1997.01—12	17	104	16.3
1998.01—12	21	123	17.1
1999.01—12	33	133	24.6

表 5　　　　　　　　　《文艺春秋》小说统计

年、月份	新生代小说数量（篇）	副刊上总的小说数量（篇）	百分比（%）
1991.01—12	1	16	6.2
1992.01—12	6	43	13.9
1993.01—12	9	33	27.3
1994.01—12	15	52	28.8
1995.01—12	7	51	13.7
1996.01—12	5	14	35.7
1997.01—11	6	35	17.1
1998.01—12	17	49	34.7
1999.01—12	10	34	29.4

表 6　　　　　　　　　《南洋文艺》小说统计

年、月份	新生代小说数量（篇）	副刊上总的小说数量（篇）	百分比（%）
1991.02—07、08—12	6	43	14.0
1992.01—04	0	12	0
1993.01	0	2	0
1994.04—12	14	37	37.8
1995.01—05、10—12	10	42	23.8
1997.01—12	18	71	25.4
1998.01—12	24	89	27.0
1999.01—12	26	51	51.0

从以上百分比变化来看①，马华"新生代"作家"登台"的数量，经历了一个由崛起、兴盛、趋于稳定的过程。可见，报纸副刊在推动马华文坛文学场秩序重构的进程中起到了不可忽视的作用。作为一个平台，它积极扶持新生代作家的成长，并为这一过程提供充足的养分，成为新生代作家成长的摇篮；作为一个"战场"，它使新生代作家在90年代逐渐成为马华文坛的中坚力量，促进了马华文坛文学场的新老交替。

二 文学专辑、专栏与"新生代"

《星洲日报》与《南洋商报》副刊改版后，继续出版《星洲日报·星云》、《星洲日报·文艺春秋》、《南洋商报·南洋文艺》等副刊；策划与刊出涵盖文学作品、文学论争等内容的专辑、专栏，扶持新生代作家的崛起。

马来西亚华文报纸文艺副刊中的文学专辑，特指围绕一定主题刊出的一组稿件。这种文学专辑，通常会由副刊编辑拟定主题进行征稿与组稿，并以短期连载的方式刊登于副刊。由于刊出周期短，涉及作家与作品多，具有时效性强、推广性等特点，文学专辑往往成为副刊编辑与"新生代"作家所青睐的版面。例如《星洲日报·文艺春秋》、《南洋商报·南洋文艺》两个副刊，相继开辟了"新人出击"、"新秀特区"、"80年马华文学"、"马华文学嘉年华"等有关"新生代"作家的作品与评论专辑，通过一期多个新人、一期多篇作品的刊出模式，凝聚"新生代"的力量，扩大"新生代"在马华文坛的影响力。

报纸副刊推出各种作家专辑，往往有两个方面的目的，第一，向文坛推介新人；第二，将已成名的作家经典化。在推介新人方面，《星洲日报·文艺春秋》"新人出击"、"新秀特区"、《南洋商报·南洋文艺》"大马旅台诗展"、"隆中新鲜人展"、"马大中文系新人展"、

---

① 以上对《文艺春秋》及《南洋文艺》中各文类新生代作家作品进行的抽样统计，由于报纸资料存在少量缺年、缺月、缺页现象，相关数据并不完整，但对总体的抽样分析不会造成太大的影响。

"理大新鲜人展"六个作家专辑,起到了不可忽视的作用。

1991年,《星洲日报·文艺春秋》率先刊登"新人出击",曾公开征稿启事:

> 长江后浪推前浪,只有前后浪潮的相互推动激励,才能成就一条波澜壮阔的长江,浩浩荡荡,川流不息。
>
> 文坛也是这样。有鉴于此,文艺春秋版继第一届《星洲日报》花踪文学奖后,推出"新人出击"专栏,以贯彻本报发掘新秀、传承薪火的宗旨。

1991年9月10日,《星洲日报·文艺春秋》刊出第一期"新人出击",至1991年11月9日结束,共举办4期;刊登了周若鹏、刘吉祥、张金莲、郑自政、赵沛敏、范瑞娟、黄章昇等"新生代"作家共9篇作品。与此同时,每期"新人出击"还推出"新人出击小评",邀请傅承得、方昂、王祖安等知名作家对新人新作进行点评。

1992年1月18日,《南洋商报·南洋文艺》推出"大马旅台诗展"专辑,整版刊登台湾大学中文系在读马来西亚学生的诗歌作品;包括钟怡雯、吴龙川、黄锦树、林惠洲、陈俊华、陈大为、刘国寄等。他们中不少人后来成为马华文坛"新生代"中的领军人物。1994年10月5日,1995年1月13日、2月12日,《南洋文艺》又相继推出"隆中新鲜人展"、"马大中文系新人展"、"理大新鲜人展"三大新人专辑;刊出马来西亚高中、大学的11位学生的优秀作品,包括杨嘉仁、周若涛、孙天洋、阿安、林德顺、莫泽明、颜俊鸿、胡金伦、蔡其峰、张惠凤、阿心;作品的体裁涵盖诗歌、小说、散文、随笔。傅承得在"隆中新鲜人展小序"中写道:"文学要在校园扎根,为马华文坛培养后进,除学校本身给予支持,借助外来力量,如作家的鼓励和报馆的配合等,亦十分重要。"[①]

1996年初,《星洲日报·文艺春秋》又刊登了"新秀特区"的公

---

① 见《南洋文艺》1994年10月5日"隆重新鲜人展小序"。

开征稿启事,作为"新人出击"的续集,这样写道:

> "新秀特区"承续花踪新秀文学奖以及往年本版"新人出击"栏目的精神,以发掘文坛新秀、培养文坛接班人为要旨,希望大专院校以及中学里的老师能够推荐学生作品给我们,也欢迎学生或自修生自我推荐。
>
> 后浪可畏,我们期望他们能蔚为一股股壮观巨浪,前仆后继,涌现为日后马华文坛的一支创作大队!

1996年2月4日,"新秀特区"开始刊登马大中文系学生作品展,至1997年1月25日,共举办5期;刊登了张惠思、韦佩仪、黄维云、莫泽明、南生等21位"新生代"作家作品。凭借《星洲日报·文艺春秋》"新人出击"、"新秀特区",《南洋商报·南洋文艺》"大马旅台诗展"等六个专辑的连续推介,越来越多的"新生代"作家及其作品通过华文报纸副刊崭露头角,逐渐被读者认识与接受。

1997年2月至11月间,《南洋商报·南洋文艺》相继开辟"元宵诗展"、"6月诗展"、"7月小说展"、"11月个人作品展"四个专辑,刊登包括辛金顺、张永修、林金城、庄华兴、刘育龙、陈大为等已成名的新生代作家的诗歌、散文、小说作品。专辑的推出,进一步扩大了他们的知名度与社会影响。由此可见,伴随着"新生代"作家的成长,90年代后期的马华报纸文艺副刊,已注重推介马华文坛较为活跃的"新生代"作家,副刊专辑也成为"新生代"作家作品逐渐"经典化"的一种催化剂。

马来西亚华文报纸副刊中的文学专栏,指"由一组有共同性的稿件组成的集合体"[①];是策划与编辑文学稿件的重要方式之一。文学专栏一般都有固定的名称和位置,在副刊版面中具有相对独立性,可以单独而集中地组合稿件。这种文学专栏,一方面,通常生存周期较长,介绍与推介作家、作品具有深度和力度;另一方面,定期在固定

---

① 魏剑美:《报纸副刊学》,湖南师范大学出版社2007年版,第123页。

的版面内出现，在约束与激励作家不断创作的同时，不仅给作家提供特定的发表空间，而且对提升作家知名度，逐步奠定其写作风格也有积极作用。因此，"一份有影响的报纸往往少不了一批著名的专栏，这些专栏成为标明报纸特色的徽章。"①

报纸副刊上的作品专栏，采用定期连载的方式，长期稳定地推出作家的创作，在培养新人、成就名家方面，均发挥着重要作用。

新生代作家毅修，作品曾零星发表于各类华文报纸副刊。1993年，《星洲日报·星云》为其开辟专栏"动调"，发表了《公共泳池》、《霸占泳池》、《让孩子分享》等作品；使更多的读者认识与关注这位新生代作家。凭借《流失的悲沙》，毅修获得了第二届花踪小说奖佳作奖。留学中国台湾回到马来西亚的新生代作家林金城，1990年9月18日与陈耀威合作，在《星洲日报·文艺春秋》为其开辟的"快门速笔"专栏，推出结合摄影的散文创作系列；发表《阿婆推开玻璃门》、《玻璃动物园》、《所有椅子的人》、《模糊脸》等数篇专栏作品。1993年《星洲日报·星云》，以马来西亚有关华人移民的古迹为主题，为林金城开辟了"十口足责"专栏。林金城这一系列专栏作品，以敏锐的视角、精练的文字，写下了对本土文化和传统建筑、文物的关爱，渗透着对马来西亚这片土地的挚爱；成为90年代著名的文化专栏。1996年8月至12月，《星洲日报·星辰》又为他开辟"映相馆子"专栏。林金城仍以摄影/散文模式，创作出"脸谱篇"、"古意篇"等颇具特色的系列作品。相较于早期"快门速笔"，这时的林金城，对历史的理解与思考，对文字的掌控，对文字与摄影的配合等方面，都更有特点，更加成熟。1996年林金城，荣获云里风优秀作家佳作奖。

1999年7月，《南洋商报·小说》开始刊出"10大小说高手—日一精彩"专栏；历时之久、涉及作家作品之多，加之"高手云集"，使之成为《南洋商报》文艺副刊中的优秀品牌。其中新生代作家柏一、李国七，每周均在该专栏轮流发表小说。这两位新生代作家，凭

---

① 魏剑美：《报纸副刊学》，湖南师范大学出版社2007年版，第123页。

借自身旺盛的创作力，深厚的文学功底，更有在专栏写作中积累的经验、获得的锻炼，已经成为读者所喜爱的创作"高手"。柏一曾获得花踪散文首奖、大马优秀作家一等奖。

第二节　马华报纸副刊与文坛论争

20世纪90年代，马华新生代以激进式的姿态"破土而出"，马华文学开始进入文学典范转移和文学思潮嬗变空前激烈的时期。"对过去的对象的意识形态的批判正是为了开展我辈当下的历史性，而把属于历史的还回给历史。"① 由此，马华文坛爆发了一系列充满火药味的文学论争，主要包括：1991年马华文学正名论争、1992年马华文学定位论争、1992年马华文学"经典缺席"论争、1995年"马华文学与中国性"论争、1996—1997年《马华当代诗选》及其《内序》论争、1996—1997年《马华当代文学大系》讨论、1997—1998年马华文学"断奶"论争、1997—1998年"马华现实主义的实践困境"论争和1999年"旅台与本土作家跨世纪对谈"论争。借助报纸副刊的巨大影响力，一度沉寂的文坛炮火连连、热闹非凡。论争本身，也许并没有明确的结论。但是，贯穿在整个90年代的论争过程及其影响，不仅有力地推动了文学典范的转移和文学思潮的嬗变，也稳固地确立了马华新生代在当代马华文学中的位置和价值。

一　从"'马华文学'全称之商榷"到"开庭审讯"

在所有有关马华文学或者马华文学史的著作里，"马华文学"是"马来西亚华文文学"的简称早已经是普通常识，被广泛的接受、引用。而全然忽略了这个"简称"原具有的内在潜藏歧义性，意即，它还有另外一种"全称复原"的可能，笔者在此要提出的，正是建议把"马华文学"的全称由"马来西亚华文文学"

---

① 黄锦树：《马华现实主义的实践困境——从方北方的文论及马来亚三部曲论马华文学的独特性》，载张永修等主编《辣味马华文学——90年代马华文学争论性课题文选》，雪兰莪中华大会堂、马来西亚留台校友会联合总会2002年版，第226页。

修改为"马来西亚华人文学"。①（黄锦树）

  想起我们的报章，常常洋洋得意吹嘘马华文学的成就，甚至连日本人也有兴趣不辞千里的来研究。却完全不知在日本，这种研究只属于个人兴趣。马华文学原来并不受承认?②（禤素莱）

1. 1991 年"马华文学正名"论争

  1991 年 1 月 19 日与 22 日，黄锦树在《星洲日报·文艺春秋》上发表《"马华文学"全称之商榷——初论马来西亚的华文文学与华人文学》，对"马华文学"的范畴进行了重新界定，拉开了 90 年代马华文学论争的序幕。

  在《"马华文学"全称之商榷——初论马来西亚的华文文学与华人文学》中，黄锦树提出将"马华文学"由"马来西亚华文文学"修改为"马来西亚华人文学"，这一重命名举动③，回应的既是文学史的问题，也是大马华社长期以来积淀的政治与文化焦虑问题。在传统的马华文学史论述中，"马华文学"即"马来西亚华文文学"已经成了一种集体无意识，被广泛接受和引用，这一界定沿袭了语种文学的命名模式，将语言置于最根本的位置，反映了一种"语言—文化—民族"中心论的思维模式。语言是文化的重要载体，文化又是维系一个民族的重要纽带。马来西亚虽然是一个多元民族国家，但马来裔、华裔、印裔等族群却始终处在一个不平衡的关系中："五一三"事件后，华人在政治上更是因其"外来"身份而流于边缘；华人文化虽然在马来西亚有重要影响，但在"国家文化"的"打压"下也步履维艰；而华文在争取成为马来西亚官方语言失败之后，也成为弱势语文。在这样的政治文化语境中，华文被马来西亚华人视为延续华人文

---

① 黄锦树：《〈马华文学〉全称之商榷——初论马来西亚的华文文学与华人文学》（上），《星洲日报》"文艺春秋" 1991 年 1 月 19 日。
② 禤素莱：《开庭审讯》，《星洲日报》"星云" 1992 年 5 月 1 日。
③ 类似的还包括张锦忠 1984 年在《蕉风》第 374 期上发表《华裔马来西亚文学》提出将"马华文学"更名为"华马文学"即"华裔马来西亚文学"。

化、彰显族裔属性的重要元素，甚至成为华人潜在的斗争工具①，华文已经不再是纯粹的语言问题，而上升到身份与文化认同的高度。黄锦树试图借助人类学的视域，解构笼罩在国家文化与国家文学上的官方意识形态与马来人血缘意识，同时，用"华人"取代"华文"以消解往昔华极模式对"华文"的盲目崇拜②。正如林建国在《为什么马华文学》中指出的：

> 黄锦树的概念虽有人类学支撑，可是视野超乎陈志明的设计，使"马华文学"成为更广延、更具动力和颠覆力量的概念，使马华文学既在马来文学之内，又在其外，整个摇撼了"国家文学"的族群语言中心论。换言之，黄锦树重新定义马华文学的同时，也重新解释了马来文学，并将"国家文学"解构。③

黄锦树试图把传统的马华文学概念中被忽略的部分（如华裔英文、马来文创作，峇峇文学、文言文学等），建构成可以解释和言说的对象，并在马来西亚华人族群内部不同语种文学之间建立起一种可以相互了解、交流与沟通的机制，使人们能够"以一种整体的视野来观照生活于大马的华人在不同的语言世界中留下的心灵记录"④。如林建国所言：

> 掌握"南洋"的历史，特别是大马（华人）的历史，是扩大原有视野的唯一办法。也是在这新的诠释视野之下，黄锦树更动

---

① 关于这一点在马来西亚华社历次轰轰烈烈的华教运动中可见一斑。
② "华极"以华文为中心并绝对化，与"华极"相对的是"巫极"，即以马来文为中心并绝对化。
③ 林建国：《为什么马华文学》，载张永修等主编《辣味马华文学——90年代马华文学争论性课题文选》，雪兰莪中华大会堂、马来西亚留台校友会联合总会2002年版，第47页。
④ 胡金伦专访：《寻找马华文学的定位——马华文学实质为何》，载张永修等主编《辣味马华文学——90年代马华文学争论性课题文选》，雪兰莪中华大会堂、马来西亚留台校友会联合总会2002年版，第96页。

了马华文学的定义。这动作有深层的政治意涵,宣示马华文学从此成为中国文学诠释视野不能捕抓的他者,宣示马华文学源于大马历史,属于大马文学。这动作在大马国内尤其重要,表面上它以血缘界定华人族群文学,实则藉这族群的多语与多元文学现象,突显大马人书写活动的真实面貌。这是伦理和道德的问题,旨在打破官方的血缘中心历史诠释视野,免受意识形态国家机器收编、分裂和操纵,使最后受伤害的还是文学和人民记忆……如此暴露血缘观意识形态的逻辑是一石二鸟之计,划出了马华文学与中国文学的相对位置,也摧毁了大马"国家文学"的依据。①

如果说,通过重新命名,黄锦树尝试在"华极"与"巫极"之间寻找一条新的出路,无疑是一个有益的探索;但是,华人文学与华文文学,并不是同一层次的概念。华人文学包括华裔华文、英文、马来文文学以及峇峇文学;华文文学,则包括白话文文学与文言文学。华裔华文、英文、马来文文学的发展,以及历史上峇峇文学的成果,均是华人文学的重要发展与成果;"重新命名",是否就意味着能够获得"整体的视野"与发展,还有进一步商榷的余地。更何况,在许多马华作家的心目中,"'马华文学'是马来亚中文作者在解释他们的历史情境时所产生的概念;这概念甚至在这名词产生前便有了(如二十年代末期的'南洋色彩'),并在战后有了周延完整的内容。换言之,'马华文学'是早期马华作者对他们历史位置的解释,因此是马来亚部分人民记忆(popular memory)的具体呈现。"②

因而,当黄锦树提出将"马华文学"的全称由"马来西亚华文学"改为"马来西亚华人文学"时,虽然只是一字之差,立即引来华社诸多不解与"挞伐"。1月30日,杨善勇在《星洲日报·星云》上发表《马华文学正名》,认为黄锦树的举措是"用种族立场","替超

---

① 林建国:《为什么马华文学》,载张永修等主编《辣味马华文学——90年代马华文学争论性课题文选》,雪兰莪中华大会堂、马来西亚留台校友会联合总会2002年版,第54—55页。

② 同上书,第45页。

越种族的文学正名","'马'是文学的创作时空依归","'华'是文学的写作文字依据","马华文学怎么会是相等于华人文学呢?"①

这次火药味不算剧烈的论争,却以《星洲日报》副刊为舞台,拉开了90年代马来西亚华文文学思潮嬗变的大幕。

2.1992年"马华文学定位"论争

1992年5月1日,留日学生禤素莱在《星洲日报·星云》上发表了《开庭审讯》,直陈她参加日本东南亚史学会关东例会时的见闻和感受。由于内容关涉马华文学的名实问题,该文发表后立即在马华文坛造成巨大反响,并引发了一场关于马华文学定位的论争,这场论争可视为1991年"马华文学正名"的延续。

在《开庭审讯》中,日本学者对"马华文学"的否定主要有以下的依据:根据1971年马来西亚国家文化大会的原则,非马来语创作的文学,不可以冠上"马来西亚"四字;马来西亚的中文作品对于不懂中文的马来人而言,没有意义,因此不能算作马来文学;自己政府都不承认的文学,不能称为"马来西亚"文学;马华文学并未纳入国家文学,不以本土语言为本的不爱国文学,不能冠以"马来西亚"四个字。② 日本学者的荒谬显而易见,陈应德在《马华文学正名的争论》中曾一一加以批驳,他认为"任何文学的存在,是客观的事实,没有任何人能够通过否定来判它'死刑'"③。类似的批驳文章还有沙禽的《开书审讯》④、石琇的《谁该被"审讯"?——评禤素莱的〈开庭审讯〉》⑤、岳衡的《日本史学权威的偏见》⑥、王炎的《马华文学与日本学者》⑦、黄妙倩的《有关马华文学》⑧、巴依的《"瞎子摸象"

---

① 杨善勇:《马华文学正名》,《星洲日报》"星云"1991年1月30日。
② 禤素莱:《开庭审讯》,《星洲日报》"星云"1992年5月1日。
③ 陈应德:《马华文学正名的争论》,《星洲日报》"星云"1995年5月30日。
④ 沙禽:《开书审讯》,《星洲日报》"星云"1992年5月14日。
⑤ 石琇:《谁该被"审讯"?——评禤素来的〈开庭审讯〉》,《星洲日报》"星云"1992年5月15日。
⑥ 岳衡:《日本史学权威的偏见》,《星洲日报》"星云"1992年5月16日。
⑦ 王炎:《马华文学与日本学者》,《星洲日报》"星云"1992年5月16日。
⑧ 黄妙倩:《有关马华文学》,《星洲日报》"星云"1992年5月16日。

又一章》①等。

  《开庭审讯》深深地触及了马来西亚华人长久积累的政治、文化隐痛,即马华文学在"国家文化"和"国家文学"的霸权体系下如何定位并确立存在价值。长期以来,文学在政治语境下受到的干扰以及国家文化(国家文学)带来的困惑,一直影响着马华文学的发展并成为不同时期不断被讨论的话题。"将马华文学重新拆解,重新审视'马'、'华'及'文学',主要是指出马华文学发展的一些盲点,但这种做法与其说是文学的,不如说是文化或政治的,因为它引起焦虑的原因更多的是在文化或政治的认同上"②。在这场由《开庭审讯》引发的马华文学定位争论中,批驳者和被批驳者实际上都陷入了同一套思维模式中:将文学政治化。沙禽在《开书审讯》中讲道:"禤素莱的论调几乎代表了马华文学各路人马的理想(不管他们在其他方面的分歧有多大)。就是要为马华文学定位,肯定马华文学。"③这种"肯定"的渴望源于马华文学在"国家文学"体系中的尴尬处境。"我们应该摒弃地域观念,马华不马华,港台不港台,甚至英美不英美,都是个人的意向和选择,都不是问题;重要的是面对确切的文学问题,创作的问题和评断创作的问题。"④在马来西亚的政治、文化语境中,谈论马华文学能否真正撇开政治和文化的干扰"面对确切的文学问题",十分艰难,但陈应德在这里提出的思路无疑值得马来西亚华社思考。

  在这场依然是以《星洲日报》为舞台的争论中,不仅论辩的双方充当着主角,《星洲日报》副刊同样充当了主角。90年代马来西亚华文文学思潮的嬗变,正是在文学争论泛文学化过程中获得充分展开与实现的;作为传媒的《星洲日报》副刊,也正是在文学争论的"泛文学化传播"中,凸显自身的强势、获得充分发展的。

---

  ① 巴依:《"瞎子摸象"又一章》,《星洲日报》"星云"1992年5月29日。
  ② 何国忠:《马华文学:政治与文化语境下的变奏》,《马来西亚华人研究学刊》2000年第3期。
  ③ 沙禽:《开书审讯》,《星洲日报》"星云"1992年5月14日。
  ④ 同上。

二 从"经典缺席"到"现实主义的实践困境"

在方修等史家的文学史叙事中,70多年的马华文学史经历了一个从萌芽、发展到成熟的阶段,产生了众多具有"典范性"的作家作品。在1992年马华文学"经典缺席"论争和1997—1998年"马华现实主义的实践困境"论争中,马华新生代以典律认知为突破口,拒绝接受传统的文学史叙事,意图打破现实主义的"神话",以一种"烧芭"的姿态发出强烈的颠覆之音。

1. 拒绝自我经典化:"经典缺席"论争

在《星洲日报·星云》发表禤素莱《开庭审讯》引发的关于马华文学定位论争的过程中,"坏小子"黄锦树于1992年5月28日在《星洲日报·星云》上发表《马华文学"经典缺席"》,回应《开庭审讯》所提出的马华文学名实问题。由于此文内容的颠覆性和措辞的火药味,使得批判矛头由原来的日本东南亚史学会衮衮诸公迅速转向黄锦树,并导致了另一场更加激烈持久的论争:"马华文学经典缺席"。

黄锦树在《马华文学"经典缺席"》中认为,《开庭审讯》暴露的马华文学研究在日本的种种窘境,"归根结底,还是马华文学'经典缺席'的问题","似乎所有马华作家都带着拓荒者的形象,然而也仅仅是'拓荒'而已"[1]。从而,把集中在对日本学者无知的批判转向反思马华文学自身的不足。黄锦树指出:

> 马华文学史也是"自我经典化"的产物。现有的文学史是一部经典缺席的文学史,只是外缘资料的堆砌与铺陈,究竟意义何在?文学史就是那样吗?这是莫大的悲哀。现有的马华文学史只是"马华文学拓荒史",它的象征意义大于实质意义。在我看来,这样的文学史做那么多分期其实是多余的,说到底只有一期:酝酿期。马华文学史在酝酿之中。[2]

---

[1] 黄锦树:《马华文学"经典缺席"》,《星洲日报》"星云"1992年5月28日。
[2] 同上。

黄锦树建构在"经典缺席"基础上的对马华文学史的阐释，有别于以往的文学史叙事；把具有70多年历史的马华文学归结为一部"拓荒史"，而且只有"酝酿期"一个阶段，试图以一种激进的方式解构方修等文学史家建构的"传统"、"经典"马华文学史。

黄锦树的文章发表后，很快引起关注，许多不同的声音在报纸副刊上出现。1992年7月15日，陈雪风以笔名夏梅在《南洋商报·南洋文艺》上发表《禤素莱·黄锦树和马华文学》，对黄锦树在《马华文学"经典缺席"》中阐述的观点提出不同看法。首先，陈雪风认为黄锦树与禤素莱在对待日本学者的观点上，态度是有所不同的："禤素莱在莫名悲痛的同时，反省自己"，"然而，黄锦树却借题发挥，从另一个角度，对马华文学进行更彻底的否定"①。其次，针对黄文对马华文学的"否定"，陈雪风提出马华文学"客观存在"说："马华文学是客观存在的事实。换句话说，马来西亚公民的一个族群——华人，我们（黄锦树也在内），以母语写作的文学作品，是客观存在的社会现象"②，并借此否定没有经典作品就不存在马华文学的逻辑推理。最后，针对黄文的"拓荒"说，陈雪风认为："即使现在的马华作家，是'仅仅是'扮演拓荒者的形象，那么，他们对马华文学的发展，无论如何也是一种建树。在人类的历史上，有哪种建设不是源于'拓荒'的基础？没有拓荒，何来经典呢？"③

1992年8月11日，黄锦树在《星洲日报·星云》上发表《对文学的外行与对历史的无知？——就"马华文学"答夏梅》，否定了陈雪风的马华文学"客观存在"说，针锋相对地提出马华文学"主观存在"论。黄锦树认为，以往的马华文学（史）"只不过是某个社群共享的意识形态所支撑的一个'幻觉'，一个集体的虚构"④。并为"否

---

① 夏梅：《禤素莱·黄锦树和马华文学》，《南洋商报》"南洋文艺"1992年7月15日。
② 同上。
③ 同上。
④ 黄锦树：《对文学的外行与对历史的无知？》，《星洲日报》"星云"1992年8月11日。

定"马华文学进行辩解:"我并非在否定'马华文学',而是采取较高的标准去要求它。不是盲目义和团式的去神秘化它,而是以期待的心情去肯定它。"① 此外,黄锦树还对陈雪风质疑的"拓荒"、"马华文艺独特性"等问题一一进行了回应。1992 年 8 月 22 日,陈雪风在《南洋商报·南洋文艺》上,再次发表文章进行了回应:《批驳黄锦树的谬论》。

黄锦树对马华文学(史)"经典缺席"的论述,从美学的角度界定"经典",拒绝马华文学(史)的自我经典化,试图使马华文学(史)论述回到文学/审美的轨道。但是,黄锦树过度"自信",忽略了马华文学(史)的"历史性",在文学的封闭空间里建构"经典"。按照黄锦树的美学标准建构马华文学经典,极有可能沦为一个美丽的空巢。90 年代中期,黄锦树也逐渐意识到:"经典是诠释的产物。经典文学则是通过文学批评者的判准而产生的。如果要为马华文学下'经典'的定义,条件是必须拥有专业性和客观性的眼光。""'经典'不一定会永世不变的,它将随着时代的变迁而做出改变。"②

陈雪风对黄锦树的批评,有其深刻和片面之处:他一针见血地指出了黄锦树的典律观念只有美学维度而缺乏历史意识,但是,为了维护自己的"历史意识",他又简单地否定了黄锦树的"美学维度"。因而,黄锦树与陈雪风的论争,表面上看,是围绕着马华文学"经典缺席"这一论题;然而双方各持一套典律标准,没有形成对话关系,所得结论也只能是深刻的片面性,正如张锦忠后来在一篇文章中谈到的:"甲乙(甲指陈雪风,乙指黄锦树,引者注)各在不同轨道的集内论述,运用不同的认知模子及取样方法,各有其洞见与不见之处,视野和结论不同也就在所难免"③。两人的论争,反映出他们马华文学

---

① 黄锦树:《对文学的外行与对历史的无知?》,《星洲日报》"星云"1992 年 8 月 11 日。

② 黄锦树:《经典非永世不变》,《星洲日报》"尊重民意"1996 年 6 月 9 日。

③ 张锦忠:《典律与马华文学论述》,载张永修等主编《辣味马华文学——90 年代马华文学争论性课题文选》,雪兰莪中华大会堂、马来西亚留台校友会联合总会 2002 年版,第 150 页。

史观上的巨大差异，同时也隐含着对马华文学史诠释的分歧。

除了黄锦树、陈雪风两人外，刘国寄、端木虹等都不同程度地参与了马华文学"经典缺席"这一论争。1999年《南洋商报·南洋文艺》"80年马华文学"特辑特地开设"寻找经典"小栏，刊登方修、杨松年、张锦忠和庄华兴等人对"经典"问题的看法，可视为这一论争的余绪和小结。

这次论争的"舞台"，已经从《星洲日报·星云》，扩大到了《南洋商报·南洋文艺》；这种"隔报论战"方式，不仅扩大了论战本身的文学、文化意义，也扩大了作为媒介与推手的"副刊"的影响与意义；论战的"余绪"，已经大大超过了副刊所刊文字本身的"小结"意义。

2. 解构现实主义的神话："马华现实主义的实践困境"论争

1997年末，在留台联总主办的"马华文学国际学术研讨会"上，黄锦树发表论文《马华现实主义的实践困境——从方北方的文论及马来亚三部曲论马华文学的独特性》，再次引起一场激烈论战。论战大致围绕两个方面展开：一是批评黄锦树的行止品格，聚焦文学研究与道义的关系；二是批评黄锦树对马华现实主义的"极端"阐释，聚焦马华现实主义及其文学史价值。

论战的第一个焦点，源于黄锦树向论文评析对象方北方索取研究资料，但论文对方北方做出了负面评价。主要文章有：叶啸的《年轻，不能作为冒犯的本钱》、路璐璐的《骂街也算是"文学研究"么？》、朗格非的《王后卢前位置难——冀马华文坛别搞小朝廷》、金针的《评论家的嘴脸》等。这些"批评"，主要集中于道德评判：

> 作为一个从事文学创作的学者，修养比任何文学技巧更重要，"修养"是一种道德的基本要求。对个人而言，绝不可建设在年纪的层次上，也就是说，年轻并不能作豁免修养的权力。何况，黄锦树也不再是那种少年，可以用"年少无知"向法官作为减刑的理由。① （叶啸）

---

① 叶啸：《年轻，不能作为冒犯的本钱》，《南洋商报》"言论"1997年12月8日。

"感谢"不过是一种获得资料的手段,当他的目的达到,一瞅到方北方先生作品中有他可以攻击的资料时,他就一点虚假的"感谢"之心也剥落殆尽,一意要置方北方先生于死地——彻底打倒和否定方北方先生一生的努力和贡献,包括他的作品在内。①(路璐璐)

如果一个作者在难得的自由时间内,不去潜修学殖,却总是往别人身上评头品足,你就有理由怀疑他是个混混主义者,满以为读者低庸,想不费气力博乱求功。②(朗格非)

与叶啸等对黄锦树的批评不同,何启良从黄锦树的"反道德"行为中看到的是"道德力量":"黄锦树的道德力量,源自于他的反道德勇气。他的放任和激忿之言,至少相当一部分,是以背离道德来追求道德"③。

无论是正面还是负面的评价,这些"痛苦的道义"实际上都给黄锦树和方北方造成了不小的伤害。1998年1月7日,《南洋商报·南洋文艺》刊登了黄锦树的《痛苦的道义——给方北方先生的公开信》。这封"公开信",除了进一步阐述黄锦树对马华现实主义的观点之外,也对"道义"问题进行了回应:"我无法像某些大牌学者那样,为了履行所索取资料的道义而不惜借大理论以阿谀在世的研究对象,我履行的是另一种道义——也许是魔鬼的道义——在真理面前,见佛杀佛,逢祖杀祖。然而这或许是历史真正的继承人的态度:超越方是真正的继承。如同我辈必将为后辈所超越,汝辈亦必将为我辈所超越","然而我也必须承认,在论文的措词上其实可以不必那么强烈——这确是囿于我燥烈的个性。对于这一点,我必须郑重向您(指方北方,引者

---

① 路璐璐:《骂街也算是"文学研究"么?》,《南洋商报》"言论"1997年12月12日。
② 朗格非:《王后卢前位置难》,《南洋商报》"言论"1997年12月24日。
③ 何启良:《"黄锦树现象"的深层意义》,《南洋商报》"人文"1998年1月18日。

注）道歉"①。

现实主义是传统马华文学史叙事的主导话语，黄锦树等新生代作家要颠覆并重构马华文学史，以马华现实主义为突破口无疑是一个很好的"策略"。黄锦树的《马华现实主义的实践困境——从方北方的文论及马来亚三部曲论马华文学的独特性》，正是这一"策略"的产物。引起轩然大波，也是因他选取的解构对象方北方是马华现实主义的标志性人物。所以，说方北方是黄锦树实现其"意图"的一个"牺牲品"（叶啸语）也不无道理：

> 方北方及其同时代人在马华文学史上的意义必须摆在这样一个社会——思想史脉络下来加以评估和理解，从他们的文学实践中可以看出马华文学史的一大特质：它是一个把文学当做非文学的场域的、独特的"非—文学史"。而从我们对方北方的个案讨论中可以看出，在他身上实践出来的所谓的特殊性既与地域特色无关，也无关于民族形式，而是一种苍白贫乏、低文学水平的普遍性——所谓的马华文艺的独特性其实是一种无个性的普遍性，充盈着华裔小知识分子喋喋不休的教条和喧嚣。②

尽管黄锦树的这一论断备受指责，但在他后来给方北方的公开信中还是重申，马华文坛必须打破现实主义的神话，甚至还提出"克服方北方"的口号：

> 所以我在会场上强调这是一场"文学史遭遇"（借林建国的话），一次文学史事件，可以被问题化为"克服方北方"。克服并非清算，并非刺杀；而是公开的决裂——两代人之间的正式决裂。

---

① 黄锦树：《痛苦的道义——给方北方先生的公开信》，《南洋商报》"南洋文艺"1998年1月7日。

② 黄锦树：《马华现实主义的实践困境——从方北方的文论及马来亚三部曲论马华文学的独特性》，载张永修等主编《辣味马华文学——90年代马华文学争论性课题文选》，雪兰莪中华大会堂、马来西亚留台校友会联合总会2002年版，第237页。

不是因为私人恩怨（开个玩笑：如争吃雪糕），而是文学观点，及对文学生产所有的立场上的无法妥协。①

套用黄锦树的话，"马华现实主义的实践困境"论争是"两代人"之间，由于"文学观点"的不同，导致的一次"克服"马华现实主义的"文学史事件"；正如有学者指出的："黄锦树不只给予马华文学流派分歧和争论作了一个论断，同时亦与垄断马华文学的现实主义流派在文学史上作了一个决裂。"②

黄锦树对马华现实主义的解读，深刻而片面。"片面"很大程度上源于黄锦树对所掌握"真理"的过度自信，加之个性"好恶过于分明"③，就容易陷入他攻击的"老现们"的思维模式中："他自己也深陷在以一种主义否定另一种主义，以一种文学意识形态否定另一种文学意识形态的单向思维的泥淖中。方修们否定或排斥了现代主义，而黄锦树也否定或排斥了现实主义；方修走了极端、黄锦树也同样走了极端；方修治史以客观史料为基础但仍未摆脱意识形态的主观性，黄锦树的文学批评讲求学院派的学理性却无法掩盖其价值取向上的为我主义。"④

实际上，无论是现实主义、现代主义还是后现代主义，都有其历史合理性，以一种"主义"的观念去判断另一种"主义"的文学，危险不言而喻。但是，只是在这个层面上去解读黄锦树，未免也过于简单。作为一场产生深远影响的结构性事件的主要"表演者"，黄锦树恰恰因他的片面而显得"重要"："对我来说，也许也是一种必要的策略。因为我不仅想解释世界，更企图改变世界。'学术本以救偏，

---

① 黄锦树：《痛苦的道义——给方北方先生的公开信》，《南洋商报》"南洋文艺"1998年1月7日。
② 何启良：《"黄锦树现象"的深层意义》，《南洋商报》"人文" 1998年1月18日。
③ 林春美：《当文学碰上道德——夜访林建国、黄锦树》，《蕉风》1998年1、2月号。
④ 刘小新：《"黄锦树现象"与当代马华文学思潮的嬗变》，《华侨大学学报》2000年第4期。

及其所至,偏亦随之',这就是所谓的'矫枉过正'——不发挥十分的力道,无法打破这封闭的结构,也不会有人对你谈的问题当真。"①

总体来讲,1992年马华文学"经典缺席"论争和1997—1998年"马华现实主义的实践困境"论争,以黄锦树为代表的马华新生代是在用一种新的美学观和文学史观来审视马华文学,这种审视所得出的结论具有很强的颠覆性;同时,这两场论争在某种程度上也反映了马华新生代新文学史观的苏醒与自觉。而且,论争的中心舞台,主要是在《星洲日报·星云》与《南洋商报·南洋文艺》这两个副刊。

三 从"当代诗选"到"当代文学大系"

90年代中后期,对马华文学史观有新认识的一批新生代作家,如陈大为、黄锦树、钟怡雯、林幸谦、陈强华、辛金顺等,开始在新的文学观念的指导下开展系列有计划的选集活动②。作为重写马华文学史的重要一环,新生代的选集活动及其相关讨论,意在实践层面上建构当代的马华文学史话语。从"当代诗选"到"当代文学大系",崛起的新生代迈出了重写马华文学史的坚实一步。

1.《马华当代诗选》及其《内序》论争

1995年,由马华新生代作家陈大为主编的《马华当代诗选(1990—1994)》(下文均简称《诗选》)出版,作为一部以国外的学者和诗人为首要预设读者的选集,采用字辈断代法,收录了1990—1994年间马华诗坛15位诗人的优秀作品,其中包括两位5字辈、八位6字辈和五位7字辈:"这个结果十分符合我们对这五年间马华诗

---

① 林春美:《当文学碰上道德——夜访林建国、黄锦树》,《蕉风》1998年1、2月号。

② 如陈大为主编,陈强华、钟怡雯和黄昕胜参与编选,文史哲出版社1995年出版的《马华当代诗选(1990—1994)》;钟怡雯主编,林幸谦、辛金顺和陈大为参与编选,文史哲出版社1996年出版的《马华当代散文选(1990—1995)》;黄锦树主编,九歌出版社1998年出版的《一水天涯:马华当代小说选》。有意思的是,这三本囊括诗歌、散文和小说三大文类的选集,均冠以"当代",即新生代所处的"当下",很明显具有"为自己写史"的强烈意图。

坛创作概况的见解——六字辈为主流……把这十五位入选者分为三辑，便是有意突显这三个字辈在九十年代马华诗坛金字塔顶层的比例。"①《诗选》出版后，引起了马华文坛一些人士的不满，为了回应这些"怨言"，1996年陈大为在《蕉风》杂志上发表了一篇给国内读者看的"内序"：《从"当代"到诗"选"——〈马华当代诗选（1990—1994）〉（内序）》。出乎意料的是，这篇"内序"不仅没有使"怨言"减少，反而起到了推波助澜的作用，一场由《马华当代诗选（1990—1994）》及其《内序》引发的讨论，逐渐演变成在90年代马华文坛有重要影响的论争，陈大为、端木虹、黄锦树、叶啸、张光达等马华文坛重要的作家和批评家都参与了这场论争。

首先，不少论者从三个字辈入选诗人的比例质疑《诗选》的"客观性"和"代表性"。比如叶啸直言："5字辈的诗人当中，缘何只选入沙禽及叶明区区两人的作品？""陈大为对5字辈（或以上）诗人的看法是很容易混淆马华文学发展的实况。对诸位曾经为马华诗坛尽心尽力的马华诗人更欠缺公平"，"谈到《马华当代诗选》的'代表性'，不幸地因主编的'主见'而被破坏了"②。新生代作家张光达却从"诗选"这一行为本身的"主观性"出发，回应叶啸的"客观"说："强调诗选的'公正客观'其实最是不公正客观，编者通常本身是文学家或诗人，在他们的心目中已经有一套预设的文学标准/观念，编选活动进行时这些标准/观念就有意无意形成了权威和立场"，"诗选的'公正客观'其实是不必要强调的，就有如强调老中青的诗人都要照顾，在诗选里各占一席位，确保没有人被排挤那般的没意义"③。

其次，也有论者从选集标准入手认为陈大为等是用"台湾视角/口味"来评判马华诗歌/文学。端木虹把陈大为的《诗选》与其他具

---

① 陈大为：《从"当代"到诗"选"——〈马华当代诗选（1990—1994）〉（内序）》，《蕉风》1996年3、4月号。
② 叶啸：《从〈马华当代诗选〉说开去……》，《南洋商报》"南洋文艺"1997年1月1日。
③ 张光达：《诗选与文学史——序南洋文艺1996诗年选》，《南洋商报》"南洋文艺"1997年5月28日。

有留台背景作家的文学活动联系起来，使它上升为一个结构性事件，指出这一事件背后的实质是用他者（台湾）的视角来审视马华文学："陈大为诗序在近期的文学运动上，不是孤立事件，我们只消从最近一些留台作家诗人普遍的言论看来，就可得知他们对文学的认知，对马华文学作品的品价，甚至所抱持的文学观点，无不取决于台湾文学界的审美标准，换句话说，是用台湾的文学水平，台湾的文学视角来看待马华文学，一言以蔽之，是用台湾的口味来鉴赏马华文学"①。对新生代旅台作家群深受台湾文学影响，黄锦树并不否认，但反对以此来贬低或否定这一群体的相关创作和阐释活动："我们是马华文坛的纵火者，但何尝不是播种者？或者，更为狂妄一点说，我们都是'盗火者'——企图从域外盗来他乡之火，以照明故乡黑暗。悲哀的是，故乡的人并不领情"，"从老去的现实主义到诞生中的大马先锋派，舶来品的影子都十分深重，嘲笑受台湾影响的人要不是受过去的中国、就是受现在的中国影响，就'影响'而言谁也没资格笑谁。真正的问题在于彼此的作品是否能各自成立"②。陈大为在《"马华文学视角"VS."台湾风味"》一文中回应道："所谓的'马华文学视角'只是以一种'排外情绪视角'的形式存在着，它的宗旨就是排除一切'外来'的'负面批评'"，"显然，所谓'台湾文学视角'根本不存在，只是他们逃避批评的假想敌"③。将批评者的声音归结为"排外情绪"，恐怕有些简单和草率；更为内在的，还是"两代人"文学观念上的差异。

陈大为认为诗的好坏在于语言技术的高低："诗不是一种政教工具，也不必负担反映社会的职责，那是诗经时代的老朽想法……诗之所以为诗，仅在语言艺术的表现"④。早在50、60年代，马华文坛就

---

① 端木虹：《马华文学的"狂飙运动"》，《南洋商报》"言论"1996年9月25日。
② 黄锦树：《马华文学的悲哀!》，《南洋商报》"南洋文艺"1996年12月18日。
③ 陈大为：《"马华文学视角"VS."台湾风味"》，《南洋商报》"南洋文艺"1997年1月17日。
④ 陈大为：《从"当代"到诗"选"——〈马华当代诗选（1990—1994）〉（内序）》，《蕉风》1996年3、4月号。

受到现代主义的影响，70、80年代在现代派文艺社团天狼星诗社的推动下还热闹了一阵。但是到90年代初、中期，马华文坛主流仍然是现实主义。在这样的语境中，陈大为的诗歌观念，就是一种异质的声音，批评和指责是其难以逃脱的宿命。

《诗选》是马华新生代第一次用全新的美学观和文学史观从事的文学选集活动，意图借助诗歌这一文类重构马华当代文学的新形象："我们无意编一本以史料意义为旨的诗选，而志在聚集近五年来马华诗坛最优秀的诗作，以建构马华新诗的新形象。"[①] 陈大为等人的尝试，存在一些不足，但是，作为一种"反抗的姿态"，《诗选》探索了从事多元文学史实践的可能。

2.《马华当代文学大系》讨论

1996年马华作协新理事会成立后，决定编纂出版《马华当代文学大系》（下文简称《大系》），于9月19日在《南洋商报》上发布"作协文告"，公开向全马文友征稿。消息发布后，温任平、黄锦树、张光达、林建国等纷纷建言献策，一时间在马华文坛掀起一股《大系》讨论热潮。在这场讨论中，气氛要比以往的论争显得"祥和"许多，参与讨论者高度肯定这一选集活动的必要性和价值，同时，也对《大系》的断代、指导原则、兼顾标准、编辑体例、实际操作等提出了许多有建设性的意见。

《大系》及其讨论热潮，有着深刻的文学背景。90年代中期，马华新生代特别是以黄锦树、陈大为、林建国为代表的旅台诠释群，已经在马华文坛相当活跃，他们的诠释活动对马华文坛造成了巨大的冲击，特别是90年代初期到中期的几场大的论争（马华文学正名、定位、经典缺席等论争），动摇甚至颠覆了马华文学史的许多传统论述。用新的理念编选一套更加多元的文学大系，并在此基础上重写马华文学史，成为马华文坛大多数人的期待。在这种背景下，《大系》应运而生，并在马华文坛产生积极的反响。

---

① 陈大为主编：《马华当代诗选（1990—1994）·序》，文史哲出版社1995年版，第8页。

《大系》给重写马华文学史提供了一个重要的契机,"因为《大系》确实不是一般的选集,它涉及当代马华文学典律(canon)及文学史视域的建构,不论是对国人(不限种族)、大马官方,还是对所有华语世界的读者(中国大陆、台湾、香港,以及新加坡及其他地区),它都是当代大马华文文学总体成绩的展示;同时那也是大马华人知识分子对这数十年的马华文学做一个总整理,及对于马华文学发展的总体反省,除了给马华文学研究者作为参考之外,更重要的是它也具有'薪传'的象征意义:给继起的马华文学新血一个可能的参考坐标。因而它其实即是一部由代表性文学作品组成的、具文学史意味的特殊'选本'"[1]。尽管不能把"大系"与文学史完全等同,但一部优秀的马华文学大系,能够"使我们对马华文学史的认识更为完整"[2]。

四 从"中国性"到"奶水论"

马华文学/文化与中国文学/文化的关系,在马来西亚是一个不断被讨论的文学"母题"。90年代之前,曾发生多次与此相关的论争。如1927—1930年南洋色彩的提倡、1934年马来亚地方作家论争和1947—1948年"马华文艺独特性"论争等。进入90年代,爆发了两场与此相关的论争:1995年关于"马华文学与中国性"的论争,1997—1998年关于"马华文学与中国文学奶水关系"的论争。

1. 1995年关于"马华文学与中国性"的论争

1995年,张永修在《南洋文艺》上推出"双月文学点评"专辑,邀请专人对《南洋文艺》发表的文学作品按文类每两个月做一次点评,在6月份推出的"双月文学点评·第2波"中,邀请了旅台学者黄锦树对3—4月《南洋文艺》上的诗歌进行点评。在6月9日《南洋文艺》题为《两窗之间》的点评文章中,黄锦树从诗歌与主体意识的关系着手,分析了陈大为、沈洪全、辛金顺、林幸谦、夏绍华和黎

---

[1] 黄锦树:《对于〈马华当代文学大系〉的几点意见》,《南洋商报》"南洋文艺"1996年11月1日。

[2] 林建国:《等待大系!》,《南洋商报》"南洋文艺"1997年4月18日。

紫书6人诗作。谈到林幸谦时,黄锦树指出:

> 林幸谦创作上最大的问题(不论是散文、论文、诗)从他这几首诗中也可以看出:过度泛滥的文化乡愁,业已成为他个人创作的专题。中国像是一个严重的创伤,让他一直沉浸在创伤的痛楚及由之而来的陶醉中。他像一个失恋者,一直面对旧情人恋恋不忘;以致无法面对其他的可能对象。①

张永修将《两窗之间》的剪报寄给林幸谦,林幸谦在7月25日的《南洋文艺》发表书信体文章《窗外的他者》,公开回应黄锦树提到的文化乡愁及诗歌的主体意识等问题:

> 关于身份认同、文化冲突/差异、中国属性,尤其是边陲课题(periphery/marginality)等问题,对于海外中国人而言,足可以让几代的人加以书写阐发,是世纪性的一个问题。
>
> 关于诗与语言的关系,自然是诗人必须注意、也不得不注意的事项。黄此篇的观点的可贵,就在于说出了写诗的要点与大忌。然而,主体意识并不全然一定就是洪水猛兽……"能指"(Signifier)以及此机制中的"能指链"和主体意识在语言符号中往往融成一体;言说自己,也体现言说的对象。
>
> 我们的阅读与写作经验就告诉我们:如果过度迷信语言的自由度与空间性,以及对于语言承载意符或所指(Signified),心理意象的这种迷思,将导致语言自身秩序与文本体质的破坏。反之亦然。②

9月26日,黄锦树在《南洋商报·南洋文艺》上发表《中国性,或存在的历史具体性——回应〈窗外的他者〉》,认为《窗外的他者》

---

① 黄锦树:《两窗之间》,《南洋商报》"南洋文艺"1995年6月9日。
② 林幸谦:《窗外的他者》,《南洋商报》"南洋文艺"1995年7月25日。

是对文化乡愁过度泛滥的"自我辩解":"从'天狼星诗社'以降,马华现代主义就和中国性（Chineseness,中国特质,中国本质）的寻求建立了美学及意识形态上的血缘关系,并且影响了整整一代人"①。显然,黄锦树已经从批判林幸谦"过度泛滥的文化乡愁"上升到反省整个马华文学与中国文学的关系:"身为华人,无可否认的我们都必须不断的反省华裔集体的文化属性及存在情境;华文书写者甚至每一度进行书写都是一次有意识或无意识的征战——与'中国'的战争。'中国'在广大的华人心目中潜伏为无形的民族主义,同时却也藉由符号而膨胀为无边、想象的大汉帝国","这条路子的最大危险在于以一些现成的汉文化符码的抽象性掩盖了华人存在的具体性,我所谓的'与中国的征战'重点就在这里:写作不能沦为古典中国知性或感性的注释。（海外）华人的经验是全新的历史经验,新的实在（reality）,写作必须以它为主体而不是以中国性为主体"②。

黄锦树与林幸谦之间这场关于"马华文学与中国性"的论争,表明马华文学与中国文学及文化的关系也给新生代造成了极大的困扰;"中国性"是马华文学发展的重要资源,但相对地也累积成一个巨大的负担。黄锦树和林幸谦分别代表了马华新生代两种不同的文化向度,各执一词。

2. 1997—1998年关于"马华文学与中国文学奶水关系"的论争

1997年11月29日,留台联总在吉隆坡联邦酒店召开"马华文学国际学术研讨会",台湾作家柏杨发表了《走出移民文学》的主题演讲,第二天,《星洲日报》新闻版以"马华文学须本土化——柏杨促走出移民文学"为题报道了他的这次演讲,特别强调了柏杨的"马华文学本土化"主张:"马华文学创作者必须淡忘、早一点脱离悲情世界,与母体'断奶',才能强大、具有本身的独立性和特别性,以及成为世界文学研究的主流","如果马华文学创作能够本土化,以当地

---

① 黄锦树:《中国性,或存在的历史具体性——回应〈窗外的他者〉》,《南洋商报》"南洋文艺"1995年9月26日。

② 同上。

社会背景为创作灵感,马华文学的内容肯定会特别丰富"①。柏杨的话题可谓老生常谈,但他在中文世界的影响以及报纸传媒推动渲染,这一问题逐步复杂化,并引发了一场火药味极浓的"奶水战"。

1997年12月2日,温任平在《星洲日报》上发表《与柏杨谈"马华文学的独特性"》,认为柏杨的本土化及断奶主张脱离马华文学现实:"马华文学的独特性或独立性已经是一个解决了的问题",因而也就不存在本土化的问题;至于"断奶"问题,温任平也"有一些意见","马华作家都是读着唐诗宋词、《红楼梦》、《西游记》、《三国演义》、《儒林外史》长大的,这里头有一个一脉相承的文化也是文学的渊源,这个渊源不可能像脐带那样割弃……我们不能在文学传承方面'断奶',那是不必要的(除非政治局面变得封闭)。事实上,马华作家从中国大陆与台湾的当代作品中汲取了不少宝贵的养分(奶水?)。他国的经验不能替代,表现的方式、技巧,处理生活经验的手法却可供借镜"。② 类似的文章还有:陈灵的《何谓"乡愁"——向柏老讨教》③、黄文界的《自卑与狂妄》④、弓公的《柏杨不了解我们》⑤ 等。

1998年3月1日,《星洲日报》"尊重民意"的"一家课题两家言"专栏推出"马华文学需不需要断奶"专题,"欢迎各界朋友就'马华文学断奶'课题发表论见"⑥,并刊登观点相左的林建国《大中华我族中心的心理作祟》和陈雪风《华文书写和中国文学的渊源》两文。在报纸的推动下,"断奶"问题迅速升温,形成了以林建国为代表的"断奶"派和以陈雪风为代表的不需"断奶"派的对峙交锋。

林建国、黄锦树坚决主张"断奶"。林建国在《大中华我族中心的心理作祟》中认为,"断奶"课题在马华文坛引起争执,背后暗含

---

① 柏杨:《马华文学须本土化——柏杨促走出移民文学》,《星洲日报》1997年11月30日。
② 温任平:《与柏杨谈"马华文学的独特性"》,《星洲日报》1997年12月7日。
③ 《南洋商报》"言论"1997年12月12日。
④ 《南洋商报》"言论"1997年12月17日。
⑤ 《南洋商报》"商余"1997年12月20日。
⑥ 编者按,《星洲日报》"尊重民意"1998年3月1日。

某种"学术阴谋","主要还是大中国主义者在搞统战,利用文学不许'断奶'的课题要大家整队,意识形态上向中华帝国靠拢"①。"我们除了'断奶',别无选择":"我的'断奶'回答是一石三鸟之计,是用来反奴役、反收编、反大汉沙文主义。我们必须能对中国说不,就像能对任何教条说不,创作起来才有自主的人格。人格不自由,我们对中国文学就不能批判地继承,也就谈不上什么人性、什么文学"②。林建国此文言辞激烈,锋芒外露。在稍后发表于《星洲日报》"尊重民意"上的《再见,中国——"断奶"的理由再议》,他重申"断奶"之必要:"我们是在寻找这种和中国文学辩证的空间,一个被大中国主义所放弃的辩证,而且作为大中国主义必须放弃的辩证。"同时,他还主张"应该可以顺势解决""创作上困扰我们甚久的'中国情结'"。③

作为不认同"断奶"的一派,陈雪风在《华文书写和中国文学的渊源》中认为"断奶"论者是在仿效台湾,"别有居心","如果以'断奶'做为譬喻来谈马华文学和中国文学的关系,那是不正确的,因为中华文化万变不离其宗。既然马华文学是在传承中华文化,又以华文作为表达方式,它如何能变呢?马华文学是很难脱离民族性和文化性的渊源关系。因此中华文化对马华文学存在滋养关系,是自然之事"④。针对不"断奶"马华文学会沦为中国文学附庸的担忧,其后,陈雪风在《访谈的补充与解释》中强调:"马来西亚是一个独立的国家。我们是马来西亚这个多元种族国家的一个组成民族。我们的文化源自中华文化,而今是马来西亚华裔的文化。我们的马华文学(现仍在争取成为马来西亚国家文学之一)是世界华文文学之一。马华文学与中国大陆文学/台湾文学/香港文学、新加坡华文文学、泰国华文文

---

① 林建国:《大中华我族中心的心理作祟》,《星洲日报》"尊重民意"1998年3月1日。
② 同上。
③ 林建国:《再见,中国——"断奶"的理由再议》,《星洲日报》"尊重民意"1998年5月24日。
④ 陈雪风:《华文书写与中国文学的渊源》,《星洲日报》"尊重民意"1998年3月1日。

学、菲律宾华文文学、美国华文文学、加拿大华文文学……等等,都是自成独立或一体的文学。""因此,作为一个文学主体的马华文学不需要藉与中国文学'断奶'而争取独立。"①

"马华文学需不需要断奶"专题推出后,反响热烈,《星洲日报·自由论谈》刊出多期"断奶回响",发表了黄俊麟、陈醉、彭慧娟、邢诒娟、陈雪风、崔将、叶金辉等人的多篇文章②。可惜的是,与以往的数次文学论争一样,这次"断奶"论争的双方也没有形成有效的对话关系,甚至出现"对牛弹琴"(黄锦树语)、"鸡同鸭讲"(安焕然语)现象。"没有对话、没有交锋的论辩,剩下的是什么?像这样子的论争,在马华文坛已不是第一次了,但我们的论争为什么总是像两条平行线般的永远没有交集,最后不了了之?如此的论争,持握再多的传统道统护符,持有再多的具革命性的悲壮道德勇气,其具体的成效在哪?诚恳的对话在哪?真正的交锋点又在何处?"③

此次论争,起于文学的文化问题;但是,《星洲日报》破例在新闻版专题报道柏杨的演讲,并且,此后不断在《星洲日报》"尊重民意"推出争论专栏;显示出媒体参与的立场、方式与用心——文学事件文化化,文化事件社会化;论争本身可能没有结果,论争双方却大大提升了作家、批评家个人及其群体的知名度,尤其有利于新生代作家、批评家,在遭受颇多的"指责"的同时,借助论争的影响力迅速奠定了他们在当代马华文学上的地位;更有利于华文报社在推动华人社会、华族文化发展的同时,大大提升自身的影响力。

第三节 文坛论争与文学"新生代"

暂时远离一下论争本身,我们"注意那些文本以外的现象",即

---

① 陈雪风:《访谈的补充与解释》,《星洲日报》"自由论谈"1998年3月15日。
② 见《星洲日报》"自由论谈"1998年3月8日、15日。
③ 安焕然:《何以如此鸡同鸭讲——对断奶课题的一点无知及无奈的回应》,《星洲日报》"自由论谈"1998年4月19日。

文本周围"围着一大群也佩戴'文学'徽章的事物"①，尤其是论争背后看不见的"那只手"——媒介。

一　副刊"课题"与文坛论争

报纸副刊，是一个策划性较强的版面，它与新闻版的某种"被动性"不同，更需要主动策划、加热、促成，甚至是制造话题或是主题。90年代的马华报纸副刊，多以"设定""课题"的方式制造话题或是主题，主动策划、参与、召唤了马华文坛的多次文学论争。

对新闻媒介而言，"公众中以及各种公共机构中的注意力是一种稀缺资源"②，《星洲日报》《星云》副刊编辑，深谙发掘与利用这种稀缺资源的重要性。禤素莱的来稿《开庭审讯》一经收稿，便被《星云》副刊设为"课题"，调动多种手段，积极吸引与强化"公众"的注意力，"召唤读者对此课题的探讨"。

在《星洲日报·星云》发表禤素莱《开庭审讯》的前两天，即4月29日，编者已用大号字体刊出预告："五月一日星云《开庭审讯》再给你一个震撼！"一篇文学煽情性的域外报道，经过《星洲日报·星云》的放大与渲染，已经被"预设"为一个新闻事件、一个吸引与强化"公众"注意力的"课题"：审讯谁？谁主审？在哪里审讯？审讯结果？

1992年5月1日，《星洲日报》《星云》副刊刊载了禤素莱的《开庭审讯》。文中，"什么也不是的马华文学"的说法，深深刺痛了马华写作人、马华文化人，乃至许多华人的视觉神经；禤素莱"悲痛莫名"的情绪，更强化了报道的现场感与煽情性。

5月12日，《星云》又一次刊出预告："敬请密切留意《星云》，'文学的激荡'系列回响《开？审讯》"。两天后，即5月14日，《星云》刊出了沙禽的《开书审讯》，作为《开庭审讯》刊出后的第一波

---

① 王晓明：《一份杂志和一个"社团"——重评五四文学传统》，载王晓明主编《二十世纪中国文学史论（修订本）》上卷，东方出版中心2005年版，第177—196页。
② ［美］马克斯韦尔·麦库姆斯：《议程设置——大众媒介与舆论》，郭镇之、徐培喜译，北京大学出版社2008年版，第44页。

回应。并且，第三次刊出预告："谁该被审讯？请密切留意《星云》"。5月15日，《星云》刊出石琇的《谁该被"审讯"？评禤素莱的〈开庭审讯〉》，作为《开庭审讯》刊出后的第二波回应。至此，表面来看，禤素莱点燃的战火已经燎原；实际上，更应该是，副刊编辑所精心策划的"课题"的召唤功能已经形成。接下来，《星云》连续刊登了5篇"回应"文章，其中，包括5月28日刊出并引起另一场激烈论争的黄锦树的《马华文学经典缺席》。

5月30日，《星云》刊出陈应德的《马华文学正名的争论》，并附《编者的话》："'文学的激荡'系列仍有好稿积压。透过已刊载的一系列佳作，足以令我们有所激荡，有所省思。而有关'马华文学'正名的论争，今天也该告一个段落了。"可见，不仅从"课题"的设立与结束，而且，"课题"的过程中所有的起、承、转、合，都在副刊"那只看不见的手"的安排与掌控之中。如张永修说："在当时《星洲日报》正以隆重其事的花踪文学奖把马华文学推向国际之际，马华文学的名与实问题实在有被关注与讨论的必要。于是我马上发稿，安排该文在最短的时间内以主题篇的显著位置刊登于《星云》，并设'文学的激荡'栏目召唤读者对此课题的探讨。"[①] "马上发稿"、"以主题篇的显著位置刊登"、"设'文学的激荡'栏目"，尤其是"召唤读者对此课题的探讨"等话语，可见，"我"及"我"所代表的报纸副刊，在此次文学论争中起足了参与、策划、召唤等重要作用。

此后，副刊"课题"与文学论争一直紧密相关。1994年5月，张永修接编《南洋商报 . 南洋文艺》，致力于打造"文学的言论版"品牌[②]：一方面，设"文学观点"栏目，吸引有关本地文学作品评论的

[①] 张永修：《近处观战》，载张永修、林春美、张光达主编《辣味马华文学——90年代马华文学争论性课题文选》，雪兰莪中华大会堂、马来西亚留台校友会联合总会赞助出版2002年版，第c—k页。

[②] 张光达：《勇敢踏入新纪元——1999年南洋文艺回顾》，《南洋商报》"南洋文艺"2000年1月11日。

自由来稿，"刊登了相当大量的文学论述";① 另一方面，推出多种专辑、特辑，"设定一些课题或范围，公开征求马华文坛诸家与文艺版读者对有关课题的看法，以期让作者与作者，以及作者与读者之间，可以自由交流意见。"②。在上述所谓"设定"一些"课题"、"公开征求""对有关课题的看法"的策划与召唤中，《马华当代诗选》及其《内序》的论争、"马华现实主义的实践困境"的论争、"马华文学与中国性"等论争，相继在《星洲日报·副刊》、《蕉风》杂志，尤其是在《南洋商报·南洋文艺》及其相关副刊中上演。所以，不难发现，90年代发生在马华文坛的大大小小论争，都与报纸副刊的"课题"策划、设定与具体运作密切相关。

二 "广场"、"话题"与文坛论争

如果说，90年代前期的马华报纸副刊，以"设定""课题"的方式，策划、参与、召唤了马华文坛的多次文学论争的话；90年代中期，马华报纸副刊，更以开设"广场"的方式，策划、参与、召唤了波及整个马华社会的"文学"论争"话题"。

1995年8月13日，《星洲日报》副刊进行了一次非常重要的改版，重点推出一个"杂志化"的副刊《星洲广场》；主要栏目包括"封面"、"尊重民意"、"自由论谈"、"人文论谈"、"新新时代"、"文化空间"、"星洲人物"、"文艺春秋"等栏目。"广场"一词，蕴含着公共性、"以小见大"开放性、大众性、喧哗性等特征。在西方，早在古罗马城邦制度建设之初，就已开辟出了流动的广场，广场嘈杂、喧闹、人声鼎沸，人们在这里自由交易、自由议论，乃至于自由竞技，在节假日激情狂欢，形成了公民广场意识的传统。《星洲日报》，以"广场"作为副刊的命名，足显主持者希望"以大见大"与

---

① 张永修：《近处观战》，载张永修、张光达、林春美主编《辣味马华文学——90年代马华文学争论性课题文选》，雪兰莪中华大会堂、马来西亚留台校友会联合总会赞助出版2002年版，第c—g页。

② 张永修：《副刊本土化之实践——以我编的〈星云〉及〈南洋文艺〉为例》），《人文杂志》2002年第17期。

"以小见大"同步共举的深远用心。所谓"以大见大",即属于大众化的社会之事,以"广场"的方式大众议;"以小见大",即属于小众化的文学之"课题",也推向"广场",使之成为大众共同关注的泛文学"话题"。温任平曾说,"理想的文学组稿,不仅能吸引到文学读者,也要能吸引文化研究者、社会学者的关注。"① 何国忠认为,"时事及文化评论是报纸中最合读者口味的部分"②;《星洲日报》开辟的"广场",较之则更进一步,意在以往昔"课题"操作为基础,利用媒介的策划与召唤优势,"掌握时代脉动",将原本在小圈子内的文学"课题"打造成为具有轰动效应、吸引眼球的大众"广场""话题"。

90年代,马华文坛论争的舞台,主要是集中在《星洲日报》和《南洋商报》副刊,以及其《蕉风》杂志。但是,自从《星洲日报》开辟《星洲广场》之后,具有轰动效应、吸引大众眼球的文学论争,几乎都挪移到《星洲广场》,而且,都是被安排在《文艺春秋》之外的栏目中。"马华文学需不需要断奶"之争,就充分展示出传媒"以小见大"的"话题""传销"策略。首先,《星洲日报》破例以新闻版面专题报道柏杨的演讲,将文学事件时事化、社会化。其次,在《星洲广场》的"尊重民意"、"自由论谈"栏目,推出大量针锋相对、火药味浓的专栏文章,如发表黄俊麟、陈醉、彭慧娟、邢诒娟、陈雪风、崔将、叶金辉等人的多篇文章③。在这个过程中,由于传媒的精心运作,一场文学论争,演变成为一个具有轰动效应"文学事件",其结果,不仅使"小产业"④ 的马华文学获得社会大众的关注,更在于扩大了传媒本身的影响与号召力;文学论争"事件化",文学"课题""广场化"、"话题化",同时也成为《星洲日报》一种有效

---

① 温任平:《文学议题化》,《星洲日报》"文艺春秋"2000年8月6日。
② 何国忠:《文化人的感情世界》(序),嘉阳出版有限公司2002年版。
③ 《星洲日报》"自由论谈"1998年3月8日、15日。
④ 将马华文学称为"小产业"的是黄锦树,见黄锦树《对话与抵抗——评许文荣〈南方喧哗:马华文学的政治抵抗诗学〉》(上),《南洋商报》"南洋文艺"2004年12月7日。

的抢占市场的营销手段。

可惜的是,也应在意料之中的是,与以往的数次文学论争一样,在这次"断奶"论争中,双方并没有形成有效的对话关系,甚至出现"对牛弹琴"(黄锦树语)、"鸡同鸭讲"(安焕然语)现象。"没有对话、没有交锋的论辩,剩下的是什么?像这样子的论争,在马华文坛已不是第一次了,但我们的论争为什么总是像两条平行线般的永远没有交集,最后不了了之?如此的论争,持握再多的传统道统护符,持有再多的具革命性的悲壮道德勇气,其具体的成效在哪?诚恳的对话在哪?真正的交锋点又在何处?"[①] 以《星洲日报》为代表的马华媒体,尽管有直面现实、传承中华文化的自觉;但是,马华文学的发展,需要热闹的表演,更需要沉潜的耕耘,因为马华文学的真正问题,"在于文本的不足",[②] "一声儿狼烟四起的论战,要是少了真正的顶尖作家和优秀创作文本的支援,到头来只是一场无谓的争论。"[③] 由《星洲日报》、《南洋商报》隐性的商业本质及主导的"传媒批评"——媒体设计与牵引的文学批评与论争,当然难以出现诚恳的对话、真正的交锋,当然难以取得论争者与关心者所期待的"具体的成效"。

三 "课题"、"话题"与新文学史策略

《星洲日报》副刊与《南洋商报》副刊策划的种种"课题"、"话题",虽然未能取得参与者与读者所希望的"具体的成效";但是,强化了副刊作为策划者与推手的影响力,也提升了参与论争的作家、批评家的知名度,尤其是扩大了新生代作家、批评家的影响,迅速奠定了他们在新文学史上的地位。

---

① 安焕然:《何以如此鸡同鸭讲——对断奶课题的一点无知及无奈的回应》,《星洲日报》"自由论谈"1998年4月19日。

② 梁靖芬:《谁在展望未来华文文学?》,《星洲日报》"人文论谈"2001年12月2日。

③ 陈大为:《序:基石》,钟怡雯、陈大为编:《马华新诗史读本1957—2007》,万卷楼出版社2010年版。

法国著名社会学家、思想家皮埃尔·布尔迪厄（Pierre Bourdieu）曾将"场域"理论广泛运用于各个领域，尤其是文学艺术。他认为"一个场域可以被定义为在各种位置之间存在的客观关系的一个网络（network），或一个构型（configuration）"①，而"文学场"则是"一个遵循自身的运行和变化规律的空间，内部结构就是个体或集团占据的位置之间的客观关系结构，这些个体或集团处于为合法性而竞争的形势下"。② 同时，他还提出"资本"（capital）的概念："在场域中活跃的力量是用来定义各种'资本'的东西。"③ 他发现，与其他场域一样，文学场内部存在竞争与斗争，而决定其输赢即在场域中地位的便是文学场内部参与者之间文化资本积累的多少。"文学场域就如同战场一样，在其中的参与者们会相互竞争并试图建立在同类资源上的垄断地位（如同在艺术场域内的文化权威、科学场域内的科学权威或宗教场域内的圣职权威）。"④ 也就是说，文学场即为一种权利的分配场，作家依据在文学场中的话语权争取声望，以便在文学场中占有一席之地。在 90 年代初期的马华文学场域中，新生代类似于文学批评家布鲁姆（Harold Bloom）所说的"后来诗人"："处于一种甚为尴尬的境地——总是处于传统影响之阴影里"。"就像一个具有俄狄浦斯情结的儿子。他面对着诗的传统——他之前的所有强者诗人——这一咄咄逼人的父亲形象"，怎样才能摆脱这个阴影，使自己的诗作"显得"并未受到前人的影响，从而跻身于强者诗人之列呢？⑤ "新来者在他们藉以存在，也就是说取得合法差别，乃至一段或长或短的时间

---

① ［法］皮埃尔·布迪厄：《实践与反思——反思社会学导引》，李猛等译，中央编译出版社 1998 年版，第 133 页。布迪厄又译布尔迪厄。

② ［法］皮埃尔·布迪厄：《艺术的法则——文学场的生成和结构》，刘晖译，中央编译出版社 2001 年版，第 262 页。

③ P. Bourdieu, L. D. Wacquant, *An Invitation to Reflexive Sociology*, The University of Chicago Press, 1992, p. 298.

④ ［法］皮埃尔·布迪厄：《实践与反思——反思社会学导引》，李猛等译，中央编译出版社 1998 年版，第 139—142 页。

⑤ 徐文博：《一本薄薄的书震动了所有人的神经（代译序）》，［美］布鲁姆：《影响的焦虑：一种诗歌理论》，徐文博译，江苏教育出版社 2006 年版，第 3 页。

内取得绝对合法化的运动中,只能将他们与之较量的生产者,进而将他们的产品及与之关联的人的趣味,不断打发到过去。"① 而文学论争即为这一新的"分配"创造了条件。因此,发生在90年代马华文学场的论争,"其实是一个还涉及有关马华文学场域中不同的行动者(即批评家)之间对场域中位置与占位的一种角逐。"②

如果我们带着"分配"与"占位"的眼光再进入论争"文本",不难发现:其一,在90年代马华文学论争中,媒介阵地的掌舵者都是新生代,"如同写作,编辑工作本身亦是一种占位行动,编辑透过版面企划、内容设计和约稿退稿等流程建构出一套特殊的文化权力秩序,这套秩序又将倒过来影响文化创作的实质方向。"③ 其二,副刊策划的种种"课题"、"话题",其最初的"火苗",几乎都是由新生代"放火"点燃;"火苗"的背后,也都闪现着新生代参与马华新文学史建构的抱负与实践。换句话说,论争也可视为崭露头角的新生代,对马华文学话语诠释权的争夺。他们选择老作家方北方为靶点,以极端主义的话语策略放火"烧芭","为马华文学建立一套新的美学体制"④,如黄锦树曾言,"更为狂妄一点说,我们都是'盗火者'——企图从域外盗来他乡之火,以照明故乡黑暗",但"悲哀的是,故乡的人并不领情"⑤。"他们似乎想为马华文坛建立一些经典的、学院的、精英式的,尝试建立一座(又奢望不受国家政治宰制的)新庙堂典范。每以知识分子自许,借助此最高的新庙堂权威,企图向整个马华社会推行自己的价值主张"。悖论的是,在现代媒介的放大效应下,新生代以审美为特征的批评话语因担负着"启蒙"的"痛苦"道义,

---

① [法]皮埃尔·布迪厄:《艺术的法则——文学场的生成和结构》,中央编译出版社2001年版,第194页。

② 许斗达:《文学场域的变迁——布迪厄的场域理论在马华文学语境中之应用》,《华文文学》2005年第69期。

③ 马家辉:《专栏书写与权力操作——一组关于专栏文类的文化分析策略》,载潘永强、魏月萍主编《解构媒体权力》,大将事业社2002年版,第109页。

④ 安焕然:《何以如此鸡同鸭讲?——对断奶课题的一点无知及无奈的回应?》,《星洲日报》"自由论谈"1998年4月19日。

⑤ 黄锦树:《马华文学的悲哀!》,《南洋商报》"南洋文艺"1996年12月18日。

变成了激进的争吵与喊话而非对话，某种程度上自我消解了原本的理论色彩。安焕然指出，由于对马华本土社会文化及自身历史传统的陌生，用"一套令对话者感到摸不着边际的陌生言语（包括其后的文化价值思维模式）"，或者说精英式西方话语（及其背后的文化思维模式）来布道，自然"似乎面对一座走不进去的城堡"。①。

尽管如此，黄锦树、林建国、陈大为等新生代以论争为主要形式的文学阐释活动，把一些在以往在马华文学史中的"常识"问题化：设为课题/话题，并赋予它们新的答案和价值，"在马华文坛造成了一次次美学骚动"，②促使一大批新生代作家进入文坛结构的中心。正如黄锦树在1996年接受胡金伦采访时坦言的："今日我们对于'马华文学'范畴的界定，不该是为了寻求一个公认的结果，而是寻找一个新的起点，以开展我们这个时代的马华文学研究。"③ 更如刘小新所言"这一新世代作家群的崛起是90年代以降马华文坛的最大事件，标志着马华文学已进入世代更替和文学范式转移的新时期，'黄锦树现象'便是马华文坛思潮流变美学范式转型和话语权力转移的聚焦式体现或象征性表征。"④

---

① 安焕然：《何以如此鸡同鸭讲？——对断奶课题的一点无知及无奈的回应？》，《星洲日报》"自由论谈"1998年4月19日。
② 刘小新：《马华旅台文学现象论》，《江苏大学学报》（社会科学版）2002年第2期。
③ 胡金伦专访：《寻找马华文学的定位——马华文学实质为何》，载张永修等主编《辣味马华文学——90年代马华文学争论性课题文选》，雪兰莪中华大会堂、马来西亚留台校友会联合总会出版2002年版，第95页。
④ 刘小新：《"黄锦树现象"与当代马华文学思潮的嬗变》，《华侨大学学报》2000年第4期。

第三章

副刊语境与新生代诗歌书写

20世纪90年代马华诗坛是新秀登台表演并完成蜕变的特殊历史阶段。不难发现，文艺副刊与这一代诗人的成长联系密切；当然，这种成长并非一帆风顺，而是经历了一个相当复杂的过程。不过仅借助文艺副刊平台谈论这样一种整体性的文学现象，其中面临的风险显而易见：平面媒体所承载的信息量较为单一和有限，文本存在形式从个体私人性转换为媒体公共性，可能受到诸多非文本因素影响，选择机制与优秀作品之间的关系建立变得困难重重；作品与主体之间的文本间性（intertextuality）还体现在诸多方面，不一定能借助那些看起来直接有效的评价途径去加以客观衡量。此外，作为一种"少数文学"，马华诗歌是马华族群命运受压抑的灵魂歌哭，对于文化自主性的追求和建构必然与文化抵抗联系在一起，文本实践与诸种现实诉求相互依托，以演绎出华人生存遭遇及其心灵境况的内在复杂性。所以，马华新生代诗人的书写不能完全从美学维度展开，与此同时，编辑、传播、接受皆有其独特的历史文化内涵。

第一节 文艺副刊与新生代诗人

马华新生代于90年代初登上诗坛，在数量和质量上以令人炫目的表演完成对中生代作家的历史超越，而新生代诗人的这种文学史登场与副刊的扶持密切相关。1994年，张永修曾在《南洋商报》策划过一次马华诗坛20年回顾"纸上座谈"，东马诗人吴岸认为90年代诗坛比以往沉寂了很多，虽然年轻的诗歌弄潮儿很多，但是写实和现代都还停留在自我调整阶段有着无法找到新的突破的苦闷："东西方政治的变迁，左右派政治的妥协，写实与现代文学的融合，反映在诗坛上的是一种近乎失去界限也失去了路线的莫衷一是的踌躇。过多的对于新现实内容的要求，使写实派感到眼高手低，而另一方面，曾经打破传统束缚的现代诗的语言，又可能成为束缚年轻一代的奔放与自由的幻想的绊脚石。但是重要的是要不停地摸索和追求各自的道路，不要放弃。沉静过后就会热闹。"①经过十年努力，新生代诗人终于开创出新的局面，并在代际角度实现对马华中生代和老生代诗歌的整体替换。事实上，副刊之所以在诗歌发展中起着关键作用，其前提正是两大华文报纸副刊对诗歌发表与传播的重要支持。

一 副刊与新生代诗人的文学史登场

我们首先以《星洲日报》文艺副刊"文艺春秋"为平台进行考察，90年代《星洲日报》刊载诗歌在不同年份之间略有出入，但总体而言较为稳定，1993年发表于副刊"文艺春秋"的诗歌为82人次，②1994年前期发表51人次（8月至12月资料缺失未统计），1995年151人次，1996年73人次（5月、6月及部分7月资料缺失），1997年104人次，1998年120人次，1999年74人次（3月、4月资料缺失未统计）。早在90年代初，大量新进诗人登上文学副刊即引起一些人对水准失范的担忧：

> 马华文坛是属于年轻人的天下，新秀作者的文章随处可见，甚至于垄断一些副刊。成名作者除了写写专栏、长篇论文外，只偶尔在固定园地写文艺稿。一份理想的文艺副刊当是老、中、青三代作者竞相争艳的。年轻作者多贪诗字数少、容易写，而大事创作，对其他文体鲜少尝试，这使到编辑面对稿件水准参差不齐及无法多样化的难题。③

---

① 张永修整理：《纸上座谈——马华诗坛20年回顾（中）》，《南洋商报》"南洋文艺" 1994年6月15日。
② 按署名作者计算，"人次"指诗人某期发表一次作品，因此"1人次"可能是一首诗，也可能是组诗或多首。
③ 陈全兴：《谈谈文艺副刊》，《星洲日报》"星云" 1992年10月10日。

作为当时能观察到的文艺动态，人们确实有足够理由理解这种担忧的产生；如今回顾整个90年代的文学状况，已经不难发现一个时代与一代人的成长历程——当然，它并不是一帆风顺的。新生代作家群尤以6字辈诗人成长为耀眼，如陈强华（1960）、杨川（1961）、陈全兴（1961）、张永修（1961）、王祖安（1962）、李国七（1962）、庄若（1962）、辛金顺（1963）、林幸谦（1963）、林金城（1963）、郑云城（1963）、钟可斯（1963）、陈绍安（1963）、林若隐（1964）、李敬德（1965）、马盛辉（1965）、夏绍华（1965）、刘育龙（1967）、杨善勇（1968）、陈大为（1969）、陈佑然（1969）、张光达（1969）、林武聪（1969）、苏旗华（1969）等所占比重逐年上升，引人注目。从心智成熟的角度不难看出其中的原因，6字辈诗人大多在80年代开始诗歌创作，到90年代已经成为诗坛主力和健将，像陈强华、林幸谦、郑云城、陈大为等后来都在"文艺春秋"通过专辑的方式大力推介，他们展现出的技巧能力和创造活力，对于马华诗坛而言意义深远。

以陈强华为例，其诗歌作品代表性在于文本与马华文学文化环境的深刻关联，通过他的作品我们可以看到诗人的成长，以及新生代诗歌观念的不断变化。陈强华在1991年至1999年"文艺春秋"发表诗歌约为15次，多次被专辑或组诗"重磅"推出。《类似铁的柔情——试拟四种通俗音乐版本》（载"文艺春秋"1993年1月16日第4版）表现出诗人对诗歌的"蓄意"改写。诗歌以"铁"为中心意象，联系通俗音乐进行形式探索，将诗歌"怎么写"的问题从抽象层面解救出来，试图用鲜活的日常经验来体现创新与生活之间的融合途径和可能方案。如第一首《抒情摇滚》：

噢，请把我放入沸腾熔炉
烧我捶我揍我，打成大刀
让我把恶习切掉
让我把颓丧的瘤割除

噢，生活本是烧热的熔炉

灵魂是不易熔化的物质

噢噢，请把我放入沸腾熔炉
烧我捶我揍我，打成大钉
让我拽紧建筑物
在别人都当主梁时

噢噢噢，生活本是炽热的熔炉
灵魂是不易熔化的物质

那老铁匠把我置在砧板上
刻意的捶打，用力的锤打
默默接受，我在苦痛
被打造成型
一如那不听使唤的
命运。

诗歌与摇滚相结合形成的独特美学效果是不难感受的，在自觉创造的实践中加入对宏大主题的思考，使美学与哲学在诗性言说中达到高度契合。他曾在《狄斯可恰恰》"后记"中表达过此种尝试的发生学动机："写诗十余年，对于意象、形式、格律、节奏种种美好的追求，不遗余力。总希望诗与歌能重新结合。诗歌本一家。"[①]"类似"系列是陈强华在80年代即有意识进行的一个形式层面的尝试，从"类似时期"这一命名来看，似乎是作者出于对台湾诗歌的模拟和戏仿才有了这些诗作，如《类似爱情走过》、《类似诗的质料》、《类似内省经验》、《类似砂砾的快乐》等诗歌中，不由自主地与他认同的诗人对话，"你抄写夏宇诗句，／只是为了安慰自己。／'写你的名字，／只是为了擦掉。'微

[①] 陈强华：《类似铁的柔情——试拟四种通俗音乐版本》，《星洲日报》"文艺春秋" 1993年1月16日。

笑，装着是个好天气/惊讶于这许多，来不及留意的云霞。"(《类似爱情走过》第 2 节，1985 年 7 月）实际上，这种互文性正是诗歌传统在马来西亚再植和再造的重要渠道，在书写具体文本过程中实现诗歌史大文本的书写可能。作为诗而存在的《类似诗的质料》(1985 年）应当是马华诗歌史上在诗形方面走得最远的一次跋涉，通过这个文本，诗人告诉读者马华新生代重建新传统的决心，同时申明了在中文文化区域内部分享既有传统的必要。《书橱》是组诗第一首：

●笔记 1：书橱

层	拜伦	蚂蚁
层	普希金	悠
寂	徐志摩	闲
静	李白	地
的	余光中	爬
尘	郑愁予	过
埃	杨牧	，
，	痖弦	成
还	（蟑螂，钻动于屏风中）	群
有	罗智成	的
老	杨泽	蚂蚁
掉	陈强华	
的	银行存摺	
蜘	提款单	
蛛	计算机	
	护照	

发黄的稿纸
发油

这首题为《书橱》的诗是陈强华诗集中具有图像意味的一首，从形式我们能明显看出他在留学时期的确受台湾图像诗的深刻影响，当然更关键的是诗人对于先锋观念的大胆接纳和践行。在笔者看来，这种诗学追求早就突破了陈慧桦在 80 年代末提出的所谓"写实"与"写意"边界。90 年代陈强华的诗歌艺术姿态多少有些反省和调整，不过诗人意识到自己的作品是有阐释难度的，甚至表达出对生硬解读的拒斥："有时觉得自己在写诗时，强调表演和形式，甚于意义和内容。现代诗一定要强调意义和阐释吗？这是见仁见智的问题。你读不懂我的诗没关系，请不要强硬阐释。我的诗拒绝阐释。"① 没有诗人会天生拒绝读者和阐释，陈氏发言姿态说明他对于马华部分人的诗歌接受观念和批评能力感到相当失望。作者与"特定读者"之间的这种差距，亦可理解为这位 6 字辈新生代"老大"（陈强华于 1960 年出生）与马华一般读者之间的距离，不过，在副刊编辑看来，这并不成为问题，恰恰相反，它是使马华诗歌保持创新能力的基本条件。对于商业报纸来说，这种差距的允许甚至有意制造，其实显示出编辑内部在部分坚持超越商业因素考虑的价值追求和文化态度。

另一份华文报纸《南洋商报》也是刊载马华诗歌的主要阵地，资深副刊编辑张永修入职《南洋商报》掌舵文艺副刊"南洋文艺"不久，明显加快了对诗歌新人的推介。"南洋文艺"先后展出过以华文独中、马大中文系、马来西亚理科大学（1995 年）学生为主体的"新鲜人"诗歌，后来又着力推出旨在展示马华文学历史的"马华文学倒数"系列，1994 年 11 月 1 日开始 7 字辈作家检阅，杨嘉仁、王国雄、周若涛、赵少杰、周擎宇、黎紫书、李彩琴等诗人携作品亮相，在庄若的"7 字辈作者群像"随笔文章中，由陈强华任指导老师的魔鬼诗社有卢国宝、葛锦华、赵少杰、邱琲钧、陈天赐等成员被提及，此外还有"新鲜人"石明、张圆圆、陈耀宗等。6 字辈检阅则刊出了钟可斯、陈大为、林金城、夏绍华、陈强华、李国七、黄锦树等人的诗歌。不过，由于展览本身具有潜在的文学史筛选性质，诗人个体或群体选择必然充满歧异与纷争，如"6 字辈检阅"由陈婉容执笔

---

① 陈强华：《那年我回到马来西亚》，彩虹出版有限公司 1998 年版，第 129 页。

的《花田竞标青》一文,简要介绍了辛吟松、杨川、张永修、吕育陶、林若隐、陈强华等诗人,致力于将本土诗人向马华读者推广。同时,她将旅台作家基本排斥在外的"检阅"视野,也引起了旅台作家的极大不满。看到上述相关点评,黄锦树有感于旅台新生代作家被淡化而郑重去函加以申辩,涉及诗人部分时他说:"读了六、七辈的点评,有点意见。'七字辈'我不了解,不宜置评。对于所谓的'六字辈'《花田竞标青》一文读后的直接感觉是:对我们这一群'旅台的',做了相当程度的淡化。在诗人方面,我个人认为极具潜力的陈大为、吴龙川、林惠洲及黄伟盛都是不能忽视的,他们各有天地,不下于任何一位同时代的马华作家。大为诗已集(《治洪前书》),论得奖'次数'也是近年来旅台作家之冠,断无'省略'之理。""补充这么一段虽然意义不大,却不得不然。因为这样的'点评'、'检阅'可以看作是微型的文学史,是往后文学史写作者的重要参考,当然也反映了本地文坛的某种认知。"[①] 黄锦树的敏感所系,似乎在于文学史的书写焦虑,联系他对马华文学秩序建构的始终关切和"干预",其实也反映出一种理想主义式的设计,这跟他始终思考通过新生代文学来改造、重建马华文学传统有着潜在的关联,因为新生代文学的新质开掘首先就离不开旅台作家的中介作用。不过,本土文学媒体对本土作家的"关照"和"偏爱",正是基于本土作家需要用心血培植的认识,有社会责任和国家意识的机构不会丧失这样一个信念,即马华作家成才以后以大马国家甚至马华族群为服务对象,至于本土与旅台作家之间产生的那些"谁的诗歌语言更好"、"谁与谁的文学水平更高"、"谁更应该写入文学史"等个体微观问题,对于报馆而言,这并非关注对象,因为它更适宜留给相关学术机构去处理。

二 扶持与展示:诗歌新美学的生成

推动90年代新生代作家的历史出场无疑是多种因素的综合作用,诗歌美学观念的更新体现在写作手法、言说方式及其文化政治表达等

[①] 黄锦树:《黄锦树来函》,《南洋商报》"南洋文艺"1994年12月27日。

诸方面，它们与马华文学传统结构相比较，鲜明的断裂姿态展示出新美学巨大的冲击力。因此，新生代诗人作为充满活力的新生力量，离不开文化媒介及其文学场的坚决支持，并通过相关机制予以价值确证。

如果说6字辈诗人之于马华诗坛的代表意义因为诗人自身的成熟而很难体现出"扶持"的作用，大批7字辈诗人新秀的出场，是需要编辑或评审寻找辩护词的，"初出茅庐"意味着艺术的稚嫩和成长空间的打造。两刊副刊对于新人发现一向重视，比如《星洲日报》"文艺春秋"的"新人出击"就是一档主要面向7字辈诗人的栏目，后来还陆续推出过一批就读于华文独中和大专院校的校园诗人，张惠思、陈耀宗、蔡羽等就是借助这些机会逐渐登上马来西亚华文公共媒体。不过，具体比较马来西亚两大报纸，我们会发现《南洋商报》在扶持新人方面投入更多，粗略统计1997年至1999年的《南洋商报》"南洋文艺"，7字辈诗人发表作品数量相当可观，部分诗人发表情况如下：林惠洲（1970）发表9次，许裕全（1972）发表4次，吕育陶（1973）发表2次，林健文（1973）发表9次，翁弦尉（1973）发表2次，赵少杰（1976）发表7次，杨嘉仁（1977）发表7次，刘艺婉（1977）发表2次，刘富良（1976）发表2次，7字辈发表诗歌作品的比例大大高出同期《星洲日报》。

当然数量并不能完全说明问题，因为其中还包括"成熟诗人"或"强者诗人"发表作品而占用版面的情况。换句话说，相比于"南洋文艺"，《星洲日报》副刊"文艺春秋"和"星云"对于一般作家的吸引力更大，其中重要因素就是有"文学奥斯卡"之称的花踪文学奖制造的号召作用。曾担任花踪文学奖评审委员的何乃健说："《花踪》文学奖是推动的力量，自第一届《花踪》结束后，我们可以发现《文艺春秋》和《星云》版的作品水准提高了不少，主要是有象征写作人荣誉的推荐奖。"[①] 推荐奖的设置是吸引大量文学稿件的直接原因，由

[①] 林艾霖（记录/整理）：《好还要更好——〈花踪〉文学奖复审委员评审感言》，《星洲日报》"文艺春秋" 1993年10月16日。

文学奖为契机形成的品牌效应,也会推动媒体机构的社会美誉度传播,文化资本的积聚使其获得更高的社会公信力。

花踪对于新人的发现和发掘无疑意义深远,事实上,因为花踪文学奖提供的观念交流与碰撞机会,大多数优秀诗人有条件获得本土与外国评委的认可。评委在参与评选过程中通常会坚持诗歌文本技艺为首要评判标准,当然有时也不可避免受书写对象的影响,特别是在水平相当的情况下,书写内涵深重的华族历史及其文化承续,往往成为获得关键加分的最后理由,甚至还会构成最佳理由。不过这些都不能否定综合水平的客观评价,因为花踪会通过大众传媒展示其评价结果出台的具体细节,这种摆脱暗箱操作可能性的努力不仅是对公平的追求,而且还为文学新生力量提供了"能力决定结果"的心理启示,因此其选拔机制有助于新人努力提高写作水平。作为一个平行的参照,90年代中国大陆重要文学大奖评审都很难做到这一点。

在聚光灯指引下走上万众瞩目的大奖舞台,花踪文学奖的激励对于马华新生代作家来说无疑具有点铁成金般的梦幻力量。文学奖的"认证"极大地放大了评审机制对于艺术评价的权威发声作用,当缺乏国家层面的选拔与奖励机制时,文学作品需要文学奖的荣誉发挥替代相关系列制度的筛选功能。当然,并不等于文学奖没有反思的余地,奖惩作为制度性因素发挥作用时会客观上起着张扬功利主义的后果,陈全兴、陈大为都先后谈到为获奖而写作的问题,如陈氏在参加"进谏马华文学"活动时指出,虽然马华文学在文学奖激励之下产生了不少佳作,但与台湾文学相比仍存在较大差距:"七年来,马华文坛先后盛大地举办过许多文学节、文学奖、文艺营,虽然不时可以读到一些有水准的新生代的诗作(譬如两届花踪的得奖及入围作品),以及许多大篇幅的中生代个人专辑,但这个温室还是没有栽培出可以跟罗智成和夏宇相提并论的'强者诗人'('一奖诗人'或'一奖文人'倒栽培了不少)。到底是优厚的发表园地麻醉了我们的自觉与自省?还是我们无意追求那炉火纯青的化境?或者是没有可以师法的典范来作自我提升?七年后,我们只进了一小步,马华文学的水平还是远远落在台湾的后头。其实每一位马华作家都必须有提升马华文学水平的使命感：我们的每一篇作品都肩负一分责任，用个人的高度来提升马华的整体高度。"① 所以，与充满节日狂欢的文学奖活动相比，副刊展示出更加真实和稳定的结构性运作方式，可以说，脱离文学奖的副刊文学能回归诗歌本体的平静，这也恰恰是《南洋商报》在 90 年代中后期诗坛所扮演的不可替代性角色。

强调具体实践以提升本土文学创作，成为文学奖励机制之外的另外一种思路。作为秉承"取诸社会，用诸社会"精神、提升文化竞争能力的一种设计，《南洋商报》总编辑李树藩决定延续《南洋商报丛书》出版，并于 1995 年成功推出年度文艺作品选，选择南洋文艺刊发小说、散文、诗歌作品分别结册，1994 年诗年选由张景云负责并写序，1995 年王润华编选并序，1996 年开始由张光达负责。张景云曾经任《南洋商报》总主笔，后来担任华社研究中心研究员及《人文杂志》主编，《东方日报》总主笔，也是马华文化界素养与心态皆难得的"老先生"。他极力推崇诗歌的创新，针对诗歌可能会面对的"前卫"指摘说："如果读者曾患过'前卫恐惧症'，深怕手上这部诗集会使旧疾复发，你大可放心，从容的翻到最后一页。这个诗集没有一件前卫产物；事实上我们的诗界是否曾出现过前卫人物或作品，尚得存疑。至于现代诗，你得先厘清所说的是指现代形式或现代精神，因为马华现代诗中颇有不少是披着现代外衣的新古典。"② 张氏选本以时间为序选择文本，体现出唯文本是尊的趣味，据统计，在马华诗坛名气较大的新生代作家选入了钟可斯前后 5 首、陈大为 3 首/组、陈强华 2 首、林金城 2 首、黎紫书 2 首、夏绍华 2 首、杨川 2 首、张光达 2 首、黄锦树 1 首、李国七 1 首、张永修 1 首、刘育龙 1 首、林春美 1 首、辛金顺 1 首、杨善勇 1 首。王润华编选的 1995 年南洋文艺诗选诗人数量稍少，他在序言中给予马华诗歌非常高的评价："我个人的观察结果，大马十年来许多优秀的佳作之涌现，超越了台湾、大陆、香港与新加坡的名诗人的水平。究其原因，就如《南洋文艺》上的诗

---

① 陈大为：《文学的宏愿 2020》，《南洋商报》"南洋文艺" 1996 年 1 月 5 日。
② 张景云：《三十三万个理由·序》，《南洋商报》"南洋文艺" 1995 年 9 月 8 日。

人族群,从祖父辈就被贫穷或政治迫害等原因,飘洋过海,被迫进入南洋森林中与原始生活为伍。"不过,作者没有通过具体论述和文本对照证明此观点,未能对入选本届诗年选中立意较为浅显、语言较为粗糙的作品进行析论;也没有就马华诗坛发展涉及诗歌书写状况。其实这也反映出马华文坛长期以来的文化处境,迫切希望借助外来的认同缓解内心面临的文化焦虑。客观地说,这一困境直到今天都没有彻底解决,文化自信心是一个持续的问题,它必须通过高等教育、学术研究、专业期刊等平台组建的综合评价机制才能真正确立。

1996年,张光达接手诗选工作。作为表达诗歌观察和审视的一部分,张光达在年选前面附了一个长篇序言。他意识到诗选与文学史的关系,重点阐释了以文本为中心的标准,同时也谨慎强调了对题材与艺术的严格区分:"编一部诗选,一部涵盖1996年度南洋文艺所刊载的诗选,我注意的是诗的文本,文本的表现内涵和艺术效果。历史传统的题材是一种可能,与传统历史切断的素材也是一种可能,但是题材却绝不是我最终的关怀。前者在诗语言的粗糙和概念的陈旧注定了大部分这类的作品无法入选,后者在作品中展现的实验精神和丰富新颖的宏伟视野令我震撼,深深被其中的可为不可为的诗生命力感动。"① 年选由张景云、方昂、张光达任复审(王润华编的年选《镜子说》复审委员由吴岸、张景云、温任平、傅承得担任),照顾到作者的涵盖度,但也从数量上体现出对重点诗人和作品的关注倾向,郑云城11首,林金城5首,辛金顺9首,宋飞龙4首,陈强华4首,钟可斯3首,邱琲钧、方昂、释开御(李敬德)、张光达、陈大为、杨启平、许裕全各2首,其余诗人皆1首,从这里的入选篇幅可以看出新生代诗人占据绝对优势。张光达在序中重点谈到郑云城、傅承得、林金城的政治诗,并且特意指出政治诗与政治局势及社会形态的批判

---

① 张光达:《诗选与文学史——序南洋文艺1996诗年选》,《南洋商报》"南洋文艺" 1997年5月28日C4版。亦载《沉思的芦苇——南洋文艺1996诗年选》,《南洋商报》1997年,第3页。按:据张永修《南洋文艺1996年选作者作品名单公布》(1997年5月16日"南洋文艺")报道,诗年选原题为《沉默的芦苇》,此处以最终出版的年选名称为准。"沉思的芦苇"系端木虹的入选同题诗。

态度。他一针见血地指出辛金顺对现代文明的逃离,在诗意呈现的过程中显示出意象与主题重复的困境,而吕育陶、许裕全等诗人对现代都市的批判和反省,充分展示出诗人在表达主体观念和诗意组织的结合能力。在本诗年选中,张光达以新锐批评家和文学史家的姿态对于代际现象进行如下描述:

> 诗人中老一辈的纷纷停笔,中年一代的诗人在生活的煎熬中,又受到通俗文学的影响,他们的诗越写越白,浅白得像一首首分行的散文,简单得像一张张书卡标签上的寄语。诗基本的要求如意象、张力、结构等付之阙如。处在现代时空中心点的大城市,面对热闹繁华五光十色世俗化的生活,我们的青年诗人较能调整步伐,他们尝试理解都市感受都市,甚至拥抱都市,敏感的诗心往往能够捕捉到喧嚣都会中一些令人动情的片断,以精练的语言文字写下触动现代人心态的诗篇。①

90年代新生代诗人的成长逐渐成为一个"伪命题",因为他们已经在各种文学奖、年选、副刊位置占据前辈文人再也无法撼动的显赫位置。他们用坚实的身影演绎的文字悲欢,成为一帧帧岁月的遗照,供来者喟叹和膜拜。

三 诗歌新观念与文学空间之互塑

从政治话语领域中抽离出来,90年代马华新生代诗人的成长是一个相当复杂的问题,即便置入由副刊这样一个极具代表性的文学空间,其中面临的话语局限仍然是明显的。事实上,新生代的成长本身也不是简单"断裂"的产物,他们与马华传统尤其是批判现实主义、现代主义文学有着根深蒂固的关系,在西方现代主义文学影响下,加速了马华诗人对于自我艺术个性的寻找。如果我们意欲提炼出影响马

---

① 张光达:《诗选与文学史——序南洋文艺1996诗年选》,《南洋商报》"南洋文艺"1997年5月28日。

华新生代诗歌"为何如此"的部分文化因素,大致可以梳理出如下若干层面,不外乎新生代作家所拥有的思想锐气和探索精神,留台通道拓展以后展示的多种美学可能,审视族群历史与文化身份形成的思辨气质,以及 90 年代现代性浪潮冲击之下产生的丰富多元文化生态,如此等等,以下主要从美学及其影响这两个方面简而述之。

首先必须谈论马华新生代诗人在 90 年代展现的美学新质。诗歌作为一种直接反映美学观念"差异"甚至"断裂"的文学样式,在 90 年代马华文学主体性重塑的历史建构中起着不可替代的作用,新生代诗人从修辞技艺方面入手开始的现代主义探索历来受到高度评价,不过值得注意的是,受重点关注的主要是 80 年代中后期留学台湾再返回马来西亚的那些诗人。有关 80 年代马华文学艺术转换的论断,广为人知的当属陈慧桦"写实兼写意"的概括,新生代批评家张光达甚至以此作为描述 80 年代到 90 年代的一种趋势,① 陈氏意在阐述留学台湾对于马来半岛华文文学的知识意义,强调从写实文学突围的艺术价值,不过从话语方式来看,用"写实兼写意"形容小说、诗歌、散文的整体性转变,可能是一个比较粗糙的判断。陈氏文章选取马华诗人王祖安、陈强华、傅承得等人为个案。所谓"写意"其实是一个颇有现代性张力的诗学概念,他在后部分谈论新加坡诗人王润华、淡莹夫妇诗歌时意识到这一主体概念本身可能存在歧义,不得不对其重新定义,他说:"我在此把此'意'当作广义解,不仅仅指概念、意念和思想的传达而已,而更应当作旨趣、兴味和象征等等,所谓'写意'亦即要把这些主旨、意念和情趣等表达出来。"② 在笔者看来,"修正"显示作者言说的疑虑姿态,从一个角度证明陈慧桦观察到若

---

① 陈慧桦:《写实兼写意——马新留台作家初论》(上、下),连载于《蕉风》1988年 10 月号、11 月号(419、420 期)。张光达《马华当代诗论——政治性、后现代性与文化属性》一书第一章第二节标题为"跨越八〇年代—九〇年代:从现实主义到写实兼写意"。按:他的注释将副标题中的"马新"误植为"新马"。见《马华当代诗论——政治性、后现代性与文化属性》,第 7 页。

② 陈慧桦:《写实兼写意——马新留台作家初论》(下),《蕉风》1988 年 11 月号(420 期)。

干问题开始浮出历史地表，需要通过批评的命名效应达到表述之目的，因此在中国传统美学框架内激活那些已经"陈旧"的美学概念来描述马华文学的新变虽然不甚科学，但这不应成为争议的所在，相反，恰恰是让人们注意表面上铁板一块的马华文坛正在悄悄展开美学代际转换。留台作家因现代主义美学观念浸淫而开艺术变革风气之先，更是证明马华新生代文学群体登上历史舞台并非铁板一块，探索与尝试需要来自各方面的支持。

陈慧桦分析个案诗人言语方式变化带来的启示，在于提供通过文学认识历史的重要渠道。当新诗人意图借助与众不同的书写彰显"差异"和"断裂"以证明自身的综合价值时，也从另外一个角度意味着需要依赖独特而强大的支持体系才能逐渐建立其生存场域，进而确立与诗人深刻契合的观念体系。从纯粹艺术的角度说，90年代有关马华文学观念的修正与变革，一开始就在焦躁不安的氛围中深深地打上了自觉运作的烙印，以留台新生代为主体的马华作家意识到这样一个事实，必须有足够新的艺术实践文本去刷新马华文学固有艺术秩序，方有资格谈论通过新的艺术典律建构一种体现出艺术新质的马华文学。在新生代作家看来，只有新的艺术特质才能支撑其与中国大陆、台湾以及其他华文文化区域平等对话的文学地位，并且展现出属于马华自身的存在理由。

其次，新生代诗人在审视族群历史与文化身份时展现的冷静反思，体现出马华新一代在通过诗歌书写自身的立体姿态时，也在不自觉地推动包括作者、编辑、读者在内的整个马华诗坛告别浪漫主义激情，加强文学创作和批评的自主性建设，以迈向思想气质和哲学思辨的历史新阶段。前面论及马华文学的政治性，简言之，是马华文学始终面临着与族群命运密切相关的问题，因此，必须从历史角度全面理解马来西亚异质文化空间，华语文学对于马华文族群之重要才能被充分理解。长期受族群政治宰制，马华文学空间生态呈现出严重的结构单一化，而华文文学社团和出版社由于缺乏稳定的财政来源，发挥作用不甚理想，唯有栖身于商业体系中的华文报纸副刊，文学才能成为一种超越艺术范畴的意识形态力量，承担提升语言能力、服务华文教育的现实功能，这对于保存族群文化、维护现实权益方面显然任重道远。在此大背景下，文学新人的培养成为延续中华文脉的光荣使命，诗坛新人有机会获得报刊及其编辑的激励与提携，如"新人出击"命名所展示的锐意进取姿态一样，新生力量为马华文学带来生生不息的希望，也向华族社会不断释放出华语媒体肩负的使命意识，同时以实际行动暗示年轻一代，马华文坛一直在提供某种维护努力与收获成功的承诺。

诗歌的选择和刊载直接反映出编辑的趣味和追求，新兴诗人亦通过自身影响编辑和读者，此种"互塑"为文学创作与传播提供了源源不断的动力。不同艺术手法的尝试与实践，最终需要通过发表的环节而在传播和接受过程中实现其意义，其筛选制度就是一种由编辑把关的艺术场准入机制，因此编辑在华文报刊文学中扮演的角色是举足轻重的。从90年代早期华文报纸副刊来看，实际上编辑有力地参与了马华文坛秩序的重组。作为幕后之人和连接作者与读者的中介，文学编辑有更多机会及时感受文坛动态和文学新变，其观念会有效影响文学爱好者群体的培养，甚至局部文学生态的断代史呈现。不过，诗人作为诗坛主体必然充分发挥其根本性的决定力量，毕竟作品的产生是一种充满创造性的个体实践，而散落于各专业领域的文化精英即便不从事华文报业工作，仍会在文学接受、欣赏、鉴定等环节起着维护文学特质和标准的作用。由于马来西亚特殊的教育政策，不是所有的华族精英都能进入与华文相关的工作领域，他们根据各自兴趣、专长栖身于多种行业，如何乃健、张光达等人一样，华文文学只是他们传递信念、传承文化或者思考生存的一种方式，这与维持生计的工作是完全不同的两码事，因此，游离于国家文化资助体系之外的这些人能够自由、纯粹表达自己的文学观念，毫不夸张地说，构成了90年代马华文学批评维持活力与多元共生的重要力量。总之，马华文学多元共生的外部环境，为新生代诗歌生存与发展提供了丰沃的土壤。

所以，以副刊为重要载体的马华文学被副刊所塑造；副刊在塑造新生代诗歌群体时，因为其相对单一的传播平台，在诗歌艺术独创性方面塑造了由模仿而导致类同的词汇与思考策略，甚至整个诗坛的准入机制被文学编辑所左右。换言之,副刊与文学创作的互塑,在推动马华当代诗歌积极发展的同时,实际上也放大了副刊给诗歌带来的负面后果,这是以副刊为主要空间产生的不足,这样一种文化境况是诗歌,也是马华文学始终需要面对的难题。正是在这些复杂因素的合力作用中,中文报纸副刊又不能完全规约对马华文学的想象,虽然有很多理论性议题被编辑不断策划出来,推动马华文学批评话语形成繁荣景观,甚至为新生代作家初显身手提供诸多练习机会,实际上它们对于诗歌创作的影响还是很有限的。

第二节 副刊语境与新生代诗歌的文化政治

一 栖身于副刊的诗性言说

诗歌在 90 年代马华新生代文学中占有极为重要的地位,1995 年旅台作家陈大为与陈强华、钟怡雯、黄昕胜等人编辑出版以新生代诗人为主体的文学选集《马华当代诗选(1990—1994)》,陈大为在面向国外读者的序中宣告"从诗开始"认识马华文学,诗歌之所以具有承担 90 年代马华文学面貌展现的分量,在陈大为看来,"优厚的发表空间"尤其值得称道。《星洲日报》和《南洋商报》每周各以两个全版刊登马华文学,"就诗而言,偶有超过三分之二版乃至连载两、三天的个人诗展,以及一口气刊登五、六首短诗或一、两首百行长诗的大手笔;而且有些作者是完全陌生的新手。"[①] 除此之外,"花踪"文学奖、《蕉风》也是诗人大显身手的理想舞台。如前所述,陈大为的马华当代诗选集甫一出版,即在马来西亚国内文坛引起强烈反应,作为尖锐展示新生代文学家趣味和价值追求的一部集子,在编排方式上

[①] 陈大为:《马华当代诗选(1990—1994)》"序",文史哲出版社 1995 年版,第 7 页。陈大为后来在编辑《赤道形声》时重申了这一观点:"马华新诗不像台湾一样沦为副刊的次要文类,新诗在王祖安和张永修主编的两大副刊上备受礼遇;他们让新诗保有独立存在、甚至成为主文章的尊严,所以诗人的活存率就很高。"参见陈大为《序:沉淀》,载《赤道形声》,万卷楼图书有限公司 2000 年版,第 Ⅵ 页。

直接打破了文集选编"坐排排,分果果"逐一照顾的传统运作方式,虽然所选17位诗人以今天的后见之明来判断,尚很难断定他们在接受文学史检验的漫长过程中是否顺利过关,更重要的作用可能还是它引发了人们对文学史概念及其操作的深入思考,推动文学史书写与话语分析的理论展开。这些都有助于马华文坛思辨能力的提高。黄锦树曾经说:"马华文坛很多无谓的争论,症结正在此,因而我们其实非常需要哲学,需要理论,以洗心照物,以期洞察明彻。"① 所以,就引起的关注和争议本身而言,陈大为已经部分达到了通过诗歌(及其选集)向世界推介马华文学的目的。

　　诗歌成为马华报纸副刊"青睐"的文体,原因当然是复杂的,最直观的解释可能要归功于诗歌方正的形式给编辑带来的便利,此种操作层面的简便自然亦体现在诗歌写作过程中。不过,这都很难称得上中肯的解释。诗歌直接连通心灵,中国象征主义诗歌重要代表李金发曾经说诗歌是灵魂的温度计,大抵表明诗歌作为文学方式强化了"言为心声"的情感抒发作用,生命体会和内心观念凝聚于精致的字里行间,从文学发生学角度看,渥兹华斯当年谈论诗歌的产生对我们理解马华诗歌之于华人情绪表达仍有启发作用:"诗是强烈情感的自然流露。它起源于在平静中回忆起来的情感。诗人沉思这种情感直到一种反应使平静逐渐消逝,就有一种与诗人所沉思的情感相似的情感逐渐发生,确实存在于诗人的心中。"② 这一宣泄尤为重要,当然不是为了得出马华族群擅长文学技能的结论,而是文学在马华群体融入当地社会、政治、文化过程中,起着抚慰和铭刻心灵的作用。在马来西亚甚至整个东南亚地区,华文报纸具有深厚的政治性意义,跟华教、华社一起并称为华人社会"三大支柱"。

　　马来西亚韩江学院新闻系学者林景汉曾阐释过马华报刊之于华社的重要性:

---

① 黄锦树:《诗选、人选与误导性——回应叶啸》,《南洋商报》"南洋文艺"1997年4月30日。
② 渥兹华斯:《〈抒情歌谣集〉序言及附录》,曹葆华译,《古典文艺理论译丛》(一),人民文学出版社1961年版,第16页。

从历史回顾中，马华报章的日报，深获华裔认同，公信力，始终是华社形成共识过程中，不可或缺的强势媒介。马华报刊提供互通声气的管道，整合华社的血缘、地缘、业缘、宗教及政党组织意见。在互动中产生共识。发扬马华文化，支持母语教育，维护华社权益，一直是马华报业的传统。在新闻报导中，落实守望环境；在言论栏或副刊中，发挥联系社会、教育群众，传承文化和娱乐等功能。所以，马华报刊备受朝野重视，沟通政令，成效卓越，不是其他媒体可比得上的。①

马华文学作为一种立足于多元语境的少数族群发声机制，实际上起着沟通华人心灵感受的作用，从主体生存的角度说，这比一般物质层面的利益维护更加重要。马华文学的言说对象首先离不开种族与威权政治导致的现实基础，简而言之，马华文学作为华族群体命运的终极折射，在书写生存境况的艺术转换中无疑表达了实践主体的诸多诉求，和一般文学表达情感与现实表述极为不同的是，马华文学体现出对华人权益、身份、文化等问题的迫切关注，加上华文报纸对中文资讯的有效传播，其作品不论在文本还是形式方面都具有强烈的政治性意味。栖身于报纸副刊的马华新生代诗歌尤其显示出对语言命运的关注，是不足为怪的。

当然，华文报纸这一外部空间也在一定程度上规范了诗歌的言说方式，这样一种规范很难与报纸自身的文化政治追求分开。《星洲日报》记者在第8届花踪国际文学研讨会采访中国香港、新加坡等报业人士时提及："中文报副刊，长期以来为推广文学而扮演着重要的传导者角色，让一个社会的文化现象和面貌得以通过文学作品而反映出来。可是，随着商业主导的营运方针，中文报副刊也顺应时代的需求而变得多元化起来，文学与副刊的关系不再像过往那样密切，甚至断层。"② 香港著名报业人士潘耀明指出，香港的文学副刊在商业发达的

---

① 林景汉：《独立后华文报刊》，《马来西亚华人史新编 第3册》，载林水檺等编，马来西亚中华大会堂总会1998年版，第131—132页。

② 林悦：《中文报副刊紧系文学命脉》，《星洲日报》"活力副刊"2006年1月25日。

香港社会趋于消失,可能其多元化趋势是平面媒体在信息时代不得不面对的必然转型,不过也正如邱立本所说,"近百年来,中文报纸一开始就有一个很重要的功能,就是在记录历史的同时,也记录了我们的命运,反思我们的命运。"① 因此,这种外在的功能有没有可能束缚诗人对世界的想象,甚至在诗性言说与意图表达之间存何取舍标准,是否会导致价值单一性的形成,这同样与族群生存、语言开掘等息息相关,是我们不能不追问的。

所以,当我们试图谈论马华报刊及其诗歌的政治色彩来彰显出某种"重要"特质时,必须严格立足于文学的首要本位,特别关注诗歌的诗性言说,否则难免陷入自我设置的意识形态陷阱。事实上,拔高、夸大研究内容的学术价值已经严重影响学者对文学研究或批评本身的准确认知。

二 新生代诗歌的政治性

以报纸副刊为基本发表、传播平台,新生代诗歌的政治性打上了时代色彩和社会情绪的深刻烙印,甚至跟华人政治、教育、经济等具体处境紧密联系在一起。事实上,马华文学的政治性涉及诸多层面,马来西亚拉曼大学学者许文荣曾经在讨论文学政治性时提出将文学政治性与美学维度区分的必要,而且二者之间又是互为依据的。以他的博士论文为基础的《南方喧哗:马华文学的政治抵抗诗学》(2004)选择艺术形式分析切入政治抵抗话语,即是出于此种文学本位的考虑。他在论著开头援引马尔库塞有关政治与审美的观点,强调艺术与政治之间寻找平衡的立场。"审美之维"不仅是文学评判中一个颇费思量的问题,而且也为艺术作品适度表述政治诉求提供了有益的启示。马尔库塞指出,艺术的政治潜能仅仅存在于它自身的审美层面,艺术作品直接的政治性越强,就越会弱化自身的异在力量,越会迷失根本与超越的变革目标。② 马尔库塞作为一个坚定的文艺革命派,始

---

① 林悦:《中文报副刊紧系文学命脉》,《星洲日报》"活力副刊"2006年1月25日。
② 马尔库塞:《审美之维》,李小兵译,生活·读书·新知三联书店1989年版。

终将美学视为思想与行动的中介，他认为艺术的价值在于与社会规范和体制保持某种不妥协的批判距离，其晚年的重要著作《审美之维》重申艺术的社会政治作用与它的审美形式功能，强调二者之间始终保持辩证关联。在此基础上提出马华新生代诗歌书写在两大华文报纸副刊的生存境况变化，以及由此呈现的文学史和文化价值，需要超越新生代在90年代马华文坛的崛起，寻找年轻一代面对新的社会变化特别是国家政治政策调整产生的微观与宏观变化，这样才能充分发掘新生代诗歌以自身立场和方式介入、回应复杂世界的本体意义。

如果说90年代马华文坛是一幅众声喧哗的场景，这种喧嚣场面的形成显然离不开新生代作家"断裂"传统的强烈冲动。如前所述，借助字辈断代法来讨论新生代作家及其文学创作，可能模糊了不同作家的主体差异，特别是对于新生代作家群体的复杂个性及文学趣味造成重大遮蔽，因此新生代的文学实践和理想注定是一个歧义丛生的混杂主体，当我们用群体性的称谓描述90年代新生代的诗歌创作及其整体意义时，内在风险可能是掉入以进化论为根基的本质主义思维方式之中而不自知，因为"新生代"本身所带有的"新生"和"代际"命名，实际上视角与思维已经建立在"现在必定优于过去，青年必胜于老年"的预设立场之上，结果可能严重消解艺术探索之于进步的价值，以为无须通过艰苦的努力即可取得对前行者的自动超越。因此若客观、全面评判马华新生代及其在平面媒体文学空间的呈现状况，必须将其置入历史序列加以语境化处理，唯其如此方能准确呈现出一代人的文学史意义。

客观地说，新生代诗人对于中生代与前行代的继承与超越，很大程度上只是一个历史关联的结果，并不具有不言自明的技艺优势。这样一个判断看起来与新生代诗人的历史价值——尤其是与本文立足基础背道而驰，其实恰恰说明文学的新变具有历史复杂性，并非一种机械式的断裂，不仅新生代诗歌所包含的异质性基于对文学前辈影响的再写而实现，而且新进诗人自己对于文学的理解也是分不同阶段和层次的，离开量的积累谈论质的飞跃本身即是一个逻辑上的伪命题。不过，需要指出的是，80年代末以来，华人逐渐加速了书写国族身份认同的自觉，特别是"影响的焦虑"思维模式下创新意识步伐加快，几乎成为新生代诗人群体思想同构性的内部根源。排除生活经历、学习背景和个性差异这样一些明显制约审美趣味和技艺能力的外在因素，造成新生代诗人的整体性风貌，无疑是马来西亚特定的时空环境，其中包括影响所有马华族群的相关政治文化政策，这为我们讨论诗歌的政治文化特征提供了基本的条件和可能。

新生代批评家张光达曾谈到80年代末90年代初以来马华诗坛表现出强劲的多元化趋势，诗人对于外在环境的结构变化，提供了他们各种思考模式和意识形态，表现于诗中形成各类题材的开拓，各类主义诗观的落实和书写形式设计的推陈出新，马华诗坛因此呈现出更繁复的面貌与格局。[①] 作为一个置身其中的参与者和观察者，张光达的感受无疑是真实的，他认为90年代诗歌内容延续了80年代的乡土政治现实主题，结合90年代的多元化题材，产生了诸如书写都市、科幻、环球、电脑科技等新内容的诗歌。内涵从乡土意识、中国情意结朝向新都市精神，立足于现代人生活本质的发掘。受商业消费意识影响，现实主义的明朗浅易、注重沟通、反映大众心声的管道以及将诗视为透明的工具等写作倾向，正好与后现代的不稳定状态和不确定性语言文字成强烈对比，后者强调语言不是透明的工具，它自身成为一个世界，可以颠覆也可以再创造。[②] 可以说，这些不同于80年代或更早的文学新质，一定程度上反映出时代之于文学创新的可能性。

张光达提及的政治关怀、中心与边缘的表述、现代人的道德意识，甚至后现代的混乱，都成为马华族群在面临现代性浪潮的生存经验的必然遭遇。1987年"茅草行动"让马华深刻感受威权管治与族群发声的必要，马华作家以各种形式伸张公众的政治启蒙意识，傅承得、游川等人先后发起"声音的演出"、"动地吟"和"肝胆行"等诗歌演出活动，即是想"把诗从'哑巴'状态中释放出来"。1989年"动地吟诗帖"序中说："现实多风多雨。从族群到国家，从文教到政

[①] 张光达：《马华当代诗论——政治性、后现代性与文化属性》，秀威资讯科技股份有限公司2009年版，第27页。

[②] 同上。

经，我们再也无法闭起双眼紧掩双耳，置身事外，高蹈踏空。我们要文学在读者眼里跳动关怀的脉搏，也要声音在听众耳中激荡热血的回响。"① 诗歌演出造成的反响空前，以致傅承得认为它业已形成一个拥有 2 万消费者的文化品牌。新生代诗人辛金顺作为当时的参与者和记录者，其心声代表了马华作家的真实体会：

> 今天，在族人的偏执与倾轧间，我们开始颠扑和迷失，整个民族的心理充满着太多的挫折感与失落。信心危机开始出现，力量开始分裂。政、经、文化、教育经历无数次艰苦的考验后已呈现一片斑斑伤痕。可是依旧有人醉生梦死，有人忍辱偷生，更有人沉默以对。而诗人写诗，以沉重激越的心情，或如熊熊烈火的再三自焚，或如溪水潺潺的呜咽低吟。是不平的愤慨，总要唱成歌，并让所有的希望和理想涵泳风里。"动地吟"是诗人们以文学的声音向这个时空控诉，一种最真实的感受；是这个时代里真实的一片声音。②

如辛金顺所说，"诗"向"歌"的转换，其实是诗人面对族群挫折而发出的控诉之声，推动民众对诗歌抵抗的关注。方昂的《鸟权》表达发声的权利："听不听非关你的义务/唱不唱却是鸟的权利/被锁了起来还是要唱/唱你爱或不爱听的歌"，③ 此诗是方昂和游川同名诗作，"鸟权"在这里指发泄个体权力被剥夺的粗鄙之词。1999 年，又以"四十年家国：吻印与刀痕"为主题，把"动地吟"扩大为波澜壮阔的全国巡回诗曲朗唱会，共演出 22 场，观众人数超过两万人。前后持续 20 年的"动地吟"诗歌演绎活动涉及现实关注，也成功地

---

① 傅承得：《动地吟故事》，《星洲日报》"星云" 2008 年 4 月 3 日。后收入《仿佛魔法，让人着迷——动地吟 20 年纪念文集》，大将出版社 2009 年版，第 278 页。
② 辛金顺：《敢有歌吟动地哀——访游川和傅承得》，《星洲日报》"文艺春秋" 1990 年 6 月 2 日。
③ 方昂：《鸟权——和游川〈鸟权〉》，载《鸟权时事诗册》，千秋事业社 1990 年版，第 82 页。

唤醒了华社对于身份的认同变化，林春美和张永修指出，"作为20世纪末马华文坛最公开与高亢的对于'家国关爱'、'民族情怀'的召唤，及其'总结历史经验和家国感受'的自觉，'动地吟'诗作无疑就为我们提供了一个检阅马华诗人身份认同问题的侧面。"①

虽然"动地吟"始终获得《星洲日报》、《南洋商报》等华文媒体大力支持，毕竟它属于一种"跨界"的艺术尝试，所产生的文本具有鲜明的政治性和实践性，不过从文化角度来看充满即兴风格和大众化特征，实际上远远超出了副刊的范畴。与此同时，强烈的现实主义诗风在90年代遭遇挑战，这也是它为何很难激起新生代诗人参与兴趣的原因。

三 新生代诗歌的文化政治表述策略

因为副刊的大众传播作用，新生代作家承担的文化使命无疑加深了某些问题现实忧虑，总的说来，新生代诗歌的文化政治表述是在独立条件中呈现的。由于种族问题在马来西亚的复杂性和敏感性，新生代诗人对文化政治的表述并不是直接诉诸对抗，诗歌通过言与意的潜在关联，起到散文和小说无法直面相关社会问题的独特作用。从这个角度说，诗歌对于马华自身困境的表达，很大程度上得益于表述策略的灵活变通。因此，诗歌所揭示的文学世界是一个众声喧哗的意义空间，其文化政治性在他者文化集团且掌握相关裁决与监视的威权机关并不容易发现。

从现象学还原马华新生代诗歌的面貌，我们不难理解新生代诗歌重构的确实是一个复杂的文学世界。以随机挑出90年代中期一个微观片段为例，可以看到诗歌内容包罗万象，与生活息息相关。按日期秩序开列如次的是1995年6月揭载于《星洲日报》"文艺春秋"的诗作品：《屈原自尽》（刘育龙，1995.6.3），《诗度空间》（游以飘，1995.6.3），《茶与杯》（敬生，1995.6.3），《悲雨城市》（林武聪，

---

① 林春美、张永修：《从"动地吟"看马华诗人的身份认同》，载林春美《性别与本土——在地的马华文学论述》，大将出版社2009年版，第31—32页。

1995.6.6),《少年的事》(卡希,1995.6.6),《爆炸》(许裕全,1995.6.6),《南方的恫言》(方路,1995.6.10),《茶壶》(江夏子,1995.6.10),《爸爸不再牵着我的手》(鲁师,1995.6.13),《怎么办》(周锦聪,1995.6.13),《中文系的暗廊》(林幸谦,1995.6.13),《荒凉的窗户》(方路,1995.6.17),《精神》(小曼,1995.6.17),《照片》(密斯,1995.6.17),《离开民国》(林幸谦,1995.6.20)。显然,这样一份名单不乏马华报刊文学生存境况的代表意义,作者身份有本土、旅台以及往返于新马两地等不同背景,与其说这种情况反映出作者主体的混杂,不如说它映照出了马华文学/诗歌的丰富性和多样性。

  如果再对上述诗歌进行简要分析,可以更进一步看出诗人对日常生活的关注状况。在这些诗人中,小曼属于5字辈诗人(1953年7月出生),曾求学于南洋大学,80年代开始从事诗歌创作,后来因为《花踪之歌》的创作而渐为读者所知,刘育龙指出小曼理应与方昂、傅承得、游川等中生代诗人相似,实际上也比较接近6字辈诗人的风格。此处写的南洋大学多次在他诗歌中出现,正如神州在他的精神世界中扮演同样的精神依托作用一样。由于90年代初创作的闪亮表现,第2届花踪文学奖授予其"新诗推荐奖",由郑愁予、陈瑞献、潘正镭组成的决审委员给他的获奖理由是:"着重于直抒胸臆,他的诗声一举要唤醒人们逆离传统的神魂,剪笔如刀,意象简洁。他的诗思往往起于平凡,不蔓生枝节,却善于通过想像的飞跃,把诗推向高潮,圆融饱满,令人闻酒而伤。"[①] 他的诗歌仍然保留了那一代人无法摆脱的传统因素,另一位与他一同在《南洋商报》"南洋文艺"副刊(1998年6月3日)作为专题推出的方路(1964年),诗风明显体现出6字辈诗人的现代色彩,《荒凉的窗户》一诗写越南难民景象,揭示生命面对的困难,不论构思还是具体技巧,都可追踪到痖弦经典诗歌的影子:"咳嗽药刮脸刀上月房租如此等等/而在妻的缝纫机的零星

[①] 王祖安:《在梦想与现实之间摆荡——"新诗"决审会议记录》,《花踪文汇》第2辑,星洲日报1995年,第128页。

战斗下/他觉得唯一能俘虏他的/便是太阳"（痖弦《上校》），看得出来马华新生代初期的诗歌写作具有模仿性特点，痖弦曾经任花踪文学奖评委而广为马华作者所知，其背景则是马华文坛一直受台湾深刻影响。方路的诗歌语言同样很从容，"所有阳台在全体搜身中/镂空了一切想法//唯有拖鞋是列好的队伍/曝光在赤裸的树下"。6月10日刊出的《南方的恫言》也写越南难民，应该是同一组作品分不同版次刊载。

游以飘的《诗度空间》感叹日常琐碎对理想的侵蚀，通过空间的荒芜表明自我提醒的必要。林武聪《悲雨城市》延续其诗歌对社会问题介入的政治诗风格，由一座原本是美丽诡谲的城市下雨联系"泪痕满布"，作者将思考引向与现实相关的种种可能，因此雨作为宣泄的途径是"实在忍不住了"才哭出了声。许裕全的《爆炸》写奥克拉荷马市爆炸案，来源于早报新闻的消息让诗人感叹生命之脆弱，充满生命痛感，爆炸中生命如尘埃抖落，如又灰屑被擦抹。看得出林幸谦《中文系的暗廊》一诗受李亚伟80年代那首《中文系》影响，林主要是在揶揄自己，当然也有暗讽中文系枯燥乏味的意图。而如《离开民国》这样的诗歌，多少带着诗人一如既往的个性和表达倾向，即始终"泛滥的乡愁"（黄锦树语）："离开一座孤岛/被我伪装成，故乡的异国//离我远去/美丽的历史已经颠覆/消失的他者/也是一种乡愁/一种伪装的回归。"以上题材各异的作品折射出马华诗人的艺术趣味，渗透了鲜明的现实关怀倾向，特别是与生存息息相关的政治性融入诗人思维结构，内化为诗歌观念的一部分。

假如将视野扩张到整个90年代，仍以《星洲日报》为观察对象，能更清晰地看出政治性向日常生活悄然渗透和转换。换句话说，表现在80年代到90年代的重要区别，即是诗歌对于政治话语表述姿态的调整，这意味着马华新生代诗人在保持现实高度关注的同时，诗歌技巧、观念、策略等方面已经发生了微妙的变化。从时间条件上说，在整个90年代10年中，新生代作家基本完成了确立自身美学规范和超越中生代群体的成长过程，如在马来西亚乃至华文世界影响巨大的"花踪"文学奖，第1届到第6届"新诗首奖"获得者相应是龙川、林若隐、游以飘（第三、四届连续获奖）、庄若、陈耀宗，5人皆为新生代作家。如果文学奖能代表某种文学风向标，显然新生代诗人起码已经征服了来自不同文化空间里的评委。从文化生态层面看，更有说服力的是报纸副刊，1997年"文艺春秋"发表104件诗歌作品（组诗亦按一件计算），1998年发表120件，1999年共发表74件，除余光中、陈慧桦、淡莹、张错等非马华作家以及田思、沙河、年红、游川、小曼、傅承得等中年一代诗人以外，其余都是6字辈和7字辈诗人，明显看到新生代逐渐走到了马华诗坛的台前幕后。从他们的诗歌内容看，我们可以看到一种更为复杂的文学景观，一方面，与族群身份相关的中华文化表达，建构起一种复杂的文化记忆和家国情绪，90年代虽然前行代大多停笔，但中生代仍然具有相当旺盛的创作热情——诗评家张光达关注的创新问题此处暂且存而不论，温任平、田思、沙禽、小曼、何乃健等诗人相继在副刊推出诗歌展，他们将中华文化当成一个不言自明且水乳交融的传统资源，书写在异域空间的传奇和遭遇，或者沉吟文化乡愁。作为一种共同经验，新生代诗人亦无法避免涉足这些题材，即便他们出于表彰主体性的目的反其道而行之，在现实种族政治影响之下，家国情怀和文化身份仍然纠缠不清，所不同者，是新生代诗人对于认同本身的理解趋于复杂化。另一方面，新生代作家比马华前辈作家在90年代产生了更为强烈的愿望，与世界文学浪潮保持紧密联系的现代性追求冲动源于中文世界的刺激，特别是留台学生所起的中介作用，极大地加快了现代主义在大马本土的传播和实践。

台湾学者李瑞腾在1997年9月召开的"扎根本土·面向世界——马华文学国际研讨会"上发表有关"7字辈"诗人的论文，并且指出这批新进诗人的诸多变化，其中之一是主题倾向多元：

> 就诗之主题倾向来说，成长过程的体悟、家庭中父亲和母亲的形象、生活的感受、自然的思索、海棠之梦与他国之沉沦等等，都是这些年轻诗人的心之所系，总归到梦与爱情、快乐与悲伤的存在议题。可以这么说，这些作品已经展现出一种新

的多元格局,当地的色彩极不明显,比较属于普遍性的文学主题。①

与"6字辈"完整经历七八十年代风云激荡的族群命运变迁相比,"7字辈"思想磨砺与成型的环境已经大为宽松,因此,"艰难时世"的感受及书写不如上一辈人所优先承担亦可想见,这可能是马华新生代诗人最为明显的内部区隔,显然它反映出代际更换与思考内容之间的一致性,主体实践的权利和责任往往互为条件,所以关心自身命题既是成长主题的自在部分,亦为成长之见证。与90年代的文化背景相一致,马华文学的文化政治书写逐渐泛化为日常生活,甚至沦为消费文化的一部分,②但这并非表明新生代诗人已经失去对自身命运的关切和审视。回归到日常生活层面,其实是一种主体价值的强调和重申,它同马华新生代走出父辈认同危机的心路历程内在结合在一起。

第三节 放逐书写及其诗学韵味

一 放逐与离散

不管华人的海外生存如何充满艰辛跌宕或奇幻历险,植根于异质文化空间的复杂心路总是可以追溯到本体与母体的分割。可以说,放逐意识作为一种因生命空间位移而得来的精神体验,在海外华人生活中扮演着缓解生命困境的重要角色,从书写内容到美学特质皆具独特的诗学韵味。杨匡汉曾经指出:"正如行走一样,放逐,作为人类古

---

① 李瑞腾:《马华诗坛七字辈——诗奖与诗选的考察》,载戴小华、尤绰韬主编《扎根本土·面向世界:第一届马华文学国际学术研讨会论文集》,马来西亚华文作家协会、马来亚大学中文系毕业生协会1998年版,第81页。

② 如张光达认为林金城创作的"三步诗"就是符合都市大众文化消费性格的产物,"它的产生自有其与社会大众文化互动/被动的矛盾情境,也有其存在的社会进化意义。"见张光达《马华当代诗论——政治性、后现代性与文化属性》,第25页。

老的一种经验,我们可以从原始文化的考察中隐约发现,人类祖先的迁徙乃是每一个族群历史故事中的重要情节,并纳入了后来的文化传承,诸如典礼仪式中的歌舞,口头文学与造型艺术都离不开这个母题。穿刺文学的源头,放逐话语可能是整个人类文化的原生现象。只是在其自身传统的流变过程中,会在某一个特殊时期与当时的文化环境发生某种默契与共振。"① 因此,放逐作为一种美学切入视野,与海外华人作家自身或群体境况相冲突的精神状况,其所建构的美学韵味也在不同历史、地理以及代与代之间得到充分复杂的张扬。

从空间变迁来看,放逐作为一个诗学问题其实统摄于离散理论,离散除放逐(exile)之外,还涉及游牧(nomadism)、迁徙(migration)、游移(in-betweenness)、去领土化(deterritorialization)、跨国(transnationality)等多种理论维度。② 但是从马华讨论放逐书写不能简单地等同于其他主体,因为华人历经多代传承转换,族群对于居住地和原乡的情感认同已经发生了基于命运重塑的巨大变化,不少人已经不再将南洋视为生命、情感、文化的暂居地,马来半岛早已成为他们安身立命的精神家园。不过,即便如此,不论主动融入还是被迫适应,由族群特征、语言、文化支撑,无从更改的主体身份,被严重排斥和钳制的政治文化权力始终提醒他们属于外来者,与放逐相关的潜意识仍深刻盘踞于心。此种由离散导致的"错置"感,放大了马华族群作为多重"他者"的体会,通过挪用他者来表述与自我身份相区别的策略,成为马华文学一种重要的后殖民话语。③ 所以我们不难理解,马华诗歌关于家园的回望,文化传统的重新理解与阐释,流放情结,去中国性,南洋再现,地志书写,其实都是由放逐母题绽放的不同

---

① 杨匡汉:《中华文化母题与海外华文文学》,长江文艺出版社2008年版,第79页。
② 关于"离散"理论的历史变迁,可参考凌津奇《"离散"三议:历史与前瞻》,《外国文学评论》2007年第1期。
③ 据许文荣的观点,这种挪用他者的策略可以分为殖民主义他者、侵略/闯入的他者、文化边缘的他者、含混的他者、监视的他者、"跨国资本"的他者、族群的他者等,参看《挪用"他者"的言说策略——从殖民话语到后殖民话语的马华文学》,《华文文学》2001年第2期。

花朵。

二 传统意识的放逐书写

由于身份认同及主体言说姿态在代与代之间的定位变化，马华诗歌中有关放逐的书写经过传统向现代的转换。传统意识的放逐题材着重体现在乡愁、故园的书写，因此充满严重的感伤情绪。经常被引用的是温任平创作于70年代的诗作《流放是一种伤》，诗歌以一位无名歌者重复吟唱一首古老的歌而展开：

> 我只是一个无名的歌者/唱着重复过千万遍的歌/那些歌词，我都熟悉得不能再熟悉/那些歌，血液似的川行在我的脉管里/总要经过我底心脏，循环往复/跳动，跳动，微弱而亲切/熟悉得再也不能熟悉/我自己沙哑的喉咙里流出来的/一声声悸动/在廉价的客栈里也唱/在热闹的街角也唱/你听了，也许会觉得不耐烦/而我是一个流放于江湖的歌者/我真抱歉不能唱一些些，令你展颜的歌/我真抱歉，我没有去懂得，去学习/那些快乐的，热烈的，流行的歌/我的歌词是那么古老/象一阕阕失传了的/唐代的乐府/我的愁伤，一声声阳关/我的爱，执着而肯定/从来就不曾改变过/纵使你不愿去听，去关怀/那一下下胡笳，十八拍/可曾偶尔拍醒你躺在柔垫上的梦？/它们拍起揹在我胳膊上的/那个陈旧的包袱的灰层/胡笳十八拍，有一拍没一拍地/荒腔走调地，响在/我喑哑的声音里，我周围哄笑的人群里，然而我还得走我的路，还在唱我底歌/我只是一个独来独往的歌者/歌着，流放着，衰老着……/疲倦，而且受伤着①

许文荣曾对此诗进行过深入细致解读，他说："在海外的语境中，作为一个外来者，难免受到土著执政者的提防，特别是那些对中华文化一窍不通的人，再加上对自身文化的优越感，因此对中华文化施加各种的限制，以便把华人的文化边缘化。诗人有意让面对内忧外患的

---

① 温任平：《流放是一种伤》，天狼星出版社1978年版，第141—143页。

中华文化发声，因此它成了诗歌里头的歌词，不断地被重复吟唱，被召唤，以逐渐获得更多人的重视。"① 正如许文荣所感受和强调的，这首诗的过人之处在于诗人塑造的感伤情调与传统美学自然融合，举重若轻地演绎出诗人郁结于内心的犹疑与矛盾。

换个解读的角度，其实这种向往与压抑也是通过现实处境而结合起来的，由于不被他者所接纳，华族主体才萌生返回中华文化寄托空间的意图。由于文化同体共生，诗人从传统思绪中感受到主体与中华文化之间休戚与共的关系，在异质文化中自然转换成为文化原乡的深情召唤，其结果就是促使离散情意结在马华文学中成为一个具有悲情意味的书写主题，各种以屈原为原型的题材应运而生，以此表达诗人陶情养性、矢志不移、孤芳自赏的孤洁志趣，并逐渐形成一种在异质文化和生存空间寄托传统文人气节的放逐诗学。以温任平为例，从1972年至2001年发表了多首具有屈原情结的诗歌，如《水乡之外》（1972）、《端午》（1975）、《再写端午》（1976）、《流放是一种伤》（1978）、《我们伫候在险滩》、《一袭白衣》（1979）、《一个渔夫的追悔》（1981）以及2001年的《辛巳端午》等。针对谢川成在《现代屈原的悲剧》的旧文中将温任平比拟为屈原，并在其诗歌中发现流放意识，殷建波认为谢氏严重误读了温任平的文学文本和作者意图，温氏从来只是将屈原作为写诗的由头，完全看不到屈原的血缘脉络，因此他时隔多年仍然觉得有商榷之必要。不难理解殷建波通过这样一种书信体来完成一场跨越将近20年的阐释对话，他希望重申马华文化自身的独特价值，因此为温氏提供诸如"流放意识是不必要的"辩护。

> 温氏对民族文化的执著，相信是奠定在这个基础上，即中华文化的河水可以灌溉马华文学的土壤，这不存在主流支流的差别，更不产生"流放的中国文化"这样的迷思。我个人也持同样的看法，以此推论，虽然中国这块地理是中华文化的发源地，但

---

① 许文荣：《马华文学与中华文化》，载赵宪章主编《汉语文体与文化认同研究》，中华书局2008年版，259—260页。

曾有一段时间几乎完全停止使用这条文化大河，这说明什么？这应该可以指陈一个事实，文化没有特定的，唯一的，合法的接受者。发扬光大希腊文明的人，不一定是希腊本身。马华的土壤必将长出不同其他国家的花朵，因为我们的土壤、气候、种籽的属性等是不尽相同的，放弃了切身的民族文化，必得别外寻找替补，我们为什么要舍近求远，舍本逐末呢？[①]

个案立场当然并不具有全景式的代表作用，从文学代际流变及其同情之理解来看，殷建波（1959年生）只比谢川成小1岁，也算不上6字辈作家，他们都在马来西亚联邦建立的特殊年代积累童年记忆，"五一三"事件在他们心中已能刻下阴影，殷的特别身份是受温任平引导加入天狼星诗社，1976年底赴台北求学，与温氏兄弟等人一起创立神州诗社。不过受台湾文学传统影响，殷氏在理论观念上也进行过新批评之类的实践，以此努力化解印象感受带来的贫乏，这一点其实是留台作家的共同之处，并且，他们希望将中国文化的内涵从地理空间层面进行必要的拓展，以获得文化脉络之"正名"。从这个角度说，放逐不再是传统意义上的被迫剥离，而是在文化长河中，因为其他机缘而走上了另一条命运的通道，认定"中华文化的河水可以灌溉马华文学的土壤，这不存在主流支流的差别"。

陈大为曾经在一篇散文中批评老一代华人对陈年旧事的虚幻回忆：

> 茶余饭后，几张瘦长的旧板凳按时聚集于椰树下，晚风徐徐，梳过方言里精致的音韵和粗犷的内容。汉子慢慢被梳成大伯，大伯们动不动就是想当年如何如何，动不动就是唐山有多好多好。返唐山是贴在大嘴两旁的门联，这句话背后埋藏了无以估量的希望与辛酸，尽管历经风雨而略略褪色，但我还是可以清楚地感受

[①] 殷建波：《温任平·屈原·流放意识？——致谢川成先生》，《南洋商报》"南洋文艺"1998年5月13日。

到它的重量,一笔一划,笨拙地桩入我无从闪避的耳膜正中央。①

在陈大为看来,即便是写作者的主体真实感受,如果没有扎根于现实的土壤,其可信度也是值得怀疑的,可以说,这样一种姿态已经成为90年代新生代作家思考与写作的基本立场,也构成了新生代诗人重写放逐情结的文化前提。

不过,对于旅台马华作家的放逐意识来说,不仅是家园来去、身份重塑这么简单,可能还有一些异域经验需要厘清。留学台湾带来的不仅是诗歌技巧和评价方式的变化,同样还继承了某些由冷战导致"中国性"认同分歧的观念遗产(尽管在两岸关系改善的今天,其观念可能使旅台马华作家显得尤为茫然和尴尬)。对于1960年代出生的马华留台群体而言,留台经验加速了他们身为马来西亚人的华族身份塑造,坚定了马华文化为中华文化自然承接而非中国地理空间"化外之邦"的认知,既然如此,栖居南洋便不再是生命的放逐,而是新的文化土壤垦殖。

三 新生代诗人的自我放逐与主体建构

对于老生代和中生代诗人念兹在兹的放逐情结,新生代作家的感受已经呈现出根本差异,甚至在新生代群体和代与代之间也存在明显分歧。如果说"7字辈"对于文化属性等相关问题的看法已经相对"超脱",那么"6字辈"诗人无法释怀,显然伴随着与生存背景互为前提的文化感知,它们在历史转换关头发挥着调整族群心境继续前行的心理疗治作用。如前所述,马华族群面临国家认同及其无法出走的困境,放逐书写主题成为马华诗歌的书写内容便具有宿命性的符号意味。张光达曾将跨越80年代末和90年代前期的政治诗歌命名为"前政治诗",1995年之后的政治诗则为"后政治诗",这样一种概念差别由时间塑造,但已经超出时间所严格限定的意义畛域,在他看来,"前政治诗"保持了诗歌由政治宣传决定的严肃性和明白倾向,"基本

---

① 陈大为:《抽象》,《星洲日报》"文艺春秋"1998年6月28日。

语调是明朗浅白、好发议论、充满忧患意识","后政治诗"则"采用戏谑嘲弄的语气,大胆揭露政治社会的黑暗面或是政策的偏差。"①这大体说明政治主题的偏移和日常化趋势。

不论是采取严肃态度还是戏谑调侃,政治诗发声姿态最终指向社会文化批判目标,所有包括华社命运在内的塑造与重建,皆无法抽离种族政治压制这一外在威权的限制性因素,因为包括华族、印度族和淡米尔人在内的少数族群在马来西亚的栖息权力,是以无条件承认马来人的特权为宪法前提而取得的,因此与政治相关的表述自然成为放逐书写的另一个维度,放逐与疏离感起因于异质文化空间产生的不适,马华族群很难在种种限制和歧视规训中体会到如鱼得水的融合,正如黄锦树所说的一样,文化返乡其实是现实情境促成的。②放逐之所以容易引起人们内心情感的普遍共鸣,是由相似的命运经历提供了感知基础,但在马华新生代的理性世界中,放逐意味着对文化母体的恋恋不舍,它与自成机杼的马华文学主体性建构格格不入,放逐立场预设因此也受到部分留台作家日益严厉的质疑。③执着于政治诗写作的郑云城曾在90年代中期发表过一首题为《文字的流亡》的诗歌,作品虽然未上升到种族文化的高度,但也形象地体现出诗人欲望无法顺利宣泄的艰难:

---

① 张光达:《马华当代诗论——政治性、后现代性与文化属性》,秀威资讯科技股份有限公司2009年版,第10页。

② 黄锦树在讨论神州诗社故国情结产生原因时指出,"由绝望而产生了苟安,或者自我放逐;由于客观环境以国民团结之名遂行的却是对于现实联系的切断,阻扰,乡土对于年轻的知识分子而言反而是伤心之地;表现为承担者或竟是一种悲愤的承担(如潘雨桐)。表现为逃避者则指向内在的中国,或出之以悲怆(流放是一种伤)在现实、在文化上双重放逐;或对中华文化出之以悲愤的拥抱(龙哭千里)。绿洲—天狼星—神州的文学大抵是后一类。现实的乡土既然难以扎根,他们于是选择了文化的乡土,体现出浓浓的文化乡愁,而这其实是现实情境促成的。"黄锦树:《神州:文化乡愁与内在中国》,载《马华文学:内在中国、语言与文学史》,华社资料研究中心1996年版,第93页。

③ 留台诗人林幸谦因为表达"过于泛滥的乡愁"而成为被批判的对象,可参见王列耀和龙扬志的论文《身份的焦虑——论90年代马华文学论争》,载《暨南学报》(哲学社会科学版)2012年第1期。

带着思想，异议和梦／他必须流亡，寻找一个匿藏之处／／编辑摇手的姿态和那个的／非常相似，这家报馆拒绝收留的回答和那家的／非常相似，这家印务所关门的声音和那家的／非常相似，傍晚／他逃到有烟囱的屋顶上去／和落日聊天，听一听化灰的心事／／第二天，带着思想，异议和梦／他再次流亡，寻找一个匿藏之处／／这一次，他上山／找到一块野草丛生的坟地／他终于找到匿藏之处（清明节，谁在祭拜文字的亡魂？）①

诗歌提到"文字的流亡"和清明节祭拜"文字的亡魂"，显然这里嵌入了一个与华族文化及其命运密切相关的隐喻游戏，"寻找"与"流亡"统一于"拒绝收留"命题，由"相似"情境导致的普遍性遭遇，从侧面证明认同之难，不断的追寻和不断的流亡形成的死结潜藏着巨大风险，诗人无疑通过它去警惕族群文化不断衰竭而步入坟墓的灾难性后果。放逐诗学带来的不确定感往往内化为生活题材的一部分，甚至消失在纷繁的日常情绪中难以辨别，仅仅流露出怀人、感时、讽世的忧郁气质，其精神内核却是相通的。平常如钟可斯《寻访》："你我他天南地北／从此在流水落叶上写诗／三言两语话旧／十年几头翻新／有时狭路相逢以为仇敌／有时过门不见仿佛稀客／有时冷漠把盏迟迟／有时去信匆匆而不回／地球分开两道航线／生命解开了喜忧"②。此诗是"吉隆坡寻访"之二（第一首"吉隆坡"），寓生活于访古，意境明白如画，但又寄慨遥深。不论如何，寻找与放逐主题相依相存，只要马华族群仍然借助形声文字表述心灵世界，放逐感可能是大马华人直接面对的一种文化体验，从这个意义上说，马华新生代诗人以语言证明其存在之思，不仅是文学的美学诉求，而且表达出以文字思维为底色的政治性维度。

放逐作为一个离散话题蕴含的美学意义在马华文学场域被不断提及和扩张，其思想理路与意义空间亦值得学界重视。王润华在90年

---

① 郑云城：《文字的流亡》，《南洋商报》"南洋文艺"1996年5月24日。
② 钟可斯：《诗2题》，《南洋商报》"南洋文艺"1996年10月4日。

代中期编辑《南洋商报》的"年度诗选"时谈到马华诗人地处边陲而发出"惊人"的声音,正是因为放逐而产生文化及人性的深入反思:"《南洋文艺》的诗人除了都带着祖先自我放逐的经验,许多诗人自己也有自我放逐到异域的苦闷日子,随意举例说吧,傅承得、辛金顺、陈大为、陈慧桦,有些还在台湾的街思考华人文化在大马社会的危机。绝大多数的诗人,都是在'忧郁的热带'的森林里或边缘地带长大或目前还住在大马的热带雨林边缘。这一群大马诗人对自己文化、社会的危机感,远远超过台湾、大陆、香港、新加坡及其他欧美澳地区的华文诗人。这种危机感,促使他们像李维史陀,对人性、对世界文化作更深入的反省、更深层的挖掘其结构。"① 王氏对马华诗歌给予的高度肯定可能有点过分,② 但是充分点出了放逐与美学之间的重要关系。

到新生代诗人那里,放逐演化为一个与马华文化主体性重建息息相关的问题,不论是乡愁诗的书写还是对于南洋的重新想象与阐释,都体现出在这一文学母题之下的再解读意图。以引起很大争议的乡愁诗为例,经过70年代天狼星诗社、神州诗社情感泛滥的悲情演绎,90年代马华新生代诗歌的乡愁抒发差不多走向穷途末路。新生代诗人植根于生存地的立场基本确立,放逐本身的指向性和美学空间已被重新定义。"故国"之精神原乡地位,主要是保持着文化发端的身份起源,因此,放逐话语逐渐成为一种与个体生命相关的美学反思。以林幸谦、辛金顺、林惠洲、陈大为等诗人为代表的诗歌实践,几乎都不是纯粹意义上的离乡写作,他们希望通过文化的重新书写来表达一种新的思想姿态。

---

① 王润华:《从忧郁的热带丛林边陲发出惊人的声音——序南洋文艺1995年诗年选》,《南洋商报》"南洋文艺"1996年5月29日。

② 王润华在文中说:"我个人的观察结果,大马十年来许多优秀的佳作之涌现,超越了台湾、大陆、香港与新加坡的名诗人的水平。究其原因,就如《南洋文艺》上的诗人族群,从祖父辈就被贫穷或政治迫害等原因,飘洋过海,被迫进入南洋森林中与原始生活为伍。"王润华:《从忧郁的热带丛林边陲发出惊人的声音——序南洋文艺1995年诗年选》,《南洋商报》"南洋文艺"1996年5月29日。

林幸谦作为新生代中乡愁意味明显的诗人，他曾经坦白交代放逐与生命之间的深刻关联，在再造自我身份中起着相互牵制的作用："自我放逐的乡愁被设置于整体精神活动中，形成灵魂的一种特质，暗中支撑我的人生，也压抑着我的生命。思乡的语言和忘乡的语言与我形影不分。我曾经迷失于这两种语言之中，唯恐自己的话语无法言说自己的身世与身份。曾经，那是我的幻象，也是我的哀情。"[1] 他始终希望通过乡愁抒发而走上精神返乡的道路，但是这样一种言说策略甫一发动，即被其他新生代诗人所质疑。[2]

　　以90年代最为重要的新生代诗人陈大为为例，他的文化姿态决定其在新生代诗人中对放逐书写充满暧昧。写出再造中华始终神话《治洪前书》和解构历史的《再鸿门》以后，书写重心转移到南洋系列和本土系列，这种跨界并非简单的素材变化，伴随着极为鲜明的主体思考跋涉和角度切换，显示出诗人从本土出发打造抒情和言志体系的抱负。南洋史诗系列作品运作于90年代中期，其中蕴含的诗歌技艺和思想容量，皆令人震撼，以至于有人称《在南洋》一诗为陈大为90年代诗歌艺术的总结与代表。[3]《在南洋》显示出在地理中国之外接续文化的努力尝试，质疑包括马华文化在内的正当权力排斥于国家认同的合法性，同时张扬一种重建地方文化记忆的信心。诗歌写道："就在这片英雄头疼的/野地方/我将重建那座会馆那栋茶楼/那条刀光剑影的街道/醒醒吧英语里昏睡的后殖民太阳/给我一点点光一点点/岁月不饶人的质感/我乃三百年后迟来的说书人/门牙松动/勉强模仿老去的英雄拿粗话打狗"[4]。《在南洋》游走于童年视野记忆与民间说书人的叙事身份之间，用独特的视角消解官方史的外部威仪，如张光

---

[1] 林幸谦：《诸神的黄昏——一种海外人的自我论述》，《南洋商报》"南洋文艺"1994年1月22日。

[2] 参看王列耀、龙扬志《身份的焦虑：论90年代马华文学论争》，《暨南学报》（哲学社会科学版）2012年第1期。

[3] 徐国能：《十年磨一剑——陈大为史诗〈在南洋〉出鞘》，《南洋商报》"南洋文艺"2001年4月10日。

[4] 陈大为：《在南洋》，《星洲日报》"文艺春秋"1999年6月20日。

达指出的,"民间个人化或童年视野的小我心灵是对主流意识形态控制下的宏大叙事之重,并通过个人化的重述对后者叙事合法性的质疑、瓦解和颠覆,诗人笔下这个来自民间的童年声音在诗文本世界中恢复了个人作为'人'的具体存在感性。"① 由此可知,这种基于个体的具体存在感性,实际上证明存在的共同性和叙述的歧异性。

放逐遭遇获得寻找生命活力的崭新意义,它意味着重新安顿生命的契机和条件,这就远远超越了生命遭遇位移和疼痛的悲情与感伤。这种放逐美学显然只有已经消除故国想象和原乡记忆的新生代作家才有可能认同,并尝试在自己的作品中建立。

副刊以自身的方式制约着马华新生代诗歌的方方面面,但是无法真正规范作家主体的抒情方式和思想空间。可以说,包括诗歌在内的马华文学面对的基本问题就是写作本身,以及如何处理日常经验与民族文化的关系。马华作家对中国文化的想象,正如王德威指出的,是"移民"/"遗民"双重身份综合作用的结果。受双重身份特征影响,马华族群对中国文化的书写与认同是一种单向性活动,而立足点与归宿都指向马华自身在马来西亚的生存和发展。陈芳明指出:"移民生活在马来西亚的政治结构中,是一种边缘性格;而遗民精神又不能直接等同中国文化,是一种单向认同。"②"单向认同"普遍存在于文化习性趋近但又相互区隔的群体内心,若举中国语境中的例子略作说明,可提及早期有关海外华文文学或作家的批评文章曾普遍预设游子思归的评价模式,文章的潜在背景几乎都如此布置,即把作家或作品比拟为离开文化母体而欲急切回归的对象,此种单向认同的产生实质受本质主义思维严重限制。马华文学新生代在文学创作中显示出想象、重建自身形象的强烈冲动,总的来说是为了在马来族群他者处境中获得作为一般国民的文化与政治权力,同时也需要重新阐释其文化创新能力,展示族群在脱离地理中国之后对华族文化的承继和发扬,且在时间的历史维度中建构起一种足以与其他文化中心对话的新传

---

① 张光达:《马华当代诗论——政治性、后现代性与文化属性》,第145页。
② 陈芳明:《台湾新文学史》,联经出版事业股份有限公司2011年版,第702页。

统，这是当年周策纵提出"双重文学传统"（中国文学传统和本土文学传统）和"多元文学中心"的思维起点。① 许文荣指出，马华文学的中国性不是纯粹的中国性（像中国文学那样），而是本土化和现代（文学）化后的中国性，而马华文学的本土性也不是纯粹的本土性（像马来文学那样），而是中国化和现代（文学）化后的本土性；马华文学的现代性，也不是纯粹的现代性（像西方现代文学那样），而是中国化和本土化后的现代性。② 这种"三江并流"的混杂特色，正好体现出马华新生代诗歌的复杂认同及其传统再造。

---

① 美国学者周策纵 1988 年 8 月在新加坡歌德学院与新加坡作家协会联合主办的"第二届华文文学大同世界国际会议"发表总结词提出此观点，之后广为引用。
② 许文荣：《混合的肉身在文学史中的游走——论马华文学混血及其他》，《中国比较文学》2009 年第 3 期。

第四章

文艺副刊与新生代小说

马来西亚华文报纸副刊作为马华文学实践的重要园地，无疑是培育新生代小说作家、宣扬与实践小说创作新理念、促进马华文学更新换代的巨大推手。结合媒介文化特质，联系马来西亚华文报纸的办报理念与副刊实践，本章将具体分析90年代马来西亚华文报纸副刊对马华新生代小说的影响。

第一节 栖身于副刊的新生代小说

一 媒介文化与新生代读者群

在全球化、市场化、信息化的浪潮下，电视、报刊、网络等大众传播媒介已成为具有支配性的文化导向力量，媒介文化侵入到大众生活的方方面面，对政治、经济、文化等社会各个领域产生了深刻的影响，从这个角度说，当代社会可被称为媒介社会。

> 在前媒介时代，特别是在口语媒介与书写媒介阶段，媒介是以工具理性的文化身份在一个确定的文学空间与时间中存在的。在这个阶段，媒介对于文学是以工具的形式出现的，但要使它发挥作用还必须使文学本身存在与媒介相适应的因素，因此，文学媒介实质上是作为外部力量对文学产生着作用。……在媒介时代，传媒从启蒙走向操纵、从依附走向掌控、从受控走向施控。①

---

① 张邦卫：《媒介诗学——传媒视野下的文学与文学理论》，社会科学文献出版社2006年版，第174—176页。

媒介时代的文化，或者可以称之为媒介文化，迎合世俗化趣味，追求感官化、游戏化、享乐化，呈现出对精英文化的颠覆性色彩。媒介文化既是施控性的"权力文化"，也是消费性的商业文化；不但影响着作者、读者、批评者，还深刻地改变了文学的生产、传播和消费，并导致了文学的商品化、消费化、娱乐化走向。

20世纪90年代，马华文学在媒介文化的影响下，读者、作者、编辑的"口味"都发生了相应的转变，现代、后现代主义文学思潮在马华文坛弥漫，成为新生代作家重建马华文学传统的有力武器。华文报纸副刊作为文学传播的重要载体，在受到新兴传媒冲击之时，其自身的媒介属性也对马华新生代文学的生产、传播、消费产生了重要的影响。无论是华文报纸还是马华文学，都在媒介文化的催生和刺激之下进行着顺应时代潮流的更新换代，这一变革背后的直接推动力量就是读者群构成的变化以及新一代读者阅读口味和审美取向的转变。

1. 读者群（消费群）构成的变化

在一份《马来西亚高中生马华篇章阅读调查》中，调查者针对华裔密集栖居的雪兰莪州巴生县的13所中学进行了问卷调查，在有关马来西亚高中生阅读马华篇章的管道的调查中，"报章的副刊"这一选项以38%的比重排在所有选项首位。"超过三分之一的学生通过报章的副刊（包括文艺副刊）阅读马华篇章，作为他们的课外消遣读物。副刊成为中学生阅读马华篇章最重要的管道，自是反映我国中文阅读的一种特殊现象。"[①] 在马来西亚，华文报纸文艺副刊与马华文学读者存在着特殊的相互依赖关系：一方面，华文报副刊作为马华文学传播的重要载体，是华文读者阅读马华文学的首要阵地；另一方面，报纸既是面向大众的传播媒介，也是特殊的商品，发行量是决定报刊存亡的关键，稳定的读者群是保持报纸销量的决定性因素。两者密切的关系决定了华文报副刊既要吸引读者的眼球，提高报纸销售量，又要肩负起传扬中华文化的责任，守护文学，培养读者的文学修养和品

[①] 郭莲花：《马来西亚高中生马华篇章阅读调查》，《马来西亚华人研究学刊》2009年第12期。

位。在经济高速发展的时代，在市场竞争和网络新媒体的强大冲击下，当阅读变为一种消费行为，读者变为消费者，读者的阅读兴趣与水平更加成为左右报纸生产与消费的重要力量。报纸版面众多，报纸副刊的发展最需要大众读者的支持，而华文报副刊与读者间的特殊关系，使副刊成为巩固华文报纸地位、带动报纸整体销量的有利因素。从商品的角度来看，报纸的"使用价值不是表面的物质，而是内在的'思想'和'信息'"①，如何利用这些"思想"和"信息"进行策划，以满足消费群体的阅读需求，迎合消费者的品位，便成为90年代马来西亚华文报副刊的重大任务。与此同时，副刊读者群的构成也产生了新的变化。

随着50年代以前移居海外的老一辈华侨以及50年代以后从大陆、香港、台湾等地移居的新移民相继离世，这些移民的第二代、第三代便构成了华文报副刊的主要受众，副刊读者群在年龄层次上呈现出年轻化的趋势。这部分年轻读者与老一辈不同，他们出生成长于马来西亚，对于祖籍国的感情相对淡薄，在阅读兴趣上也与老一辈读者存在着较大的差别。读者群的更新换代以及新一代读者的审美转向，为一直与马华文学读者保持紧密联系的华文报副刊带来了机遇与挑战。为了维持华文报纸的生命力，在变化中求得先机，争取到更多年轻读者的青睐，副刊的革新势在必行。然而，读者群的年轻化趋势并不意味着老一辈读者的消失，副刊在适应新一代读者的审美品位时，也要保留一些传统的栏目，兼顾各个阶段读者的阅读需求。只是在媒介文化的作用力下，新一代读者求新、求变、求异的审美追求更加凸显，为了迎合最主要的受众群体，副刊的改革也必然以明确的转型姿态呈现在读者眼前，以"新"风貌吸引读者眼球。

2. 读者群的审美转向：求新、求变、求异

在媒介文化的侵袭之下，相比起高雅、经典、严肃的文化形态，大众的审美趣味出现了转向，更倾向于大众化、世俗化、消费化、感

---

① 张邦卫：《媒介诗学：传媒视野下的文学与文学理论》，社会科学文献出版社2006年版，第294页。

官化、日常生活审美化的审美追求。当原先高居庙堂之上的高雅艺术变得平民化、通俗化，当日常生活的各类信息轻易地充斥进人们的眼球和大脑，当理性的精神哲思受到感官化的物质刺激，人们不再满足于墨守成规的艺术范式，而是求新、求变、求异，在文学领域也是如此。

  进入90年代，随着华文报纸副刊读者群构成的转变，马华文学的受众也处于更新换代的时期。年轻一代的读者生活在商品经济和市场化浪潮的冲击之下，并受到了西方后现代主义思潮的影响，追求自由、个性，渴望冲破旧传统，对新事物充满了期待，马华文学文以载道的现实主义传统价值观念已无法满足他们的阅读口味。在《马来西亚高中生马华篇章阅读调查》中，"一半以上的学生认为马华作家应该写出具有国际水平的作品（57.8%）及在写作技巧上力求新颖（50.8%）……在写作技巧的形式、风格、修辞、语言方面，要不落俗套，令读者耳目一新。"[1] 尽管调查对象局限在马来西亚高中生，但这一群体在新生代读者中也具有相当的代表性。调查结果反映出年轻一代读者对马华作家的信任和期待，即"写出具有国际水平的作品"和"写作技巧上的力求新颖"，若是将两者相联系，甚至可以说在年轻读者的观念中，写作技巧的创新是能使马华文学更上一层楼，融入其他区域华文文学创作的关键因素。1987年起，"马华篇章"已被教育部大量列为中学华文的教材[2]，这表明华校学生能在课堂上受到较为系统的马华文学教育。对写作技巧的追求正体现了他们在审美诉求上的求新、求变、求异。他们更喜好阅读形式新颖的文本，但求不落俗套、耳目一新。以小说为例，新一代读者更偏好富有时代性和新鲜感的小说语言，追求小说文本形式的变异和创新，比如文本互设、后设等后现代创作手法；偏好热辣题材、特殊情感的作品，如同性恋、婚外情。这些作品，更易于满足新一代读者的猎奇心理和追求刺激的欲望，满足新一代读者追求标新立异的叛逆心理。在市场化的导向

---

[1]　郭莲花：《马来西亚高中生马华篇章阅读调查》，《马来西亚华人研究学刊》2009年第12期。

[2]　同上。

下，消费者的喜好是左右商品生产与消费的重要标准，随着消费群体构成和审美口味的变化，华文报纸，这一同样需要依靠发行量和广告来维持生命力的商品，也必须做出反应与改变。马华新生代的文学创作理念与革新姿态，恰与副刊的变革趋向不谋而合，这为两者的"合作"提供了良好的契机。

二 报纸副刊对新生代小说的推动

《星洲日报·文艺春秋》与《南洋商报·南洋文艺》是《星洲日报》、《南洋商报》中的代表性纯文学副刊，也是马华文学传播的主要阵地，与马华文坛有着密切的联系，两者的读者群也存在着很大的重合。面对读者群的新变化和新诉求，无论是马华文学还是华文报纸，都需要新鲜的血液来维持繁荣。副刊亟须改变旧有品位，传播文学新理念，推广新的作品，而在文学语言和文学形式上都与马华"现实主义"传统截然不同的新生代作品恰是富有新鲜感的资源。与此同时，马华新生代作家也需要借助报刊媒体的力量来传播新的创作理念，重建马华文学传统。时势使然，两者以"合作"的姿态在90年代共同促进了新生代小说创作的繁荣。

然而，媒介时代的媒体被赋予了更多的权利，甚至能使文学朝着媒介所希望的方向前进。以《星洲日报·文艺春秋》与《南洋商报·南洋文艺》为例，它们既要时刻考虑发行量等商业因素，又要承担起艰巨的文化传承责任。张晓卿曾说："经济高增长无以证明生活品质的改善和提高。社会本身缺乏艺术、文学及精致文化的熏陶，长期以往是会腐化人心的。"[①] 推广教育、发扬文化一直是马来西亚华文报纸的重要宗旨和理念，如何在商业利益与文化传承中寻求平衡，在马华文学和副刊的互动中寻找到最恰当的方式以促进双方的共荣，成了华文报副刊编辑的头等任务。编辑的无形的手把守、控制着副刊各个运行环节，90年代刊登在《文艺春秋》和《南洋文艺》上的新生代小说，就经过了副刊编辑的筛选把关。新生代小说在题材和形式上都呈

[①] 张晓卿：《期许与愿望》，出自《花踪文汇1》"献词"，《星洲日报》1992年。

现出与前、中生代截然不同的创作趋向，在华文报副刊的推动之下，马华小说的现代转型与深化便逐渐跃然纸上。

1. 小说题材的深化

报纸副刊的读者来自社会的各个阶层，小说题材的选择必须要兼顾大部分读者的阅读兴趣。在新生代小说中，历史、都市、情感这三大题材占据了相当大的比重。从题材的选择范围来看，与前、中生代小说并没有产生太大的差别，但在读者的期待之下，新生代作家多以一种全新的审视眼光，立足于多元的社会背景，对题材进行了更深入的挖掘，尤其是以一种"旁观者"的姿态，对个体生命投射了更多的关注与反思，这就使得新生代小说不断透露出独特的新意。

对华人历史的书写与重构，是副刊所刊登的新生代小说的重头戏。这自然与马来西亚华文报纸的文化传承意识息息相关。在马来西亚多元的社会背景和马来政府"国家文化"政策对华人文化的压制之下，无论华文报纸还是马华文学，都肩负着挖掘民族特性，建构华人身份和马华文化主体性的责任。新生代作家与前辈作家不同，他们大多是在马来西亚土生土长的华裔，成长于相对开放、自由的社会环境，关于华人历史的记忆往往来自于书籍阅读或是长辈的口耳相传，"较为开阔的视野和文学观念，使他们能够以一种更为现实与复杂的态度去回溯历史"[①]、重构历史。他们更追求超越族群意义的文学写作，通过文本的多样化来建构马华文学的主体性。就历史题材书写的数量和质量而言，黄锦树、黎紫书、李天葆的小说都极具代表性，并且，也成为副刊编辑的心仪对象。如张永修、王祖安编辑的《南洋文艺》和《文艺春秋》，经常刊登他们的优秀作品，并且，希望借此努力把具有本土意蕴和文本深度的马华小说推向大众。1995 年 3 月、11 月，《南洋文艺》刊登了黄锦树的小说《乌暗暝》和《鱼骸》，同时还刊登了一篇对黄锦树的访问以及黄锦树的创作感言《仅与同道共勉之》。为黄锦树的小说理念与创作，提供了更广阔的传播空间。

---

① 彭程：《从黎紫书创作看当代马华新生代文学观念的演进》，《电影评介》2012 年第 2 期。

都市生活书写，也是副刊所载新生代小说的重要题材，并且经常以微型小说形式出现。微型小说篇幅短小，最适合报纸副刊，但也因为篇幅的限制，往往只能选取某个生活场景或截面，来传达饶有意味的哲思与意蕴。微型小说的兴起，"既与新马工商社会的飞速发展，以及身处现代化社会中人们快节奏的生活方式相适应，也是新马华文作家因应时势和小说观念变化的具体体现。"① 新生代作家偏好将都市生活的微小截面或都市中人与人交往的微妙情感，以微型小说的形式展现给读者。如乘出租车、在城市中迷路，或是都市白领的日常苦恼等细微的事件，都成了微型小说的书写内容。以廖宏强、杨善勇为代表微型小说创作，关注都市生活的琐碎、平凡，引发了城市中普罗大众的深切共鸣。

情感是人类永恒的话题，小说指向的往往不是都市现象本身，而是情网中人的哀伤无奈以及人在情感折磨中的异化。新生代小说立足于现代人的情感和恩怨，对发生或隐藏在社会各个角落的情感现象进行了纵深的挖掘。如1995年毅修发表在《南洋文艺》上的小说《恶狗杀人事件》，主人公是婚外情事件中被谴责的第三者，小说却撇开道德的评判，从一个受到男人欺骗的女性角度出发，采用第一人称的手法，表现"我"由爱生恨、近乎变态的异化心理。杨善勇的许多小说，如《偷抢》、《走眼》、《她想离婚》、《骗心》等，也对女性在婚外情事件中遭到背叛后的心灵疮疤进行了挖掘，传递出对男性的批判与浓厚的女性意识。新生代小说，还将眼光聚焦到同性恋和性工作者这些社会边缘群体的隐秘情感之中。尤其是90年代后期，以李国七的《KL的私人日记》为代表，同性恋题材的小说以更合理的姿态登上了副刊版面，在情欲描写上呈现出大胆露骨的趋势，如7字辈作家翁弦尉的小说《沉睡的吉普赛少男》，把男同性恋者对男性身体的迷恋刻画得细致入微。

新生代小说作家推崇革新，报纸的媒介属性却决定了作品刊载既要兼顾读者的阅读喜好，也要与报刊的办报理念相结合。因此，新生

---

① 杨匡汉、饶芃子：《海外华文文学教程》，暨南大学出版社2009年版，第64页。

代小说倾向于在题材上进行深挖、重构、革新，最终借助编辑的手推向市场，以满足新一代读者的审美要求。华文报副刊为新生代小说提供了足够的传播空间，也对小说创作的质量提出了新的要求。《文艺春秋》和《南洋文艺》作为纯文学副刊，一直坚守着文学的园地，坚持严肃高雅的办刊方针；强烈的使命感，也促使副刊在迎合读者阅读兴趣的同时，着力培养与提升读者的文学修养和品位。因此副刊编辑在选择、刊登小说时，将作品的艺术质量作为重要的标准；这也对新生代作家的成长起到了极大的督促作用。

2. 小说观念的多样化

面对时代的发展变化，如何满足新一代读者的阅读期待，如何从马华文学传统的现实主义叙事形态中突围，已经成为 90 年代文学副刊编辑和新生代作家共谋的议题。出自西方后工业社会语境下的后现代主义，作为一种知识上的运动，摒弃传统中所谓"绝对和普遍真理"的观念；在文学批评上，对于西方整体文字论述结构，进行排山倒海的解读，创造了与现实主义截然不同的全新范式。这种趋向多元开放、反固定形式、反精英掌控，解构霸权，具有拆解性和碎片化特征的美学范式，成为马华新生代作家，尤其是旅台作家对抗马华文学"传统现实主义"的有力武器。新生代小说作家，大多以放弃或者反对马华"传统现实主义"的基调步入文坛，也因此凸显自己的先锋姿态。

从现实主义到现代主义、后现代主义，文本的意识形态与中心价值被瓦解，取而代之的是小说文字与形式的解构、重构，直至最后建立幽深的"文本迷宫"。"我本身喜欢比较复杂的形式，太简单的事物觉得没意思。""用复杂形式的好处就是告诉教条主义者：'阅读时小心点，不要以为三言两语就可以把话讲完，事情没你想象的那么简单。'"[①] 接受群体与创作群体，都渴望摒弃小说的"简单"与"没意思"，副刊编辑理所当然地要通过副刊版面的"运营"，将一些"复

[①] 黄锦凤：《异乡的内在流离者——访问黄锦树》，《南洋商报》"南洋文艺"1995 年 3 月 3 日。

杂"与"有意思"的作品推向市场；传达出小说创作的多种可能性，以及其许多"另类"的形式技巧；进一步激发了新生代小说作者多元探索的热情。但是，运用后现代技法创作的小说往往富有多义性，虽凭借着独一无二的文本形态让人过目难忘、耳目一新，但难免晦涩难懂。1995年6月刊登于《文艺春秋》的胡金伦微型小说《小说家》，对后现代创作进行了形象的描述和自嘲："小说家解开作品的皮下层，注射再生产催化剂。空气越来越重，重得坠落地上。他解开思想的暗刀，翻倒精装大字典，逐一捡拾散落满地的文字，拼贴在魔幻现实主义里的后现代幻障。他开始自设迷宫指南，开启读者心中的梦幻古堡。"[①]

除了不断将优秀的新生代小说推上副刊版面，编辑还有意识地将文学专辑、评论、小说创作融合，向读者输送有关后现代的各种信息和创作理念，借此机会来培养读者的审美品位。1994年7月《南洋文艺》刊登了夏绍华的小说《晚安》，这是一篇情节支离破碎，叙事线索相互交错，语言别具一格，意象诡异幽深的小说。同年10月，刊登了刘育龙的评论文章《从晚安到早安——谈谈夏绍华的小说〈晚安〉》，对小说的叙事形态进行了评说。无独有偶，《南洋文艺》于1994年底推出了"马华文学倒数"专辑，在"7字辈专号"和"6字辈专号"中，刊登了愚伊圣的《帝国崩溃日之越界》和杨川的《猜谜游戏》，这两篇小说极具后现代风格，甚至是带有实验性的文本，尤其是《帝国崩溃日之越界》，除了断裂破碎的情节还有着年轻人特有的天马行空的想象。编辑将它们选作7字辈、6字辈专号的代表小说推荐给读者，除了对文学新人的鼓励和扶持外，更重要的是借助文学专辑的契机向读者输送后现代的创作理念，进行文学的启蒙。在潜移默化的推动和影响下，更多的文学新人投入到对小说形式的探索之中，华文报副刊与马华新生代作家的"合作"也朝着共荣的方向前进。

[①] 胡金伦：《小说家》，《星洲日报》"文艺春秋" 1995年6月17日。

三 反思：文学性的流失

新生代小说的现代转型发生在经济高速发展的商品化时代，经济的高速发展不但使日常生活中的各种事物成了可供消费的对象，文学也不可避免地成了可供大众消费的商品。文学的"消费化"将引发文学走上"泛化"的道路，当文学与消费的关系越发紧密，在大众簇拥下呈现出一派喧闹景象的时候，作品中的文学性也逐渐被各种商业利益所消解。文学不再是隶属于精英的精致文本，而以一道"快餐文化"的形式出现在读者面前，文学性的流失成为现代性的弊病。大多数的马华新生代作家在建构马华文学主体性的使命之下还依然坚守着文学创作的严肃性，但任何事物都逃不出时代的宰制，文学性的流失也是马华新生代所不得不反思的重要议题。

新生代小说以华文报纸副刊为实践的园地，吊诡的是，作为传播媒介的报纸副刊既是新生代小说转型的有力推手，又是一个"破坏因子"，它在传播文学的同时又在"消解"文学。尽管副刊编辑和新生代作家共同守护着副刊这一方文学园地，但报纸作为传播媒介把新生代小说推荐给大众之时，也导致了文学的"泛化"，报纸的商业属性也必然会造成文学性的消解。比如《星洲日报》创办的"花踪文学奖"，奖项的宗旨是"鼓励创作、发扬文学和传承薪火"，在奖项效应的催动之下，一大批文学新人走上了文学创作的道路，马华文学收获了更多关注的目光。与此同时，"花踪文学奖"将获奖作家打造成了一颗颗闪亮的"新星"，奖项的商业性也使获奖作家成为被消费的一分子。文学的消费性最容易导致大量的功利性和商业性写作，如何在商业利益的诱惑下保持无功利的文学之心，筛选出真正的好作品，借助媒体的力量以恰当的方式向大众传达正确的文学创作理念，这或许是文学同人在商品化时代值得思考与探索的关键，也是防止文学性流失的一条有效途径。

除了文学消费性导致的文学性消解，后现代创作模式在推动小说形式创新，为小说创作开创了更多的可能性时，难免因为对文本的过度雕琢而导致作品内在意蕴的消散，最终造成文学性的流失。后现代美学范式颠覆了传统艺术的典雅优美,着力营造出平面化、感官化、大众化的美感,后现代小说着力于构造文本的迷宫,进行着对小说文字和形式的实验。"无论如何,我们也必须承认,那些并非出自于后工业社会语境下的后现代主义,比较多的是针对后现代形式与技巧的搬用、模仿或改换,也就是说,形式上的意义大于一切,至于后现代的文化实质与变革思维,肯定没有经历了现代化/工业化的困惑与反思的西方人来得深刻与真实,因此,在这些地区(包括马来西亚)中的后现代主义,也就比较趋向于文字与形式上的技艺与游戏。"[①] 由于缺乏对后现代文化实质与思维的深刻认知,对后现代形式与技巧的搬用和改换所引起的弊端已在新生代小说中有所体现。1996年9月,《文艺春秋》刊登了黎紫书的小说《蛆魇》,黎紫书也凭借该小说获得"第十八届台湾联合报文学奖短篇小说第一名",副刊同时刊载了五位评审对这篇小说的看法,评委们在对小说赞誉之余也流露出对小说在语言、形式上雕琢的不满,尽管这并不影响该小说的优秀性,却从侧面反映了后现代创作技法所导致的阅读缺憾。其实,在后现代小说中,由于形式的过度雕琢而失去文学韵味的文本并不少见,对创作形式的高度要求很容易将创作者导向构建文本形式的迷雾,但小说创作毕竟不是文本实验,小说有其自身本应承担的文学责任,小说的内涵和韵味也是吸引读者、维持小说生命力的关键因素。因此,如何防止对形式的过度经营而导致与内容失去协调性,造成阅读体验上的失衡,这也是新生代作家在进行文学创作时必须面对与思索的重要问题。

华文报副刊对新生代小说在90年代的发展繁荣起到了重要的推动作用,尤其是在副刊编辑的"操办"下,副刊刊登的新生代小说比重不断增大,更多年轻作家以新秀的身份进入大众眼球,各种文学专辑的策划为新生代小说的传播开辟了足够的空间,作品与评论相结合的编辑形式充分带动了读者、作者、媒体间的交流互动。而新生代作

[①] 许文荣、李树枝:《论马华后现代文学的文体转向》,《江西社会科学》2011年第5期。

家也紧跟形势，凭借更高质量的作品，借助副刊这一良好的平台，共同促进马华小说乃至马华文学的发展。文学与时代紧密相连，既受益于时代的给予，也逃不开时代的牵制，面对现代化进程中文学性的流失，无论是马华文学作者、读者还是华文报副刊编辑，都要经过不断的理性反思，才能更好地解决问题，推动马华文学的长久发展。

第二节　文艺副刊与新生代小说的历史书写

20世纪90年代，"两报一刊"是马华新生代小说重要的发表园地，许多新生代重要作家和文本都是被它们"奶大"或"催生"的。"两报"是指《星洲日报》和《南洋商报》，"一刊"是指《蕉风》。《星洲日报》文艺副刊"小说世界"和"文艺春秋"以及《南洋商报》文艺副刊"小说天地"和"南洋文艺"，是马来西亚本地90年代刊载小说的"四大副刊"。① 从作家代际的角度看，新生代作家在这"四大副刊"最为活跃，黄锦树、黎紫书、李天葆、廖宏强、毅修、李国七、柏一、杨善勇、刘育龙等90年代都有大量作品在这些园地发表，新生代及其小说俨然成为90年代"两报"副刊最大的文学创获。

历史固然是已经发生的事实，但"任何历史都只是一种论述"，必须借助言说，"也就是文本化之后才能被理解"。② 华人移民马来西亚早已有之，他们在马来西亚垦殖拓荒、落地生根、繁衍后代的历史，恰也是马来西亚开发发展、走向独立建国的历史，但在马来西亚官方的霸权历史中，华人作为马来西亚三大种族之一，却长期缺席或部分失语。马华新生代作家林金成在《赤溪手记》一文中，有感于马来西亚华人对自己历史的漠视，仰天"四笑"："第一笑，是笑我们并没有一套妥善的方法来保存祖先们遗留下来的古迹，第二笑，是笑我

---

① 关于这"四大副刊"的历史及美学风格，我们在本书第一章第二节中已有阐述，这里就不再赘述。

② 钟怡雯：《历史的反面与裂缝——马共书写的问题研究》，载钟怡雯《马华文学史与浪漫传统》，万卷楼图书股份有限公司2009年版，第5页。

们没有积极地去灌输下一代有关古迹的意义及其共有性,第三笑,是笑我们根本没有一套完整的资料提供下一代去了解当年祖先们的开拓史,最后一笑,当然是笑我们没有几个人真正了解自己的根源。"① 历史需要言说,在马来西亚,华人的历史尤其需要参与马来西亚大历史建构性质的文本叙述。

一 历史何以言说:文艺副刊的视角

言说历史不光是为了记述已经发生的某些事件,新历史主义认为,一切历史都是当代史,这提示我们,言说历史也是为了在一条漫漫的时间长河中找到自己的位置、确立"当代"的价值。"历史不应该只是单一的对史实的记载,亦不是对过去仅就单一事件的记述或叙述"②,它应该是基于某种意识形态的目的性言说。华人在马来西亚独立建国的进程中,发挥了重要的作用,但在马来人的霸权话语里,华人在马来西亚的合法性却屡遭质疑,甚至被归为不可信任的一个族群,很大一部分原因是华人在马来人建构的马来西亚史中被消失。马来西亚华人史需要言说,甚至是必然且紧迫,因为它是确认华人在当地身份合法性的要素之一。

言说历史的方式有很多,例如口述历史、自传、回忆录、影像等等。"历史是话语建构起来的文本,是透过'历史的诗意想象'和'合理的虚构'而成;把历史事实和对历史事实的叙述混为一体,通过赋予历史一种想象的诗性结构,把历史诗学化。历史再现的过程是'诗性过程','史学'变成了'诗学','历史诗学'因此可能。"③ 历史小说或者小说中的历史书写,应该是"历史诗学化"的必然结果之一。我们选取小说作为观察马华新生代再现历史的"诗性过程",是因为小说作为一种仰赖虚构的文类,它提供了作家们再现历史的广阔想象空间,由此也能体悟到"史学"变为"诗学"过程中散发出

---

① 林金诚:《赤溪手记》,《南洋商报》"南洋文艺"1991年7月20日。
② 钟怡雯:《历史的反面与裂缝——马共书写的问题研究》,载钟怡雯《马华文学史与浪漫传统》,万卷楼图书股份有限公司2009年版,第5页。
③ 同上书,第5—6页。

的美学芬芳。

综观20世纪90年代刊登在"两报"副刊上的马华新生代小说,历史书写为其大宗。在内容方面,新生代小说的历史书写主要着眼于以下三个方面:

第一,书写华人先辈在马来西亚垦殖拓荒、落地生根的历史。这是一段最易被遗忘也最迫切需要言说的历史,马华新生代追述马来西亚华人"下南洋"的历史,就是要回应"我是谁"、"我从哪里来"这两大本源性问题。历史的尽头往往也是生命的源头。

第二,书写华人在马来西亚的当代史或现在进行中的历史。马华新生代出生于马来西亚独立建国后,是为伴随新生国家成长的一代。他们的历史与祖父辈的历史已然不同,"乡关何处",在马华新生代那里,中国早已变成想象的原乡,而马来西亚则是他们念兹在兹的地缘故乡。原乡与故乡,依然魂萦梦绕。

第三,书写华人的族裔伤痛。华人在马来西亚属少数族裔,加之其"外来身份",华人在马来西亚独立建国后屡受马来政权排挤,华文教育、"五一三"、马共等话题甚至在很长时期里都是文学书写的禁忌。90年代之后,以往的一些族裔禁忌开始有限度地出现在新生代作家的小说文本中,但既然是禁忌,其书写也呈现某种美学特殊性。历史虽已远去,伤痕却难以抹平。

下文我们将以刊登在90年代"两报"文艺副刊上的新生代历史书写小说为例,从以上三个方面解读新生代小说历史书写的深刻内涵。

二 下南洋:历史的尽头

"南洋"是明、清时期中国人对东南亚一带的称呼,包括马来群岛、菲律宾群岛、印度尼西亚群岛,也包括中南半岛沿海、马来半岛等地。南洋与中国山水相依,中国与南洋的历史关系源远流长,自古以来南洋便是我国东南沿海百姓移居海外的主要目的地。华人下南洋的历史最早可以追溯到两千年前的汉代,据史籍《汉书·地理志》和《梁书》等记载,当时就有使者乘船抵达都元国(今马来西亚),但大规模的下南洋则始于 19 世纪中期。由于地缘关系，近代中国侨民百分之九十以上都分布在该地区。当时进入东南亚的中国移民主要分为两种：自由移民和契约劳工。最初的迁移动机是经济因素，当遗民流逐渐扩大后，社会、家庭及经济的联系，则为外移的流向提供了方便，从而形成了庞大的南洋华侨群体。华人下南洋的历史既是一段艰险的漂泊史，也是一段艰辛的创业史，同时亦是华人在东南亚的落地生根史。泰勒（C. Taylor）认为："为了保持自我感，我们必须拥有我们来自何处，又去往哪里的观念。"① 对于马来西亚华人而言，"下南洋"的历史即是"我们来自何处"的历史，它是华人移民的历史起点，亦是中国文化走出"神州"的关键节点。

美国社会学家爱德华·希尔斯在《论传统》一书中指出，对个人而言，"他的家庭的历史，居住地区的历史，他所在城市的历史，他所属宗教团体的历史，他的各族集团的历史，他的民族历史，他的国家历史，以及已将他同化更大文化的历史，都提供了他对自己过去的了解"②。"过去不仅是我们发言的位置，也是我们赖以说话的不可缺失的凭藉。"③ 建构华人在马来西亚的身份合法性，"下南洋"这一段"过去"无疑是"赖以说话的不可缺失的凭藉"。在马华新生代小说的历史书写中，它们不停地述说着祖父辈在马来西亚的开拓史、落地生根史，推演家世源流的可能路径，并试图从幽深曲折而又断裂的历史中找寻真相。

黎紫书的《炎场》，写一位幼时就随父亲漂洋过海的华人在马来西亚落地生根的历史："他记得阿爹领他南来的时候，他还是一个孩子，站在甲板上看海鸥在低空掠过"，"后来，他在这块陌生的土地建立了自己的家园。没有太浓的乡愁，仿佛挣扎着活下去只是一种本能。他的阿爹常说华人是最能吃苦的民族，多少年天灾人祸都能熬过去了，尔今来到这异乡异地，更不能丢了华人的脸"，"自从在这里扎

---

① [英] 安东尼·吉登斯：《现代性与自我认同》，三联书店 1998 年版，第 60 页。
② [美] E. 希尔斯：《论传统》，上海人民出版社 1996 年版，第 67—68 页。
③ 李有成：《〈唐老亚〉中的记忆政治》，载单德兴、何文敬主编《文化属性与华裔美国文学》，"中研院"欧美研究所 1994 年版，第 121 页。

下家业，死在这片土地上已成了一种家族命运，任谁也逃不掉"。① 这篇小说以追忆的形式，写出了在华人认同中马来西亚由"异乡异地"到家园，最后"死在这片土地上已成了一种家族命运"的转变过程。马来人时常怀疑华人的效忠程度，认为他们是不可被信任的族群，终有一日会"逃离"这个国家，但黎紫书的这篇小说，却间接而又形象地抨击了这种论调，马来西亚已经成为当地华人"任谁也逃不掉"的"命运"。

身份认同通常情况下也被细化为乡土认同，对于华人来讲，乡土认同是决定身份认同的关键要素之一，马华新生代小说的历史书写，很多就着眼于华人与乡土（土地）的关系，通过各种细微的考察，来彰显马来西亚华人身份认同的转变。毅修在《新愁》中塑造了一位与泥土有着密切关系的父亲形象："老爸是个老唐山，一辈子都紧紧地贴着泥土，不入胶林就赤着脚到处乱走。"② 这位"一辈子紧紧地贴着泥土"的"老唐山"是马来西亚华人第一代，他的出走"神州"（中国）改变了整个家族的历史，从此与马来西亚这块南洋热土产生依存关系。"老爸""不入胶林就赤着脚到处乱走"，是为了让脚与这块土地贴得更近，表达了华人对马来乡土的执念，从民族寓言的角度看，它象征了华人移民心理的转变，他们不再将马来西亚作为自己的暂居地，而是落地生根之所，之所以要"赤着脚到处乱走"，是为了用一种很质朴的方式来宣示他对脚踩之地的占有与归属。黄锦树的《旧家的火》，同样刻画了一位对土地有着异常感情的父亲："父亲种植的观念十分原始，以为种子埋入土地，会发芽就表示它被土地接受，也接受了这异乡的土地"，"父亲一直不愿意离开这里，这是他退无可退的最后立足之地"。③ 黄锦树的"旧家系列"小说，很重要的一个母题就是人与土地的关系，《旧家的火》反映了华人认同与土地之间的互相接纳。

---

① 黎紫书：《炎场》，《星洲日报》"文艺春秋" 1996 年 11 月 3 日。
② 毅修：《新愁》，《星洲日报》"文艺春秋" 1997 年 8 月 24 日、31 日。
③ 黄锦树：《旧家的火》，载黄锦树《死在南方》，山东文艺出版社 2007 年版，第 150—152 页。

在马来西亚这块土地上，记录着华人祖辈大无畏的拓荒史和父辈流血流汗的创业史，其间还有漂泊的沧桑和落地生根后的本土情结，这片土地承载了华人生生不息的情感依恋。当初华人从中国南来至马来西亚，从行商到侨居，从英国统治和日本占领时的殖民时期，再到国家独立后成为马来西亚公民……这段历史被战乱碾过，也被种族政治撕裂过，充斥着家族至华族的兴衰沉浮，不可否认的是，华人是与马来西亚同呼吸共命运的。正如有的论者所述及的："十九世纪，大批华人被招募南来马来西亚，从事艰苦万状的拓荒工作，经过整百年之久，把一片片原始森林开发出来，处处种下了橡胶、胡椒、甘密、开辟了一座座矿场，一个个市镇，为本邦的经济建设做好了奠基的工作"[1]；"华人在辽阔的马来西亚土地上披荆斩棘，努力奋斗，曾经掀起一阵又一阵波澜壮阔的发展浪潮，促使我国一步又一步地迈向繁荣的境地，这些都是一首又一首可歌可泣的史诗"[2]。

马华新生代小说的历史书写将个体生命体验与家族的历史变迁以及种族命运融为一体，借以表达一种政治和文化的归宿，还有主体的历史关怀。这股叙述热情暗含创造/重构过去以寻求认可的目的。任何一个族群，为了寻求承认，就必须透过历史找到自我，建构自我属性，进而上升到建构族裔的合法性。然而，在新历史主义看来，历史又是断裂的、偶发的、主观的、随机的。历史无法还原，新生代笔下的历史也只是作家主观世界里的真实存在。对于历史的追溯与想象只有回到现实生活的层面上，才得以超越历史。因为历史不再是安放民族心灵的避难所，而是一种了解今天的现实处境及明天出路的有效途径。

当然，新生代作家在挖掘历史记忆的时候，唤回的不是记忆的再现，而是重塑背景。这其中的深意诚如黄锦树所说："背景是必须经由反思性的建构的，不论是对第一代移民者还是他们的后裔（哪怕已

---

[1] 吴德芳：《马来西亚华人史新编·序》，载林水檺、何启良、何国忠、赖观福合编《马来西亚华人史新编》，马来西亚中华大会堂总会1998年版，第XV页。

[2] 林水檺、何启良：《马来西亚华人史新编·导言》，载林水檺、何启良、何国忠、赖观福合编《马来西亚华人史新编》，马来西亚中华大会堂总会1998年版，第XX页。

经太多代以致自觉够资格数典忘祖),经由经验(身体行旅的追体验)、知识(档案或殖民档案)、想象,背景的重构本身即是意义的重建,重建出一个已然消逝的世界的深度;而那多少也是对当代的反应"①;"若无力或无心建构就没有遗产可供继承,只剩下无端受之父母的,易朽的身体发肤"②。黄锦树的忧虑与警觉并不是没有依据,辛金顺在其系列小品《历史窗前》中也表达了类似的焦虑:许多华人"成了史盲,回顾不到过去,开展不了未来,只有孤零零的现在。孤零零的一个漂泊和无根的世界"。③ 面对马来西亚华人历史存在断层甚至被遗忘的焦虑,马华新生代小说的历史书写某种程度上弥补了这一缝隙。历史仍将继续,而书写也不会就此结束。

三 "乡关何处":故乡与原乡

对马华新生代而言,"故乡情结"与"原乡神话"是两个重要的书写命题。"故乡情结","指的是人们对自己出生并成长的那片土地之风物人情的眷恋情怀";"原乡神话"是一种"属于父祖辈的记忆图像",它"关乎地理,关乎亲情,关乎记忆,既见证他们从安土重迁的老中国传统里出走海外而至漂泊南洋的辛酸,也见证着他们难以认同异地文化的迷茫"。④ 早期移民到马来西亚的华人,故乡即原乡,都代指他们出生长大的神州中国或唐山,随着马来西亚独立建国,华人的政治认同转向移居地,特别是20世纪80年代以来,在马来西亚出生长大的第二代、第三代华人崛起之后,故乡与原乡的原本统一内涵开始分裂。对马华新生代而言,故乡情结逐渐虚化为原乡神话,"原乡"指的是民族的、文化的、历史的原乡中国,存在于父祖辈的

---

① 黄锦树:《身世、背景,与斯文——〈华太平家传〉与中国现代性》,《联合报》"联合副刊"2003年3月22日。

② 黄锦树:《亡者的赠礼及其他》,《联合文学》2003年第219期。

③ 辛金顺:《历史窗前》,载钟怡雯等主编《马华当代散文选(1990—1995)》,文史哲出版社1996年版,第76页。

④ 王列耀、赵牧:《从故乡情结到原乡神话——马来西亚华文文学的中国想象》,《广东社会科学》2006年第4期。

故事里，成为乡野奇谭里的中华文化符号，是回不去的过去的空间，只能仰赖想象、召唤或凭吊在代现领域里再现；而"故乡"则落实为马来西亚，它作为新生代出生、成长的地方，承载了大量的童年记忆和成长故事。

以"出逃者"身份存在的祖父辈对原乡中国的记忆到新生代那里早已模糊，对新生代而言，只有马来西亚这片热土上的村与镇、人与景，才构成唯一的故乡，以承载童年和亲情。正如辛金顺所说："童年时走过的花草树木，猫头鹰的夜啼，萤火虫的灯照，一山一水一草一木都那么自然得化成了脉管中一道奔流不息的血液。"① 廖宏强《围墙的高度》② 就是一篇以童年记忆为观照对象的小说。童年虽"令人难堪且不堪回首"，但该小说的节奏欢快而明朗，充满了童真的趣味，其中也体现了作者对于马来西亚浓厚的本土关怀与认同。廖宏强的另外一篇小说《回家的路》③，写一个在中国台湾待了10年的马来西亚华裔留学生"回家"的经历，小说题目具有很强的象征意味，故事主人公要回的"家"，不是"原乡中国"而是马来西亚故乡，这里才是他真正的家，因而，当他被出租车司机误认为台湾人时，他才会义正词严地回应："对不起，司机先生，我是马来西亚人"。

马来西亚乡土不仅承载着祖父辈的落地生根史，也承载着新生代的亲情与童年，马华新生代与这块土地早已血肉相连，比原乡中国要来得更加真实。因而，当新生代因为各种原因，如留学、就业等，离开马来乡土时，地缘故乡却被不断召唤到文学作品中。譬如黄锦树的旧家系列④，旧家虽已不复存在，作者却依然执拗地怀念那曾经的水井："而我终究怀念潮湿的井壁爬满鲜嫩羊齿植物的情状，以及大雨后见着水满时的喜悦"⑤；还有那父亲的烟味："那烟味此后成了记

---

① 辛金顺：《江山有待》，载钟怡雯等主编《马华当代散文选（1990—1995）》，文史哲出版社1996年版，第96页。
② 廖宏强：《围墙的高度》，《南洋商报》"南洋文艺"1998年11月28日。
③ 廖宏强：《回家的路》，《南洋商报》"南洋文艺"1999年4月20日。
④ 主要包括《旧家的火》、《火与土》、《土地公》等作品。
⑤ 黄锦树：《旧家的火》，《死在南方》，山东文艺出版社2007年版，第149页。

忆，一如父亲抽的红烟丝二手烟，都足以让人上瘾，构成乡愁最隐蔽的部分"①。这些略带自传性的小说，用朴实的语言将淡淡的感伤乡愁勾勒出来："我"所怀念的一切细小的事物，串起来就构成"我"对故乡的所有依恋，都是依靠感官来记录的乡愁。譬如属于父亲的烟味，有烟的地方，"我"便能感觉他的存在，所有属于旧家的情绪与记忆在此刻通通被唤醒。旧家有絮絮叨叨的、总是抱怨父亲的母亲，有沉默寡言热爱土地勤于耕种的父亲，有茵茵可喜的一草一木。亲情即是永远的乡愁！故乡才是"我"情感的源头和依归，"我"终于以回望的姿态醒悟：父亲虽已作土，然而父亲即是土地，土地即是父亲，这块养育了家族三代人的土地早已与血缘亲情、家族记忆融为一体。"当乡愁无法抒发，我就往那奔赴，体验那种百年停滞的荒凉"。② 正因如此，马华新生代作家笔下的故乡书写常呈现为个人化、情绪化的特征，例如毅修笔下的胶林，那股浓郁的思乡情感转化为一股朦胧的薄雾笼罩在字里行间："当雾气散尽的时候，胶林呈现温柔的一面，苍翠的叶浪酿就了清新的空气，置身其中身心沁凉如水。一切属于黑暗的都已随地球的自转，旋至另一个世界，胶杯盛起了劳动后的喜悦。"③

原乡中国虽难以承载马华新生代厚重的"乡愁"记忆，他们也乐于标榜与父祖辈宗教信仰般的原乡情感的疏离。然而，他们与原乡中国的关系又是复杂的，中国作为根之所在的原乡，即使不再承担他们的乡愁，但文化上的牵系却依然无法完全摆脱。或许身为华人，原初的依附之存在：肤色、方言、血缘、祖籍、神祇、信仰等，都像烙印一样，成为一种深藏的集体意识，在某个历史情境之下被压抑，在某个特殊情况下又被唤起，它就像黄锦树在散文描述的："深夜，穿著花花绿绿的峇迪，深刻感觉到自己的肤色和别人不一样。自发的炙

---

① 黄锦树：《火与土》，《死在南方》，山东文艺出版社 2007 年版，第 172 页。
② 同上书，第 166 页。
③ 毅修：《新愁》，《星洲日报》"文艺春秋" 1997 年 8 月 24 日、1997 年 8 月 31 日。

痛。"① 因而，我们在马华新生代小说的历史书写中，仍能见到许多原乡书写，只是这种书写往往借助先辈的回忆，自然也就略显缥缈。

廖宏强《最后的旅程》②刻画了一位祖籍广东梅县的老太太，身处马来西亚至死都念念不忘故土中国。这位老太太的晚景可谓极其凄凉：在马来西亚丧夫又丧子，孤身一人托身于疗养院，想回故土中国却不能，只能在义工张的帮助下爬上三宝山远远地遥望故乡的方向。小说中的义工张是一位新生代华人，故土中国早已远去，他不需要承受那么重的历史与文化包袱，在他的世界里原乡中国是缺席的，只有当他回到祖辈的历史故事中，他才能像受到"母亲呼唤回家的牵引"一样，找回华人代代相传而又逐渐模糊的血缘记忆。该小说的成功之处在于，通过新老两代华人的对比，透视出"乡"这一概念内涵的转移。

马华新生代的原乡书写，除了聚焦于先辈的原乡记忆，也着笔于华人文化，探究文化原乡的复杂内涵，确立马华新生代的文化身份。柏一的《那时并不雨纷纷》③，写父亲希望"我"能够记住祖父的坟墓，以后能坚持每年都去祭拜。清明扫墓是华人的一个重要节庆活动，祭祖实际也是"记祖"，让后人明了自己根脉所在。父亲40年来坚持清明扫墓，反映了他对华人文化的坚守，他通过言传身教的方式希望"我"能延续这个传统，恰也是在告诫后人华人文化不可丢。何国忠的小说《伤逝》④，写母亲生前对自己后事的唯一要求便是让家人依华人礼俗安葬。同样，林春美也在其小说《上街伤事》⑤通过给父亲办丧事，描绘了大量华人文化礼节和忌讳。这些都在提示我们，伴随着华人下南洋落地生根的，还包括华人文化的漂洋过海，中国文化并没有因为一个南中国海的阻隔而断裂，反而被一代代延续相传。

---

① 黄锦树：《光和影和一些残像》，载钟怡雯《马华当代散文选》，文史哲出版社1996年版，第217—218页。
② 廖宏强：《最后的旅程》，《南洋商报》"南洋文艺"1999年6月18日。
③ 柏一：《那时并不雨纷纷》，《南洋商报》"南洋文艺"1991年4月13日。
④ 何国忠：《伤逝》，《南洋商报》"南洋文艺"1992年3月5日。
⑤ 林春美：《上街伤事》，《南洋商报》"南洋文艺"1997年8月8日。

对于马华新生代来说,"乡"具有复杂而矛盾的一面:"一方面,作为入籍马来西亚的国民,他们希望马华能作为马来西亚多元族群中的一员,而与马来人平等地分享国家权利,所以抵制马华文学中国想象的泛滥,积极地寻求认同;而另一方面,则因为做'二等公民'的屈辱,又普遍怀有不甘数典忘祖的文化失根焦虑,不愿被马来文化完全同化"①。无论是故乡情结还是原乡神话,"乡"作为一个具有想象共同体性质的地理范畴,与马华新生代的身份认同密切相关,政治认同与文化认同的相互纠葛,造就了马华新生代小说怀"乡"书写的复杂情状。

四 族裔伤痛:马共与种族政治

在马来西亚的官方历史中,马共(马来西亚共产党的简称)因被视为阻碍国家发展的绊脚石而长期消失:"马共其实是大马华人史一道极大的伤痕。马共(这里的指涉包括东西马)的历史是大马华人史中极具关键性的一个段落,纯粹从华人的观点看,它是马来西亚国族国家建构过程中华人唯一一次有可能以武力(或和平)的方式做该地域的主人(虽然马共成员不止华人,但华人居主导殆无可疑),而和中国之间过度紧密的联系(中国意识、民族情感几乎自然地超越了阶级前提)也使得华人和中国之间的一体感经过国民革命以来的想象共同体的长期建构达致了空前的地步,达到了极致。……他们的革命乃成为在地华人的原罪:会造反的、不忠诚的、不认同的、中共的间谍……等等污名的想象乃成为统治阶级对具华人血统者、受华文教育者、捍卫华人中国性者结构性排斥的情感及意识形态根源。职是之故,对政府和华人都一样,马共必然会是禁忌,也必须是禁忌。"② 因为马共必然也必须是一种"禁忌","在华人自我表达的代现领域中,此一巨大的创伤要么长期缺席,要么以零星残缺的形式碎片化的闪

---

① 王列耀、赵牧:《从故乡情结到原乡神话——马来西亚华文文学的中国想象》,《广东社会科学》2006 年第 4 期。

② 黄锦树:《从个人的体验到黑暗之心——张贵兴的雨林三部曲及大马华人的自我理解》,载张贵兴《我思念的长眠中的南国公主》,麦田出版社 2001 年版,第 255—256 页。

烁,仿佛无法被状写、被表达——被带到意识的层面"①。直到1980年代后期,马共书写才开始浮出马华文学的地表。

马共作为"大马华人史一道极大的伤痕",新生代作家的马共书写多采取一种隔离的姿态,几乎很少让马共以叙述者的身份讲述自身历史,而是借助与马共人物有一定联系的他人之口来进行叙述,采取旁观者的叙事姿态。比如黎紫书的《山瘟》、《夜行》,黄锦树的《鱼骸》、《大卷宗》、《撤退》,晨砚的《1961》等,其中的叙述者虽然都与马共关系密切(父亲、祖上、兄长、同学),但他们都以一种旁观的姿态叙述历史。由此,马共成了与作者或叙述者相对应的一个含混的"他者",既彼此联系又相互疏离。

由于马共在很长时期里是一种禁忌,对于马华新生代作家来说,他们对马共的认知,要么自来官方意识形态形塑的杀人如麻的恐怖分子形象,要么源于民间的各种流言传说,这就形成了一种互相矛盾的模糊化记忆。林春美在《谁方的历史——黎紫书的"希斯德里"》中列举了这样一个细节:"教科书指责马共在政治真空的十四天中攻占警察局与政府行政中心、动用死刑严惩所谓汉奸与其他被认为有罪者、抢夺民脂民膏、杀人放火、征收人头税与产业税等诸种暴行。可是从马共的观点看来,'人民军进驻城镇,主要任务是保障各民族人民的安全,维护社会治安,这是当时维护人民利益的最重要措施。做法是收缴各地警察局枪械和炸药,防止他们浑水摸鱼、继续残害人民。'由于人民抗日军得到各族人民的信任与拥护,'所进驻的城市,治安都很安宁,偷盗案件极少发生'。两方历史,各执一说。"②绝对真相无从寻觅,由各方建构出来的"马共图像"充斥着矛盾和扭曲,以上种种都造成了"马共"的不明确性,相对于无法把握真相的马华新生代作家来说,"马共"无疑是一个被遮蔽的"他者"。

在"马共"形象的塑造上,马华新生代小说中的马共形象是单一

---

① 黄锦树:《从个人的体验到黑暗之心——张贵兴的雨林三部曲及大马华人的自我理解》,载张贵兴《我思念的长眠中的南国公主》,麦田出版社2001年版,第256页。

② 林春美:《谁方的历史——黎紫书的"希斯德里"》,载林春美《性别与本土——在地的马华文学论述》,大将出版社2009年版,第173页。

而残缺的,情欲化、暴力化、魔幻化是三个最主要的特征,无论是非正面的形象截面、非直面的存在,还是非现实的色调,不但无法建构出一个完整清晰的马共图景,反而将读者与文本中马共的距离越拉越远。

黄锦树的《鱼骸》①,主人公"他"沉浸在大哥因加入马共而丧生的死亡事件中无法自拔,一个恐怖的梦魇把"他"引入亦真亦幻的臆想旋涡。梦境的原型是一桩马共人员对反叛分子进行暗杀的真实事件,叙述者运用几乎不带感情色彩的语言还原了整件事的始末,"鲜血淋漓"、"十几枪"、"当场毙命",这一系列细节勾画出的是一幕非人性的残暴画面,画面越真实马共的形象就越可怖。而"反叛分子"、"告密者"的细节追述更是赤裸裸揭露了马共组织内部的不团结,最引人遐想的还是那句"在一般人眼中,死者却是个不折不扣的激进分子",似有若无地暗示了"马共"存在滥杀无辜的可能。不管这个事件描述距离真相到底有多远,但"形象是加入了文化的和情感的、客观的和主观的因素的个人的或集体的表现"②,从文本所选取的细节来看,叙述者对"马共"的态度是恐惧而困惑的。

在黎紫书采用多重叙述结构的小说《州府纪略》中,刘远闻的自述算是"马共"的自说自话,但文本凸显的仍是一个暴力甚至匪气的形象。"然后在山里,我忍不住要了她。拖她进矮青芭,现在想起来似乎很粗暴,在她手腕留几条黑青的瘀痕。当时却以为在履行那拖延很久的责任。她不喊不叫,但咬着唇呜咽的哭,完事后才看见血,我整个傻住了,阳具上有血,处女的血。"③谭燕梅的顺从、柔弱反衬出刘远闻的强势、暴力。为了满足一己私欲,他强行侵占了燕梅的身体。不顾对方感受而自以为是,无论在心理还是生理上,他都成了一个缺少文明教养的暴力载体,让人联想起不讲道理、蛮荒的土匪。刘远闻在《州府纪略》中代表的是"马共",但在他的叙述中,几乎找寻不到马共反抗殖民者的热血决心与战斗激情。"我跟她说过卷进政

---

① 黄锦树:《鱼骸》,《南洋商报》"南洋文艺"1995年11月21日。
② 孟华:《比较文学形象学》,北京大学出版社2001年版,第113页。
③ 黎紫书:《州府纪略》,《出走的乐园》,花城出版社2005年版,第177页。

治就剩烂命一条，随时会死，她不听，还是顽固的跟来，其实连政治是什么也弄不明白。"① 一个革命者，会把自己为之奉献的东西看得无比崇高，会为了自己的信仰而牺牲小我，但马共刘远闻却把自己的命看作"烂命一条"。消解所有的意识形态倾向，面对一条随时会在斗争中死掉的性命，自己却没有任何的决定权，这或许就是刘远闻称之为"烂命"的原因。只是这丧气的腔调，竟存在于马共这样以反殖民为目的的组织人员口中，让人惊异。不管这距离马共的真实形象到底有多远，重要的是，作者赋予了他这样的形象，其意图值得深思。

黄锦树在评述张贵兴的《群象》和《猴杯》时认为："这两部状写雨林华人黑暗之心的小说，并不如其表面所显示的代现了历史，而是藉由高明的文学技术运用并绕过了历史，历史在其中其实是以传说的方式存在的，其确定性在美学中早已获得了确认。于是这两部小说便离史诗远而离传奇与神话近。就本文的修辞策略而言可以这么表述：表面上得黑暗之心其实仍然是个人的体验。前者乃是后者的延伸。"② 这样的分析同样可以用来解释黄锦树及黎紫书等人的马共书写，他们的相关书写由于绕过历史而过多掺杂个人体验，最后"便离史诗远而离传奇与神话近"。

对于马华新生代作家来说，马共历史的真相，他们无从把握也并不执着于此，马共所涉及的那些主义和斗争他们也并不关心，但马共与华人的密切关系把两者紧紧地拴在了一起，马共由于历史和政治上的敏感性给马来西亚华人带来的历史束缚和羁绊正是新生代作家试图挣脱的对象。因此，他们书写马共的目的并不是还原马共历史的真实面貌，而更多的是表达历史真实在新一代身上产生断裂的真相，并在后殖民语境下进行历史的消解或重构，由此建立新的文化身份，在多元社会中寻求文学突围。

在马华新生代小说的历史书写中，"马共"并不是作为被还原的历史对象出现的，而是小说中一块相当重要的历史背景。林春美曾评

---

① 黎紫书：《州府纪略》，《出走的乐园》，花城出版社2005年版，第178页。
② 黄锦树：《从个人的体验到黑暗之心——张贵兴的雨林三部曲及大马华人的自我理解》，选自张贵兴《我思念的长眠中的南国公主》，麦田出版社2001年版，第258页。

价黎紫书的"马共书写"过于靠近官方的历史叙述,有一种历史虚无主义的倾向。但在该书的序中,黄锦树则认为林春美过于纠缠小说的真实性,马共在那些小说里其实不过是舞台和背景,是故事发生的场所,并不涉及多少历史解释。① 细度黎紫书书写马共的文本便会发现,作者其实是想借助马共这个带有隐秘意味又富有张力的历史符号来书写人性,在对人性的挖掘中建构"自我"。黄锦树则是以马共为舞台,在与华族过去现在未来的对话中消解历史,试图超越族裔身份的羁绊,寻求"自我"。

"五一三事件"是马来西亚政经结构的一个重要分水岭,它给华人造成的伤痛至今仍未消弭,由于涉及种族政治,"后五一三"时期的马华作家很少有"胆量"去触及这一话题。但在马华新生代小说的历史书写中,我们还是发现了一些破碎的画面。黄锦树的《开往中国的慢船》,以一个孩童的视角见证了这一历史事件:"背景是大片殷虹的血和成堆的尸体,模糊的烈士铜像;前景是一头牛和牛背上的小孩,小孩恰好把头转过来,夕阳的余晖把他的头照得泛出金光,其上是几只乌鸦或鸽子扑翅翻飞的模模糊糊的影像。间中泼洒过血痕似的斗大的血红标题:513 暴动。"② 毅修的《穿越气候》也曾提到"一九六九年,一个让她心惊胆战的年代","吉隆坡已经被煮沸了,到处都是纷乱滚烫的情绪",虽几笔带过"五一三事件",但种族关系如"风云变化阴晴不定"已经昭然若揭:"气候的事,没有人控制得了"。③

"五一三事件"之后,马来西亚的政治、经济、文化与教育政策大幅向马来族倾斜,华人逐渐沦为大马的边缘弱势族群。而成长于"后五一三时代"的新生代群体,他们在种族歧视和官方政治的压抑中愤懑焦虑地成长,这就造成了一种悬浮、无所依傍的漂泊感、无根

---

① 林春美:《谁方的历史——黎紫书的"希斯德里"》,《性别与本土——在地的马华文学论述》,大将出版社 2009 年版,第 10 页。
② 黄锦树:《开往中国的慢船》,《死在南方》,山东文艺出版社 2007 年版,第 296 页。
③ 毅修:《穿越气候》,《星洲日报》"文艺春秋"1993 年 3 月 30 日、4 月 3 日。

感、危机感和孤绝感的创伤性精神体验。

廖宏强的小说《回家的路》①渲染的就是这样一种无所归依的流离状态。小说主人公是一个成长于马来西亚后在台湾待了整整10年的马华人，在这10年间马来西亚发生了翻天覆地的变化，当他回来后对马来西亚已经相当的陌生。因着母亲的六十大寿被家里人催回来，可是他却连回家的路都找不着。这种离家——返家的模式将漂泊的经历隐隐显露出来，恰似黄锦树小说中的归返模式，其中断裂的记忆、模糊的意识、跳跃的逻辑，最终都是找不着固定终点的回归，反指向永久性的放逐。小说中的"张"其实也象征着马华新生代群体，出生于六七十年代的新生代，大多有留学台湾的经历。他们在马来西亚时是游离于中心之外的弱势族裔，而回到华人构成的社会却依然处于边缘化的位置，先验的离散命运因历史政治环境的变迁使他们无法获得单一的、稳定的身份。于是，我们时常在新生代的小说中发现这样的情景：回家的路是那样的模糊不定，而"我"永远是在路上漂泊的流浪者。"找不着回家的路"隐喻自我身份的不确定；同时也象征着很多新生代作家在马台双乡经验中不断往返的漂浮感，其中掺糅了越界的双重性、离散的流动性质，甚至错位、离心、抑郁的凿痕书写。

作为"后五一三"时代成长起来的马华新生代作家，黄锦树对种族政治偏差给华人带来的伤痛有切身的感受："我们是被时代所阉割的一代。生在国家独立之后，最热闹、激越、富于可能性的时代已成过往，我们只能依着既有的协商的不平等结果'不满意，但不得不接受'地活下去，无二等公民之名，却有二等公民之实"②；"我来台来得勉强，然而如果不走，在马来西亚也许一点机会也没有。华人人口占三分之一，税照缴，可是在本地受高等教育、公费留学等等，百分之八十以上的名额都保留给了马来人。高中快结束时，前途茫茫，更常陷入不知何去何从的苦闷之感。如果不走，或走不成，也许这辈子

---

① 廖宏强：《回家的路》，《南洋商报》"南洋文艺"1999年4月20日。
② 黄锦树：《非写不可的理由》，《乌暗暝》，九歌出版社1997年版，第11页。

了不起当个某行业的'头手'"①。黄锦树的《乌暗暝》正是经历了这样一种族裔伤痛之后写出来的经典文本。小说通过描写一名游子归乡途中的飘忽思绪和恐惧心理，将大马华人的边缘险境与历史阴霾在断裂的叙述中交互呈现出来。小说中的家位于茂密的胶林之中："一直到搬出来的三十多年间，没有自来水，也没电……政府不是没有为乡区提供水电，水管和电线直奔马来 Kampung（村庄）而去，吾家就因为'不顺路'而被排除在外。"②幽森、黑暗的自然环境与入侵的野生动物虽然让主人公心生胆怯，但真正让他害怕的还是来自异族的潜在威胁："最近印度尼西亚非法移民打劫华人的新闻经常见于报端，抢劫、杀戮、强奸……已令乡间的住户日日活在紧张之中。报载，非法移民都是三五成群作案的，清一色男性，握着巴冷刀，即使是家门紧锁，也会被强行撬开。"③作者用文字编织的巨大夜幕却掩盖不住充斥其中的暴力与血腥，浓郁的悲凉与恐惧，以及无法逃出的黑暗与看不见希望的未来："走过几户邻家之后，他心里突然有一股莫名的不安，狗的吠叫和灯火的紧张，无端的制造了恐怖气氛——仿佛什么糟糕的事情即将发生，或者已经发生。"④

历史需要言说，尤其是面对强势族群的主流话语霸权时，否则极易陷入失语的状态。马华新生代作家以小说的形式，参与华人的历史建构，无论是对先辈历史的重述，还是对当下自我历史的记录，其意义都可概括为建构：华人身份合法性的再次确认。历史虽已远去，但仍存活于马华新生代小说的历史书写中。

第三节　副刊语境中的新生代主体性建构：
　　　　以黎紫书、黄锦树为对象

作为一个从哲学领域被借用到文学领域的概念，"主体性"强调

---

① 黄锦树：《非写不可的理由》，《乌暗暝》，九歌出版社1997年版，第7—8页。
② 黄锦树：《乌暗暝》，《南洋商报》"南洋文艺"1995年3月7日。
③ 同上。
④ 同上。

了人在文学实践中的地位和价值。我们援用这一概念，旨在申论马华新生代作家在发展过程中的自我确认和价值形塑，即逐步确定自我的范畴、属性、特色、生存方式、文化观念、文学立场、行动纲领、现实作用等一系列内容的自主行为，包含文学内外的一系列文化谋略和权力运作。马华新生代作家20世纪80年代中期经由大专校园、报纸副刊等提供的各种文学舞台开始步入文坛，90年代完成作家代际的主体性建构，这是一个复杂而充满纷争的过程，表现在散文、诗歌、小说和批评等各种文类中。以马华新生代小说为例，我们选择两位极具代表性的新生代作家黎紫书和黄锦树为阐释对象，从一个角度来观察90年代马华新生代主体性建构的不同风貌。

一 参与的主体性：副刊的意义

建构主体性是20世纪90年代马华新生代作家的普遍诉求，这也使得马华文学在这一时期从创作实践到理论探讨都产生了结构性的革新。总体而言，马华新生代的主体性建构主要通过四个方面展开：继续推动马华文学本土性的开拓与创新，力图使之成为真正能够确立马华文学独立身份与个性的概念；重新整理马华文学版图，在当代马华文学多重"离散"、多元发展的前提下，积极建构差异性、反思性及开放性等更符合当代马华文学实际情况的、具有主题意味的文学个性；在总结以往创作经验的基础上，推动以艺术性、审美性为核心的创作理念和写作范式革新，使马华文学创作产生经典作品，逐渐建立自身的文学传统，向主体性文学迈进；在无法获取"国家文学"地位的现实条件下，积极推动当代马华文学与本土视野的融合，进一步拓宽马华文学的精神空间，谋求当代马华文学多元化发展的有效途径。

"本土性"及与之相关的另外一个重要概念（范畴）"中国性"是马华文学史上的两个结构性命题，之所以会成为"结构性命题"，源于"马"与"华"这两大文学基因，几乎每一个重要的历史时期马华作家都要以不同的方式去回应它们，马华新生代在90年代建构其主体性的进程中自然也难以回避。经过不同时期马华作家的不断实践，马华文学的本土性由经验性本土逐渐拓展为反思性本土和开放性本土，在台马华作家李永平及张贵兴等人的实践即体现了本土性内涵的不断多元化。"中国性"恐怕是所有区域的华文文学都必须直面的一个共同命运，马华新生代在前人累积的丰厚理论成果基础上，于90年代对"中国性"进行了一次彻底清算，黄锦树的《马华文学：内在中国、语言与文学史》、《马华文学与中国性》等专著、林建国的《为什么马华文学？》等文，以及发生于此间的两次文学论争：1995年对"马华文学与中国性"的讨论和1997—1998年马华文学断奶论争，都直指马华文学与中国文学/文化的血缘关系。90年代，马华新生代作家通过文学实践和理论探讨，辩证了本土性与中国性这两大结构性命题的深刻内涵，为马华新生代完成其主体性建构廓清了迷雾。

马华文学是中国移民下南洋的产物之一，宽泛而言，它也具备离散的属性。马华新生代文学基于"离散"的文学生态寻找到马华文学一个新的立足点：当今社会，由多元性、差异性构建起来的文化属性，可能比一个本质主义的文化身份更具有优势，它一方面有助于解释和描述马华文学内部的混杂性，另一方面还可为解决目前制约马华文学发展的各项问题提供更为超越的视野，这正体现出马华新生代文学对马华文学主体性建构的意义和贡献。马华新生代很多都有留学的经历，尤其是在台马华新生代，他们的创作重现了各自在异国他乡的流寓感受，为马华新生代建构其主体性提供了更为开阔的视野。

由于特殊的政治文化背景，马来西亚"国家文学"被马来民族主义政治所绑架，马华文学被界定为少数族裔文学而遭到"国家文学"的排斥，造成马华文学与"国家文学"的长期对立，而自20世纪70年代以来，能否被"国家文学"所承认吸纳也扩大为马来西亚华人的族群焦虑。进入90年代，黄锦树、林建国、庄华兴等马华新生代都从不同侧面讨论过这一话题，但到目前为止，它仍然是马华新生代建构其主体性需要梳理清楚的关系之一。

马华新生代的主体性建构是马华文坛作家代际更替的必然要求，其间有文学自身发展的客观规律在主导，但也不乏相关外在要素在参与推动，例如华文报纸副刊。将马华新生代主体性建构置于马华报纸副刊的语境中考察，我们发现，90年代正处于变革期的马华报纸副刊也在这一过程中发挥了它的作用，甚至形塑了马华新生代的反叛性表征。

马华新生代的主体性焦虑通过系列文学论争得以疏导，而新生代的反叛性也在这些观念之争中淋漓尽显。以发生于1997—1998年的马华文学断奶论争为例，这场论争由台湾作家柏杨在马华文学国际学术研讨会上的演讲《走出移民文学》所引发，后经《星洲日报》"自由论谈"、"尊重民意"、"星云"、《南洋商报》"南洋文艺"等副刊推动，成为90年代后期马华文坛一场波及范围广泛的文学论争，林建国、黄锦树、安焕然、胡金伦等马华新生代都卷入其中。这场由副刊积极推动的文学论争，旨在辨正长期以来笼罩在马华文学研究界的"中国支流"论，其理论与心理背景实际上与黄锦树等人的"去中国性"论述相同，是对马华文学独立性及自身主体地位焦虑的外在反映，可以解读为一种主观目的强烈的文学活动，具有打破文化本质论，追求马华文学差异性、独特性的意涵，开启了90年代马华新生代文学主体建构的理论通道，促使马华新生代文学研究走上了寻求独立、主体性的道路。

90年代的马华报纸副刊参与了马华新生代的主体性建构，正如有论者所观察到的，马华新生代在90年代建构主体性进程中表现出来的反叛姿态，不仅没有被报纸副刊所隔离，反而借助传媒的力量被放大："为了让'反叛'有所成效，黄锦树他们选择了'适当'的情绪化来引起文坛的回响跟反思。这种'适当'的情绪化显然没有被报刊杂志所拒绝，他们的文章从来没有因为'道德'问题被撤稿，反而因为他们的激烈言词让报纸副刊一下子'火'了起来。而且一些没有太多意义的谩骂式言论虽然被大多数学者所不屑，但是报刊却'宽容'地给予了一定的版面发表，并且使之成为一种不可忽视的声音。"[①] 虽然马华新生代主体性建构仰赖文学自身发展的固有逻辑而推进，但90

---

① 黄羡羡：《90年代马华文学论争的一种回顾与反思》，硕士学位论文，暨南大学，2007年，第18—19页。

年代马华报纸副刊及其编辑开放多元地文学立场和视野，使马华新生代在已经相对稳固的马华文坛结构中迅速占位，获取相应的文学权力资本，在较短的时间内完成了其成年礼，并将马华新生代文学进一步推向新世纪，其意义不容小觑。

二 "告别的年代"："母土"中的黎紫书

"告别的年代"是黎紫书第一部长篇小说的名称，它具有很强的象征性和寓言性。对于本土的马华新生代来说，他们没有一个"出走"的经历，自然也就缺乏类似旅台作家那样的一个重新观照马来西亚的相对隔离的位置。他们只能在一种马华语境中寻找自我的位置，面对祖先留下来的那段"幽暗的历史"，像黎紫书这样的本土新生代更多选择的是"告别"，通过这种具有象征性的决裂仪式，来完成新生代的"成年礼"，进而建构其主体性。黎紫书提供了一种代表本土新生代建构自身主体性的范式（模式）。

黎紫书1971年出生于马来西亚怡保，没有留台经历也缺乏大专教育背景的她，却多次获得《星洲日报》主办的"花踪文学奖"及台湾"联合报文学奖"、"中国时报文学奖"等重要文学奖，在马华文坛备受关注，成为本土马华新生代的代表作家。黎紫书屡屡被当作马华新生代的"另类"和"传奇"，源于她的"土生土长"与"自学成才"。"本土派"是外界赋予她的一个重要标签，在形塑马华新生代主体性的进程中，黎紫书却解构了她的本土身份，"告别"沉重的历史负担，觅得一方更加开放多元的自处之地。

黎紫书出生、成长的年代（20世纪70—80年代），正是马来西亚"五一三事件"爆发、国家文化大会召开、政经文教等全面进入马来人主导的"后五一三"时代，她本人并没有亲历太多马来西亚华人所经历的重大政治事件，"在她成长的经验里，六〇年代或更早华人所遭遇的种种都已经逐渐化为不堪回首的往事，或无从提起的禁忌。但这一段父辈奋斗、漂流和挫败的'史前史'却要成为黎紫书和她同代作家的负担。他们并不曾在现场目击父辈的遭遇，时过境迁以后，他们试图想象、拼凑那个风云变色的时代：殖民政权的瓦解、左翼的斗争、国家霸权的压抑、丛林中的反抗、庶民生活的悲欢……在此之外的，更是华裔子民挥之不去的离散情结"①。面对华人先辈厚重的历史遗产，土生土长的黎紫书并没有沉溺于前辈作家为族群立言的焦虑中，她抛开了华族的包袱，消解了身份属性所带来的本土意识，在告别历史的同时，建构了一种更加开放的本土视野。在黎紫书发表于90年代马华报纸副刊上的系列短篇小说及"花踪"获奖小说中，虽没有刻意回避马华本土背景，但她的处理方式，却有别于马华传统的现实主义作家甚至同时代的新生代作家，没有宏大的历史场面和强烈的政治野心，在"轻描淡写"中往往指向人性的阴暗与复杂。当大历史转向小生活，黎紫书的小说在叙事上也走向"私人化"，在文学表现上，即是集体化叙事被个体经验取代，马华社会独特的历史境遇，被具有普遍性的个体感受取代。黎紫书对大历史的嘲弄和本土身份的消解，充分体现在她以马共为题材的系列小说中。

黎紫书的《夜行》、《山瘟》、《州府纪略》、《国北边陲》、《七日食遗》等小说都或多或少涉及马共，但他们轰轰烈烈的革命历史在小说中却无端地隐匿或消失，昔日满怀民族大义的革命者在黎紫书笔下却成为充满暴力与匪气的"他者"。《山瘟》中走出马共的"我祖上"刚入洪兴门下，便被党里人找到并逼问温义的下落，这些曾经的同党之人为了达到目的对"我祖上"实施暴力与威逼，甚至连女人都不放过，其手段犹如当时的黑社会（私会党）。《夜行》中因心爱的女人爱上他人而心生嫉恨的"戴毡帽的男人"，神秘外表下是孱弱的躯壳与敏感的内心，他回忆中是种种血腥、阴暗的画面。凡马共出现的地方，就围绕着暴力、匪气或内讧，这个存在于黎紫书等新生代作家历史记忆中的反殖民组织也因此被披上了一件负面的外衣。若是将"马共"看作一个符号，那么其身为武装组织的特性一般与枪支、战争等相关，在黎紫书的小说中，"马共"符号的意象也与丛林、尸骨、黑夜、腐肉、血等紧密相连。这些让人联想起幽暗、隐秘、诡异，渲染

---

① 王德威：《异化的国族，错位的寓言》，载黎紫书《野菩萨》，新星出版社2013年版，第2页。

了魔幻色彩的事物让马共蒙上了一层诡异迷离的非现实色调。《山瘟》中的传奇人物温义自始至终没有直面过读者,我们仅仅能够通过"我祖上"的记忆片段来拼凑一个关于其形象的轮廓。甚至在专门记录真实影相的"相片"中,作者也把他设置为一个"失焦的模糊人影",如鬼魅般"动影晃荡"。温义本就是一个如"山妖"般的神秘人物,这失焦的身影更凸显了他在小说中影子般的存在。投射在他身上的"光"被作者有意遮盖掉了,留给读者的是模糊的影像。"山神"的称号本就含神话色彩,在现实与虚幻之间,温义仿佛不是一个人,而是被人化的猛兽。"偶尔他在灯下读马克思,黛青色脸上灯火黄黄燎过,眼神既虔诚又脆弱。可作战时他总枯鳄似的潜藏在密林暗处,只露一双眼绿光磷磷,似乎打一个饱嗝也透着血腥,或腐物的气息。"①作者利用夸张、离奇的表现手法诠释温义"读马克思"、"作战"等现实主义情节,在扑朔离奇的形象渲染下,温义人鬼难分,幻觉和现实相混于一体。最离奇魔幻的一幕聚焦在温义的"手指"上。"我祖上"把温义那根"枯萎干瘪、颤巍巍"②的手指奉为神物,山里的兄弟们把温义死后的尸体当作护身符,果真"邪魔回避、妖兽难侵"③。温义的断指中,内含着人对强大力量的原始崇拜,以及具有宗教迷信气息的封建式传统。这奇异诡秘的魔幻仪式与富有神秘气息的"马共"混合在一起,无从寻觅的历史真相被具有民族和本土性的意象所重构:一方面,现实的细节于魔幻中虚化;另一方面,在魔幻中揭示历史断裂的真实。

黎紫书在《天国之门》的自序《另一种异端邪说》一文中自述:"在这个讲究学术与理论,只能以长串专门词汇显示实力与真理的年代里,贫乏如我,只能从内在不断挖掘自己,把血淋淋的心肝脾肺都掏了出来祭祀文学。"④黎紫书并不刻意回避大马华人的拓荒垦殖历史和族群记忆,包括她的马华身份,但她却轻易地躲开了民族大义所背

---

① 黎紫书:《山瘟》,《出走的乐园》,花城出版社2005年版,第98页。
② 同上书,第101页。
③ 同上书,第109页。
④ 黎紫书:《另一种异端邪说》,《天国之门》,麦田出版社1999年版,第12页。

负的历史重负,"一直把自己视为从群体中迸裂出来的个体,独立而不改,周行而不殆"①,在历史的帷幕中铺演她的人性故事。回到"本土性"这一话题,在建构新生代主体性的进程中,黎紫书的马华本土叙事因"个体化"而凸显意义:黎紫书的本土视野初步呈现了突破本土与非本土的对立及国家、民族的拘囿,以较为开放的立场,描述马华历史情境的多元性与混杂性,展现人性的多面与复杂,跳出单一的华族思维,反映具有普遍意义的、人类共同的思想、情感和命运。这种开放性的本土概念,混杂性与多元性并重、普遍性倾向明显的马华新生代文学本土形象有助于解决长久以来困扰马华文学本土性定位的种种问题,是一种极具现实意义的写作模式。

与黄锦树、陈大为、钟怡雯等在台马华新生代作家相比,"黎紫书,分明是个异数"②,她中学毕业即进入社会参加工作,没有接受过系统的大学文学及写作训练,也缺乏光鲜的"留中国大陆"或"留中国台湾"等留学经历,她在创作上的成功很自然就会被看作"异数",甚至被目为创作"天才"。"异数"黎紫书在建构马华新生代主体性的进程中的确推衍了另一种成年途径:"告别"。身居马华"母土"中的黎紫书,面对先辈在文化、文学上积蓄的厚重历史遗产,她选择"告别",走出"马华",在泥泞的征途中确立自我的价值。

面对"为什么写作"这样一个话题,黎紫书坦言她并非如她的前辈作家一样,将华文写作视为悲壮的"民族文化事业":"我以为我能一直写下来,是因为写作于我,如同阅读一般,其实是一种享乐。能写,是'能读'以外的另一种更大的福祉。尽管我总是在写许多沉重的小说,然而写作本身实非沉重的事。相反的,它让我的精神和灵魂有了自在之处,也有了自处的时空";"文学只是文学,它可以是一种志趣,也可以是一种信仰,但不必然是负在背上沉重的十字架"③。由此可见,黎紫书的写作追求一种更为单纯的目的性,摆脱了沉重的族

---

① 黎紫书:《另一种异端邪说》,《天国之门》,麦田出版社1999年版,第12页。
② 傅承得:《异数黎紫书》,载黎紫书《天国之门》,麦田出版社1999年版,第7页。
③ 黎紫书:《我在我们之间》,http://zishuli.blog.hexun.com/68519081 - d.html,2012年1月2日访问。

群功利性，注重创作本身的独立精神和立场。

走出"马华"使黎紫书意识到，她可以不写热带雨林、不写猴子、不写马共，南洋色彩虽在黎紫书创作中有所体现，却并非她的唯一标签，90年代发表于马华报纸副刊及系列得奖小说，已经走出了雨林的狭小视域。黎紫书虽置身马华"母土"，却超越了"马华作家"这一身份带给她的种种束缚："'马华'和'作家'是双重桎梏，连写文章选择语言用辞都被它们弄得锒锒铛铛，像镣铐。我意识到，也明白有好些读者（特别是论者）期望我在世华舞台上演好马华作家这角色，努力写一些代表马华的作品来。只是我清楚认知我的写作没有那样的目的，我不要背这包袱，也终于不怕喊出来——我不要！……有一天我或许两头不到岸，去不了世界，也回不了马华，但这并不重要，不值得介怀。"① 和马华文学前辈相比，黎紫书不再纠缠于"马华作家"的历史责任，如果将视域扩展到 21 世纪，黎紫书的走出"马华"会有更清晰的轮廓。放到马华新生代这样一个群体中来观察，许多新生代作家也有一种后现代色彩的解构情结：解构作品的历史深度、解构书写的历史意义、解构现有的文化秩序，但黎紫书的解构有所不同。她的走出"马华"，不仅仅源于现实政治和文化环境的压力，还包括文学本身。从黎紫书为数不多描述自己写作状况的文字中，可以看出她的思考点一直围绕着"作家应该怎样写作"，而不是"马华作家应该怎么反映马华社会"。她似乎已经意识到：如何对抗外界压力去寻找出路，如何走出封闭圈与马来、与世界对话。放弃了马华现实主义文学所倡导的"写实主义"路线，黎紫书找到了更适合她的"现代"空间，不为各种名目的"主义"所累，黎紫书的"告别"实践成功回答了一个长久困扰马华写作人的问题：原来马华文学还有别的出路！

三 "由岛至岛"：弑"父"的黄锦树

黄锦树1967年出生于马来西亚柔佛州居銮市，1986年赴台就读

---

① 黎紫书：《答问录——我只能成为这样的人》，http://zishuli.blog.hexun.com/64441436-d.html，2012年1月2日访问。

台湾大学中文系，分别在台湾淡江大学中文所、台湾"清华大学"中文系取得硕士和博士学位，现为台湾暨南国际大学中文系教授。"由岛至岛"是黄锦树一部小说集的名称，它很好地体现了黄锦树由马来西亚到中国台湾的人生路径，这种离开恰恰也给黄锦树重新思考马来西亚华人提供了契机。黄锦树的小说存在明显的弑父或无父模式，也有人讲是"失踪—寻找"的模式①。"父"代表的是一种强势法则，放到马华文学中来理解，"父"可视为长久钳制马华文学发展的结构性理念，包括现实主义、中国性、本土性等。黄锦树小说通过对旧有马华传统的拆解，重新找到了马华新生代在马华文学史上的相对位置，也建构了他们在马华文学、马来西亚华人史中的主体性。黄锦树代表了离开马来西亚的（旅台）新生代建构自身主体性的范式。

20世纪60年代以降，在台湾当局侨教政策的带动下，一批批在当地完成华文中学教育的马来西亚华人赴台留学，度过他们一生中宝贵的大学和研究所生涯。在台深造期间，这些马来西亚"侨生"组织社团，创办刊物，投入创作，角逐文学奖，出版文学作品，并积极开展马华文学批评，形塑了一个与马华本土文学传统相对的"离境"文学传统，台湾也俨然成为"马华文学境外营运中心"②。马华新生代作家大多都有一段或长或短的留台经历，他们中的一些人甚至居留台湾，成为在台马华新生代，黄锦树、陈大为、钟怡雯等就是代表人物。相对于黎紫书等本土马华新生代，黄锦树等从一个岛到另一个岛，台湾给他们重新观照马华文学一个相对隔离的位置，正如钟怡雯所讲："因为离开，才得以看清自身的位置，在另一个岛，凝视我的半岛，凝视家人在我生命的位置。疏离对创作者是好的，疏离是创作的必要条件，从前在马来西亚视为理所当然的，那语言和人种混杂的世界，此刻都打上层叠的暗影，产生象征的意义。"③

黄锦树在《原乡及其重影》一文中提及，后殖民环境下的自我认

---

① 刘小新：《黄锦树的意义与局限》，《华文文学与文化政治》，江苏大学出版社2011年版。

② 张锦忠：《编辑前言：烈火莫息》，《中外文学》2000年第4期。

③ 钟怡雯：《北纬五度》，《钟怡雯精选集》，九歌出版社2011年版，第230页。

知是有条件的,或多或少都要仰赖"远离","以获得一种看清背景的位置与目光"①。换言之,只有将叙述主体由在地者置换为外来者,才能借助这一主体位置的相对隔离实现观照视域的扩张与延伸,从而达到深入揭示本质的目的。黄锦树"由岛及岛",其离乡的经验强化了他对于南洋故乡的断裂感受,张扬了一种无法归返生命原点的无奈。在《乌暗瞑》中,"多年来浪荡于异国,谋食于现代化国家的速度之中,故乡无需交代理由的粗暴停滞让他坐立难安","在生活的边缘,有时简直就把家忘了","只有在睡梦中才会再度回到那多风多雨的胶林"②。故乡成为异乡,外出的游子归乡之时,始终游走于胶林的浓雾之中,熟悉而又陌生:"这里真安静","不敢骑太快,不是因为夜的关系;路像久别的故友,彼此在时间中都已变了很多,不再无话不谈"③,最后叙述者也只能像他的父祖辈一样,"离开不情愿离开的,去不愿意去的",因为这块土地已经成为"被遗弃的家园"④。《撤退》、《大水》、《非法移民》、《说故事者》、《乌暗瞑》、《落雨的小镇》、《旧家的火》等黄锦树创作于90年代的"旧家系列小说",塑造了一个共同的南洋乡土场景:胶林。在这些小说中,偏远幽暗的胶林作为华人生存境遇的外在隐喻始终笼罩着恐怖的气氛。"枉我身为拿督公……我身份暧昧,出处尴尬。属于这块土地,不属于这个国家。无奈无奈!"⑤《非法移民》中拿督公的这番感叹道出了南洋华人对于自己身份无所归依的无尽悲凉,这也是黄锦树由台湾反观马来西亚,在这个"语言与人种混杂的世界"觅得的"象征"意义。

黄锦树从马来西亚到中国台湾,广义而言,他也可归为离散的一类。这种离散情境导致黄锦树在身份上可能既内又外:同时兼具马来西亚和中国台湾双重身份,但也可能都不属于,同时不被两者认可,

---

① 黄锦树:《原乡及其重影》,《文与魂与体:论现代中国性》,麦田出版社2006年版,第319页。
② 黄锦树:《乌暗瞑》,《死在南方》,山东文艺出版社2007年版,第134页。
③ 黄锦树:《旧家的火》,《死在南方》,山东文艺出版社2007年版,第143页。
④ 同上书,第161页。
⑤ 黄锦树:《非法移民》,《死在南方》,山东文艺出版社2007年版,第129页。

成为无籍的"流浪者"。他在与台湾作家骆以军的对谈中即倾诉了这种身份的无奈:"我们夫妻都是外籍,依台湾的'国籍法',两个孩子也只能是外籍。为人父母者,不免会有许多操心。譬如孩子在这里土生土长,……要他们如何去适应和认同他们的国籍?……本土论者也快速的展开他们的排外论述,本省/外省的切分,对我而言,不过是重演了大马种族政治土著/非土著的切分。后者是前者的未来,……对我而言,这是晚到的移民的悲哀,而且同样的问题一再的发生。"[①]在中国台湾不被认可,并不代表在马来西亚就会被承认,90年代的文学事实提示我们,黄锦树早已被马华文坛的"本土派"视为身份可疑的"叛逃者"。但是,在建构马华新生代文学主体性的进程中,黄锦树等旅台作家的离散经验,使他们能够借助其他区域的文学资源发现传统马华文学存在的结构性问题,在多种文化与文学传统的理性互看之间,找到自我与他者的差异,摆脱以往的封闭立场,重新辨正传统马华文学在发展过程中出现的偏失。从文学创作的角度来看,"由岛至岛"使黄锦树的作品更具开放性和反思性。

出版于2002年的《由岛至岛·刻背 Dari Pulau Ke Pulau》(以下简称《由岛至岛》),收入了黄锦树创作于90年代的大部分重要作品,是一部潜心运作的"离散之书"。从形式到内容,这部小说集都充满实验性,反映了黄锦树对大马华人及马华文学离散身份的反思。叛逆的黄锦树90年代初即宣布马华文学的"原乡"已死,面对"父亲"缺失的境遇,年轻的小说家只能借助他的离散书写,去抵抗强大"马来族群意识"及"大中国意识"统摄下马华文学的失语症候,辨正大马华人模糊不清的文化身份和历史位置。《阿拉的旨意》中,作为革命失败者的"我"被迫与当权者签下"卖身契",改名"文西·鸭都拉",放弃华人传统、信仰、语言、习俗,断绝与亲族的联系,在荒岛上被强制马来化,娶马来人为妻,生下17个混血后代。表面上看,"我"正朝着当局设计的同化目标靠近,但"我"却始终被视为不被信赖的人遭受着政治上的监视和精神上的排斥,即使文化被换血,

---

[①] 黄锦树:《与骆以军的对谈》,《土与火》,麦田出版社2005年版,第317页。

"我"的身份原罪仍然决定"我"只能是被阿拉遗弃的他者。另一篇小说《开往中国的慢船》，似乎是在讲述一个寻找的故事、一个回归中国文化原乡的传奇，但本质上它却是一个被遗弃和回不去的故事。"开往中国的慢船"十年起航一次，所有未超过13岁的孩子均可搭乘归返中国，符合条件的华人移民后代铁牛决意寻找这艘传说中的宝船，但这终究是离散在外的华人代代相传的一个"中国梦"，无论怎样努力，他们都无法摆脱被遗弃的宿命，铁牛也在寻找失败之后被马来家庭收养，"割了包皮归依了清真"，变成"鸭都拉"。《天国的后门》及《猴屁股、火及危险事物》两篇均为政治狂想小说，一篇以大马国内马哈蒂尔与政敌安华的政治倾轧为背景，一篇以李光耀驱逐"马共"政敌及争取意识形态领域主导权的政治斗争为背景，揭露了大马政治沉重的历史背负和现实存在的荒谬。两个故事都有很明显的中国背景，意在揭示大马华人身处的政治环境及其对华人施加的结构性影响。"黄锦树是大声呼吁走出'华极'思维的新生代，但他在这个马来化趋于极端的孤岛'寓言'中清醒感受到的仍是华人异教徒般'他者'化的命定。黄锦树'天生反骨'，正是他的忧患意识所致。"①

黄锦树在小说集《乌暗暝》的序言《非写不可的理由》一文中论及："余生也晚，赶不上那个年代，只有以一种历史人类学家的研究热诚，搜寻考古，捕风捉影，定影成像，凿石为碑。这一条路还会继续走下去，和任何文学风潮无关，只因非写不可——在重写马华文学史之前，必须（在某种形式上）'重写'马华文学。"② 他在小说集《死在南方》的"跋"中也重申："我们必须跨过当年南来文人的尸体往前走，批判地继承他们的遗产，故事必须接着讲而不是照着讲，必须远远地超越他们的限制。"③ "坏孩子"黄锦树90年代接连在马华文坛"放火烧芭"，挑起"马华文学定位"、"马华文学经典缺席"、"马华现实主义的实践困境"等论争，倡导重写马华文学史运动，提

---

① 黄万华：《黄锦树的小说叙事：青春原欲，文化招魂，政治狂想》，载黄锦树《死在南方》，山东文艺出版社2007年版，第8页。

② 黄锦树：《非写不可的理由》，《乌暗暝》，九歌出版社1997年版，第11页。

③ 黄锦树：《跋：死在南方》，《死在南方》，山东文艺出版社2007年版，第376页。

出"克服方北方"的口号,主张"超越方修",在大众传媒的渲染下,着实将黄锦树推至风口浪尖,成为不少马华文人的"眼中钉肉中刺"。从新生代主体性建构的角度来观察这些文学论争,我们会发现,刚崛起于文坛的马华新生代,面对前辈作家"制定的文学规则和秩序",已较难适应,他们必须通过对旧有的文学权力的批判中确立自身的历史地位,正如黄锦树所言:"对过去的对象的意识形态的批判正是为了开展我辈当下的历史性,而把属于历史的还回给历史。"① 如此,我们才能正确地看待黄锦树针对方北方近乎失德的批判:"所以我在会场上强调这是一场'文学史遭遇'(借林建国的话),一次文学史事件,可以被问题化为'克服方北方'。克服并非清算,并非刺杀;而是公开的决裂——两代人之间的正式决裂。不是因为私人恩怨(开个玩笑:如争吃雪糕),而是文学观点,及对文学生产所有的立场上的无法妥协。"②

黄锦树是一位学院派作家,他有效地实现了其小说创作与马华文学批评的跨界融合,学院化的操弄,亦使两者形成互看、互释的关系。他的"马华文学史"系列小说,包括《死在南方》、《零余者的背影》、《补遗》、《M 的失踪》、《大河的水声》、《胶林深处》等,均可看作黄锦树对马华文学史的几个关键问题,如文学史的起源、经典缺席、现实主义的困境等的美学化处理。"书写若非美学的救赎,就是美学的暴力,甚至同时包含了两者"③,在《M 的失踪》、《大河的水声》、《胶林深处》中展现的即是他对现实主义美学的"救赎"与"暴力"。《M 的失踪》源于黄锦树"马华文学经典缺席"的焦虑,通过对一个代号"M"的马华现实主义作家戏谑式的书写,发泄了他对所谓的马华现实主义经典的不满,"这篇小说里有原本属于文化评论

---

① 黄锦树:《马华现实主义的实践困境——从方北方的文论及马来亚三部曲论马华文学的独特性》,张永修等主编:《辣味马华文学——90 年代马华文学争论性课题文选》,雪兰莪中华大会堂、马来西亚留台校友会联合总会 2002 年版,第 226 页。

② 黄锦树:《痛苦的道义——给方北方先生的公开信》,《南洋商报》"南洋文艺" 1998 年 1 月 7 日。

③ 黄锦树:《跋:死在南方》,《死在南方》,山东文艺出版社 2007 年版,第 376 页。

者的批判性质,也有针对国家文学议题的攻击与颠覆,当然少不了戏弄、嘲讽的对象"①。另一篇小说《胶林深处》同样是"小说创作与文化评论的跨界融合之示范性写作","任何熟悉马华文坛状况的读者或作家,读了《胶林深处》都会有很深的感触,因为黄锦树残酷揭露/批判的正是马华文学的伤口"②,其中的很多描写都可以和《马华现实主义的实践困境——从方北方的文论及马来亚三部曲论马华文学的独特性》一文对照阅读。

黎紫书与黄锦树,被批评界分别视为本土马华新生代与旅台马华新生代的代表,他们的小说创作各有千秋,体现了90年代马华文学世代更替与范式转换的成绩。从新生代主体性建构的角度看,黎紫书在马来西亚土生土长,她的小说创作却摆脱了传统马华文学思维理念的束缚,以一种开放的视野重新整合马华文学现有资源,在国族叙事等方面开掘出了全新的美学价值;黄锦树高中毕业即赴台湾留学,后旅居台湾,马、台两地的文化、文学资源使其在观照马华文学时,更具批判和反省意识,他的小说创作立足马来西亚乡土,却深受"台湾"场域影响,第三世界寓言式的书写,让人在黄锦树身上多少看出了一些后殖民的色彩,他的意义在于出走之后的回归。

---

① 陈大为:《最年轻的麒麟——马华文学在台湾(1963—2012)》,台湾文学馆2012年版,第220页。

② 同上书,第220、222页。

第五章

报纸副刊与新生代散文

马华新生代散文作家在 80 年代末期"校园文学"阶段已经初露头角,"跨入九十年代,许多前行及中生代散文作家相继减产,淡出马华文坛散文的版图,反之 6、7 字辈的新人在各项文学奖中加速崛起。"① 90 年代前后五届的《星洲日报》"花踪"文学奖散文推荐奖得主都是 6 字辈作家——禤素莱、寒黎、林幸谦、钟怡雯、陈大为。作家的代际更替是文学史的常态,但 90 年代新生代作家耀眼的群体亮相,散文整体性的崛起,作为一道特殊的文学景观,却与《星洲日报》、《南洋商报》等报纸文艺副刊密切相关。

第一节 副刊"换帅"与新生代散文

一 本土化:副刊与新生代的共鸣

新生代散文作品大多发表在报纸副刊上,如《星洲日报》的"星云"和《南洋商报》的"商余",然而更主要的发表园地是文艺副刊,如《星洲日报》的"文艺春秋"和《南洋商报》的"南洋文艺"。1990—1999 年,"文艺春秋"散文的刊载总量为 1000 篇左右,新生代作家的散文有 200 多篇。"南洋文艺"同样是新生代散文的重要发表园地,以 1997—1999 年为例,散文的刊载量为 360 篇,新生代作家的散文为 71 篇;二者比例皆为 20% 左右。这样一组数据说明,新生代散文作家在"两报"文艺副刊上发表散文的数量之多,也显示

---

① 钟怡雯:《序》,载《马华当代散文选(1990—1995)》,文史哲出版社 1996 年版,第 8 页。

了新生代散文发表的"场域"相对集中。

在一定程度上,新生代散文作家的崛起,可视作 90 年代报纸副刊的本土化的产物。对于马来西亚乃至全球来说,90 年代都意味某种"大逆转":就世界局势看,意识形态的两级对峙已经基本瓦解,资本主义全球化不断提速,海湾战争催生了民族战争、区域发展不平衡、全球环境污染等系列新问题;马来西亚境内,让当局棘手的"马共"一页终于掀过,"茅草行动"的风波也逐渐平息,谋求在区域发展中的优势地位成为重要目标。由此,在进入 90 年代的第二年,即 1991 年 2 月首相马哈蒂尔提出"2020 年宏愿"①,打造以种族和睦相处和国民奉献效忠的"马来西亚民族",被列入"宏愿"。20 世纪的最后 10 年,随着经济全球化的到来,"频繁的沟通和经济活动会促使许多原来分散孤立的族群开始结合在一起,孕育同属于一个民族国家的意识"(道以奇)②。当局者的口号从"建立马来人的马来西亚"转向建立"马来西亚大民族",表明统治者上层看到了一个族群和谐的马来西亚才能更好地在世界经济舞台上自由舞蹈,由此"社会动员和变迁会打破古老的心理屏障,化解原先的社会隔阂,功能性的(functional)系带将替代原始的联合"。③ 与此相应的是马来西亚政府在文化和经济政策上做出的有利华社的调整,如"大专法令"的修改、语文政策的调整以及以经济为导向的发展策略等,为华社发展赢得一个相对宽松的环境。

"如果说八十年代是华社凄风苦雨的标志,九十年代就是华社迎向朝阳的好时期。"④ 报章的言论作为一种祈愿未免有些太过乐观和理想化,但 20 世纪华社在时代和社会大气候的变化下,族群心态得到调节、重新燃起对未来发展的希望却为大众所感知。潘碧华在《八十

---

① 1991 年 2 月 28 日,马来西亚首相马哈蒂尔发表了"2020 年宏愿"的重要工作报告,提出 9 项挑战,等待国民团结一致去克服,从而朝向工业国的大目标。

② 江炳伦:《族群——国家冲突及解决之道》,《亚洲研究》2003 年总第 38 期。

③ 李惠群:《何国忠:充分发挥忧患意识 大马华人不断发展》,《星洲日报》2003 年 7 月 15 日"国内"版。

④ 德扬:《迈向 2020 年——华青如何面对新时代》,《星洲日报》"言路",1994 年 2 月 20 日。

年代校园散文所呈现的忧患意识》中指出:"步入九十年代,大马当权政府对中国和华人社会的政策有了改变,华人文化在这大气候下,有了比较宽阔的发展空间。政府察觉,经济效益明显的比种族对抗更容易获取人民欢心。"① 另外,进入20世纪90年代,海湾战争加剧了全球性的环境恶化和生态危机,在某种程度上引导新生代超越族群利益转向人类共同的利益:"九十年代的世界,转而重视比民族、国家更为宏观的课题,和平和环保更令人类关心。这种转变也在马来西亚出现,传媒给予大篇幅的报导,作为'时代的眼睛'大专生,也不能避免地思考地球存亡和人类幸福的宏观课题。"② 较之前辈,特别是作为"孤独抗卫"70年代的中坚力量的5字辈,6、7字辈的新生代具备了更开阔的视野,他们或者以一种世界性的眼光来审视马华族群,把族群放置于全球坐标下——如纳入全球"离散"族群体系来审视华族的人类位置;或者以相对客观的眼光和平等的心态来审视周匝的异族的生存方式、价值理想,反省华族的族群姿态和文化偏见,由是,80年代华社"悲情"化的族群"孤愤"一转为90年代理性的文化省思。

进入90年代,华社亡族灭种式的强烈"外患"意识已经大大淡化。"外患"松动的时候,"内忧"则在社会上扩散。对"在南洋"这一处境的正视成为华族"内忧"的族群化表征。由于"茅草行动"的阴影并未从华社相对乐观的"90年代的天空"悉数散去,有意识地自我调整以谋取和拓展族群生存空间,成为某种"识时务"的共识,在新生代散文的"在地"史溯源书写中被反复皴染。与之相关的另一方面是新生代的"地理虔诚"的形成,即作为第三、四代马来西亚华人,对出生地的感情和认同。丹尼尔·德德尼曾把"认同"区分为三种形式:种族的民族认同;基于特殊政治共同体或者制度的成员资格的认同;基于联系特殊地点或地区的经历和感觉的认同,如约

---

① 潘碧华:《八十年代校园散文所呈现的忧患意识》,载戴小华主编《扎根本土面向世界——第一届马华文学国际学术研讨会论文集》,马来西亚华文作家协会、马来西亚大学中文系毕业生协会1998年版,第247页。

② 同上。

翰·柯特兰（John Kirtland）的地理虔诚（geopiety）和段逸夫的地理偏好（topphilia）所指的一种情绪①，也即埃德蒙·伯克所强调的"对自然地方的向心感情"：

> 人类所拥有的、仅次于父母对孩子的爱、仅次于这个最强烈的本能，就是对自己国土的热爱，它既是天生的，也是道德的：实际上，这种本能甚至可以沿用到残忍的动物身上。所有的生物都热爱自己的后代，然后就是它们的家园：它们喜爱出生的场所，喜爱居住的地方，喜爱喂养它们的畜栏，喜爱放牧的草原，还有它们漫步的野外。我们都知道生养自己的土地比优雅的诗篇甜美。我说，这种本能使所有的生物都离不开它们的故里，永远都充满对它的回忆。（Burke，1901）②

几乎所有的新生代散文作家如钟怡雯、辛金顺、禤素莱、寒黎、陈大为、林春美、胡金伦、黄锦树、林惠洲、许裕全等都在散文里深情抒发过对出生地的眷恋。书写"地理虔诚"成为新生代散文的一个重要主题，即源自这样一种"对自然地方的向心感情"。这种"向心感情"，很大程度上，契合了报纸副刊的本土化诉求。

取得复刊资格的《星洲日报》以社长张晓卿的"复刊词"，一方面通过重申"一贯办报方针"和申明"继续站稳立场"的方式，向华社表达了自身绝不在威权下妥协的决心和坚定立场；然而，吸取"茅草行动"中被吊销出版资格的"经验"，对"一贯办报方针"的解释条款亦暗含了让政府当局"放心"的意图："考虑到多元民族社会的特征，为顾全大局，时刻自我克制和约束"；"在沟通官民合作方面，扮演上情下达，下情上达的角色"；"为广大读者提供互通讯息，表达心声的权利"；"启迪民智、推广教育、发扬文化"；"在党派政

---

① 参见［德］丹尼尔·德德尼《土地上的认同：民族主义中的自然、地方和距离》，［美］约瑟夫·拉彼德、［德］弗里德里希·克拉托赫维尔主编：《文化和认同：国际关系回归理论》，金烨译，浙江人民出版社2003年版，第182页。

② 同上书，第183页。

治，明辨是非，不卑不亢，严守中立"；"促进文化交流，以达致国民相互谅解及和睦相处的目标"。这些对"一贯办报方针"的细化解释①，质而言之，也暗含了正视和承认华族"在南洋"这一不可逆转的历史事实，以客观理性的态度重审华族的生存处境，并对之做出有效的反应，以传达当局所希冀的社会"正能量"。复刊的"宣言"虽然带着威权下的妥协色彩，然而，也应该看到出于权宜的妥协暗合了即将到来的90年代，华社新生代对"本土化"的期待。"本土化"诉求很快得到落实并迅速地显形于报刊的版面设计：1988年6月13日，《星洲日报》实行全国版及地方版彩色化，在中马出版"大都会"、"大霹雳"、"槟榔屿"（后改为大北马）、"大柔佛"、"东海岸"、"花城"、"古城"等七个地方板块，这一大调整从版面设计上切实落实"复刊"时重申的办报方针。带着很浓的文艺色彩的综合性副刊"星云"和文艺副刊"文艺春秋"，自然也体现着《星洲日报》总体性立场和导向。

报纸作为时代的传感器最能反映时代的脉搏，华文报纸的文艺副刊以编辑理念和方针的转变，从微观上落地大时代要求。"两刊"②和"星云"③一个重要的转变是，加强了对"在地"的表现广度和力度，即大力表现马来西亚本土风土人情，从普通百姓的日常生活入手，从日常景观着眼，从微观层面展示马来西亚华人特别是新生一代"落地生根"意识，通过真切的地缘感情的抒发和地理虔诚的表达，强化华社对"在地"的认同。

"本土化"沿着两个方向进行，一是创作主体本土化。"文艺春秋"以较大篇幅刊载"乡青小说奖"、"花踪文学奖"以及新生代境

---

① 张晓卿：《我们开始新的长征——星洲日报复刊有感》，《星洲日报》1988年4月8日第1版。
② 后文出现的"两刊"如果没有特殊说明，均指"文艺春秋"和"南洋文艺"。
③ 《南洋商报》的"商余"副刊尽管每日有不同的专栏，但大部分为特定作家的固定栏目，少数是开放性的如"客座随笔"。只有很少的新生代作家参与其中，如"水云间"、"敲锣记"专栏的潘碧华，其他的非专栏作家还有杨善勇、李国七、廖宏强、林艾霖等，但其作品所占比例极小，且多为小品文类的短篇，所以研究价值相对有限。因此，在谈"专栏"这一新生代生产线时，以"星云"为主。

外获奖作品同时大量投放新生代的作品,以扶植本土新人;"南洋文艺"则推出"精致的鼎"、"散文新姿"、"马大中文系新人展"、"理大新鲜人展"、"隆中新人展"、"第一届中学生文学奖优胜作品选刊"等专辑,扶植新人同样不遗余力,"星云"中专题系列和专栏小品中也有新生代的密集登场。二是副刊内容"在地"化。"两刊"所刊的新生代作品内容,多为本土时空中的日常生活、风土人情和情感体验。"星云"的"六日情"专栏连载了大量"在地"书写系列:如羔羊"野菜情"、"胶林曲",赖把懒的"啤啤岛去来",顺子"浪迹海角"、"畅游犀鸟乡"系列,沙川的"岛屿纪行"等。"主打篇"的专题系列则有提高马来西亚地方的"能见度"的"大马风情话"和"南北大道"系列。

二 "换帅"与新生代的登场

90年代新生代的崛起让散文成为马华文学史上鲜活而富有生机的一脉,华文报刊的文艺副刊则充当着强大的"推手",这其中,"换帅"——新生代出任"两刊"和"星云"主编又起着主导性的作用。

"星云"作为老牌副刊,自1952年创刊以来数易主编。张永修执掌"帅印"时期,尤其是1990—1994年,是其最风生水起的一段。张永修入主"星云"后,立即将"星云"上的固定专栏"星眼"改为"龙门阵","龙门阵"专栏所刊载的文章,其风格类似"语丝",新生代的杨善勇等经常"亮相"该专栏。"六日情"专栏则是张永修在"星云"上为投稿者新辟的固定专栏,由一人自拟标题并围绕该标题,连写六日。新生代的毅修、郭莲花、禤素莱[①]——特别是李国七和杨善勇成为"六日情"专栏的主将。张永修主编"星云"时期,"六日情"专栏陆续连载了李国七的"'太阳花号'手记"、"澳洲行"、"关于达斯马尼雅"、"岛语"等系列和杨善勇的"醉翁之意在乎山水"、"林连玉经典"、"孙子和孔子之道"、"儒释比较"、"策划

---

① 新生代参与的系列主要有:1990年3月毅修的"赤子心"系列、1990年11月郭莲花的"母语班情意结"系列,1994年3月禤素莱的"华沙之约"系列、1994年5月潘碧华的"客串领队"系列等。

系五年"、"杰出海南人"等系列。"六日连载"的形制尤适合"行走"散文，如旅学欧洲的禤素莱的"华沙之约"系列和李国七的域外航海系列。"六日"模式不仅提高了新生代的"能见度"，而且松散、零碎的游历"片段"经连载成为相对致密的结构，形成兼容审美体验和"地方知识"于一体的"行走"小品。

在"重头篇"版位上惨淡经营，以此作为提升整个"星云"板块的艺术水准的"抓手"，是张永修执掌"星云"时革新着力点。张永修接手后的"星云"，从根本上突破综合性副刊的消遣性并摆脱"道法"台湾而形成的"影响焦虑"。"主打"版位的专题系列分"群撰"和"独撰"两大系列，新生代涉足的"群撰"系列有：1990年的"大马风情话"、"幽默好料"（后改"幽默甜品"）、"我现在看的书"，其中禤素莱正是凭借发表在"大马风情话"系列中的《吉山河水去无声》获得第一届花踪文学奖散文奖而扬名马华文坛。1991年的"新年的回忆"系列共刊文20篇①，新生代占4篇②；"放眼天下"

---

① 《星洲日报》"星云"1991年2月28日刊载的一则编者"感谢"中称："在庚午及辛未年交替之际，星云版推出'新年的回忆'栏目，反应热烈，从二月八日至今十六期，共发表了十九篇这一系列文章，使今年的农历新年增添更浓的节日氛围。我们在这里感谢诸位文友拔笔助阵。"而据笔者查阅《星洲日报．星云》副刊，计16期，20篇文章，其中2月9日刊两期"星云"。分别为：1. 杨善勇《年，回家的年》（02.09）、2. 苏子玲《长路漫漫550公里》（02.09）、3. 乔风《新年又来了》（02.11）、4. 小黑《冷猪肉的温情》（02.12）、5. 艾斯《春风吹醒大地》（02.13）、6. 钟可斯《新桃换旧符》（02.14）、7. 方昂《新年》（02.18）、8. 大印《去看场电影》（02.19）、9. 康影飞《洗厕所的农历年》（02.19）、10. 仅初《异乡除夕的团圆饭》（02.20）、11. 卓如燕《重阳难写思乡情》（02.21）、12. 李忆莙《母亲的年》、13. 唐林《快乐的新年》（02.22）、14. 刘宝军《北国之春》（02.23）、15. 苏耘《穷孩子过新年》（02.23）、16. 碧澄《小时候过年》（02.25）、17. 辛金顺《爆竹声里的年梦》（02.26）、18. 黄尊源《放竹筒炮过年》（02.26）、19. 永乐多斯《边疆民族过年习俗》（02.27）、20. 朵拉《倒垃圾大扫除》（02.28）。

② 在"新年的回忆"系列中，有杨善勇的《年，回家的年》（02.09）、钟可斯的《新桃换旧符》（02.14）、康影飞的《洗厕所的农历年》（02.19）、辛金顺的《爆竹声里的年梦》（02.26）。

系列中的文章有半数出自新生代的康影飞、李国七、禤素莱之手①；"牵手路上"系列有杨善勇、钟可斯、毅修②等。"主打"版位的"独撰"系列，更为新生代提供了"密集亮相"机会：如90年康影飞的域外游记"南斯拉夫之旅"③、"意大利之旅"、"印度之旅"系列；1993年毅修的"动调"系列④和1994年胡兴荣的"思海游踪"系列⑤。"边稿"版位的专题小品中，新生代也是"主将"：1992年的"六好小品"系列六位主撰计发50余篇小品，新生代林春美和潘碧华各占8篇；1993年林金城的"十口足责"⑥系列开创了马华散文的"古迹民俗"书写传统，同年度的"四块玉"系列刊发的28篇散文中郭莲花占7篇⑦，若干篇什成为她的代表作。

"边稿""主文"化，曾是张永修在副刊形制上的创新，作为成功

---

① "放眼天下"系列：1991年康影飞《街边一隅》（匈牙利之旅）（11.14）；1992年则有康影飞《大麻Menu》（荷兰之旅）（02.08）、《爱上一个怀孕的女人》（07.10）、《印度VANARASI之旅》（10.29）、《钞票与支票》（印度之旅）（11.09）、《家门前的轨道》（02.26）；禤素莱的《雾湿未晞》（02.25）、李国七的《河内见闻》（07.04）、《澳洲的另一个面貌》（10.23）、《悠悠我心》（10.15）、《群岛风情》（12.09）。

② "牵手路上"系列有新生代：杨善勇《最好的乡音，最真的你》（1990.03.11）；钟可斯《泪湿春衫袖》（1990.03.12）；毅修《爱心小语》（1992.02.17）等。

③ 1993年的"南斯拉夫之旅"系列包括：《我在公园里跳舞》（02.02）、《守门的故事》（02.12）、《老》（02.12日）、《咖啡文化》（02.21）、《礼物》（02.21日）等。

④ 1993年毅修的"动调"系列：《挑战矿湖》（03.06）、《最亲的吻》（04.10）、《窥视的眼睛》（04.24）等。

⑤ 胡兴荣"思海游踪"系列1994年1—7月，计12篇：《群山的约会》（01.15）、《白沙罗路》（01.29）、《春节之思》（02.16）、《"理性化"再反省——评曾庆豹先生演讲之一》（03.04）、《如果还有明天》（03.18）、《人生乃是一场算计》（04.01）、《科学与人类终极关怀》（04.18）、《人性的存在与接续——关于〈辛德勒的名单〉》（04.29）、《观銮中》（05.14）、《维特根斯坦及内心世界》（06.02）、《冷气巴士》（06.25）、《北京一夜》（07.08）。

⑥ 林金城于1993年8月13日至1994年3月11日在"星云"副刊发表了10篇散文，继而于1996年10月21日至1997年4月7日在"星辰"（90年代后期"星云"副刊分为"星云"和"星辰"）副刊发表9篇散文。

⑦ "四块玉"系列分7期连载，8天载完，计28篇。其中新生代郭莲花有：《泥猴的启示》（03.07）、《沉吟至今》（03.15）、《桨去无声》（03.23）、《失落》（03.29）、《骨气》（04.05）、《船》（04.12）、《护短与改错》（04.19）。

尝试的"南北大道"专题成就了林春美,她的8个短篇缀成"我的槟城情意结",成为马华散文"都市地志书写"的经典。

"星云"对新生代的培植有目共睹:"以公开专栏方式容纳短文的作法,一方面使'星云'得以逐渐减少转载外国作品,另一方面亦迅速刺激本土作者在该版位大量涌显。据编者自己估计,当时'星云'所用本地作品,占刊作品总数百分之七十五。有位老作家指出,确有一些作者是在'星云'频频见报之后,方才名气日盛的。"①

"文艺春秋"与"南洋文艺"以"纯文学"为旗帜,散文是其刊载的三大体裁之一,兼载评论、翻译和文坛资讯等。90年代以来,尤其是新生代的王祖安、张永修分别执掌"文艺春秋"和"南洋文艺"后,"本土化"、介入现实和面向新生代成为某种默认的编辑导向。"换帅"以及随之而来的形制革新,使"两刊"成为新生代散文的两条重要生产线,对马华散文的艺术水准的提升和新生代的崛起起着至关重要的作用:"进入九十年代,专栏小品仍然历久不衰,各种形式的专栏以全版的专属版面出现,而小品的题材也逐渐深化广化,语言的艺术水平逐渐攀升。"②林幸谦、钟怡雯、辛金顺、陈大为等人虽获名于"域外"——在台、港屡屡获奖且重要作品先发于台、港报刊——但"两刊"依然是他们在马来西亚本土塑造自身形象的重要舞台,他们的散文不仅长期雄踞于"两刊"的"主文"版位,而且常常独享"全版的专属版面"。

以"南洋文艺"为例:1994年4月,张永修从"星云"转至《南洋商报》,并把副刊形制革新之风带入"南洋文艺",在"重头篇"版位策划和投放大型专题系列的做法被"挪用"过来。1995年

---

① 林春美:《文艺副刊与马华地志散文之兴起》,《暨南学报》(哲学社会科学版) 2010年第6期。

② 钟怡雯:《序》,载《马华当代散文选(1990—1995)》,文史哲出版社1996年版, 第7页。

策划的散文专辑"精致的鼎——马华作家散文展",① 所展播七位作者中新生代占3席,即辛金顺的《亲爱的动物们》、钟怡雯的《禁忌与秘方》、李天葆的《绮罗金剪记》。该专辑所推出的每一个系列,都附作者相对详细的简介,内容涉及作者的字辈、籍贯、出生地、职业以及代表作、获奖情况、已出版作品集等。占据"精致的鼎"专辑的半壁江山,对于新生代而言,意味着一次群体性、实力性露脸。"面向新生代",是张永修编辑"南洋文艺"的重要编辑理念,具体做法有:其一,策划"马华文学倒数"专辑。该专辑不仅有在马华文学世系上为新生代即6、7字辈"续谱"的意图,而且它采用"倒叙"写史的谱系建构模式,从新生代开始"回溯"马华作家世系,凸显了新生代的文坛存在。传统的"修谱"多采用"顺叙","顺叙"意味着从"始源"出发,按照时间的递进写史,引人关注诸如"始源"的哪些要素在"现状"中得到因袭,而"倒叙"则从"现状"出发,逆行寻找历史参照系,促人思考:较之历史,"现状"发生了何种创新、变异等。其二,不遗余力地策划专辑推介新人:1994年末1995年初,"南洋文艺"推介了三个新人专辑,"隆中新鲜人展"、"马大中文系新人展"和"理大新鲜人展";其"理大新鲜人展"中,就有尚为大学三年级学生的胡金伦②。其三,转播新生代的域外创作实绩:1995年开辟的"海外文坛视听室"专栏,对"域外"从事文学创作的新生代的创作活动和"业绩"进行及时"转播",如1995年2月24日,该专栏刊载《香港市政局文学奖赛林幸谦夺散文冠军》。

"文艺春秋"不仅以全版刊载新生代的作品,还与"花踪文学奖"紧密配合,将获奖作品及时"飨"于读者。1990—1999年的十年间,

---

① 该专辑始于1995年11月10日止于12月15日,共推出6个系列(实为7个系列,其中系列4重复),依次为:系列1辛金顺《亲爱的动物们》(11.10)、系列2潘雨桐《东谷纪事》(11.14)、系列3钟怡雯《禁忌与秘方》(11.17)、系列4梁志庆《柳叶舟上过险滩》(11.28)、系列4凌如浪《做一棵溪边的树》(12.01)、系列5梁放《一滴水》(12.12)、系列6李天葆《绮罗金剪记》(12.15)。

② 胡金伦:《记忆中的留声——像槟城大桥一样长》,《星洲日报》"南洋文艺"1995年2月21日。

《星洲日报》共举办5届花踪文学奖,获奖作品大部分都在"文艺春秋"上刊登,后结集成《花踪文汇1—5》,不少作品已经成为马华文坛的"典律",[①] 包括散文奖得主褐素莱、寒黎、林幸谦、钟怡雯、陈大为的作品。

钟怡雯的散文创作,贯穿于整个90年代:早期致力以《我的神州》为代表的"带有高度叙述性的生命记忆"的回溯[②],后期转向以《热岛屿》、《叶来亚》等[③]为代表的"南洋"书写。其创作动力,固然来自于作家对艺术的执着,但也与境内外评奖机制的刺激和"文艺春秋"的大力扶持——"散文新姿"专题曾推介其早年散文[④]、以"全版的专属版面"将其境外获奖影响及时地传达至马华文坛[⑤]、第一时间发表其新作等——密切相关。钟怡雯是在"两刊"上发表散文最多的作家之一,也是占"全版的专属版面"最多的作家:1990年6篇、1991年1篇、1992年7篇、1993年5篇、1994年7篇、1995年1篇、1996年3篇、1997年3篇、1998年11篇、1999年3篇。寒黎的散文创作,主要在80年代末、90年代前期,"文艺春秋"是他"亮相"的舞台。他以绵密、湿重的语言来勾勒记忆中的人物,带着浓厚的古典意味,创作了如《东京梦华录》、《年年莲花的颜色,依旧》、《旗袍》、《坠魂人·坟》、

---

① 钟怡雯:《序》,载《马华当代散文选(1990—1995)》,文史哲出版社1996年版,第8页。
② 这些发表于《星洲日报》"文艺春秋"的"高度叙述性的生命记忆"文章有:《我的神州》(上、下)(1994.11.19、1994.11.22)、《童年的花园》(1993.01.05)、《我没有喊过她老师》(1994.12.27)等。
③ 它们发表于《星洲日报》"文艺春秋"的具体日期为:《叶亚来》(1996.10.20)、《热岛屿》(1998.10.11)。
④ "文艺春秋"的"散文新姿"专题推出的钟怡雯的早期散文主要有:《晨想》(1992.04.18)、《驰想》(1992.07.05)、《山野的呼唤》(1992.08.11)等。
⑤ "文艺春秋"刊登的钟怡雯的境外获奖的作品主要有:获"台湾第一届海外华文创作奖散文奖第一名"的《门》(1996.02.11)、获"第八届台湾《中央日报》散文奖第二名"的《渐渐死去的房间》(1996.03.24)、获"华航旅行文学奖"优等作品的《莽林·文明的爬行》(1997.06.15)、获"第二届华航旅行文学奖佳作"的《热岛屿》(1998.10.11)、获"第十九届联合报文学奖散文类首奖"的《给时间的战帖》(1997.10.12)、获"第二十届时报文学奖散文类首奖"的《垂钓睡眠》(1997.10.12)等。

《拟月》、《尘世浮想》① 等优秀作品。

"南洋文艺"对钟怡雯的扶植和推介同样不遗余力：在"精致的鼎——马华作家散文展"专题系列中，钟怡雯是被推介的三位新生代作家之一。"南洋文艺"为林幸谦在马华散文文坛上初露头角，提供了机遇和舞台。早在马来西亚大学中文系时，林幸谦就在"文艺春秋"、"南洋文艺"和《南风》（《南洋商报》的文艺副刊）上先后发表了《人类是光明的儿子》、《溯河鱼的传统》、《忧伤在分水岭上》和《火树之幻》，等颇见实力的作品②。这些带着"卜米主义"伤痕的散文，离散主题和"边陲"美学特质已初现端倪。"台"、"港"时期的散文，发于"两刊"的有《残余——弱智者的自我对话模式》、《癫痫——反模拟的书写模式》、《中文系情结》、《男人的忠诚》③，并重发《黄河的隐喻》④。辛金顺虽然频繁"亮相"于"星云"，但真正将其推上散文"名家"席位的还是"南洋文艺"。他的散文集《一笑人间万事》，由"南洋文艺"中所刊的"历史窗前"系列小品汇集而成："不但具备对历史及文化的思考深度、中国古典文学和哲学的素养，更因为作者用心经营修辞并驾构叙述，因而扩大了小品原有的格局"⑤，开辟了马华散文史上的历史书写之风。

---

① 寒黎发表于《星洲日报》"文艺春秋"的散文主要有：《东京梦华录》（1990.03.16）、《年年莲花的颜色，依旧》（1991.06.18）、《旗袍》（1991.10.01）、《坠魂人·坟》（1992.06.27）、《拟月》（1993.10.02）、《尘世浮想》（1994.03.19）。

② 林幸谦发表于《南洋商报》"南洋文艺"的散文主要有：《人类是光明的儿子》（1988.07.25）、《故园与忧郁的深林》（1988.09.26）、《火树之幻》（1988.09.26）、《月在海上》（1989.04.11）；发表于《南洋商报》"南风"的有《溯河鱼的传统》（1988.07.31）、《忧伤在分水岭上》（1988.07.31），其中《忧伤在分水岭上》、《火树之幻》分别于90年代重发于《星洲日报》"文艺春秋"1993年7月27日、1992年9月1日。

③ 林幸谦于《星洲日报》"文艺春秋"发表的这些散文的具体日期为：《残余——弱智者的自我对话模式》（1994.10.04）、《癫痫——反模拟的书写模式》（1994.12.17）、《水仙子的神话——弱智者的内心独白》（1994.12.31）、《中文系情结》（1995.10.29）、《男人的忠诚》（1996.02.25）。

④ 林幸谦：《黄河的隐喻》，《星洲日报》"文艺春秋"1994年12月3日。

⑤ 钟怡雯：《序》，载《马华当代散文选（1990—1995）》，文史哲出版社1996年版，第7页。

陈大为是90年代末期从诗歌跨入散文写作的①,"文艺春秋"和"南洋文艺"成为他跃上散文舞台的重要推手:前者推出他的名篇《茶楼消瘦》、《帝国的余韵》、《流动的身世》、《木部十二画》等②,"南洋文艺"则发表他的名篇《会馆》、《从鬼》等③。以"文艺春秋"为献艺舞台,林惠洲以"三雨"④——《相思若雨》、《鬼雨荒年》、《微光细雨》,许裕全以《梦过飞鱼》、《素描一镇山色》⑤,黎紫书以《是为情书》、《画皮》、《游击·一座城市》⑥,胡金伦以《魂兮归来》、《走路》⑦ 等为7字辈在90年代的马华散文文坛谋得了一席坐地。方路、邝眉等则是90年代后期"密集亮相"于"文艺春秋"的散文作家;林金城、禤素莱、林春美则主要获名"星云"。可见,"两刊"的"换帅"与革新,直接导致了90年代新生代散文作家的集体登场。

第二节 报纸副刊与新生代文化散文

新生代文化散文,是指马华文坛6字辈或7字辈作家,所创作的

---

① 早期曾于"文艺春秋"发表散文《尧典》(1992.12.22)。

② 文章发表于"文艺春秋"日期为:《茶楼消瘦》(1998.05.24)、《帝国的余韵》(1999.01.31)、《流动的身世》(1999.07.11)、《木部十二画》(1999.10.10)、《南京东路》(1998.11.15),此外还有《虚拟的生平》(1997.03.16)、《椰林中央,双溪左岸》(1997.08.17)、《抽象》(1998.06.28)、《我没有到过大雁塔》(1998.08.23)、《在南洋》(1999.05.09)等。

③ 发表于"南洋文艺"的文章日期为:《会馆》(1997.04.04)、《从鬼》(1999.11.09),此外还有《门神桥鬼》(1997.02.12)、《四帖菩萨》(1997.11.07)、《有猫的转角》(1999.01.15)、《狮子座流星雨》(1999.03.26)等。

④ "文艺春秋"发表的"三雨"为:《微光细雨》(1994.08.16)、《鬼雨荒年》(1997.03.16)、《相思若雨》(1997.08.31)。

⑤ 许裕全:《素描一镇山色》,《星洲日报》"文艺春秋"1995年4月29日。

⑥ 发表于"文艺春秋"文章的具体日期:《是为情书》(1996.12.15)、《画皮》(1997.12.21)、《游击·一座城市》(1998.09.13)。

⑦ 发表于"文艺春秋"具体日期:《魂兮归来》(1998.04.19)、《走路》(1999.07.04)。

融思辨与情感于一体、蕴含深厚的人文情怀的散文作品；或以历史眼光重审华人文化，书写种族命运与离散经验；或以饱蘸深情的笔触书写"在地"经验，抒发新生代对生长于斯的马来西亚的地理虔诚；或以凝重的笔调进行"始源"想象，或将目光投向古迹、民俗考察其变迁，意图重建华人的"在地"历史。

一　副刊"规划"与新生代文化散文

20世纪90年代，真正在马华文坛引起较大反响的新生代散文，当属一部分注重历史、文化反思的作品，即文化散文。而报纸副刊的有规划的经营，显然对马华新生代文化散文"历史形态"的生成起着重要作用。张光达曾在《〈南洋文艺〉13年回顾》中谈道："基本上来说'南洋文艺'从1990年代初的过度依赖作家的创作发表到后来的注重编辑规划和专题策划，都有令人耳目一新的成绩。"① 这里的"后来"，显然指的是1994年张永修入主"南洋文艺"。"编辑工作本身亦是一种占位行动，编辑透过版面企划、内容设计和约稿退稿等流程建构出一套特殊的文化权力秩序，这套秩序又将倒过来影响文化创作的实质方向。"② 我们不妨依据上述"版面企划、内容设计和约稿退稿"等"流程"，对报纸副刊的经营规划做一番考察。

"星云"的"大马风情话"专题系列，推出之时，短短一周内连发三则编者按，既是邀稿，也是造势③。其中两则编者按，都鼓励"南马、北马、东马及东海岸"的作者自由投稿，并且，对来稿字数

---

①　张光达：《〈南洋文艺〉13年回顾》，《南洋商报》"南洋文艺"2008年7月15日。
②　马家辉：《专栏书写与权力操作》，载潘永强、魏月萍主编《解构媒体权力》，大将出版社2002年版，第109页。
③　6月1日为："星云版新闻栏目，邀约南马、北马、东马及东海岸的作者介绍大马特有的风土人情。从这些文字里，您将发现曾经经历而忽略了的景物人事。希望您也能一同'话'大马风情，字数限五千到两千"；6月5日改为："'星云'版新辟专栏，邀约南马、北马、东海岸、东马作者介绍大马各地风土人情。文字里的马来西亚，会使你发现你曾经经历却被忽略的景物和人事。欢迎您以千五至两千字，共话大马风情"；6月6日再改为："'星云'版新闻开专栏，邀约全国各地作者介绍国内风土人情，文长千五至两千字为宜，共话大马风情。"

提高下限和放宽上限。采取这种"版面企划、内容设计和约稿方式",首先,通过自由投稿,打破名家垄断,为新生代提供相对方便的"准入门槛"。其次,通过凸显"大马特有的风土人情",实验"绘制"马来西亚地图和"文学造山"的"非成型"意念。正如,林春美指出:"大马风情话","在最初推出时,或许即如编者按语所言,旨在凸显'大马特有的风土人情',以让读者'发现曾经经历而忽略了的景物人事',然而,总结与检视这次地方书写的成果,我们可以发现,专辑中刊载的地志散文不仅在一定程度上绘制了马来西亚(mapping Malaysia),也成功让一些地方浮凸出平面的地图"①;而且,将"全国"区分为四个区域,或许潜意识里就有"绘制"马来西亚地图和"文学造山"的"非成型"意念。其三,通过对专栏"版面企划"的调整,对来稿字数提高下限和放宽上限,为散文"架构"的多样化提供了空间——既可拉远拍摄悠长与辽阔的文化"广角",亦可作抵近景物与人事的文化"特写";让新生代的成长记忆、大马地方的风土人情、古城的历史文化探幽、华人南洋拓荒史的回溯,分别以文化"广角"与文化"特写"的方式,进入"大马风情话"专题。

"星云"中的"南北大道"专题系列,对撰稿人居地的"锁定"——八位撰稿人分别来自与新通车的"南北大道"相关的"人文面貌各异"的八个地区,同样体现了副刊编辑的一种"规划经营":使之便于"各持角度"进行"文学造街"。亚罗士打市的何乃健,关注现代化与农业生态的辩证关系;槟城的林春美,书写"都市地志"思考现代化对"在地感"的破坏和更新;新山的高秀,关注风土人情;蔴坡的梁志庆,为现代化的变革鼓与呼;"适耕庄"的庄魂,批判传统文化在商业大潮中的形变;马六甲的静华,怀古思幽;加上"峇株巴辖"的艾斯和"玻璃市"的苏清强,在副刊的"规划经营"下,"文学造街"成为新生代文化散文中的重要一支。

副刊的规划经营,显然对马华新生代文化散文"历史形态"的生

---

① 林春美:《文艺副刊与马华地志散文之兴起》,《暨南学报》(哲学社会科学版)2010年第6期。

成起着极大的推进作用。"六好小品"和"四块玉",这两个专栏在开设伊始,即以"好"和"玉",来指称新生代林春美和郭莲花的散文,这种并非来自接受系统中的"文学民意"的预先"承认",意味着对作者的选材、行文风格等个性特质的肯定,某种程度上可以在阅读者和写作者中形成某种"指南"或风向标。抓住节庆日特别是新年来"大做文章",也是"星云"副刊规划经营的重要举措。如1991年新年,"星云"策划了"新年的回忆"专题,编者称策划的目的在于:"缅怀过去的辛酸甜蜜"。"过去"一词虽指称含糊却十分巧妙,隐含着编者的收稿期待和文化想象:对于老一代华人,"过去"这个泛指式的措辞很容易与整个家族移民史或族群移民史发生联系,从而引起对家族或族群历史进行溯源的冲动,"溯源"显然极可能把华人的"原乡"之思"钩牵"出来;对于新生代,"过去"则容易与一种对根性的孺慕之思联系起来,如在"新年的回忆"中,由庙会(辛金顺《庙会、重拾传说,把节留住》[①])、爆竹(辛金顺《爆竹声里的年梦》[②])、桃符(钟可斯《新桃换旧符》[③])、酒(钟可斯《绿蚁新焙酒,红泥小火炉》[④])等,勾起对新生代对传统中华文化的思慕之情,也构成了新生代文化散文的"民俗书写"主题。1992年新年的"饮者留文"则围绕华人年俗中的传统要素"酒""做文章",意欲邀约本地的"骚客文人","轮流登场饮酒留文"。

但是,新生代文化散文,并非一个先验化的本质主义概念。借用布尔迪厄文化社会学的总体性方法即"关系性"方法来看,它更是在多元文化权力的互动、博弈、角逐过程中生成的。副刊通过"版面企划、内容设计和约稿退稿"等"流程"的"规划",为新生代文化散文的兴起与发展提供了机会;新生代作家则深谙将"艺术风格与观念

---

① 辛金顺:《庙会、重拾传说,把节留住》,《星洲日报》"星云"1991年2月7日。
② 辛金顺:《爆竹声里的年梦》,《星洲日报》"星云"1991年2月26日。
③ 钟可斯:《新桃换旧符》,《星洲日报》"星云"1991年2月14日。
④ 钟可斯:《绿蚁新焙酒,红泥小火炉》,《星洲日报》"星云"1991年2月8日。

的差异""视作争夺知识界承认的策略"①,以"差异化"的写作策略投入其中;如林幸谦经营"边陲"、钟怡雯致力"我的神州"、辛金顺注目"历史窗前"、林春美书写"槟城情意结"、林金城以古迹入散文等。

  林幸谦的《大地无告》,收入马大校园文学合集《读中文系的人》,显示族群离散命运的思考源于教育、文化形制中的种族沙文主义刺激。浅显的隐喻和抒情脉络尽显"少作"的稚嫩,然而经其持续的发力经营,终于捧出《人类是光明的儿子》和《溯河鱼的传统》;以"南洋文艺"和"文艺春秋"为"展厅"在接受者中间张挂"离散书写"的自我标识;并在后续书写中,进一步将"离散主题"演绎成"边陲书写"。当《狂欢与破碎——原乡神话、我及其他》获得第三届星洲日报文学奖推荐奖时,林幸谦已成功地在马华新生代散文中实现了某种"区隔",由对海外华人离散命运的书写,转入对智障、癫痫这类被"放逐"人群命运的书写;由对族群"边缘性"的离散书写,转入对"非正常人"的"边陲性"思考,并由此延伸到思考人类普遍、永恒的"边陲性"和流散性;从而,在美学风格上也实现了自我"区隔",建立起所谓边塞诗般苍凉雄浑的"边陲美学"。林幸谦也不讳言自己的刻意经营,他曾在自己第一部散文集的序言《异客之书》中坦言:"我在这里为读者提供某种阅读场所的同时,也为自己寻求某种类型的书写舞台,在转移中追求某种能和读者共享、'主观模式'的经验、语言和悲欢。"②

  辛金顺的"历史窗前"系列中,《会馆老了》、《历史的盲点》、《历史窗前》、《失落的根须》如同音高节节上扬的四个"声部",对华人的"在地"历史的空白提出"告警";其后,"庙的记忆"系列和"人间行脚"系列,从成长记忆的和地缘感情角度,抒发对"在地"的"地理虔诚";至《江山有待》,则成为一种"书生述

---

  ① [美]戴维·斯沃茨:《文化与权力——布尔迪厄的社会学》,陶东风译,上海译文出版社2006年版,第142页。布尔迪厄又译为布迪厄。

  ② 林幸谦:《异客之书》(自序),《狂欢与破碎——边陲人生与颠覆书写》,三民书局股份有限公司1995年版,第1页。

志"的历史承担。钟怡雯和林春美,都着眼于童年成长记忆。然而,南洋乡村的金宝小镇与新、老殖民主义色彩的槟城之间的"物质性"差异,决定了"在地感"的书写差异:一为"原乡"即"我的神州","我"与土地、南洋胶林之间的感情牵扯;一为"我的槟城情意结",我对"前现代化"时期渗透了自己成长经验的城市旧行业、旧地标的缅怀。

林金城的散文得到评论者的高度认可:"带报道文学的精简笔触,以前瞻、敏锐的视角,写下对本土文化和传统建筑文物的关怀,这是马华散文当中非常独特、很有价值的一个写作方向。"① 林金城散文的这一独特"视角",与他在台湾留学时的"学院外"游历经验,即于台南访古迹名胜,和"专业外"兴趣的培养,即"对历史和摄影产生浓厚兴趣"密切相关。他反思大马本土的历史和文化古迹,这些古迹体现了"南洋性"、"殖民性"和"马华性"的交融,却"没有应对的文化环境和足够的资讯,可供人们去了解古迹之美及加强正确的古迹观"②。因而试图"酝酿一个全新的写作题材",试图"以更人文的角度思考历史、传统、古迹与本土化之间的关系"③。某种意义上,这也是对文学市场稀缺性的一种敏锐发现,避开"重复性建设",实施"差异化"经营,采取题材、风格、意旨层面的"区隔"性写作。

二 副刊与"文学民意"的生产与传播

"文学民意"生产,是指作品在流通过程中得到阅读者"反馈",包括阅读者将关于作家或作品的看法以各种形式借助各种载体"传播"出去;也包括该阅读者的"看法"在"传播"中得到回应——或肯定而附议或质疑而商榷或抗辩而论争。二者指向同一个结果:作品或作家的"影响"在受众中间得到"扩散"。

---

① 钟怡雯:《序》,载《马华当代散文选(1990—1995)》,文史哲出版社1996年版,第9页。
② 林金城:《十口足责》,《星洲日报》"星云"1993年8月13日。
③ 林金城:《典藏街景》,《星洲日报》"星云"1997年3月17日。

张光达曾在《〈南洋文艺〉13 年回顾》中指出:"马华文学在马来西亚的边缘处境,而文艺作品在以商业大众为导向的报纸中又可谓是边缘性格,然而,透过作家在副刊发表作品,副刊编辑执行者规划引导文艺理念,以及文学读者群对这些作品或论述的吸纳和接受流传,却形成一个独特的'副刊文化'。"① 在这样一种"副刊文化"氛围中,新生代散文的形象和文坛影响的生成,与以副刊为依托的"文学民意"生产密不可分,"南洋文艺"则显然是这种"文学民意"生产的"车间"。

"南洋文艺"1994—1995 年间策划的"马华文学倒数"专辑,从新生代的 7 字辈回溯马华文学谱系,刊载各世系作家作品并邀名家简评各世系创作实绩,其中"7 字辈专号"发表庄若的《暂时存档——7 字辈群像》②,"6 字辈专号"发表陈婉容(陈蝶)的《花田竞标青——检阅 6 字辈》③,两篇文章可视作对新生代散文作家群的初次检阅。庄若这篇文章发表时,7 字辈的"主将"林惠洲已凭《微光细雨》获得新加坡"第六届金狮奖散文佳作"(1993 年 3 月),该文后又刊于《星洲日报》"文艺春秋"(1994 年 8 月 16 日);许裕全也有新加坡"第四届狮城扶轮文学奖"散文第三名和以《长夜将尽》获得台湾"第十三届全国学生文学奖"第四名的成绩,只是胡金伦等尚为未扬名。庄若绘制"7 字辈群像"时对林、许二人的散文成绩"视而不见"显然与他的"本土化"立场相关:文章所提及的 7 字辈均为"在马"散文写作者④,尽管他们鲜有广为人知的佳作,于马华文坛的能见度极低。他所给出的"如无意外,散文将是 7 字辈最弱的一环"的悲观判断,对 7 字辈的散文成绩构成了某种遮蔽,也低估了 7 字辈的发展潜能。随着 7 字辈在散文领域的持续发力经营和影响力的

---

① 张光达:《〈南洋文艺〉13 年回顾》,《南洋商报》"南洋文艺"2008 年 7 月 15 日。
② 庄若:《暂时存档——7 字辈群像》,《南洋商报》"南洋文艺"1994 年 11 月 1 日。
③ 陈婉容:《花田竞标青——检阅 6 字辈》,《南洋商报》"南洋文艺"1994 年 11 月 15 日、11 月 18 日、1 月 22 日。
④ 庄若提到的江夏、苏善安、刘汉、林昂、川叶、禁地、木木、徐继慧等,在散文文坛的"知名度"较低,显然不如林惠洲和许裕全。

增强，这一结论最终被钟怡雯、陈大为先后主持编纂的马华文学"典律"所推翻①。

陈蝶的文章可视作6字辈散文作家的第一次小规模的集体"亮相"②，然而，和庄若一样，其"本土化"立场也不同程度地对新生代散文"生态"秩序构成某种遮蔽，从其"配给"给被评者的篇幅对比可见一斑：强调马来西亚本土的"孵化"作用，在陈蝶眼中，"马大中文系"是"本土"的集中代表，因此，在这篇检阅性文章中，她不惜重墨对马大中文系这一"文学温床"以近四分之一的篇幅予以介绍，并给"也是出自马大"的林幸谦配以较大篇幅，而对与林幸谦齐名同样有旅台经验的"在台"的6字辈钟怡雯以"正在留台的钟怡雯初试啼声，已有台湾的散文奖带来鼓励"一笔带过。沙捞越在评论者的眼中更是超越地理、版图意义的"本土"符码，对砂州的三位散文作者和既是"马大毕业的"又是"砂州6字辈"的林武聪配以较大篇幅。

这种"厚薄不均"引起"旅台的"黄锦树的不满与质疑，12月27日的"南洋文艺"刊载黄锦树发自台湾的来函，直指陈蝶文章"对我们这一群'旅台的'，做了相当程度的淡化"，强调纠偏的必要性："'点评'、'检阅'可以看作是微型的文学史，是往后文学史写作的重要参考，当然也反映了本地文坛的某种认知。"显然，黄锦树是极其重视"南洋文艺"策划的"马华文学倒数"专辑对新生代形象建构和"文学民意"生产作用。在来函中，黄锦树呼吁打破马华文学的"地方保护主义"的"古典思路"，主张以更阔大、包容和富有远见的眼光来发展马华文学："我们面对的读者应该是'所有'的

---

① 这里指钟怡雯主编的《马华当代散文选（1990—1995）》和陈大为、钟怡雯主编的《赤道形声——马华文学读本Ⅰ》。前者收入10人作品计49篇，7字辈占两席（林惠洲、许裕全），计8篇；后者"散文卷"中，收入18人作品计60篇（林幸谦的其中三篇仅留存目），7字辈占据5席（林惠洲、黎紫书、胡金伦、许裕全、林俊欣），计13篇。

② 文章几乎将马华文坛上知名的6字辈悉数"网罗"，散文则点评了李国七、康影飞、林春美、辛金顺、庄若、钟可斯、林幸谦、钟怡雯、禤素莱和沙捞越的三位女性作者（渺凡、叶勤、华雁）。

华文读者，我们的竞争者也就是'所有'的华文创作者。马华文学要摆脱往昔卑怜自大的荒芜，就必须严肃地面对来自世界的挑战；然而要在世界文坛中有一席之地，就必须在华语世界中占有一个重要的地位，文学是没有地域保障名额的。"

陈大为曾直言散文评论一直是马华文学评论的"短板"："长期以来，马华文学的评论焦点大多集中在诗与小说，可能是因为散文没有合适的西方文学理论可以援用，所以整体的评论成果相对失色。"拿"两刊"来说，也就是2000年以来，"两刊""偶尔推出特定作家或作品的评论专辑时，才出现几篇三五千字的评析文章"和"透过《马华文学读本Ⅰ：赤道形声》的编辑计划，也催生了三万多字的散文评论，陆续发表在两大副刊上面。"[①]。因而，"副刊"在直接、着意生产新生代散文的"文学民意"层面，显然发力不足，甚至构成某种遮蔽如庄若与陈蝶的两篇"检阅性"文章。然而，由"副刊"间接推动的"民意生产"对塑造新生代散文的形象和扩大其影响起着更重要的作用，比如黄锦树这篇纠偏性"互动"文章。没有明晰的线索证明一二年后陈大为、钟怡雯选编当代马华诗歌、散文以建构马华文学"典律"与黄锦树的这封来函有直接的关联，然而黄锦树这封信所流露出来的让马华文学的"民意"版图扩展至于世界华文文学圈乃至世界文学圈的"野心"，却在陈大为、钟怡雯日后的文学行动中得到某种呼应，促使他们将缓解"经典的缺席"的焦虑付诸行动，即通过选编新生代的作品集来扛起马华文学"典律"之"鼎"。陈、钟二人通过将新生代作品建构马华文学"典律"以扩大其"民意版图"的预想很快得到实现："从1996年始，便陆续在各种学报和研讨会上，读到以此为对象或主要依据的论文。"据陈大为的观察，在1996—1999年间有多位大陆研究者注意到这两部"典律"，并以其为据对包括新生代以及新生代散文在

---

① 陈大为：《思考的圆周率：马华文学的板块与空间书写》，大将出版社2006年版，第83、108页。

内的马华文学进行检视①。

　　另外，因"检视"新生代业绩时陈述不够客观而遭到黄锦树的质疑的陈蝶，在三年后写出的《闲看荆草蔓歌台——纵观九十年代马华散文》，试图对新生代散文进行"再检视"，从某种意义上看，这篇文章可以视作评论者的"发愤之作"。需要指出的是，到陈蝶试图对新生代进行"再检视"的时候，6、7字辈散文新人作为"群体"在马华文坛的可见度更高，而以林幸谦、钟怡雯为代表的旅台生从域外向马来西亚本土刮来的劲风引起文坛侧目，"代"的风格更加鲜明，由此《闲看荆草蔓歌台——纵观九十年代马华散文》这篇90年代马华散文"巡礼"突出了"旅台"群的散文地位，也注意到7字辈许裕全、林惠洲、黎紫书等的崛起。在对90年代马华散文文坛的"巡礼"中，陈蝶以"换了人间"来强调新生代与前几代作家的散文风格的"代"际差异，并且试图从新生代的身份特征——年龄在"34岁以下"，学历为"清一色的大专生"——来解释这种差异的根源，暗指他们都拥有"校园"或"学院"经验，这显然是对新生代散文的"学院"风格即"学者散文"或"知性散文"的体认，文章对新生代散文的创作意旨、语言风格、架构特点、情调氛围等的简评也基本按中了作家个性的"穴位"。激情化的印象式批评语调中，褒扬之情溢于言表，对与新生代散文的"民意"引导显然是极有意义的。

　　"典律"打造是在受众中间塑造新生代群像、对新生代散文进行价值认证的较有具说服力和影响力的一种方式，它对新生代散文的"文学民意"生产起着至关重要的推进作用，如1996年3月出版的《马华当代散文选（1990—1995）》。"两刊"对这部选集的"事件"

---

① 据陈大为粗略统计，对两部"典律"的出版有所"反应"包括：刘小新《解构与遁逃：马华新世代诗的一种精神向度》，《华侨大学学报》（社科版）1996年第3期；刘小新、黄万华《九十年代马华诗坛新动向》，《华侨大学学报》（社科版）1997年第2期；杨匡汉《热带韵林——生存者呼唤至深者——马华诗歌的精神投向及艺术呈现》，《台港与海外华文文学评论与研究》1997年第4期；王振科《一道亮丽的文学风景——关于马华文学"新生代"作家群》，《世界华文文学论坛》1998年第3期；黄万华《马华新世代的话语实践》，《文化转换中的世界华文文学》（中国社会科学出版社1999年版）。

价值和意义并未予以直接的"反应",而是凸显其文献价值,首肯其散文"典律"地位。"文艺春秋"较早对这部"典律"作出反应:"文艺春秋"(1996年8月18日)策划"马大中文系一年级散文批班学生作品选刊"专题,刊文三篇,这些评论文章以钟怡雯编纂的这部"文选"为依据,以更新一代的眼光对新生代的钟怡雯、禤素莱、林金城的散文进行评析①。该专题某种意义上可以视作对新生代散文的"文学民意"有组织性的生产与传播。尽管三篇评论以"赏析"为主,重在阅读感受的抒发,对钟怡雯、禤素莱和林金城的散文题旨的阐释尚不深入,也属于印象式批评,但传达出更新一代读者对新生代散文的反馈和回应,让新生代散文在"更新一代"进行"影响"扩散。

评论界的"不谐音",则从另一侧面参加了马华新生代散文的"文学民意"生产。"文学观点"是"南洋文艺"的固定批评专栏,可视作"南洋文艺"这个"民意"生产车间中的一条"生产线"。针对人们对"旅台"新生代创作的高度期许,夏绍华的《回来——致留台创作群》,一方面承认他们给马华文坛带来的"惊艳";另一方面,也主张客观看待"旅台"新生代的成绩。与陈蝶等对"旅台"新生代散文热情洋溢的推介和褒扬——强调他们之于马华散文创作谱系的"断裂性"即"换了人间"——不同,夏绍华虽然也承认"旅台"新生代的创作实绩,但强调他们的"谱系性"即:"大马留台生在创作方面的辉煌成就,早在李永平,张贵兴,潘雨桐,商晚筠等时期已出现过,比较于近期的黄锦树,钟怡雯,陈大为等人的成绩,恐怕亦不必太惊为天人"②。何乃健在《盆栽、灌木丛、婆娑的乔木——序〈南洋文艺〉1996年散文选》中,指出历史观和历史感对散文的重要性,强调散文的"史感"如同刀之"钢质",能呈现出一种崇高美,是散文的内涵。他认同何启良对马华文学缺少历史观和历史感的评价,并

---

① 包括叶瑞宝的《企图打开心锁的女子》——评钟怡雯的〈门〉》,杜静芳的《走过天真与世俗的旅——评析禤素莱的〈鞋〉》、吴美玲的《游于菩提道的鱼——赏析林金城的〈双鱼手记之平安夜曲〉》。

② 夏绍华:《回来——致留台创作群》,《南洋商报》"南洋文艺"1997年4月9日。

希望马华文学："能多出现知性、感性交融的作品,让读者认识民族的历史发展,强化寻根的决心,了解民族的困境的因果,灌输忧患意识。"① 实际上,何乃健的"希望"在新生代散文的"历史书写"中已经实现,如辛金顺的"历史窗前"系列和《江山有待》、黄锦树的《光与影与一些残象》、钟怡雯的《我的神州》、林春美的《葬》、禤素莱的《沉吟至今》以及林幸谦的"边陲书写"等,这些散文已经呈现出知性与感性相交融的风格,内容也涵盖了何乃健的期许,因此,何乃健的文章恰从另一个角度肯定了新生代散文的内涵与美学追求。"两刊"所刊载的对新生代散文作家的个体批评主要聚焦于钟怡雯、林幸谦身上,此外还包括林春美("都市地志书写")等,它们与新生代散文创作一起共同提高了新生代在马华文坛的影响力。

第三节 文化散文的政治学与美学诉求

一 "原乡"神话:疏离与撕裂

"流亡"或者身处"边缘"容易对"中心"产生乌托邦想象,这种想象指向对既有秩序的破坏、颠覆和重组。卡尔·曼海姆指出,乌托邦总是质疑现实的,具有颠覆社会的功能。马华文学的"原乡"书写,作为一种乌托邦想象,很大程度上正出自对现存秩序的"抵抗":缓解70、80年代族群生存焦虑的华文文学书写。"原乡""在本质上意味着乐园形式的家乡,它唤醒人们寻找生命乐土的渴望"②,"故乡"书写发展为一种乐园想象或"原乡"神话。温瑞安等人向"龙的国度"朝圣的"龙哭千里"行为成为时代"文化情绪"的隐喻,借"图腾"想象获得"文化抵抗资本"。"龙哭千里"背后是马来西亚社会种族政治语境的投影:"马来西亚在'后五一三时代'塑造以

---

① 何乃健:《盆栽、灌木丛、婆娑的乔木——序〈南洋文艺〉1996年散文选》,《南洋商报》"南洋文艺",1997年5月23日。

② 林幸谦:《狂欢与破碎——原乡神话、我及其他》,载《狂欢与破碎——边陲人生与颠覆书写》,三民书局股份有限公司1995年版,第201页。

马来—伊斯兰教为主的国家文化,各级学校强力执行马来文教育,定马来文学为国家文学。面对这样一个'后五一三时代'的强势非母语语境,马华文学书写者觉得自己所处的位置是一个'家国、社群、语言及文化面临着存亡绝迹危机的悲剧'舞台。"① 由此产生了一种文化悲情,并激发一种"图腾崇拜"式、作为文化抵抗的"原乡神话"。

新生代散文作家大多于20世纪90年代登上散文舞台,所处语境与温瑞安不同。新生代散文作家,以"弑父"的美学姿态崛起,将解构的矛头指向"原乡",借颠覆温瑞安等构筑"原乡神话"以对抗既有秩序、开辟自己的写作园地。黄锦树对"中国性"的解构,林幸谦试图慰藉海外华人"被原乡迷思所迷惑的心"的"边陲书写",以及钟怡雯为代表的"新神州"书写,某种意义上都在致力于同一项工作,即对"原乡"神话"祛魅"。

所谓"祛魅",首先表现为对祖辈"原乡"的疏离感。钟怡雯以戏谑的口吻叙述祖父眼中"完美无缺"的故乡:"广东梅县。多么深刻的地理名词,即使化成灰,它也会变成四颗喋喋不休的舍利子"②,奇异怪诞的比喻和拟人手法获得"陌生化"效果,"陌生化"意味着与审视对象之间情感的"间离"。寒黎则通过调动和沟通不同感官的官能体验,拼接出想象中华丽诡异、幻觉般的"故国"风景:"耳边似乎滑过留声机流泄喑哑的乐声,有种属于鸦片的馨香兰麝像一袭黑色的大斗篷罩在霉烂的空气里"③,"喑哑"、"黑色"、"罩"、"靡烂"营造出压抑、颓靡、衰朽的氛围,与之前和谐的乐园形成鲜明对比。

所谓"祛魅",也表现为以"对立声部"撕裂"原乡"想象的统一性,展示老辈"原乡"记忆的"版本出入"。钟怡雯《我的神州》中,祖父"完美无缺"的"原乡",却是祖母"迫不及待要逃离的疫

---

① 张锦忠:《有无国籍的华语语系文学》,载《关于马华文学》,台湾中山大学文学院2009年版,第31页。
② 钟怡雯:《我的神州》(上),《星洲日报》"文艺春秋"1994年11月19日。
③ 寒黎:《也是游园》,载钟怡雯主编《马华当代散文选(1990—1995)》,文史哲出版社1996年版,第194页。

都";许裕全《梦过飞鱼》中,奶奶的"神州大陆"图景是"几亿人口抢着饭吃"的饥荒,然而这"走投无路"的国度却让爷爷乡愁来袭时"眼泪泛滥"。"原乡"记忆显然还呈现出性别差异:男性"原乡",意味着对血缘纯粹性的捍卫和本源想象的执守;女性"原乡",则有"迁土重安"的传承和穷则思变的生存态度。"对立声部",也出现在男性话语内部:《我的神州》中,爷爷眼中"无与伦比"的"原乡",在"南来的汉子"即爷爷的远房表弟"建叔"的眼中是个"吃饭难"的地方。《可能的地图》中,钟怡雯引入跨族裔视角以异族眼光来看待华人和想象他们的"唐山":"唐山是一个无人不晓的称谓,指涉那群操着奇怪家乡话,对特定吃食有着惊人癖好的黄皮肤人种。"① "对立声部",还表现为代与代之间的对立:祖父虔诚地制作的带着神圣色彩的"原乡"饮食,在新生代看来不过是"追悼仪式",它"费时费事",不过是"耐饱"的"劳力的乡下人饭量"②。钟怡雯以"还原主义"眼光,审视"原乡"的日常习俗,"还原"祖辈在"唐山"窘迫的生存境况。"女性"、"男性"、"异族"、"后代"四种话语,构成了撕裂祖辈"原乡"神话之上的"想象之魅"和乐园色彩的"对立声部"。

所谓"祛魅",还表现为以"到原籍去"和"到中心去"的"亲历书写",展示老辈"原乡"记忆的"版本出入"。80年代末,新生代远赴中国开始了溯源寻根,然而对文化原乡的孺慕之思,却在后现代主义弥漫的台湾迷失和幻灭。如林幸谦来到"中心"后,"终于识透了民族主义被利用为政治号召的虚妄,而把他的关注转回到人的本身。"③ 寻找"中心"/"母体"的幻灭,使林幸谦转向了对海外华人的"边缘性"命运的关注:"林幸谦是有雄心壮志的,他的雄心壮志是读出/书写出边缘性的文本,并经由这种精神的纾解、疗抚,逐渐

---

① 钟怡雯:《可能的地图》,《马华当代散文选(1990—1995)》,文史哲出版社1996年版,第275页。
② 同上。
③ 白先勇:《边陲人的自白》(代序),载林幸谦《狂欢与破碎——边陲人生与颠覆书写》,三民书局股份有限公司1995年版,第3页。

达到解构原乡神话的目的。"[1] "再度边陲化"的林幸谦由此意识到："年少时候的故国印象，直到今日方才看到了残缺的真相。那些被文化血脉所滋养的原乡神话，如今都已贫血而亡，才知道自己原来不曾有过故国。"[2] 执守"原乡"，如同"刻舟求剑"般荒谬。许裕全感慨："故乡，还是记忆中的故乡吗？……爷爷在这儿见证了五十余年的风雨来去，却无法想象故乡在岁月中变迁的样子，这是过去与未来的改变，他都没份参与。"[3] 黄锦树认为：老一代华人执守的"中国性"，业已沦为具有强烈"表演性"色彩的文化仪式，变得可疑与虚幻。在散文《光和影和一些残象》中，他写到教科书展示出来的不过真实历史的边角"残象"，即便"残象"也"留不住"，因为"残象"会"在历史书写必要的省略、简洁和遗忘中，——被抽象成背景的一部分"[4]，会"干涸"和"淹没"。"陈旧的四合院，加上几畦圃田"，是林春美《葬》中叔伯们的福州老家；"塌圮的废物"，"野草蔓延的荒田"，"疏落的孤独烟囱"、"萧瑟的天色"、"青苔"；构成胡金伦《魂去来兮》中爷爷"烟火鼎盛"的旧时老家[5]。"寒冷"是林金城《如冷古刹》中外婆的乡村；萦绕着潮剧唱腔和"肚子饿"体验的潮州，回响着婶婶"叮咛要他再回去带两个堂弟出来"的潮州，则分别是许裕全《梦过飞鱼》和林惠洲《旅程》中祖父辈的"原乡"。

二 "新神州"："隶属"与"归属"

神话已经破灭，"回不去了"的历史宿命感，迫使新生代搁置前辈缥缈的"乌托邦"化的"故国"怀思，以务实的态度思考多族群

---

[1] 陈慧桦：《都从故国梦中出发——林幸谦的散文（代序）》，载林幸谦《狂欢与破碎——边陲人生与颠覆书写》，三民书局股份有限公司1995年版，第2页。

[2] 林幸谦：《狂欢与破碎——原乡神话、我及其他》，《狂欢与破碎——边陲人生与颠覆书写》，三民书局股份有限公司1995年版，第203页。

[3] 许裕全：《梦过飞鱼》，载钟怡雯主编《马华当代散文选（1990—1995）》，文史哲出版社1996年版，第346页。

[4] 黄锦树：《光和影和一些残象》，载钟怡雯主编《马华当代散文选（1990—1995）》，文史哲出版社1996年版，第227—228页。

[5] 胡金伦：《魂去来兮》，《星洲日报》"文艺春秋"1998年4月19日。

社会中少数族裔的命运。黄锦树写道:"哭龙早已渴死在现实的宝岛上,所有的热情和怆痛都变成了口头文学的一部分。深夜,穿着花花绿绿的峇迪,深刻感觉到自己的肤色和别人不一样。"① 辛金顺主张:"毕竟这里,已是我们永世的家"②,"尤其在这片土地上,历史的内省和反观都很重要"③。长期以来,华社对经济发展的追求和对"在地"历史建设的忽略——这种忽略很大程度上是由于"客居"心态造成——引起的直接后果是"大家成了史盲。回顾不到过去,开展不了未来,只有孤零零的现在,孤零零的,一个漂泊和无根的世界。"④ 辛金顺指出,恰是这种"无根"状态导致马来西亚华社看不到族群的发展前景,也就无法走出一条多族群社会中华人族群的发展之路。因而,对"在南洋"这一不可逆的"存在"的直面和反思,成为新生代文化散文重构族群想象的重要基点。

在这样的背景之下,"新神州"书写逐渐时兴:镌刻着新生代幼年生命体验的出生地,在"离乡"的背景下被发酵,酝酿成一杯思乡的烈酒,并取代祖辈们的"神州"成为梦土。钟怡雯在《我的神州》和《热岛屿》⑤、《岛屿纪事》、《可能的地图》、《门》诸文中对胶林深处、童年记忆中的金宝小镇的风土人情进行"写生",亦有对"神州"被置换的历史必然性的思考;陈大为则善于以童年趣事和奇闻逸事来呈现马来西亚华人的南洋生存日常生活图景,如《流动的身世》、《木部十二画》、《从鬼》等;许裕全的《素描一镇山色》,对木歪河口小镇风情的晨昏图景进行类似"长镜头"的摄录,突出了"在"的状态。林金城的《十口足责》系列,试图在"历史—现在"、"原乡—在地"的二元框架中来展开对古迹的考察,借以思考族群文化的

---

① 黄锦树:《光和影和一些残象》,载钟怡雯主编《马华当代散文选(1990—1995年)》,文史哲出版社1996年版,第225页。

② 辛金顺:《历史窗前3.历史窗前》,载钟怡雯主编《马华当代散文选(1990—1995年)》,文史哲出版社1996年版,第76页。

③ 同上。

④ 同上。

⑤ 钟怡雯:《热岛屿》,《星洲日报》"文艺春秋"1998年10月11日。

发展路向以及与异质文明之间的融合途径。《美丽与欢喜神》、《传统意象派》、《典藏街景》诸文，致力于重审华族传统技艺于"在地"的传承和嬗变。

对"原乡"神话的"祛魅"，宣告了新生代对父辈故乡的疏离与撕裂；"新神州"的文化书写，则是宣告着新生代对所在的"隶属"与"归属"。因此，所谓"新神州"散文，首先是通过"始源想象"，即凭借对祖辈拓殖、抗侵遗事和遗迹的回溯与拾捡，指认自身"在地"的"根性"，终结"无根"状态；从而，"标注"华族在马来西亚的"国史"坐标，建构华族史之于国家"正史"的"隶属感"。

正如社会学家希尔斯在《论传统》中所强调，"始源想象"是建构自我形象的基础："个人的自我认识所涉及的范围不受个人经历的限制，也不受他自己寿命的限制。他的自我形象远远超出他在形成形象的那一刻自身所包含的一切；它涉及历史的回顾。"[①] 这种"历史的回顾"包括年长者的自我经历口头描述和前人于历史不同时期留下的文字著作，个人对"大我"的认识与他的家庭、居住地、所属种族群体、所在城市、民族、国家以及已将他同化了的文化的历史密切相关。"溯源"是建构自我身份的基础，也是想象和设计族群未来图景的依据。以理解沟通和价值重估的方式来回溯、重访、发掘、重述华族的南来旧事是"始源想象"的重心：或再现祖辈南洋拓荒的筚路蓝缕，或追溯殖民时代华人的英勇抗击，前者以钟怡雯的《叶亚来》、《门》和《人间》和林幸谦的《赤道线上》、许裕全的《梦过飞鱼》、林惠洲的《鬼雨荒年》、刘国寄《遗落在南方》等为代表；后者则有林惠洲的《微光细雨》、钟怡雯的《可能的地图》、方路的《记忆的请柬》和《合岸》等。"始源想象"的叙述方法，或采取"人物传"体式；或以"直录"祖辈的讲述形式，将片段连缀成一段"口述史"；或以考古者身份，亲访旧迹以寻访过程中发掘的某些历史"意象"，如水井、会馆、坟、荒村、小镇为原点，对历史图景"复原"。

---

① ［美］E. 希尔斯：《论传统》，傅铿、吕乐译，上海人民出版社1991年版，第68页。

许裕全的《梦过飞鱼》、钟怡雯的《叶亚来》，分别为"非典型英雄传"和"英雄传"；辛金顺的《野镇》、禤素莱的《吉山河水去无声》、钟怡雯的《可能的地图》、林惠洲的《鬼雨荒年》等，类似一种"考古手记"；林惠洲的《微光细雨》，则类似一部"口述史"的采访手记。

在彰显华族史之于国家"正史""隶属感"的"始源想象"中，"补史"被新生代文化散文视作自己的一种历史使命，也成为他们张扬的美学旗帜：辛金顺的"历史窗前"系列和《江山有待》、黄锦树的《光和影和一些残象》、林金城"十口足责"系列中的《对望莲藕塘》、林春美的《葬》等都表达出这样的意向。黄锦树写到"翻开破旧的本国历史"，感慨"在字里行间却保留着大块大块的空白，多少年来无人填补。肩上分明感到一股压力，颧骨有声音"①；林金城主张从"最后一批老去的移民"口中"抢救"历史、建立和整理"口述史"；林春美希望，死后骨灰能分葬在个人成长史和家族/族群移民史上具有历史纪念意义的"五处"，作"浪漫的守望"。

所谓"新神州"散文，其次是要通过亲历性的"地志书写"和"神州书写"，见证华人族群"在地"的"根性"和"地之子"的品格，见证自我作为马来西亚国民的"质感"和"归属感"。

"地志书写"，始于"大马风情话"和"南北大道"系列。禤素莱、林春美分别以《吉山河水去无声》和"我的槟城情意结"系列，成为"乡村"、"都市"地理志书写的代表。她们试图通过乡村、都市的风物人情和街景的描摹和生命体验的钩沉来重建一种"地方感"：通过回忆，充分调动记由视、听、嗅、味、触觉系统"交互作业"收集储存的"地方信息"，建构"地方感受"或乡村/都市空间的"质感"。林春美"我的槟城情意结"系列，"以一种记录人事、节庆、风俗，回顾历史，进而建构都市空间质感（地方感）的策略，来写他

---

① 黄锦树：《光和影和一些残象》，载钟怡雯主编《马华当代散文选（1990—1995年）》，文史哲出版社1996年版，第225页。

们的故乡槟城"①。该系列的八个"短篇"中,"旧"的书写似乎更加娴熟;"新"的书写,如"槟城光大",作为一种现代"摩登",其"摩登"外表下的深层现代性意蕴尚待开掘。另外由"情意结"推动的"地志书写",如陈大为指出,需要理论知识提供更广阔的观照视野,以便"幽微"处能得到"烛照",如都市空间理论、文化地理学、地志学、消费文化理论等,均可以通过融会贯通挪用至"地志书写",从而拓宽散文的深广度②,具象性地强化书写者由"地"而生的归属感。

三 文类"互渗":"论说化"、"诗化"、"小说化"

钟怡雯认为:"经由文类的互相渗透而达致的美学效果,正是旅台散文的一个特色"③。将诗歌、小说甚至论说文的表现手法"渗入"到散文书写中,形成一种"跨文体"写作,也是马来西亚新生代文化散文的重要特色。

"文类互渗",或称"跨文体"散文,有利于鲜明地表达新生代的历史文化态度;因此,在崛起之初,新生代文化散文就逐渐显示出与传统散文相异的面貌:具有学院背景和游学背景的 6 字辈、7 字辈文化散文作家,自觉不自觉地将"论说"、"诗化"、"情节化/小说化"等"跨文体"特征带入到散文中。

在"论说体"散文写作方面,林幸谦表现得较为突出;以大段论说入散文,是他散文创作突出的文体特征。在《异客之书》中,他对自己散文创作特色做过如此诠释和总结:

---

① 陈大为:《思考的圆周率:马华文学的板块与空间书写》,大将出版社 2006 年版,第 103 页。

② 如钟怡雯的《茶楼》,陈大为的《茶楼消瘦》、《南京东路》,杜忠全的《路过义兴街》,钟可斯的《那一条街、那一座城、那一丛书》,方路的槟城书写系列,如《七月乡雨》、《茶室观雨记》、《春天》、《第二月台》等沿着林春美开拓的书写路向将"地志书写"进一步拓展。

③ 钟怡雯:《序》,《马华当代散文选(1990—1995)》,文史哲出版社 1996 年版,第 9 页。

至于我这样的书写风格，基本上源于我对散文文体及其体质的不满，其中包括了我对语言的反省与实践。既重视外在现实历史，亦要重现内在影像和心理意识。意象、意义、历史、往事，在语言和主体之间置换、延伸。藉助叙述者和叙述视角的置换，试图打破静态、狭义的散文传统，纳入诗、小说和论述的语言，在前人的基础上为（个人）散文体带来更丰富的空间。①

陈慧桦在《都从故国梦中出发——林幸谦的散文》中，认为"散文作为一种书写文类，本来就是开放性的（Open-ended）；中国现代散文一般都采叙事兼抒情兼描写，少有间杂大段大段的议论，而幸谦却企图把这些特质都糅杂起来，有些篇章像《盘古的伤口》和《黄河是中国的隐喻》等都以议论和思索（reflection）为主……"②以大篇幅的"议论"入散文，是林幸谦在原本就具有"开放性"的散文文体革新路上的"再出发"。陈大为在评论林幸谦时，同样注意到他散文中抒情和议论相互"杂糅"的特点："林幸谦的语言因漂泊、流离而变得十分沉重；他以杂糅论述和抒情的风格，透过重重的隐喻，反思边陲化的华人处境与声明形态。"在散文中对"议论"的倚重，是"学院"经验的影响，"也是出自马大如今在香港中文大学攻读哲学博士的林幸谦向来的哲学性散文充满阳刚性，也含有心理咨商的共振性。他为文硕重有弹度，理智强而充沛着感情"。③钟怡雯则指出，林幸谦散文中有"跨学科"理论的干预和学术思维的渗入："融合学术思维与散文的语言艺术，探讨马华的文化位址，以及心理层面的挖掘。"④大量挪用"论说文"的表现手法，显然有林幸谦在美学上的

---

① 林幸谦：《异客之书》（自序），《狂欢与破碎——边陲人生与颠覆书写》，三民书局股份有限公司1995年版，第2—3页。

② 陈慧桦：《都从故国梦中出发——林幸谦的散文》，载林幸谦《狂欢与破碎——边陲人生与颠覆书写》，三民书局股份有限公司1995年版，第4页。

③ 陈婉容：《花田竞标青》，《南洋商报》"南洋文艺"1994年11月18日。

④ 钟怡雯：《序》，《马华当代散文选（1990—1995）》，文史哲出版社1996年版，第9页。

"野心":"尽力打破知性(霸权的理性)与感性(脆弱的抒情)两极化的观念。"①

在辛金顺的"历史窗前"系列中,《会馆老了》针对会馆已不合时宜的说法,"论说"在此说"合理性"外衣中裹挟的历史虚无主义危险;《历史的盲点》,"论说"作者对华人已"落地生根"说法的隐忧,认为"在地史"的空白,必然会影响"地缘感情""源远流长的承替",唯有"感同身受先祖那个年代开荒拓土和挥汗沥血的艰辛"②和扎根之不易,才能保证最终扎根不至于轻易迁徙而重新沦为二等公民;《历史窗前》,以"论说"方式,建议加强对"在地"历史的建构,对历史脱盲、以史为镜,"走一条更远的路";《失落的根须》,同样以大量文字"论说"华人欲保持根性,须与母语建立贴肉的联系,让其成为具有"浓厚感情"和"文化色泽"的语言工具。

林金城也擅长这种"论说"式的"文类互渗":大量运用思辨性的"论说"与直抒胸臆的"呼吁"入散文,如对"层累造就历史"与"群众创造历史"的辨析等。谈及华族文化"在地"发展,他"论说"道:"是属于同一弯曲度的相互交会,还是一方保持平行,另一方却受制地歪曲河道,斜切入他流之中?我们不可能要求自己保持百分百的文化传统,但绝不能数典忘祖地做个没有文化根源的民族";并呼吁,"不妨多花一些时间思索如何建立本地华人文化的'新传统',给群众更具体、更具本土意识的文化经验和认同感"③。林春美在《葬》中,亦非常注重"论说":"一个民族理当拥有每一山岳每一河川而不是一个村落。总觉得一个有兼容并蓄的胸襟和条件,并且打算长久在此繁衍的族群,不应只局促在一个部落展览自己的人种和

---

① 林幸谦:《异客之书》(自序),《狂欢与破碎——边陲人生与颠覆书写》,三民书局股份有限公司1995年版,第2—3页。

② 辛金顺:《历史窗前》,载钟怡雯主编:《马华当代散文选(1990—1995年)》,文史哲出版社1996年版,第75页。

③ 林金城:《咚咚咚咚咚锵咚锵》,《星洲日报》"星云"1994年3月11日。

文化。"① 可见，"论说体"散文，有利于作家的自我阐释和对他人的回应，有利于作家对"历史/现实"与"社会/公众"发言的冲动，实现以散文"干预"现实的强烈愿望。

不少新生代作家，热心为文也擅长写诗；"诗化体"散文与他们写诗经历有关，也与他们写诗"习惯"相关：注重隐喻与意象的运用，注重语言的诗质美。新生代文化散文多涉及种族/族群等敏感话题，与政治禁忌或敏感话题相关的隐喻、意象，大量出现在他们的作品中。

隐喻是实现诗歌含蓄美、蕴藉美的重要途径，借意象体系的建构实现。隐喻有大小之分，"小"指修辞层面的隐喻，由具体意象实现；"大"指散文架构层面的隐喻。新生代文化散文多涉及种族/族群问题，如对种族政策的抗辩和对族群命运、文化属性、身份认同等问题的思索，因此，"修辞层面"的隐喻较为常见。"鱼"与"雨"是指涉热带岛国地理、气候的重要标识，也是作家在散文中刻意建构的两个意象。"鱼"与"雨"进入新生代文化散文，则构成两个极富隐喻意味的意象体系："鱼"隐喻离散华人，"雨"隐喻"在地"困境。"鱼"意象"生发"为多种"具象"："溯河鱼"和"飞鱼"等。"溯河鱼"，原指海洋生物界中具有"回溯"习性的鱼类，如鲑鱼，它们在海洋中成熟壮大到一定程度后则在生理时钟的引导下开始"溯河洄游"。在林幸谦的《溯河鱼的传统》中，"溯河鱼"隐喻着华人对历史的回溯与"寻根"。"溯河鱼""充分表现生物界对于故乡的迷恋、向往和忠于朝拜的传统"②，"懂得寻觅祖先发源地的神圣意义人类"并借"洄游"以"执行族系传统的伟大任务"即"交配、产卵、死亡"；人类（尤其是海外华人）更应该具有这种"洄游"寻根以"保"文化之"种"的义务③。"飞鱼"，隐喻离散华人谋生的艰辛与顽强。在许裕全的《梦过飞鱼》中，"飞鱼""往堆高的浪头，一尾

---

① 林春美：《葬》，载钟怡雯主编《马华当代散文选（1990—1995）》，文史哲出版社1996年版，第238页。

② 林幸谦：《溯河鱼的传统》，《南洋商报》"南风" 1988 年 7 月 31 日。

③ 同上。

接一尾俯冲过去"①,"那不叫勇敢,更无关选择,只是宿命交错下的一种生活方式。"② 许裕全以幻觉来暗示和强化"飞鱼"与"爷爷"之间的象征关联,当激浪打来时,"我"看到幻象:"爷爷的身上已覆盖满闪着银光的鳞片,胸鳍发达延长,尾鳍深且分叉,在海中悠悠的摆动着。湛蓝的鱼眼透着光,望着我幼小的身躯……"③ "瞬间冲出水面,胸鳍在一刹那间展开,滑翔,雄伟的在月光中挥洒一管流畅的彩笔,行于无限空旷的海域。"④ 在《光和影和一些残像》中,黄锦树以"鱼"设问,"前贤如此,难道我们也要学步,选择埋没,还没踏出故乡就貌似久经贬抑放逐的不才文人,等待鱼烂?"⑤ 在他的小说《鱼骸》中,"鱼"突破了生物学意义的纲目分类,意指"龟","鱼骸"即龟甲。黄锦树以"鱼骸"隐喻海外华人,"龟虽产于南洋,龟版却冶于中原,杀龟得版,哪还能复原?""杀龟得版"暗指了"中国性"之原罪。"雨"是林惠洲的《相思若雨》、《鬼雨荒年》、《微光细雨》等散文中的常出现的意象:"鬼雨",暴雨及其而来的冷风,隐喻着华人移民承受着的多重压力;"细雨",以及"细雨"时,"掩藏"在灰色的"云朵"里的太阳,隐喻着有所转却不容乐观的当下处境。"鬼雨"、"细雨"两个意象,形象而又隐晦地揭示出华人之窘境。

新生代文化散文重视"诗味"与"诗意"的营造,追求"诗"中有"画","画"中有"诗"的"诗化体"意境。黄锦树的《光和影和一些残象》,以唯美、朦胧的青春记忆开篇,对少女的暗恋借"偷窥"细腻、诗意地流露出来:"花阳伞,半透明的。日光准确的穿过,将伊一身素白的连衣裙也漂得半透明,曲线便沿着白光若隐若

---

① 许裕全:《梦过飞鱼》,载钟怡雯主编《马华当代散文选(1990—1995)》,文史哲出版社1996年版,第345页。
② 同上书,第346页。
③ 同上书,第347页。
④ 同上。
⑤ 黄锦树:《光和影和一些残象》,载钟怡雯《马华当代散文选(1990—1995)》,文史哲出版社1996年版,第225页。

现,依稀有文章。伞上浮着大朵大朵白色的花,瓣瓣饱满。两只小小的黄蝴蝶从别人的诗里头飞来,在伞上恋恋的盘桓。溜到伞下,在伊身上轻轻的绣上一行抒情的诗句。"① 少年情怀总是诗,"若隐"、"依稀"的流露更如诗。"由是三月四月雨中纷纷沥落的流苏便带着几分凄寂。清清淡淡的开在树梢头,把浓绿推开、遮盖,在群树中独白。温暖的雪意,雨落,一女子撑着伞徐徐走过。流苏点点飘下,像一场雪在心中一角默默的泪落。"②"雨"、"女子"、"伞"、"纷纷沥落的流苏"等意象的流动,令人不难想到戴望舒的《雨巷》,想起杏花春雨的江南,湿湿滑滑的青石板小巷,油纸伞下丁香般幽怨的姑娘。"花"的孤寂、哀怨,也回荡在寒黎的《坟·坠魂人》中:"花,风里飘荡着。落英成阵,有点诀别的意象。我屏息聆听,花瓣掉在地面上其实也有声音,极轻极轻的。你要用心去听,才能听出一声'唉——'"③。林幸谦则极力营造着带有现代主义色调的"诗意"。在《繁华的图腾》中,"淡金色"诗意地"泄露"着智障者幽闭、神秘的孤绝与悲怆:"在她心中,你是一个神话的终结;在我,你是盛开的凋花;淡金色的凋花,飘向丰收后的田野,郁寂而空旷"④。借助"淡金色"与"光和影和一些残象",林幸谦、黄锦树有关"她"的故事,都"诗意"地"泄露"着身在"边陲"的华人内心的凄清与愁怨。

新生代散文作家非常注重语言的诗质美,如钟怡雯:"企图以更大的叙述架构和更精湛、更富有魅力的语言来铺展素材、拓展散文的格局。"⑤ 焦桐称她的散文有"想象之狐,拟猫之笔"。"反语法"和"反逻辑"是诗歌的惯用手法;钟怡雯擅长以"反语法"、"反逻辑"

---

① 黄锦树:《光和影和一些残象》,载钟怡雯主编《马华当代散文选(1990—1995)》,文史哲出版社1996年版,第218页。

② 同上书,第222页。

③ 寒黎:《坟·坠魂人》,《星洲日报》"文艺春秋"1992年6月27日。

④ 林幸谦:《繁华的图腾》,《狂欢与破碎——边陲人生与颠覆书写》,三民书局股份有限公司1995年版,第120页。

⑤ 钟怡雯:《序》,《马华当代散文选(1990—1995)》,文史哲出版社1996年版,第9页。

的语言,制造一种理解上的"梗阻",产生散文阅读中的惊喜。以其散文篇名为例,钟怡雯可以"垂钓"睡眠(《垂钓睡眠》),能给时间下"战帖"(《给时间的战帖》),能欣赏时间的"焰舞"(《时间的焰舞》),能看见"文明"于蟒林"爬行"(《蟒林,文明的爬行》),察见"房间"渐渐"死去"(《渐渐死去的房间》),能把人之"魂"藏起来(《藏魂》),可以豢养宇宙(《我和我豢养的宇宙》)。这种反语法和"反逻辑"手法的反复运用,使钟怡雯散文语言,具有诗质美和较大张力。

"情节化/小说化",是新生代文化散文"文类互渗"的另一重要方式。作家往往试图以散文"说故事":"始源想象",即试图重构祖辈"南来史"。林惠洲的《微光细雨》,分三个"乐章":"南来故事"、"在地拓殖"与"抗击侵略"。外祖母"诡谲的描绘,我既害怕又喜爱听的,一些神秘吓人的鬼故事——";"我"则突破"限知"视角转向"全知",进入外祖母的故事时空。"我"的幼年回忆与外祖母的讲述形成"互文";并以"我"的观察、回忆与思考,不时打断外祖母的线性叙述,将新生代的怀疑与反思自然地插入到"说故事"之中。

在许裕全的《梦过飞鱼》中,爷爷关于海上讨生的"讲古"同样具有"故事性":"那时的我,在海上漂流了许多天,晕头转向的站不住脚⋯⋯生命轻得像海面上漂浮的芒草,只要一点点变故我便会葬身怒海。"[①] 看到飞鱼时,"他"能以诗性的语言表述:"那种力量——生命的象征——沿着海水,溅泼了我一身。是生命的奔腾与律动,在艰难困境中削刨成一盏明亮的灯火,闪烁在我困顿的瞳眸。"[②] 没文化"爷爷"的类似"讲法",在新生代散文作家笔下,并非罕见。这样被"说"的"故事",本身就充满了自我驳诘的张力,其中蕴含着"说"者的疑问与认知。

林幸谦也非常注重以散文"说故事"。《男人的忠诚》中的"故

---

① 许裕全:《梦过飞鱼》,载钟怡雯主编《马华当代散文选(1990—1995)》,文史哲出版社1996年版,第345页。

② 同上。

事",由四则"档案"、两则"对话"、一封"最后的密函"、一则"附录"构成。除两则"对话"外,两性叙述话语分别通过"字体"来区别:以宋体书写男性声音,使之带上官方、权威、普适等色彩,赋予其"中心话语"之魅;以楷体书写女性声音,使之带上私密性与可疑性,沦为"边缘话语"。驳诘、抗辩,首先发生在男女两性之间,以字体变换"标注"叙述者性别视角的流转,楷体的边缘的女性"第三者"对宋体的中心的婚姻中的男性的"忠诚"加以质疑和解构;抗辩与质疑同样发生在男性话语内部:男性叙述在"档案"、"附录",这两种官方的书面体式中以宋体出现,而在"对话"这种私密日常的口述中以楷体出现,不同"字体"的男性叙述内容撕裂了男性的"忠诚"。"故事"叙述话语之间的抗辩、质疑,形成分裂与发展,最终实现"说者"对"忠诚"的解构。黄锦树《光和影和一些残象》、钟怡雯的《渐渐死去的房间》、寒黎的《坟,坠魂人》、黎紫书的《是为情书》等,不同程度地都有"小说化/情节化"倾向。"小说化/情节化的叙事结构则维系着作品的严谨度和清晰度,以致篇幅长而不冗。"① 而叙述视角的流转等小说技法的经常出现,颠覆了散文叙述的可靠性,建立起一种分裂的不可信的散文叙述模式,"藉助叙述者和叙述视角的置换,试图打破静态、狭义的散文传统……在前人的基础上为(个人)散文体带来更丰富的空间"②。

第四节 "副刊化"生存:散文发展的"双刃剑"

"副刊化"生存是东南亚华文文学,也是马华文学呈现自我的重要的方式。报纸副刊推动了90年代新生代文化散文的迅速崛起;然而,也成为一种"双刃剑":对新生代文化散文造成某种"损伤";既推动文化散文的勃兴也导致了它的衰落。

---

① 钟怡雯:《序》,《马华当代散文选(1990—1995)》,文史哲出版社1996年版,第9页。

② 林幸谦:《异客之书》(自序),《狂欢与破碎——边陲人生与颠覆书写》,三民书局股份有限公司1995年版,第3页。

一 "生活流"、"谈话风"与"文化"

报纸文艺副刊的受众层次尽管芜杂多元，但普通大众依然是其接受主体。因此，从大众传播媒介的功能上看，副刊文学"必须留意'大众'的消费需求，一如马奎尔所说，作为文化产品（出之以形象、思想和符号的形式）在媒介市场中如商品一样地产销"[①]。"生活流"强调对生活的直观、连续的呈现，"生活流"进入新生代文化散文，报纸副刊显然起着积极导向作用。"星云"策划"大马风情话"时鼓励通过文字来发现"曾经经历却被忽略的景物人事"——后来成为新生代散文题材发掘的"富矿区"；"新年的回忆"和"饮者留文"等专题则强化了华社乡土民俗书写的传统。"鼎"作为尊贵礼器象征古代官僚体制下地位和权力的等级，"南洋文艺"则以"精致的鼎"来指称辛金顺的《亲爱的动物们》、李天葆的《绮罗金剪记》、钟怡雯的《禁忌与秘方》，传达出报纸副刊对新生代文化散文裹挟着强劲"生活流"的默认或者还暗含着推崇成分。

"生活流"以"谈话风"和"私语体"方式大量进入新生代文化散文，使充满精英趣味的文化散文接通了"地气"，贴近大众生活和大众话语方式。《亲爱的动物们》中辛金顺幻化为摄影人，将镜头对准乡村中的鹅、猫、羊、鸭、狗、水牛、青蛙等7种动物，从不同的角度各拍摄一段"写真"：鹅取其"态"，"身后的光影都恬然凝住"的挺拔姿态；羊取其"声"，"久违了的乡音"能敲碎人"整片心魂"；小鸭仔取色，鲜亮的鹅黄色绒毛；猫取手感，"温温的体毛"；小狗取"动"，在后园追逐蝴蝶或和家猫打滚；水牛取"静"，被狠狠地抽打后"赤红而圆大的眼"悄悄流下眼泪；蝌蚪取"灵动"，在玻璃罐中游动时带动"晕黄的灯光"在水中"轻轻浮漾"[②]。这些有"情节"的动物"写真"构成粗朴圆融的乡村生活景观。对回忆中的灵动、和谐的乡村图景的描绘暗含了作者返璞归真的文化/文明态度。

[①] 林淇瀁（向阳）：《书写与拼图：台湾文学传播现象研究》，麦田出版社2001年版，第77页。

[②] 辛金顺：《亲爱的动物们》，《南洋商报》"南洋文艺"1995年11月10日。

郭莲花的《一条泥路》、禤素莱的《吉山河水去无声》和《雀待》中亦有对回忆中乡村生活场景的重现。《雀待》中通过孩童的幻觉呈现的乡村生活气息：母亲喊顽童吃饭、空气中微微传来的淡淡饭香。许裕全的《梦过飞鱼》则通过对"早起"这一特定时段家庭成员的角色职能进行原生态"临摹"——甚至连"母番鸭""带着一群黄毛小鸭大摇大摆的自堂屋前嘎嘎走过，经转角处时顺便拉了一泡湿热冒烟的屎"① 都全盘录入。

"生活流"较多出现在新生代书写乡土民俗传承过程和场面的散文中，主要包括宗教祭器的工序、传统食品的制作流程、传统节庆仪式等。在《绮罗金剪记》② 中，李天葆对"观音诞"期间扎纸工匠给观音制作"纸制绮罗"的每一个道工序进行"全程录制"；在《我的槟城情意结·天公诞》中，林春美对"天公诞"仪式的整个流程进行细致而严谨的记录：祭品准备，"每一截砍短了的甘蔗，一梳里的每一条香蕉，每一粒小小的橘子，都是必须捆上红纸的。而每一盘发糕、红龟羔和干料碗，也要压上'发'、'寿'、'福'、'喜'之类的剪纸"③；焚香时刻，时间控制在"午夜十二点"、祭祀器皿之讲究如必须"盛满白米，糊了红纸的美禄罐"、所焚之香必须有"汉字与游龙或鼎的浮雕"的香，而且有特别的意义——中间代表"福禄康宁"，左边"风调雨顺"，右边"国泰民安"，等等。

"生活流"也较多出现在新生代书写"街景"的散文中。寒黎关于巴刹街记忆似乎是由感觉器官摄录的：都市的"声"、"色"、"味"构成"小商品世界"图景。如同摄影人取景，巴刹街在寒黎的镜头移动下，慢慢展开它的风景，一个拥挤而密集的物象世界：街道一边是小贩摆地摊卖鸡蛋、鸭蛋、草药、杂七杂八的女性日用品等；对街是店员忙着开市："在一排的杂货、腊味、香菇、八角、五香粉、中药

---

① 许裕全：《梦过飞鱼》，载钟怡雯主编《马华当代散文选（1990—1995）》，文史哲出版社1996年版，第340页。
② 李天葆：《绮罗金剪记》，《南洋商报》"南洋文艺"1995年12月15日。
③ 林春美：《天公诞》，《星洲日报》"星云"1994年2月25日。

或鞋子、皮包、腰带的商店里，开始一天的生活"①；街道左边的小巷，是卖发糕和卖叉烧的"讨活人"；伯公庙口，左边挤满了卖菜卖肉的人，右边，则是水果档和卖廉价衣服的摊子；叫"小阁子"的音像店里忙碌着叫"阿傻"的店主和穿得很青春时尚的售货小姐。巴刹街在寒黎的笔下，俨然一道道强大的"物流"。

"谈话风"与"私语体"，都与"生活流"密切相关，当然与报纸副刊的有意引导分不开。如"大马风情话"系列，以"话"而非"画"来命名；"画"强调书面体、情调的雅致，而"话"强调"闲谈"和随性而至的自然抒发。布迪厄在《区隔：趣味判断的社会批判》中将文化趣味分为三层："合法"趣味、"中产阶级品位的"趣味和"大众"趣味。趣味区隔出不同的读者群："每一种趣味都聚集和分割着人群，趣味是与一个特定阶级存在条件相联系的规定性的产物，聚集着所有那些都是相同条件的产物的人，并把他们与其他人区分开来。"②对于文化水平不高的普通生活大众而言，"谈话风"不仅冲破了理解上的障碍，还带来一种亲切感，因为"谈话风"常体现为一种"私语体"，它虚拟一个互动型的封闭、私密情境，假设读者就坐在前方聆听，同时还表现为语言的晓畅简易。

"私语体"有两种表现，一是"隐形"的私语体，通常不指明受话人：毅修的《都是口音惹的祸》，以对话的口吻强调新生代对"在地"的官能适应和习俗认同："我们早已融入了彼此的生活里。不信？可以看看加影的沙爹档，看看槟城叻沙，看看二十四小时营业的拉茶档，看看无孔不入的豆腐米粉"③。钟怡雯则以类似向陌生访者"推介"式的自豪口吻讲述"奶奶"的手艺："奶奶的'枕头粽'——长方形、八人份的大咸粽，是'镇宝'。慕名拜师的，却多半只成半吊子。那是高难度的绝活啊！连有棱有角的猪肉粽，她也能裹得比别人

---

① 寒黎：《那是一个折也折不完的夏季呵》，载钟怡雯主编《马华当代散文选（1990—1995）》，文史哲出版社1996年版，第176页。
② ［法］布尔迪厄：《区隔：趣味判断的社会批判》，转引自朱立元等编《西方美学通史》第7卷，上海文艺出版社1999年版，第873页。
③ 毅修：《都是口音惹的祸》，《星洲日报》"文艺春秋"1994年5月21日。

扎实、玲珑。她的双手,我相信是上天对她歉意的补偿。"① "私语体"的另一种是"显性"的私语体,如"星云"刊载的"不寄的信"专栏系列:由王俊魁、林云龙、钟可斯、庄兴华、川杨、寒黎六位新生代主撰的"不寄的信"系列,以书信体表现男性内心委婉、细腻、含蓄。他们将复杂的人生况味渗透到爱情体验中去,由爱生发对人生世相及宇宙人生的思索,如杨川《来是空言去绝踪》,钟可斯写给K.C的《人生自是有情痴》,寒黎《旧时天气旧时衣》。"显性"的私语体,以"不寄"或者可称为"群发"的公开方式吐露衷肠。"信"这种私语体,呈现出倾诉的话语风格,更能打动人心、引起共鸣。

"谈话风"还以语言的通俗简易和富于孩童情趣的视角来拉近读者的距离:在辛金顺的《庙的记忆·年想》中,记忆中馋嘴的"我"在等吃点心时的急迫心理被描绘的亲切可感:"黄黄的鸡蛋糕还未完全熟透,香还未烧尽,母亲也还未掀盖,炉火中的火焰却还熊熊旺着呢!"② 陈大为在《木部十二画》中,以孩童式的奇想来写成长记忆:"榕树林是村民的记忆网络,要是它们有好奇的耳朵,那听进去的闲话势必塞满车轮,连半圈也转不动"。③ 郭莲花在《一条泥路》中,以孩童的"原人"式的天真视角和白描手法再现童年时代多元族群杂居的日常生活景观:"那时候我还未入学,蹲在自家的门口看来来往往的人,才晓得这个世界上还有跟华人不一样的人,印度人走过,荷着长长的铁钓,准备到泥岸边捉螃蟹;马来人阿末进来,载满一脚车的亚答叶,为村人换新屋顶。"④

新生代以"生活流"的方式呈现回忆中的童年生活和乡土民俗,能让"在地"以尽可能原生态的、逼真的样貌呈现出来,从而使大众读者产生共鸣。"生活流"重视纪实性,强调对生活的客观、连续性

---

① 钟怡雯:《我的神州》(下),《星洲日报》"文艺春秋"1994年11月22日。
② 辛金顺:《庙的记忆·年想》,载钟怡雯主编《马华当代散文选(1990—1995)》,文史哲出版社1996年版,第82页。
③ 陈大为:《木部十二画》,《星洲日报》"文艺春秋"1999年10月10日。
④ 莞尔(郭莲花):《一条泥路》,载陈大为等编《赤道形声:马华文学读本?》,万卷楼图书股份有限公司1990年版,第308页。

和原生态呈现。新生代幼年时期的"在地"生活随着岁月流逝逐渐沉淀形成经验世界,经验世界经由他们的审美意识渗透和梳理成为文化散文中的"生活流"。因此,即便是对乡村生活场景的写实和白描,对民俗仪式的流程和场景的忠实记录,都打上了新生代的主体印记,即"在地"感情。这种感情使得他们在呈现"生活"时,自觉不自觉地使用俗语、口语,并采用一种私语体形成谈话风的话语风格,当读者接触到这些"生活流"时,能通过灵动的口语和富于个性的谈话风还原一种圆融、亲切、和谐的"无间"氛围,这种"氛围"恰恰是新生代"在地"感情的"物象化"呈现。

"生活流"与"谈话风"进入新生代文化散文。并不"必然"地损伤散文的"文化"品格。然而,放任生活以原生态的样貌自我呈现,与文化散文追求主体的最大限度地"介入"生活并升华生活总会形成某种矛盾。"生活流"注重"此在",而文化散文则追求一种深厚的人文情怀和终极追问,即指向"彼岸"。尽管学界关于文化散文与"大散文"之间关系的界说,至今仍然众说纷纭、莫衷一是,然而,追求一种深厚的人文情怀和阔大的境界却是文化散文和"大散文"的旨归。以此来检视新生代文化散文,不难发现,"生活流"尽管有利于对"在地"生活的捕捉和呈现,然而,文化散文的功能依然在抒情阐理,借生活来阐明文化立场、态度和理想,将文化理念渗透到日常生活中,并以历史洞察力和穿透力来"穿刺"和"电击"历史的陈旧和日常的庸常。以此来看林春美的"我的槟城情意结",不难发现,某些篇章过于"匍匐"于"生活流"之上,放任生活去自我呈现,如《垃圾堆旁的人家》,花大量的笔墨和用绝大部分篇幅来呈现"垃圾堆"成为"问题"的原生态过程,而对华人的"事不关己高高挂起"的"市井哲学"却蜻蜓点水般一笔带过,缺乏更为深刻的文化反思。新生代文化散文,在呈现"在地"的"生活流"的同时,其他族裔经常以"边角剪影"的样态出现,且承担一种意识形态功能——暗示"族群和谐"。例如在林惠洲的《微光细雨》中,马来族于篇首和篇末各"闪现"了一下:篇首中马来孩童未见其人,但闻其声:"房子面西,座落这村庄的右边,睡过去的一列杂草矮丛,常常传来马来孩童的喧哗、嬉闹"①；篇末："右邻马来人家依旧传来一片欢笑声。"极具隐喻意义的题目"微光细雨"，暗示了华族的生存语境，马来族群点缀华人生活画面的"嬉闹声"和"笑声"暗示了主导族群之"善"，他们于作家笔下，仅仅是一个意识形态符号，有些生硬地植入华人"在地"的"生活流"。"笑"由此打上意识形态色彩，类似萨义德所强调的"文本性态度"，遮蔽了马来族内部的多元复杂性。

二 "公共性"取向与议论性散文

马来西亚华文报纸，承担着承继族群文化、推动华文教育、维护华社权益等使命。栖身于华文报纸副刊的新生代散文，重视"族群书写"的取向（包括历史重审、命运展望、文化发展、属性建构等），客观上也适应了报纸的"公共性"——"传媒作为社会公器服务于公共利益的形成与表达的实践逻辑"②——这一要求。陈再藩指出："华文报是马华文化的天空，它几乎是一种天气，如果这个天气产生变化，土壤也一定产生变化。天气影响土壤，华文报对马华文化的基础是重要的，马华文化与文学这些年来能够产生这么重要的角色，这个大传统本身起了很大的作用。"③ 所谓"公共性"要求，同时也源于

---

① 林惠洲：《微光细雨》，《星洲日报》"文艺春秋"1994年8月16日。
② 传媒的"公共性"话题始于哈贝马斯，在哈贝马斯的《公共领域的结构转型》一书中，"公共性"一词基本上可与"公共领域"通用，它被界定为国家与市民之间的、以参与性的、平等性的和理性的对话为基本原则的"过渡性"空间（参考汪晖、许燕《"去政治化的政治"与大众传媒的公共性——汪晖教授访谈》，《甘肃社会科学》2006年第4期）。但对于传媒的公共性，哈贝马斯显然持消极态度："它从公众舆论所发挥的一种功能变成了公众舆论自身的一种属性，而这种公共性充其量只能称之为虚假的'公共性'。"（［德］哈贝马斯：《公共领域的结构转型》，曹卫东译，学林出版社1999年版，第252页），哈贝马斯强调的是公共性的批判性与公益性，而传媒显然不具备理想意义的"公共性"。关于传媒的"公共性"，大陆学者中以潘忠党的界定较为流行："传媒作为社会公器服务于公共利益的形成与表达的实践逻辑"（潘忠党：《传媒的公共性与中国传媒改革的再起步》，《传播与社会学刊》2009年第6期）。本章采用潘氏的"公共性"解释，将"公共性"理解为传媒的"实践逻辑"。
③ 魏月萍、马汉、陈再藩：《仰望优质的文化副刊》，载潘永强、魏月萍主编《解构媒体权力》，大将出版社2002年版，第88页。

报纸本身生存与发展的需要。从商业角度看，发行量是报纸生存与发展的命脉。因此，"公共性"也意味着报纸必须不断策划能引发读者高度关注的公共议题；副刊策划与编辑时，同样必须斟酌、比较来稿内容的社会关注度。

概括90年代新生代文化散文的主旨/主题，不外乎是"不在'原乡'，在'南洋'"①。陈蝶曾以"换了人间"来形容新生代对马华散文文坛的"涤新"，这种"涤新"首先指内容上以历史文化反思取代"乡愁"。这种相似的取向，易于形成"代际"标记，有利于新生代以"群"亮相。同时，这种主旨/主题的同质化趋势，显然也与文化散文的"副刊化"生存密切相关，或者说，某种程度上是由报刊的"公共性"要求所推进的。

1990年柔佛古庙的保护问题，在华社引起争论，《星洲日报》立即开展专案大讨论②。与"古庙"并列的华人"会馆"，是华人移民的"活历史"，历经风雨侵蚀业已颓败，同样使得华人的"在地"历史面临湮灭的危机。"南洋文艺"专栏"投放"辛金顺的"历史窗前"系列，显然与90年代前期华社对古迹保护的呼吁、重视族群移民历史的要求密不可分。"历史窗前"系列，以"会馆老了"开篇，提出古建筑保护涉及华社的保根、保种问题，并且严肃地指出，粗暴保护与失真"修复"将从另一极加速华人历史的"空白"③。林金城的"十口足责"系列，敏锐地将这些新问题"摄入"散文，将华俗

---

① 这里是针对新生代散文代表性作家创作的在社会上产生过较大影响的散文而言的，非泛指所有的新生代散文作家创作的所有文本，7字辈的黎紫书是个例外，然而其在马华文坛发生影响是小说创作为主。

② 《星洲日报》1990年5月15日、5月24日、6月10日的"言路"版刊载了专案讨论"柔佛古庙"内容。其中6月10日的"言路"刊载的是新生代杨善勇的《发展历史建筑物之道》。1991年12月29日柔佛古庙山门被拆引发风波，1994年成立古庙修复委员会筹款修缮，1996年修复后的古庙重新屹立于新山。

③ 华社对"在地"史空白的填补于90年代后期逐渐着手，如新山中华公会从1996年起，决定广泛进行新山华裔史料搜集运动，并议决于1997年底出版《柔佛古庙专辑》及《新山中华公会75周年纪念史料特辑》，并于1997年中进行一系列"老新山话当年"讲古会和"留住历史"摄影比赛。

传承的"形式主义"（皮相）弊端和华俗的"在地"融合等问题，以散文的方式公之于众。就这样，由"古庙"延伸至"会馆"，由"会馆"延伸至华人早年拓荒的"野镇"（辛金顺的《江山有待》、钟怡雯的《禁忌与秘方》、禤素莱《吉山河水去无声》）和华人先辈死后的"荒冢"（黄锦树《光和影和一些残象》）；由"茶楼"（如陈大为的《茶楼消瘦》）延伸至都市旧地标、旧行业（林春美的"我的槟城情意结"中的"五盏灯"、"聚宾楼"、"人车伯"）等。新生代文化散文的历史、古迹、地志等书写，呼应、引领了华社的"公共性"要求，不同程度地按中了读者敏感的心灵"穴位"；客观上也较好地满足了报纸的"公共性"要求，引发了读者的高度关注。

陈蝶所谓新生代对马华散文文坛的"涤新"，也应指新生代开创的新文风即散文体式上出现的"文类互渗"。新生代引"论说"入散文，为散文增添了历史"阐释"、哲学"思辨"功能，增强了散文的历史穿透力和洞察力，使其散文能见前人之未能见，叙前人之未能叙：如林幸谦指认人类永恒的"边缘性"地位；黄锦树揭示"中国性"的"表演性"和"仪式性"；钟怡雯清醒地认识到祖父的"神州"不属于自己，自己的"神州"就在"此地"；林金城对华人"意象"过节的批评蕴含了新生代对华人传统的传承已被商业主义利用的反思；许裕全摒除"成王败寇"的"英雄观"，对人们眼中荒唐半辈子的"老唐山"——"爷爷"的一生进行理性审视，以"弄潮"的"飞鱼"来隐喻和重估"爷爷"南来后"讨海"生活的价值与意义等。

但是，出于对历史/现实，社会/公众发言的强烈愿望，也导致了新生代文化散文对"论说"的过度倚重；这种倚重在成就文化散文的同时，也给文化散文的肌质带来不同程度的损伤，使部分文化散文更像政论文，或多或少伤害了文化散文的"自主性"与审美性。如辛金顺的"历史窗前"系列，充斥大量的说理的"论说"段落，尤其《历史窗前》展示出浓郁的"文人论政"倾向，包括向当政者"献言"："房中的人又把话题转到如何争取更多的选票上去。而我想到的是，从事政治者是否要怀有历史感？从对过去的认知才能有今日的自知；才能以史为镜，整正衣冠和容颜，为民为族走一条更远的路。"①
这种倾向在林幸谦的文化散文中，也时有出现，如在《溯河鱼的传统》、《盘古氏的伤口》、《漂泊的诸神——北台湾的岁月》中。陈大为曾指出："散文的论文化是林幸谦的不归之路"②，他认为这种"论文化"不仅表现在散文的经营"思路"③上，更表现在将题旨直接见于题目："林幸谦为散文命名的时候，将题旨暴露无遗，还没读就见底了。这个问题更是清楚的显现在散文的名称上：《狂欢与破碎——边陲人生与颠覆书写》（1995）。"④ 另外，林幸谦的散文论点鲜明、笔调自由、条理明晰、笔锋常带情感，它气势磅礴，给人以酣畅淋漓之感；但是，纵笔所至却缺少检束。如在《漂》中，对台湾民族主义的批判和"祛魅"；在《盘》中，甚至插入卡谬向前哥伦比亚总统（被国内独裁者驱逐出境成为流亡者）发表的大段类似政治演说的欢迎词；在《溯》中，"愤懑的年代"对马来西亚种族主义色彩的教育体制进行猛烈的批判。这些都让人想起晚清时期梁启超开创的"报章体"。此外，新生代文化散文的大多"论说"，没有超越"族群利益"的"公共性"而转向多元族群的"公共性"，或者至少将目光投向和华人一样被边缘化的印度族以及其他少数族裔、边缘族群。

对文化散文而言，"副刊化"生存是一把"双刃剑"：报纸作为社会"公共空间"的重要构成，追求"公共性"。新生代自觉或不自觉地适应"公共性"而进行的散文书写，对提高自身及文化散文的社

---

① 辛金顺：《历史窗前3·历史窗前》，《马华当代散文选（1990—1995）》，文史哲出版社1996年版，第77页。

② 陈大为：《最年轻的麒麟——马华文学在台湾》，台湾文学馆2012年版，第157页。

③ 陈大为指出："林幸谦散文有一路清晰的路：（一）从马来西亚华社问题出发，打造悲愤的知识分子形象；（二）企图深入中国历史的腹地，以吟游诗人的身姿，去感受整个中华民族的痛苦；（三）退回北台湾，开始酝酿流亡和离散的边缘角色。在这个过程中，学术化现象越来越明显。"（陈大为：《最年轻的麒麟——马华文学在台湾》，台湾文学馆2012年版，第157页。）

④ 陈大为：《最年轻的麒麟——马华文学在台湾》，台湾文学馆2012年版，第157页。

会/文坛"能见度"显然有利,且其效性是"小众化"的纯文艺期刊所不能比较的。然而,对"公共性"问题的过度聚焦,无论是有意识的迎合还是无意识的投合,都使一部分文化散文的"自主性"和内在肌质遭受不同程度的"损伤"。

三 "媒体革命":机遇还是威胁?

90年代前期新生代文化散文对"族群问题"、"大众生活"的过度贴近带来文学内在"肌质"的某种程度的损伤;90年代后期,消费主义热潮和媒体革命则给文化散文的外在生存空间带来巨大的挤压。消费主义热潮中加速的视觉时代转型,催生了"读图一族";而随后兴起的"媒体革命"中诞生的"电子阅读终端",又将"读图一族"转化为庞大的"电子阅读族"。读者群的"转型",意味着栖身副刊的文化散文,面临着读者分流、阵地丧失的危险[①]。

詹姆逊指出后工业社会人类整个文化经历一次革命性变化即"视觉文化转型",以语言为中心转向以视觉为中心。利奥塔则更将"图像性"视为后现代社会人们行为方式的重要表征:以图像感知和把握世界,认为视觉感优于语言文字,图像感优于概念感受。"数字时代"的到来更强化了这种"图像化"趋势。诞生或成长于"互联网"时代、以不断更新的高科技数码产品"武装"自己的"新新人类"的出现成为"视觉时代"的症候群。由此,不仅媒介层面的"他者"构成了报纸文艺副刊生存的"地狱",于"图像时代"的视觉狂欢中成长起来的、不断入职社会各行业并成为其新生力量和中坚力量的新生一代的阅读方式也对报纸的生存构成巨大的威胁。他们属于图像式思维的一群,习惯了借助图像来观察、理解、阐释世界,被称为"读

---

① 栖身互联网的"网络文学"的兴起对报纸文艺副刊构成巨大的威胁和挑战。各类文学网站、文化论坛、博客以及网络社区等,较之报纸,发表门槛低,同时拥有报纸文艺副刊难以企及的即时性、互动性,潜在读者群十分庞大,从而对报纸文艺副刊的生存构成巨大的挑战。如果说"电子阅读终端"的诞生对包括报纸在内的传统出版产业产生一次巨大冲击,那么"3G电子阅读终端"带来的将是更具颠覆性改变。随着3G手机的推广和普及,"便携式"阅读成为可能等,"网络阅读"对文艺副刊的生存带来了空前强大的挑战。

图"一族。读者群的"代际更迭"对文艺副刊的发展提出了极大挑战,他们迫使副刊作出妥协和调整。

进入高度商品化、图像化以及数字化的时代,纸媒阅读人口受到极大的挑战,副刊的影响力下降是有目共睹的事实,台湾大型连锁书店"诚品书店"的《诚品好读》主编蒋慧仙谈到台湾报纸在争取读者时所做的"识时务"性调整:

> 这几年,报纸的阅读率都在下降,网络的兴起已经隔去读者很多的时间。时下青年也许更加不爱阅读文学,反而选择网络或者时尚的东西,属于图像式思想的一群。《联合报》和《中国时报》比较意识到这个问题,于是增加许多文化的议题,邀请年轻写作者执笔,作比较活泼的版面规划等,至于文章方面,就更短小了。《中国时报》变化得最明显,会主动接触流行文化,副刊里还会出现打洞少女穿夹克,变得杂志化。这未必不好,只是文学的发表空间越来越少。[①]

台湾《自立晚报》副刊前主编、学者林淇瀁认为90年代以来,副刊的大众化,已经成为副刊编辑人员不得不面对的重要课题,而"不改变,就取消",也成为报业经营上层思考副刊存废的基本逻辑。林淇瀁的忧虑反映了副刊文学在消费时代处境之难,它极大地考验着副刊主编。

马来西亚华文报纸的情况有些特殊,它不仅仅是传播学意义的纸质媒体和想象民族、国家诸如此类"共同体"的工具,还是作为少数族群的华裔的精神纽带和支柱,与包括台湾、香港、大陆的中国华文报纸不同,甚至与新加坡华文报也不同。当香港副刊在消费主义的商业大潮中"恶化"得厉害、更加城市化、文学及文化日渐被挤到报纸边角的时候,马来西亚的"两报"对副刊传统坚持的"痕迹",依然

---

① 蒋慧仙、魏月萍、潘永强:《另外"书的副刊"——拓展言论光谱的阅读》,潘永强、魏月萍主编:《解构媒体权力》,大将出版社2002年版,第118页。

能够扣住马华社会的"脉动",如"南洋文艺"和《文艺春秋》在90年代以来一直坚持"纯文学"不动摇,对商业化风潮保持果敢拒斥的态度,由此为马华文学发展构筑了一个相对隔绝的亮相舞台。

然而,这场席卷全球的"媒体革命"带来的冲击是纸质媒体无法躲避的①。1997年马来西亚教育部长纳吉提出"精明学校"的概念,计划在未来的三年内实现所有的学校的联网:"通过精明学校的概念,大马学生将在迈入21世纪时,以手提电脑取代沉甸甸的书包,完全改变目前的教学模式。"②电脑在学生群体中的"全覆盖",意味着马来西亚"电子阅读终端"在受教育群体中的推广和普及,他们将在不久的将来步入社会成为知识阶层的新血液,也意味着以"新媒体"技术武装的知识阶层正被源源不断地"生产",他们将成为"新媒体"的潜在读者。纸质媒体要想把这个庞大的"新媒体"读者群吸纳为自己的读者群,付出的革新努力不可谓不大。

带着文艺色彩的综合性副刊"星云"在90年代后期的"沦陷",最能反映这股来势汹汹的商业大潮和媒体革命对文艺副刊的冲击力度。90年代前期张永修编辑"星云"时,消费主义风潮尚不甚猛而媒体革命尚未极大地冲击东南亚,加之作为新生代作家的张永修在"星云"的策划和设计上苦心孤诣,"消费主义"与"自主性"才得以在"星云"取得平衡。90年代后期,随着消费主义风潮的日渐猛烈和张永修退出"星云","星云"逐渐沦为《星洲日报》上可有可无的副刊。90年代后期以来关注青年的择业、职业规划、工薪阶层的压力的"上班族"、进行商品推介的"星洲卡"和介绍时尚的"流行坊",特别是后两个图文并茂的版块经常与"星云"版合刊在一个版

---

① 90年代以来"两报"副刊的日渐"杂志化"即是这种"革命"的应激反应。为增强副刊对新一代的吸引力,进入90年代,"两报"副刊在"生产"新一代读者方面做出了很多尝试,如副刊设计风格向小资的"新新人类"倾斜。他们追随时代潮流,关注新科技,喜欢美食,注重养生,信仰宗教等。以《星洲日报》为例,该报平均每日对开25张,周日四张,副刊内容涵盖了"新新时代"、"娱乐"、"菜式食品"、"佛学"、"医药与健康"以及图文并茂的时尚版"流行坊"、刊商信息的"星洲卡"版等。

② 白雪:《马来西亚学生将以手提电脑取代书包》,《世界教育信息》1997年第9期。

面，甚至经常"置顶"，这种版面设计一方面反映了消费主义对文艺的挤压和地盘争夺，从另一方面看，未尝不可理解为"星云"试图通过图文并茂的时尚版来吸引"读图"族，从而争取读者以争得继续生存的"合法性"的无奈之举和借力之举。

实际上早在90年代前期，"星云"某些专题的策划已显示编者对新时代的文学发展趋势和"读图"一代的审美趣味的倾斜。科幻大片是"视觉时代"的产物，是图像化时代的狂欢。对未知世界的好奇和探索欲望以及科幻电影中依靠电脑特技合成的特效和令人震撼的逼真声响效果，都对"读图"族有着强烈的吸引力。科幻电影遂成商业时代的重要"吸金"题材。各种科幻杂志也应运而生，如由台湾科幻作家张系国主持的《幻象》杂志，以及香港的《无尽之旅》等。1990年6月，张永修邀请张系国在"星云"副刊开设"科幻之旅"专题系列，贺词中张系国指出开设该专栏的目的："科幻创作，有人认为是二十一世纪文学的主流，但是由于华人对科学一贯把着实用的观点，而很少体会到科学探索的诗意的一面，因此对科幻文学往往有了排斥的心理。'科幻之旅'或许能纠正这种看法，并鼓励年轻的华人作家从事这方面的努力。"[①]"星云"引入"科幻"元素，某种意义上是把握和迎合了新一代的阅读心理的时代性"挪移"。电脑是20世纪的"宠儿"和主宰，对这个新世纪"宠儿"的展望和知识普及，也成为"星云"着力点。如1990年12月至1992年1月的"六日情"专栏，连载了新生代杨善勇的"电脑风"系列，对"电脑时代"、"电脑病菌"和"电脑进城"即电脑的未来发展趋势、城市与电脑的紧密联系等进行了介绍。又如1999年1月12日，"星云"刊登的文章《哈罗！外星人》、《火星之旅》漫画、《机械人秘书小姐即将面世》等涉及"外星人"、"机器人"话题，这些都是最吸引"新新人类"眼球的内容。

新生代文化散文于90年代后期的消退，除了"媒体革命"之外，有着复杂的原因。从创作主体来看，新生代文化散文作家多身兼学者

[①] 张系国：《贺词》，《星洲日报》"星云"1990年6月15日。

与作家双重身份，他们的创作勃发期为大学、研究生阶段，到90年代后期，随着身份从学生转向学者，研究工作必然分去其大半精力，如陈大为、林幸谦、钟怡雯、黄锦树、林春美、潘碧华等。从创作语境看，随着1994年中国经济体制的全面转轨，中国加强了与东盟国家的经济合作。"文化母国"与马来西亚的"交好"，必然有利益提升华社的"安全感"，而以族群命运、文化认同等为主题的新生代文化散文本质上也出于寻找作为少数族裔的华族的"安全感"的文化行为。当"安全感"不再成为主要的社会问题，文化散文的消退似乎也不可避免。因此，90年代后期，尽管"星云"也策划了若干专题如《世纪末风情》专题系列和《乡土列车》专题系列和浩于豪的"干榜风情话"系列等，但篇幅短小，无论是思考深度还是艺术水准，远不可与90年代前期的"大马风情话"等同日而语。

此外，"媒体革命"并不"必然"对纸媒造成"灭顶"之灾①，同样，尽管以"副刊"为主要发表园地的新生代文化散文因它而面临读者的分流的巨大冲击——"电子阅读终端"的诞生在全球掀起了一场声势浩大的"媒体革命"，它将彻底改变人们传统的阅读方式，它以超文本链接、交互性和时空跨越性的三大突出优势成为直接威胁着

---

① 关于"媒体革命"对纸媒的影响，一直存在两种观点：一是"消亡论"，1998年初，美国合众国际社CEO杰姆·亚当斯在一系列会议上断言：互联网将在五年内吞没传统媒体。对于网络媒体，最著名的论断当是微电子公司的杰布可·尼尔森在《传统媒体的终结》（1999）里所说的，在未来5—10年里，当前所通行的传统媒体将寿终正寝，它们将被以综合为特征的网络媒体所取代。此外还有"数字教父"尼葛洛庞帝在《数字化生存》中指出的"悖论"，即传统媒体广播、电视、报纸在大力宣传互联网时却不知道正在培养自己的掘墓人，以及北卡罗莱那大学教授菲利普·迈尔在《正在消失的报纸：在信息时代拯救记者》中则发表的更大胆的预测，将报纸消亡的时间确定在2044年10月——"最后一位日报读者"将"结账走人"。这些对报纸发展前景的预测持悲观论调的观点被归纳为报纸的"消亡论"。对互联网时代报纸的命运，还存在与尼葛洛庞帝和菲利普·迈尔等人的"消亡论"不同的另一种观点即"平衡论"，认为网络传播尽管会带来冲击力，但不会消灭传统媒体，并且会与广播、电视、报纸等形成一种新的平衡，如中国传媒界即持这样一种"平衡论"。

纸媒的生死存亡的强劲敌手。然而，报纸与网络的有机整合①可使文学"四要素"即"世界—作者—作品—读者"之间的更为复杂多元的关系的形成得到实现。依托网络进行的"跨地域"、"跨国别"的即时性互动，作为一种"在线自由"，有利于制造文学运动、掀起文学论争并形成文学思潮和创作，从而最终有利于文学的发展。危机和挑战意味着新的机遇，它们向栖身副刊的文化散文的发展提出了新的课题。

---

① 以《南洋商报》为例，如 1996 年 11 月，报纸实现"上网"；1997 年 10 月 24 日，推出网上即时新闻，2000 年 6 月成立南洋报业线上有限公司，"三步走"式整合有效地保持了报纸的销量。

第六章

报纸副刊与新生代理论话语

张光达在《建构马华文学（史）观——90年代马华文学观念回顾》中有两段评述80、90年代马来西亚华文文学批评的文字，可作为我们进入本章话题之前的一个"引子"：

> 在马来西亚的华文文学，文学批评是最弱的一项，无论是导读式的实际批评，或是议论式的文学观念，都是马华作者不太愿意去碰触的文体。马华写作者对文学批评敬而远之，原因有三：（一）对世界国际的文学思潮观念缺乏深透的认识，整理不出清晰的理路，大部分的评论者还停留在一个世纪前的模拟现实观/现实主义，与世纪末风起云涌的解构观念，后殖民论述，新历史主义，性别研究和酷儿（queer）论述简直不可以道里计。（二）不具备写文学评论的训练技巧，很容易流于意气用事或语焉不详，形成马华文学传统的"杂文"文体，文中充斥着大量的主观谩骂的刻薄字眼。（三）不具备对本土的文化/文学现象的透彻审判，无法从中提出评论者一己的思考角度，如何融化本土与世界性的思潮是评论者最迫切要去处理的事，大多只流于人云亦云的肤浅表面。这种情形在八十年代的马华文学为甚，整个十年除了一些零星的作者的实际批评外，讨论文学观念的理论文章几乎交了白卷，没有突出的文学论争课题令整个80年代的马华文学黯然失色。
>
> 世纪之交的最后十年，马华文学的批评力量开始注入，几年来爆发了几次激烈的文学论争，老中青三代的作者大都参与这些讨论，其中60、70年代未曾处理解决的文学课题也再度浮现。

新旧论争课题交替造成文学跨越学界以外的文化、政治、历史、社会学科,其中的错综复杂关系让差异的文学观念在对话交锋中,迸出精彩而发人深省的角度观点。①

第一节　新生代的文学批评生态

2004年,陈大为、钟怡雯和胡金伦在台湾主编出版了《赤道回声:马华文学读本Ⅱ》,作为《赤道形声:马华文学读本Ⅰ》的姊妹篇,这部号称"以文学史视野编撰的评论选",收入了1990—2003年间在马来西亚和国外发表的39篇马华文学评论。《赤道回声》的价值,除了"透过马华、台湾、中国大陆的多元视角,交织出一幅众声喧哗的当代马华文学史蓝图"②之外,还在于为我们粗略描摹了90年代马华新生代文学批评在地与离境共生的生态景观。

一　在地批评与本土观照

"野人怀土,小草恋山。"……我选择做一个在地的马华文学评论者。③

根据批评者的发声位置,我们将马华新生代的文学批评做了在地与离境的区分,所谓"在地批评"即境内马华评论者所做的文学批评。《赤道回声》收入的1990—2003年间马华新生代在地批评者有张光达、刘育龙、庄华兴、何国忠、潘碧华、林春美、安焕然等7人,他们大多在80年代末90年代初马华文坛"评论文字匮乏、新批评青

---

① 张光达:《建构马华文学(史)观——90年代马华文学观念回顾》,载张永修等主编《辣味马华文学——90年代马华文学争论性课题文选》,雪兰莪中华大会堂、马来西亚留台校友会联合总会2002年版,第1、Ⅲ页。

② 陈大为、钟怡雯、胡金伦主编:《赤道回声:马华文学读本Ⅱ》,万卷楼图书股份有限公司2004年版,第XIX页。

③ 林春美:《性别与本土:在地的马华文学论述》,大将出版社2009年版,第197页。

黄不接、实际批评断断续续经营"① 的背景下开始介入文学批评，并成为 90 年代马华新生代在地批评的中坚力量，在 21 世纪初都先后出版了自己的马华文学批评专著。

张光达，1965 年出生，马来亚大学工程学士，工程师。80 年代中后期，张光达开始大量接触马华文学作品，在与台湾文学的比较中，张光达"发现出色的本地作家和作品在数目比例上不多，难免给人一种良莠不齐的感觉，于是我便开始计划把那些出色的马华作家和作品精读细品，写成评论然后发表和介绍给我们的马华文学读者群。我的心目中隐约有一些名字，大约有廿多个，他们都是大马 80 年代相当出色的作家诗人，可以拿出去亮相而不会丢人现眼的"；在阅读文学作品的同时，张光达也开始去了解台湾及马华本地的文学批评，"杨牧、叶维廉、余光中、欧阳子、蔡源煌、张汉良、罗青、陈芳明以及李瑞腾等人的评论文字，令我大开眼界，受益匪浅。尤其是罗青的《从徐志摩到余光中》和张汉良、萧萧合著的《现代诗导读》，影响我当时的诗评论文字风格颇深"，同一时期马华本土的文学评论却让张光达感到十分失望，尤其是 70 年代曾经表现尚佳的温任平，"整个 80 年代只有零星的评论文章在报纸副刊上发表，而且大多素质奇差，一时似有文学泛道德社会观念化的卷土重来之势"。② 在这样的背景下，非科班出身的张光达开始创作文学批评，"凭一股傻气与毅力"，"从此走上了写作文学评论这条孤寂的道路"③，并成为 90 年代马华文坛活跃而拔尖的在地批评家；21 世纪初，先后出版了《风雨中的一枝笔》（2001）、《马华现代诗论：时代性质与文化属性》（2009）和《马华当代诗论：政治性、后现代性与文化属性》（2009）3 本马华文学批评专著。

---

① 张光达：《新批评理论与文学创作的辩证——序刘育龙文学评论集〈在权威与偏见之间〉》，载刘育龙《在权威与偏见之间》，大马福联会暨雪兰莪福建会馆 2003 年版，第 11 页。

② 陈强华、张光达：《马华文学评论之必要——专访年轻评论者张光达（1）》，《南洋商报》"南洋文艺" 2003 年 6 月 3 日。

③ 同上。

《赤道回声》收录了张光达的 3 篇批评文章:《现代性与文化属性——论六〇、七〇年代马华现代诗的时代性质》、《从遮掩到裸裎——马华情色诗初探》和《陈强华论:后现代感性与田园模式再现》,全部都是诗歌批评,2001 年出版、代表张光达 90 年代文学批评成就的《风雨中的一枝笔》也清一色都是诗歌/诗人批评①,可见,诗论是张光达文学批评的主体。除了诗歌批评,张光达也时常在《南洋商报》"南洋文艺"和《星洲日报》"文艺春秋"上发表一些散文论、小说论和文学现象论,如《文明人走进大自然——试读陈坦和近期的散文》②、《闹剧、鬼话和叙述形态——评黄锦树的〈大河的水声〉》③、《后现代的省思》④ 等。从 1995 年开始,受"南洋文艺"主编张永修之邀,张光达每年年终对"南洋文艺"进行年度回顾,点评"南洋文艺"当年度的文学现象和收获,由于方法和观点不落俗套,在文坛引起积极回响,并累积成张光达 90 年代中后期文学批评的重要成果,同时也为后人研究"南洋文艺"提供了重要的参考。

　　张光达的文学批评以 90 年代中期为界,经历了一个从新批评到后学思潮的转型:"基本上从 1989 年代后期到 1990 年代前期的论文比较倾向于新批评的格式,而在 1990 年代中期过后则企图整合新批评与解构观念,试图开创马华诗评的新气象。"⑤ 在《灵气傲然,出鞘中天——艾文风格概论》⑥、《风雨中的一枝笔——有关傅承得及其

---

① 这部评论选讨论了 19 位马华当代诗人,分别是吴岸、潘雨桐、王润华、艾文、黄远雄、方昂、李宗舜、蓝启元、叶明、谢川成、傅承得、陈强华、苏旗华、林若隐、李笙、夏绍华、王鼷、玮城和泉花子。收入的文章从 1989 年 5 月到 1998 年 3 月,是张光达这 10 年间诗歌批评的集成。

② 张光达:《文明人走进大自然——试读陈坦和近期的散文》,《南洋商报》"南洋文艺" 1999 年 6 月 22 日。

③ 张光达:《闹剧、鬼话和叙述形态——评黄锦树的〈大河的水声〉》,《南洋商报》"南洋文艺" 1999 年 12 月 11 日。

④ 张光达:《后现代的省思》,《南洋商报》"南洋文艺" 1998 年 12 月 16 日。

⑤ 张光达:《风雨中的一枝笔·自序》,千秋事业社 2001 年版,第Ⅶ页。

⑥ 张光达:《灵气傲然,出鞘中天——艾文风格概论》,《南洋商报》"南洋文艺" 1989 年 7 月 7 日。

政治抒情诗》①、《理想与现实之间——初窥谢川成〈夜观星象〉》②、《凋落的向阳花——论蓝启元的〈橡胶树的话〉》③、《衔接古代长安与现代都市——读玮城的诗》④、《融雪时的第一道细水——读泉花子诗集〈泉花子诗选〉》⑤、《现实、写实、真实——读黄远雄诗的一种方法》⑥、《生活的另一种声音——也谈叶明的诗》⑦ 等80年代末90年代前期发表于《星洲日报》"文艺春秋"和《南洋商报》"南洋文艺"上的诗论中,"新批评"的痕迹十分明显,张光达没有用作者的生活/声音去取代作品本身,而是将作品当作独立的自足体,通过对作品细部如结构、意象、语词等的详细解读,完成对作品艺术价值的评估。新批评的评论方法在西方文论界虽然已不再流行,但对于90年代前期的马华文坛来说却仍十分新颖,相关解读也的确让人耳目一新。张光达之所以选择新批评,"除了那是因为我当年于文学理论认识上的局限,还有一个更加基本的信念:让属于文学的归还给文学。我的评论文字大部分是诗评,只有很少部分是小说和散文评论,这是因为新批评对作品的精读细品法最适合读诗,尤其是语言文字中的审美结构和象征意义"⑧。除此之外,选择新批评也与张光达在80年代中后期

---

① 张光达:《风雨中的一枝笔——有关傅承得及其政治抒情诗》,《南洋商报》"南洋文艺"1989年8月7日。

② 张光达:《理想与现实之间——初窥谢川成〈夜观星象〉》,《南洋商报》"南洋文艺"1989年11月11日。

③ 张光达:《凋落的向阳花——论蓝启元的〈橡胶树的话〉》,《星洲日报》"文艺春秋"1990年3月9日。

④ 张光达:《衔接古代长安与现代都市——读玮城的诗》,《星洲日报》"文艺春秋"1991年2月9日。

⑤ 张光达:《融雪时的第一道细水——读泉花子诗集〈泉花子诗选〉》,《星洲日报》"文艺春秋"1991年9月10日。

⑥ 张光达:《现实、写实、真实——读黄远雄诗的一种方法》,《星洲日报》"文艺春秋"1992年2月11日。

⑦ 张光达:《生活的另一种声音——也谈叶明的诗》,《南洋商报》"南洋文艺"1995年11月24日。

⑧ 陈强华、张光达:《马华文学评论之必要——专访年轻评论者张光达(1)》,《南洋商报》"南洋文艺"2003年6月3日。

受台湾文学批评的影响有重要关系。90年代中期开始，作为一个有自觉意识的批评者，张光达逐渐意识到新批评的局限，"过于强调作品的自足性质和内在结构，往往忽略了作品与作者、读者、世界的辩证关系和互动牵制"①，在面对复杂的批评对象时，"新批评、实际批评在许多方面都不够用了"②；此时，他的理论兴趣也由新批评转向当代西方文学思潮和理论，"每天咀嚼文化批评的学术名词，不然就是后学的理论诗学"，同一时期，林建国、黄锦树、陈大为等旅台学者的马华文学批评也令张光达"深感震撼"和"刮目相看"③。在此情境下，张光达转向整合新批评与解构观念，将文化研究、后殖民论述、性别理论等引入到马华文学批评中，深化了马华文学研究的向度。他于90年代后期发表在《南洋商报》"南洋文艺"上的系列批评文章，如《认同被建构的认同》④、《后现代：引进/同化/更新》⑤、《后殖民：后现代的支配/反支配》⑥等都是这种"整合"的尝试⑦。

刘育龙，1967年出生，马来亚大学物理系学士，90年代初进入文坛，业余创作诗歌、微型小说及文学批评，2003年出版文学评论集《在权威与偏见之间》，收入1990—2000年间发表于《南洋商报》"南洋文艺"和《星洲日报》"文艺春秋"等刊物上的17篇文学评论。刘育龙与张光达较为相似，都是以非科班的身份从事文学批评，以诗歌评论为主兼及微型小说论，推崇新批评。由于缺乏中文系/外

---

① 陈强华、张光达：《马华文学评论之必要——专访年轻评论者张光达（1）》，《南洋商报》"南洋文艺"2003年6月3日。
② 陈强华、张光达：《马华文学评论之必要——专访年轻评论者张光达（2）》，《南洋商报》"南洋文艺"2003年6月7日。
③ 张光达：《马华现代诗的再论述（自序）》，载张光达《马华现代诗论：时代性质与文化属性》，秀威资讯科技股份有限公司2009年版，第ii页。
④ 张光达：《认同被建构的认同》，《南洋商报》"南洋文艺"1998年10月14日。
⑤ 张光达：《后现代：引进/同化/更新》，《南洋商报》"南洋文艺"1999年3月5日。
⑥ 张光达：《后殖民：后现代的支配/反支配》，《南洋商报》"南洋文艺"1999年5月14日。
⑦ 2009年张光达出版的两本评论集《马华现代诗论》和《马华当代诗论》代表了转型之后的批评成果。

文系的学术背景,刘育龙的文学批评在理论性方面略显不足,但他善于将创作经验融入到新批评方法中,"理解理论与创作之间的辩证关系和矛盾状况"①,呈现出新批评理论与文学创作经验相结合的批评特点。② 刘育龙是 90 年代马华文坛少有的在创作的同时还对批评有自觉追求的在地批评者,他的文学批评即使放在马华新生代之中也有其意义和价值。张光达认为:"他服膺新批评的评论方法,却也吸取了一些传统表现论和印象式批评的看法,更在必要时试图结合某些后结构理论的观点,在某种程度上整合了这些批评理论的观念格局,但同时他的理论思考所产生的不一致又反过来暴露他的矛盾情境。比起传统马华现实主义前辈评论者的表现论和印象式批评,以及 1970 年代马华现代主义评论作品所标榜的新批评风格,刘育龙论述的整合企图(虽然不免也充满缺陷)使得本土文学论述范式开始产生变动,带来不同的视野,而且因为其理论体系仍在形塑摸探之中,发展性及可塑性令人期待。他的文学评论另一个特色是以创作者的身份来思考评论的存在意义,因此他的评论文字透过理论技巧的提出与对写作者的期许关怀,展现了评论家与文学创作的辩证思考关系,这一点对于评论文字匮乏的马华文坛来说,无疑含有重大的意义。"③

庄华兴、何国忠、安焕然,再加上许文荣,都是科班出身,具有明显的学院背景,他们的文学批评与张光达、刘育龙等有所不同。庄

---

① 张光达:《新批评理论与文学创作的辩证——序刘育龙文学评论集〈在权威与偏见之间〉》,载刘育龙《在权威与偏见之间》,大马福联会暨雪兰莪福建会馆 2003 年版,第 11 页。

② 张光达在刘育龙《权威与偏见之间》的序言中谈到刘育龙的批评方法及理论时,认为:"刘育龙的评论是以新批评的评析法则为本,然后再加以一些外延索隐、心理分析、结构主义和印象式分析,来补充或加强他的论点。他在后结构主义的理论方面如解构、后现代、后殖民、后精神心理分析和性别理论谈得不多,偶有提及也没有运用在他的评论对象的作品上。一方面可能是他对这些议题的认知有所局限和匮乏,另一方面也可能是他的务实理性态度造成他不愿贸贸然作出过于草率而令人侧目的评价。"载刘育龙《权威与偏见之间》,大马福联会暨雪兰莪福建会馆 2003 年版,第 12 页。

③ 张光达:《新批评理论与文学创作的辩证——序刘育龙文学评论集〈在权威与偏见之间〉》,载刘育龙《在权威与偏见之间》,大马福联会暨雪兰莪福建会馆 2003 年版,第 20—21 页。

华兴，1962年出生，马来亚大学中文系博士，马来西亚博特拉大学外文系中文组讲师，马来西亚翻译与创作协会秘书，编著出版《端倪：大马译创会中文文集一》（1998）、《伊的故事：马来新文学研究》（2005）、《绵延：大马译创会会员文集中文二》（2006）、《国家文学：宰制与回应》（2006）等。庄华兴被认为是90年代在质和量方面成绩斐然的两位在地批评家之一（另一人为张光达，刘育龙语）。他的文学批评主要集中在两个方面：一是翻译、介绍、研究马来文学，二是研究马华文学与国家文学的关系及其出路。在马来西亚，马华文学与其他语种文学尤其是马来文学的沟通交流因语言的障碍受到很大限制，由于互不了解，一些重要的文学议题如国家文学，马华文坛与马来文坛难以产生对话，甚至出现对抗和抵触。90年代开始，庄华兴在《星洲日报》"文艺春秋"和《南洋商报》"南洋文艺"等报章向马华知识界翻译、介绍马来文学，借助对马来文学的观察研究，为马华文学开启了一扇认识他人、反省自我的窗口，庄华兴也因此成为华、马文学对话的先行者；由于具备马华文学与马来文学的双重知识背景，庄华兴对国家文学的批驳和回应也独具理论价值，他在新世纪之后提出的兼语写作的思路，也成为目前促使马华文学进入国家文学的重要路径之一。

何国忠，马来亚大学中文系学士、硕士，英国伦敦大学博士，90年代先后在马来亚大学中文系和东亚系任教，编著出版《今我来思》（1993）、《塔里塔外》（1995）、《中华文化之路》（1995）、《马来西亚华人史新编》（1999）、《马来西亚华人：身份认同、文化与族群政治》（2006）等。何国忠是80年代校园散文的代表作家，他"开启了另一种文化书写的角度，具有华文文化的承担意识、以文化人自诩的叙述风格"，是"校园散文从轻转重的里程碑"[①]，90年代主要从事马来西亚华人文化和政治研究，兼及马华文学研究。何国忠的马华文学研究具有典型的文化研究的特点，透过文学的表层深入挖掘其背后

[①] 钟怡雯、陈大为编：《马华散文史读本1957—2007》（卷二），万卷楼图书股份有限公司2007年版，第137页。

的文化与政治元素，代表性论文《马华文学：政治与文化语境下的变奏》①，紧扣马华文学在政治语境下所受的干扰和本土化与中国文化带给马华作家的困惑，解读了马华文学的各种焦虑，至今仍是马华文学文化研究的经典文本。

安焕然，1968 年出生，台湾成功大学历史语言研究所硕士，90 年代中期回到马来西亚，在南方学院中文系任教。安焕然 90 年代后期开始活跃于《星洲日报》副刊，在 1997—1998 年的奶水关系论争中曾发表《与温任平先生谈〈与柏杨谈马华文学的独特性〉》②、《何以如此鸡同鸭讲——对断奶课题的一点无知及无奈的回应》③ 等文章参与讨论。安焕然批评涉猎的范围较广，涉及马华文化、历史、教育、文学他都曾撰文讨论，就文学研究来讲，安焕然受历史实证主义的影响较多，重视"史"的梳理和意义探索，发表于马来西亚《资料与研究》上的《内在中国与乡土情怀的交杂——试论大马旅台知识群的乡土认同意识》，总计 4 万余言，从"史"的角度，解析了 50 年代以降不同时期大马旅台生文字作品中乡土认同趋向的转变，"有点历史、有点文学、亦有点后现代"④（安焕然语），这样的长文在马华在地批评者中是十分少见的。

许文荣，1964 年出生，马来亚大学中文系毕业，获学士与硕士学位，2000 年赴中国大陆深造，获南京大学中文系文学博士学位，90 年代末在南方学院中文系任教，现为拉曼大学中文系教授，是马华少有的留学中国大陆的新生代批评者。《赤道回声》没有收录许文荣的批评文章多少有点"意外"，作为马华在地批评的学院派代表之一，许文荣的文学批评不容忽视。他受西方后学思潮影响较多，特别是后

---

① 原文首次发表在马来西亚出版的《马来西亚华人研究学刊》2000 年第 3 期上，后又被改写成《政治语境下变奏的文化论述："马华文学"的迷思》，作为第六章收入到 2006 年出版的《马来西亚华人：身份认同、文化和族群政治》一书中。

② 安焕然：《与温任平先生谈〈与柏杨谈马华文学的独特性〉》，《星洲日报》"自由论谈" 1997 年 12 月 28 日。

③ 安焕然：《何以如此鸡同鸭讲——对断奶课题的一点无知及无奈的回应》，《星洲日报》"自由论谈" 1998 年 4 月 19 日。

④ 安焕然：《本土与中国：学术论文集》，南方学院出版社 2003 年版，第 288 页。

殖民和文化研究的理论资源在他的批评文章中有较多的渗透。2001年出版的许文荣第一本学术专著《极目南方：马华文化与马华文学话语》，收录了许文荣写于1998—2000年间，以后殖民批评取向切入的3篇马华文学评论：《挪用"他者"的表述策略——从殖民话语到后殖民话语的马华文学》（2000）、《霸权下的焦虑与抗争——论潘雨桐"何日三部曲"的后殖民话语》（1999）和《"洁净的形体、污秽的灵魂"——评黎紫书〈天国之门〉的批判意识》（1998）。2004年出版的《南方喧哗：马华文学的政治抵抗诗学》更是成为文化研究的经典著作。许文荣将后殖民和文化研究的相关理论引入到马华文学研究中，丰富了对马华文学的认知，同时也拓展了马华新生代在地批评的理论深度。

马华新生代从事文学创作的女性作者有很多，如黎紫书、钟怡雯、林若隐、禤素莱、柏一、潘碧华、林春美、郑秋霞、郭莲花等，她们在文坛上的成就丝毫不亚于同辈的男性作者，但从事/兼及马华文学批评的女性作者却并不多见，除了旅台的钟怡雯，在地的就只有潘碧华和林春美在创作之余也从事批评。

潘碧华，1965年出生，马来亚大学中文系学士、硕士，北京大学古代文学博士，1996年起任教马来亚大学中文系。潘碧华从本科到博士所学专业都是古代文学，这一知识背景包括在古代文学体系中接受的学术训练对她的马华文学批评产生了一定的影响："可能在不知不觉中，古代文学的时代划分影响了我对马华文学的认识，比较起来，马华文学的历史太浅，还没有足够的条件产生太多的优秀作家。但是，马华文学存在的时代还是有意义的，而且十分可贵。甚至可以说马华文学的时代意义，多于个别作家的成就。"[①] 正是基于这样一种认识，潘碧华的马华文学批评偏重现象批评，她善于抓住一个特定时期的文学现象辨析其在马华文学史中的时代价值及其透露出来的"时代记忆"。2009年出版的潘碧华第一本学术论文集《马华文学的时代记忆》，收入了她写于90年代中后期的6篇马华文学批评：《从文学作

[①] 潘碧华：《马华文学的时代记忆》，马来亚大学中文系2009年版，第181页。

品看独立后新马华人社会的变化（1979—1989）》（1993）、《弹拨一根现实敏感的弦——听七、八十年代的声音》（1999）、《八十年代校园散文所呈现的忧患意识》（1997）、《寻找孤寂的心灵——以九十年代的大专诗文为例》（1997）、《以文字堆砌生命堡垒的方北方》（1999）和《取经的故事——五、六十年代外来文学对马华文学的影响》（1996）。《八十年代校园散文所呈现的忧患意识》一文是潘碧华90年代马华文学批评的代表作，她以80年代马华文学出现的重要文学现象——校园散文的勃兴——为对象，联系风起云涌的时代背景，指出80年代大专院校的华裔学生普遍存在深沉的"忧患意识"。

林春美，1968年出生，马来亚大学中文系学士、硕士，新加坡国立大学中文系博士，90年代后期参与主编马来西亚历史悠久的纯文学期刊《蕉风》，现为马来西亚博特拉大学外文系讲师。正如2009年出版的林春美第一本学术论文集《性别与本土：在地的马华文学论述》的题目昭示的那样，"性别"与"本土"是林春美马华文学批评的两个关键词。90年代后期林春美发表的《女身境地：小论1990年代潘雨桐小说的"女""性"》（1997）、《男性注视下的女性幻象：从静水到野店说潘雨桐》（1999）和《轻巧与深刻的两难问题：小论〈微型黎紫书〉》（1999）等都是从性别角度切入的文学批评。作为一个女性批评者，在前两篇论文中，林春美敏锐地发现潘雨桐在塑造女性形象时，出现了主观意图与实际效果的分裂："从多篇小说对女性处境的书写看来，潘雨桐对这个处于弱势的性别的关怀是毋庸置疑的。……可是，由于固有的伦理原则与思想观念的根深蒂固，作者一不自觉反而就成了导致那些女性被压制的意识形态的共谋。虽然尽管作者意图同情，对于小说女性，有时却反而变成再一次隐晦的无情。"[①] 这样的分析无疑是深刻到位的。如果说林春美对性别命题的关注是源于她自己的女性身份，那么，她对"本土"的重视则来自对自我身份的一种确认意识："作为在地者，'马来西亚'随着年龄的增长

[①] 林春美：《男性注视下的女性幻象：从静水到野店说潘雨桐》，载林春美《性别与本土：在地的马华文学论述》，大将出版社2009年版，第106页。

变成越来越切身的问题。'马来西亚人'不再是自然而然的身份，而是一种选择。"① 发表于 1995 年的《近十年来马华文学的中国情结》②，探讨的正是长期以来纠缠马华文学的"中国性"问题，并强调"中国情结并不一定就是'马华情结'的对立面，也未必一定与'本土意识'相冲突"③。

  以上简单地分析了 90 年代活跃于马华文坛的几位新生代在地批评者的批评特色，可以发现，他们大都曾经在马来亚大学就读，有些甚至 90 年代还在这里任教，这就形成了一个主导 90 年代及以降马华在地文学批评的重要学术群体：马大批评群。相较于 80 年代及以前，90 年代的马华文学在地批评有了很大的发展，批评队伍不断壮大，以往那种朴素的传统式批评逐渐被新批评、文化研究、性别批评、后殖民批评等取代，拓深了马华在地批评的理论深度。这样一批具有学院背景的新生代批评者介入到马华文学批评中，加深了批评队伍的学院化程度。"所谓的学院化，一方面是大专院校师生（不管是'本土'、'旅台'及稍后的'留中'，昔日的学生往后成了老师）的投入论文生产，再则是学科化——马华文学作为一个学科，在公私立大专院校里成为一门课，作为集体记忆的一部分，被当成知识向学生传授。与及研讨会，作为对话与交流的空间，更给予文学青年难得的观摩机会。就前者而言，那些生产者相较而言受过比较完整的人文学术训练，对方法、理论较有认知，文学作品的内在分析更是基本要求。"④

---

  ① 林春美：《性别与本土：在地的马华文学论述》，大将出版社 2009 年版，第 194—195 页。
  ② 收入《性别与本土：在地的马华文学论述》时改名为《马华文学的中国情结（1978—1995）》。
  ③ 林春美：《性别与本土：在地的马华文学论述》，大将出版社 2009 年版，第 16 页。
  ④ 黄锦树：《马华女性文学批评的本土探索之路》，林春美：《性别与本土：在地的马华文学论述》，大将出版社 2009 年版，第 3 页。

二 旅台学者①与边缘论述

> 如果我们不是出身大马，大概就不会研究马华文学，至少不会像现在这样讨论马华文学。换言之，这样的探索牵涉到我们的身世……或许从事其他范围的研究是机缘（至少我的情况是如此），可是从事马华文学的研究却成为我们的命运，不论我们处身哪个学术领域、哪个地理疆界、国内或国外。②（林建国）

90年代马华新生代的"离境批评"主要产生于旅台的几位学者，他们是黄锦树、林建国、陈大为、钟怡雯、辛金顺等③。相较于马华在地批评者和台湾学者，黄锦树等旅台学者处于双重边缘/弱势的位置：一方面，90年代不断有在地批评者呼唤旅台学者"回归"；在缺乏对话的交流机制中，旅台学者不断被"误读"、"敌视"和"排斥"："从国内外近百项次的得奖声势、副刊大篇幅且频密的刊载、直指核心的犀利论述、被误读成权力争霸的选集出版，到上述三场研讨会的尖锐发言，旅台作家渐渐与本地作家（东马与西马）形成敌对状态，'黄锦树等人'皆成为马华文坛的异议分子和问题人物。"④ 另一方面，在台湾的学术场域中，"自民进党'执政'以来，台湾本土论

---

① 马华文学的离境批评（境外），主要包括两个学术场域：中国大陆和台湾，当然香港及欧美也间歇性地发表一些马华文学批评，如旅居香港的林幸谦和在美国大学任教的王德威等，由于本章要讨论的对象是马华新生代的文学批评，因而中国大陆和台湾学者的马华文学批评就只能存而不论。关于中国大陆马华文学批评的状况可参见陈大为的《中国学界的马华文学论述（1987—2005）》，而台湾的马华文学批评则可参见张锦忠的《马华文学论述在台湾》、杨宗翰的《马华文学在台湾（2000—2004）》等。

② 林春美：《当文学碰上道德——夜访林建国、黄锦树》，《蕉风》1998年1、2月号，第482期。

③ 张锦忠也是90年代马华旅台学者中十分活跃的批评者之一，他用复系统理论解读马华文学的相关论述在马华本土产生了很大的反响，但由于其并不属于本书讨论的新生代范围内，故也只能存而不论。另外，陈大为、钟怡雯的马华文学批评主要成熟于2000年之后，本章的讨论将集中于对马华本土批评界产生重要影响的黄锦树和林建国。

④ 陈大为等编：《赤道回声：马华文学读本Ⅱ》，万卷楼图书股份有限公司2004年版，第Ⅷ页。

述成为研究的主流,更掌握了最重要的学术资源,当年的'被压迫者'如今成了更苛刻的'压迫者',形成一股排他性很强的文学政治力。在这种'以台湾本土文学为尊'的学术环境之下,莫说马华文学,连当代大陆文学都沦为冷门学科。在缺乏资源和诱因的情况下,马华文学在台湾的研究不可能成气候。何况马华旅台作家不到十人,作品数量当然不能跟两千多位台湾本地作家相提并论。再加上一般台湾学者对海外华人社会的文化境况完全陌生,面对某些触及族群或历史文化议题的马华文学时,不敢贸然动笔"[①]。在此情境下,黄锦树等旅台作家在创作上的成就,未能使马华文学由台湾学术的边缘走向/靠近中心:"相对于文学写作,虽然不乏马华留学生在文科方面继续深造、获博士学位,而在台湾人文学术界占有一席之地,然而颇不相称的,关于马华文学的研究竟是相当荒芜,论文寥寥可数,连成气候都谈不上,更别说可以论'代'了。"[②] 这是一个结构性的难题:"(一)中国文学中心论或台湾文学中心论作祟,马华文学向来被视为中国文学支流或海外版。这种边缘化他者的论调虽不合时宜或昧于现实,论者也不会表明此立场,却是十分主流的'政治潜意识'。(二)文学市场,没有多少马华文学的产品……(三)学院里的研究学科没有马华文学这一门,缺乏学术建制活动支援,故无从散播。……(四)因为缺乏学术行情和消费市场,甚少台湾学者有计划地研究马华文学,只有极少数的刊物愿推出马华文学专辑(如《亚洲华文作家杂志》或《台湾新文学》的'华裔笔下的马来西亚'专辑),学术期刊也对论述马华文学缺乏兴趣。"[③] 马华文学研究对于黄锦树等旅台学者来说,正如林建国指出的,成为与"身世"有关的一种"命运",

---

[①] 陈大为等编:《赤道回声:马华文学读本Ⅱ》,万卷楼图书股份有限公司2004年版,第Ⅸ页。

[②] 黄锦树:《反思"南洋论述":华马文学、复系统与人类学视域》,《中外文学》2000年第4期。

[③] 张锦忠:《马华文学论述在台湾》,载戴小华、尤绰韬主编《扎根本土·面向世界:第一届马华文学国际学术研讨会论文集》,马来西亚华文作家协会、马来亚大学中文系毕业生协会1998年版,第101页。

是文化与空间双重边缘化之后的自我弥补/慰藉。

我们将黄锦树等新生代旅台学者的马华文学研究界定为边缘论述，意在凸显它与马华新生代在地批评的相对位置及其在90年代马华文学史上的意义，因为"地理位置的双重边缘/弱势化可以衍生为特殊的发言位置与论述实践"，有助于丰富"马华文学的多元化面貌和声音"①。

黄锦树，1967年出生，先后就读于台湾大学中文系、台湾淡江大学中文研究所和台湾"清华大学"文学研究所，分别取得学士、硕士和博士学位，现任教于台湾暨南国际大学。从1989年在台大中文系系刊《新潮》第48期发表《马华文学的困境》起步，到90年代末，黄锦树已出版两本马华文学论文集：《马华文学：内在中国、语言与文学史》（1996）和《马华文学与中国性》（1998），再加上那些散落在大马和台湾刊物上的论战文章，黄锦树俨然是本土之外马华文学研究的一个"重镇"（庄华兴语）。

整个90年代，黄锦树的马华文学研究都围绕着以下的问题展开："一、生产问题：重估马华文学产品及其生产条件、产品的结构及上层建筑（意识形态）诸问题；二、语言问题；三、独特性问题的重新思考：什么是独特性？它是怎么来的？如何可能？相对于什么问题它被提出？四、经典、典律的问题：马华文学如何可能？五、中国性问题：也即'断奶'的问题。"②当黄锦树用美学现代主义来观照这些问题时，就从一条稳定的结构性链条中找到了马华文学的症结所在，即马华文学最大的困境是写作本身的问题，他在《马华文学"经典缺席"》、《马华文学的酝酿期——从经典形成、言/文分离的角度重探马华文学史的形成》、《拓荒播种与道德写作——小论方北方》、《马华现实主义的实践困境——从方北方的文论及马来亚三部曲论马华文学的独特性》等文章中，反复申论美学和经典性是马华文学不能规避的尺度："文学史必然是由里程碑砌

---

① 张光达：《马华旅台文学的意义》，《南洋商报》"南洋文艺"2002年11月1日。
② 林春美：《当文学碰上道德——夜访林建国、黄锦树》，《蕉风》1998年1、2月号，第482期。

成的,是经典性的文本(text),而非泛泛之作。因此严格而言,没有杰作便没有文学史。没有经典文学史便只是一片空白"①;"方北方及其同时代人在马华文学史上的意义必须摆在这样一个社会——思想史脉络下来加以评估和理解,从他们的文学实践中可以看出马华文学史的一大特质:它是一个把文学当作非文学的场域的、独特的'非—文学史'。而从我们对方北方的个案讨论中可以看出,在他身上实践出来的所谓的特殊性既与地域特色无关,也无关于民族形式,而是一种苍白贫乏、低文学水平的普遍性——所谓的马华文艺的独特性其实是一种无个性的普遍性,充盈着华裔小知识分子喋喋不休的教条和喧嚣"②。其他诸如语言、独特性、中国性等都是马华文学"被合理化至'无解'状态"的"基本问题",同时也是"结构性的问题"③,黄锦树将它们重新议题化,试图发现解决的可能性,这些努力成为推动90年代马华文坛秩序重建和文学思潮嬗变的重要力量。

  黄锦树的马华文学批评因其言辞尖锐激烈而充满火药味,因此"树敌无数","成为众矢之的","部分原因来自于个性,好恶过于分明;再则,对我来说。也许也是一种必要的策略。因为我不仅想解释世界,更企图改变世界。'学术本以救偏,及其所至,偏亦随之',这就是所谓的'矫枉过正'——不发挥十分的力道,无法打破这封闭的结构,也不会有人对你谈的问题当真"。④ 这种"策略"的确帮助黄锦树由边缘进入中心,成为90年代马华文坛最耀眼的学术"明星",甚至结构化为"黄锦树现象",但是,它在某种程度上也削弱了黄锦

---

  ① 黄锦树:《马华文学的酝酿期——从经典形成、言/文分离的角度重探马华文学史的形成》,载黄锦树《马华文学:内在中国、语言与文学史》,华社资料研究中心1996年版,第42页。

  ② 黄锦树:《马华现实主义的实践困境——从方北方的文论及马来亚三部曲论马华文学的独特性》,载黄锦树《马华文学与中国性》,元尊文化企业股份有限公司1998年版,第196—197页。

  ③ 林春美:《当文学碰上道德——夜访林建国、黄锦树》,《蕉风》1998年1、2月号,第482期。

  ④ 同上。

树马华文学批评的学理性，从而暴露了诸多"破绽"："他的一些断言一些怀疑明显缺乏史料上的支持，有大胆假设的勇气与魄力却缺乏小心求证的耐心与功夫"，"他自己也深陷在以一种主义否定另一种主义、以一种文学意识形态否定另一种意识形态的单向思维的泥淖里"①，缺乏必要的反省。

林建国，1964年出生，台湾"清华大学"文学所硕士，美国罗彻斯特大学比较文学博士，任教于台湾交通大学外文系。外文系和比较文学系的学术背景造就了林建国深厚的理论学养和开阔的视野。90年代发表的《为什么马华文学？》、《等待大系》、《再见中国——"断奶"的理由再议》及2000年发表的《方修论》无一例外成为相关议题的重要之作，改变了马华文学批评重描述不重阐述、重印象批评不重/无力理论阐发的贫弱面貌。

1991年1月黄锦树在《星洲日报》"文艺春秋"上发表《"马华文学"全称之商榷——初论马来西亚的"华人文学"与"华文文学"》，掀起一股马华文学"正名"的讨论热潮。同一时期，留学台湾的林建国也在思考马华文学的属性和定义问题，并于当年9月在台湾淡江大学举办的"东南亚华文文学研讨会"上宣读他长期思考的一个结果：《为什么马华文学？》②，从理论角度深入剖析"马华文学"存在的各种结构性问题。在《为什么马华文学？》中，林建国首先指出了传统比较文学方法在面对马华文学属性和定义困扰时的无能，"因为比较文学无法指出，我们——马华文学研究者——的主体位置在当下的历史情境中应该摆在哪里？应该如何提问？如何拆解摆在眼前所有'事实'背后之意识形态？既然如此，比较文学也无力解决以

---

① 刘小新：《黄锦树的意义与局限》，《华文文学与文化政治》，江苏大学出版社2011年版，第306页。

② 该文最早发表在1991年9月台湾淡江大学举办的"东南亚华文文学研讨会"上，1993年经修改后又在台湾《中外文学》1993年第10期上发表，后收入《辣味马华文学》、《赤道回声》等论文选中。

中国为本位的学者作家，他们的偏见在哪里。"① 在检视马华文学"怎么来？""哪里去？"时，林建国发现中国本位论者与国家文学论者分享了相同的意识形态：血缘中心观。因而，林建国认为，要解决马华文学的属性和定义困扰就必须改变提问的方式："如果只问'什么是马华文学？'是很无力的，容易被各种意识形态宰制；更彻底的问题恐怕是：为什么马华文学？这问题有多重意思：马华文学为什么存在？为什么我们质询/研究对象是马华文学？为什么我们要问'什么是马华文学'？甚至，为什么更彻底的问题是'为什么马华文学'？那么，又是谁在提问？他们为什么提问？如果是我们提问，我们为什么提问？我们又是谁？……这些问题处理下来，不只检视了马华文学研究者主体性的由来与历史位置，同时也发现有关马华文学的论述，实为各种意识形态交锋的场域，马华文学也找到了它的历史位置。"② 林建国的辩证分析，不在为这些问题寻找答案，按照林建国的理解，答案或许并不存在，因为随着提问者历史位置的变化，答案也在诡谲地发生着变异，他的目的在于从盘根错节的结构关系中建构合理的提问方式，以拓展马华文学的阐释空间。

《等待大系》是1996—1997年《马华当代文学大系》讨论中，最富启发性的一篇文章；从理论的高度辨正了大系与经典之间的吊诡关系。林建国认为，"在概念的层次上，'经典只以绝对性（对"独一无二"的坚持）'为思考前提，所贯彻的是它（其实是我们）偏执的欲望法则"，如此，"经典"必然遭遇"缺席"的命运，大系的价值也将归于荒诞："如果大系的工作不在肯定我们拥有'经典'，或者所收集的不是马华文学的'经典'，大系就没有什么好编了。"③ 因而，林建国提出，不能把大系与寻找/确认经典完全等同起来，"'经典'与否只能是次要的关怀"，"如果'经典'可以成立，必是在未来，并犹待指认"，当代马华文学大系的编撰者必须"了解编撰过程也是

---

① 林建国：《为什么马华文学？》，载陈大为等主编《赤道回声：马华文学读本Ⅱ》，万卷楼图书股份有限公司2004年版，第5页。
② 同上书，第28—29页。
③ 林建国：《等待大系》，《南洋商报》"南洋文艺"1997年4月18日。

自我'废功'的过程"。①

方修在马华文学史上有着特殊的地位，他所编选的《马华新文学大系》以及撰写的《马华新文学史稿》、《马华新文学简史》和《战后马华文学史初稿》等对马华文学产生了深远的影响，成为后人谈论马华文学史无法绕开的一个经典。但是，在 90 年代由黄锦树等旅台学者主导的重写马华文学史"运动"中，方修却吊诡地成为笔伐的对象。2000 年 9 月，林建国在台湾《中外文学》发表《方修论》，站在一个新的角度重新阅读和定位方修。林建国开宗明义地指出，今天对方修的工作下评断，必须考虑在当时的历史情境中方修所遭遇的困境："首先他并未真正隶属学院，身份上只是报馆的记者和资深编辑，实际操作时，他先要克服史料搜集和整理上各种人力物力的困难，其次是拼装一套可用的理论解读史料，推演一个具备解释效力的文学史观。"② 在这样的情境中，"马华文学研究便不得不带些田野性格，和人类学越走越近"③，90 年代对方修的批判，却没有意识到这一点，"泰半停留在他教条的左翼立场，特别是对他偏颇的品位（所谓的'现实主义'的坚持）最有意见，怀疑他编选大系作品时略去不少（特别是战前）流有现代主义血统之作"④，从而简单化了马华文学及方修的复杂性，相应地也过度放大了"美学价值"，而在西方，美学现代主义早就"气数已尽"，"走到了尽头"⑤。作为例证，林建国批判性地检视了张锦忠的马华文学史论述及其所援引的复系统理论。在回顾哈贝马斯和利奥塔冷战后期关于现代性与后现代情境的辩论后，林建国提出他的一个设想："方修的文学史写作，是否可以提示另一条可能的现代性出路——至少是对第三世界？"⑥ "表面上，方修的史料整理工作和'现代性'的问题没有关连。他的文学史写作虽然始于

---

① 林建国：《等待大系》，《南洋商报》"南洋文艺"1997 年 4 月 18 日。
② 林建国：《方修论》，《中外文学》2000 年第 4 期。
③ 同上。
④ 同上。
⑤ 同上。
⑥ 同上。

1957年马来亚独立，开始写作却出于偶然……然而我们还是很难说这种文学史自觉和'国家的诞生'没有关系，因为如果'国家的诞生'是一种和西方遭遇的结果，'文学史自觉'又何尝不是？"[①] "我们的思考出路在于知道诠释必须有局限，抵达局限时接触的必须是结构。只有这样的人类学视野下，我们才了解，原来方修的文史实践触及了'现代性'的结构，承担了所有'现代性'要命的后果，变成第三世界文学史写作的'共同诗学'。"[②] 林建国对方修现代性的肯定，建构在他对当代西方资本主义及其文化资本的透彻了解上。《方修论》既是为方修重新翻案，也是对黄锦树、张锦忠包括他自己的反省，特别是对美学现代主义的警惕。

与黄锦树相比，林建国的马华文学批评在理论性方面走得更远，这也难怪黄锦树要自嘲是"土法炼钢"，同时，对各自操持的理论，黄锦树似乎更为自信，而林建国则多了一份自省意识。当2000年林建国已经在《方修论》中反省90年代对方修的批判时，黄锦树却在同一期《中外文学》上发表的《反思"南洋论述"：华马文学、复系统与人类学视域》中说："我们"（指黄锦树、林建国和张锦忠）90年代的"共图"，重复了90年代重写马华文学史论述中对方修的固有评价："就方修而言，在理论立场上明显的倾向社会写实主义，也以那样的政治正确做横断的基础，究竟多少可贵的资料在他的大系中被'处理'掉仍然是个谜。……整体上看来，在理论的层面上是过于素朴的，和当代文学理论也没有什么对话。"[③] 反讽的是，林建国却在《方修论》中正面否定了黄锦树的以上论断，并用大量的篇幅阐述美学化的局限及美学现代主义的"过时"。很显然，虽然同属旅台诠释群，黄锦树与林建国之间并不像有些论者（甚至黄锦树）所认为的那样：分享同一个"马华文学研究的诠释学视域"。

---

① 林建国：《方修论》，《中外文学》2000年第4期。
② 同上。
③ 黄锦树：《反思"南洋论述"：华马文学、复系统与人类学视域》，《中外文学》2000年第4期。

三 直面相同的对象：在地批评者与旅台学者比较

马华新生代的在地批评者和旅台学者在90年代都交出了可观的批评成绩，使马华文学批评走出了严重依赖他者（主要是大陆学者）的困境，建构了一个新的马华文学诠释视域。在这个以"新生代"的名义无奈被整合的批评群体里，在地与旅台的差异难以掩饰，在地的张光达对此有十分清醒的认识："这些留台的作者，因为他们的身分背景、他们求学的社会环境、他们的观点角度不一样，他们看马华文学也不一样，因为他们是站在留台的角度来写。这一句话并不是有什么贬义，而是他们所占置的历史时空、地理位置跟我们在本地的人不一样。……他们诠释马华文学的角度肯定是不一样，他们可能认为某方面比较重要而某方面是次要的，可是这个次要的对我们本土的批评者来说可能却是主要的，而他们认为重要的可能对我们而言只是一些枝节。"① 类似的现象，旅台的黄锦树早在90年代初就有所察觉。他在《在马华文学的边界》注⑨中提到这么一个细节："1991年在淡江举办的'东南亚华文文学研讨会'上，当我和林建国宣读完论文后，陈应德先生曾坦率的发言，指出我们论列的作家对马华文坛而言'根本不是主流'。这话给我留下很深的印象。因而当我听到自己被旅台的学弟妹列入'本土派'时，不免错愕。我们这种人，还是被归为'其他'的好。"② 在黄锦树提到的这次会议上，黄锦树宣读的论文是《神州：文化乡愁与内在中国》，论列的作家是神州诗社的温瑞安、方娥真等人，而林建国宣读的论文则是日后使他声名大噪的《为什么马华文学？》，讨论了子凡（游川）和李永平；这些作家"对马华文坛而言'根本不是主流'"，从一个侧面反映了张光达所提到的发声位置

---

① 张光达、陈强华：《马华文学评论之必要——专访年轻评论者张光达》（4），《南洋商报》"南洋文艺"2003年6月14日。
② 黄锦树：《在马华文学的边界》"注⑨"，《马华文学：内在中国、语言与文学史》，华社资料研究中心1996年版，第11页。

对批评者的影响①。上引黄锦树的那段叙述，还有一点值得玩味，那就是黄锦树等旅台学者的定位，在其他旅台同人看来，黄锦树、林建国频频对马华文学发言，表现了对马华本土的过度"热情"，因而被视为旅台"本土派"；马华本土却并不这么认为，陈应德的坦率发言直接点破了两者之间的"鸿沟"，既然都不属于，黄锦树只能自嘲"我们这种人，还是被归为'其他'的好"。

马华新生代批评在地与旅台的差异，主要源于双方发声位置的不同，以及两者所接受和面对的文化资本不同，而不应该情绪化地解读为"马华文学视角"与"台湾口味"的对抗②。当然造成这种误读与黄锦树等"烧芭"式的批评方式有一定的关系，这也是在地与旅台的马华文学批评的另一个差异。或许是长期以来已经对马华文学/文化的困境有所习惯，在地批评者在面对马华文学的诸多结构性问题时显得较为和缓，而旅台学者因为置身本土之外，不必考虑那么多的"世故人情"，再者有另外一个文学/文化系统作为参照，他们的批评就要激烈无情许多，以他们共同关心的马华文学"中国性"课题为例，林春美的《近十年来马华文学的中国情结》和黄锦树的《中国性与表演性》相比，批评的姿态和观照的角度存在很大的差异。

在面对马华文学这一共同的批评对象时，在地批评者和旅台学者诠释视域、方法以及理论性有所差异，但是在分析时，我们不应该将他们之间的差异过度夸大，忽略/无视他们对马华文学困境的相同/相

---

① 黄锦树在《在马华文学的边界》的一段自述再次印证了这一点："同年（指1990年）于《大马青年》8刊出另一篇习作《'旅台文学特区'之意义探究》，开始注意台湾经验对于某些马华作家的决定性影响，也打算以自己落脚的地方做一点持续性的研究。……既然以旅台为关注点，尔后我费了许多气力收集资料，以神州诗社为对象，写了《神州：文化乡愁与内在中国》。"见黄锦树《马华文学：内在中国、语言与文学史》，第5页。

② 端木虹在《马华文学的"狂飙运动"》中就对旅台学者的批评视角和文学观点进行了激烈的反应，他认为："（旅台学者）对文学的认知，对马华文学作品的品价，甚至所抱持的文学观点，无不取决于台湾文学界的审美标准，换句话说，是用台湾的文学水平，台湾的文学视角来看待马华文学，一言以蔽之，是用台湾的口味来鉴赏马华文学。"见端木虹《马华文学的"狂飙运动"》，《南洋商报》"言论"1996年9月25日。

近的清醒认识。1997年底，黄锦树的《马华现实主义的实践困境——从方北方的文论及马来亚三部曲论马华文学的独特性》在马华本土批评界引起很大争议，一批中生代批评者指责黄锦树丧失文学研究的基本道义，歪曲马华现实主义的客观成绩。在论争胶着难分的情况下，张光达在《南洋商报》"南洋文艺"上发表《（双重的）双重困境——与黄锦树的论文观念对话》，张光达虽也指出"在可预见的将来/现在，作为评论者的黄锦树的理论和实践，将面临（双重的）双重困境"[1]，但他的主要观点还是认同黄锦树对马华现实主义的批评："他准确地指认出五十年来马华现实主义文学积弊，切中老牌现实主义作家的历史迷思与错误意识"[2]。举张光达的这个例子，只是为了进一步论证马华新生代在地批评者与旅台学者之间是一种对话关系而非敌对关系。

马华新生代的文学批评，不管在地还是旅台，一改以往杂感印象式的批评方式，注重问题的发掘和阐释，使90年代的马华文学批评面貌焕然一新；马华新生代将后殖民、性别理论、精神分析等当代西方理论思潮引入他们的批评实践中，拓展了马华文学批评的理论向度；批评与创作相辅相成，马华新生代富有成效的批评，给作家创作提供了借鉴，促进了马华新生代文学的发展。这里最典型的例子即是黄锦树，他的许多作品都衍生于批评，文论与创作建立了一种互文关系。

第二节 评论专栏、专辑与新生代

《星洲日报》与《南洋商报》，都曾致力打造文学批评专辑、专栏；如《星洲日报》的"一家作品两家评"，《南洋商报》的"有所建树"、"文学观点"、"分水岭上"；并且，在促进文学争鸣与提升副

---

[1] 张光达：《双重困境——与黄锦树的论文观念对话（下）》，《南洋商报》"南洋文艺"1998年1月19日。

[2] 张光达：《双重困境——与黄锦树的论文观念对话（上）》，《南洋商报》"南洋文艺"1998年1月16日。

刊吸引力这两个方面，都获得了成功。

一 副刊的评论专栏与专辑

报纸副刊的文学批评专栏与专辑，传播面广、时效性强；有利于促进创作、批评、读者、媒体之间的自由沟通与平等对话；也为新老作家之间的交流，不同创作理念与风格作家之间的相互碰撞，提供了机会与舞台。20世纪90年代《星洲日报》"星云"的"动调"，《星洲日报》"文艺春秋"的"快门速笔"、"一家作品两家评"，《星洲日报》"星辰"的"映相馆子"及《南洋商报》"南洋文艺"的"10大小说高手一日一精彩"、"文学观点"等，均是报纸文艺副刊为"新生代"开辟的创作与批评专栏。通过此类专栏，文艺副刊强化了自己的"新鲜感"：新面孔、新作品、新风格，有利于会聚新的读者群；"新生代"作家，则获得了一个展示与提升创作水平，并与读者、评论者、编者互动的最佳平台。

正如《星洲日报》"文艺春秋"的"一家作品两家评"专栏在征稿启事中所叙："'一家作品两家评'此一专栏的设计，除了是要让文学作品的发表能够得到更多关注，也希望能建立一个可供不同声音驰骋的评论空间。"① "希望建立一个可供不同声音驰骋的评论空间"，首先，可以理解为：有利于新老作家之间的交流、不同创作理念与风格作家之间的相互碰撞；其次，还可以理解为：借此策划一些同类报纸欠缺的品牌性专栏、专辑，从而将文学传播与报纸的营销结合起来，提升报纸的影响力。1996年12月29日，《星洲日报》"文艺春秋"的"一家作品两家评"专栏，刊登《陈雪风、张光达评陈强华1996年诗展Ⅱ》，有意引导新老两代作家就新生代作家陈强华的诗歌创作，进行"正反"两个方向的解读，引起热烈的讨论。1997年1月5日，该副刊又开辟"一家作品两家评回响"专栏，叶啸、游牧两位名家也加入到了讨论中。同时，《南洋商报》"南洋文艺"也开辟"文学观点"批评专栏，邀请新生代作家发表小说、诗歌、散文、文

---

① 此征稿启事刊登在《星洲日报》"文艺春秋"，1996年12月29日。

学理论等方面的评论文章；黄锦树、林建国等，均在此述说自己的文学观点，就马华文坛的创作、未来出路等发表自己的看法，对马华文坛多元化的理论建设，提升作品的艺术水准、促进新生代作家成长均起过重要作用。

1999年10月9日至2000年1月26日间，《南洋商报》"南洋文艺"曾开辟"80年马华文学"、"80年马华文学系列回响"、"马华文学嘉年华"三个评论专辑，邀请新老作家共同回顾80年的马华文学文学史，总结经验，展望未来。

在"80年马华文学"系列专辑中，编辑首语这样写道：

> 1910年10月初新加坡《新国民日报》及其副刊《新国民杂志》的创刊，一向被文学史家视为马华新文学的起点。从侨民的文学、到南洋的文艺、到国家文学的悬而未决……在多少文学工作者的血汗泪影中，一晃，时间已经来到了1999年，10月——马华文学，在崎岖的行道上跨过了80年。
>
> 80年的文学史，有多少疑惑已经封尘？有多少迷思仍在继续？有多少玉石未被鉴别？在马华文学庆祝80大寿之际，在世界迈向21世纪之前，《南洋文艺》下期起推出"80年马华文学"系列，访问不同年龄层与关注面的马华文学研究者，从不同角度探向不同时期的历史。①

"80年马华文学"专辑共推出5个系列，先后邀请方修、杨松年、张永修、林春美、张锦忠、张光达、庄华兴、许文荣等作家参与。随后，为与这一专辑相呼应，1999年12月4日至2000年1月18日，"南洋文艺"又推出3期"80年马华文学系列回响"专辑，邀请何乃健、庄华兴、颜泉发，"检视马华文学一个个阶段的里程"。在即将进入新千年的最后一个月，"南洋文艺"乘势而发，刊登"马华文学嘉年华"征稿启事。该启事中不但提出"南洋文艺"要趁新的

---

① 编者：《80年马华文学》，《南洋商报》"南洋文艺"1999年10月5日。

世纪来到前,邀约马华作家出席"马华嘉年华",共聚一堂,回顾过往,展望将来,更希望出席者能回答以下5个问题,以共商马华文学的未来走向:

  1. 80年来马华文学诸多事件,不论是最愉快的最遗憾的最滑稽的还是最悲哀的,请列出一件您本身觉得是不该被忘记的事。
  2. 请推荐5位出色的马华作家。
  3. 请推荐5本您心目中具有影响力的马华著作。
  4. 您觉得当前的马华文学最迫切需要什么?
  5. 您认为下个世纪马华文学的理想面貌应该是怎样的?①

1999年12月28日至2000年1月8日间,《南洋文艺》推出3辑"马华文学嘉年华"专辑。新老作家欢聚一堂,以副刊专辑为交流平台,畅所欲言,各抒己见,在回顾80年马华文学史的同时,对马华文学的未来进行反思与讨论,为"新生代"作家的崛起与发展奠定了良好的空间,成为马华文坛跨入新千年的一道亮丽的风景线。

90年代马来西亚华文报纸副刊的文学批评专栏与专辑,发表的文章众多,引出的"话题"与争议也很多,可谓"炮火轰轰"、"战事连连"。但是,从有意扶持与推出新生代的角度看,副刊的专栏与专辑,为"新生代"作家的崛起与发展提供了良好的空间。

二 张永修的"有所建树"

张永修是一位具有敏锐的市场感知能力和策划意识的新生代编辑。作为副刊主编,他的编辑理念和文化视野,左右着副刊的姿态和走向。他在主编《星洲日报》"星云"时期(1988—1994),就策划

---

① 编者:《"马华文学嘉年华"征稿》,《南洋商报》"南洋文艺"1999年11月27日。

了"龙门阵"、"六日情"、"六好小品"、"志在四方"、"情事一箩筐"、"南北大道"等专栏,以本土作家的专栏文稿,取代转载自台湾报章文章,显示了文学的本土化追求。1994年,张永修受命策划与主编"南洋文艺",本身即传达出《南洋商报》的革新意旨。他先后策划了"马华文学倒数"系列、"80年马华文学"特辑、"出土文学"系列及其多个人物专辑,发掘与彰显出一大批马华本土作家、作品。张永修还开创办"进谏马华文学"系列,"马华文学嘉年华","文学观点"等栏目,积极推进马华本土文学批评,刺激和开拓本土文学与文化建设。

在90年代的马华文坛,创作实力与批评能力,是马华新生代所拥有的文化资产,报纸副刊则是他们显示实力的最好舞台。张永修敏锐地把握到新生代文学批评的生命力与开创性,积极通过各种形式,为新生代文学批评提供舞台。在报纸副刊这个特殊的舞台上,文学批评不再是"小众"之争,而是真正走向了大众;有些论争,甚至演化成为社会新闻与事件。在此过程中,报纸副刊提升了在读者群中的吸引力、影响力;马华新生代作家群体的崛起,黄锦树等新生代作家与批评者,成为一种文学、文化及其社会"现象",马华文学的"世代更替和文学范式转移"也得以逐渐确立。如刘小新指出:"这一新世代作家群的崛起是90年代以降马华文坛的最大事件,标志着马华文学已进入世代更替和文学范式转移的新时期,'黄锦树现象'便是马华文坛思潮流变美学范式转型和话语权力转移的聚焦式体现或象征性表征。"①

20世纪90年代,《星洲日报》及《南洋商报》副刊对新生代的批评,尤其是对黄锦树和林建国的批评极为重视,发表过许多文学批评与论争的文章,其中许多发表在张永修主编《星洲日报》"星云"(1988—1994)和《南洋商报》"南洋文艺"(1994—)期间。

---

① 刘小新:《"黄锦树现象"与当代马华文学思潮的嬗变》,《华侨大学学报》2000年第4期。

表 1　黄锦树、林建国发表于《星洲日报》、《南洋商报》的批评文章（1991—2000 年）①

序号	作者	题目	出处
1	黄锦树	"马华文学"全称之商榷——初论马来西亚的华文文学与华人文学（上、下）	《星洲日报》"文艺春秋" 1991 年 1 月 19 日、22 日
2	黄锦树	"正名"作为一种权宜方便	《星洲日报》"文艺春秋" 1991 年 3 月 2 日
3	黄锦树	马华文学"经典缺席"	《星洲日报》"星云" 1992 年 5 月 28 日
4	黄锦树	国外评审与本地评审	《星洲日报》"星云" 1992 年 6 月 2 日
5	黄锦树	对文学的外行与对历史的无知？——就"马华文学"答夏梅	《星洲日报》"星云" 1992 年 8 月 11 日
6	黄锦树	做为乡愁的历史意识与做为历史意识的乡愁	《星洲日报》"文艺春秋" 1992 年 11 月 7 日
7	黄锦树	选集、全集、大系及其他	《星洲日报》"星云" 1993 年 3 月 5 日
8	黄锦树	再生产的恐怖主义——《梦与猪与黎明》代序	《星洲日报》"文艺春秋" 1994 年 6 月 18 日
9	黄锦树	恐怖记忆与南洋——读雪眸《恶渊荒渡》	《星洲日报》"文艺春秋" 1994 年 10 月 29 日
10	黄锦树	两窗之间	《南洋商报》"南洋文艺" 1995 年 6 月 9 日
11	黄锦树	中国性，或存在的历史具体性？——回应《窗外的他者》	《南洋商报》"南洋文艺" 1995 年 9 月 26 日
12	黄锦树	乡土与自我身份——小论商晚筠	《南洋商报》"南洋文艺" 1995 年 10 月 13 日
13	黄锦树	痛苦、愉悦和使命感	《南洋商报》"南洋文艺" 1995 年 11 月 17 日
14	黄锦树	文学评论与马华文学的危机	《南洋商报》"南洋文艺" 1996 年 1 月 5 日
15	黄锦树	在马华文学的边界	《南洋商报》"南洋文艺" 1996 年 1 月 30 日、2 月 2 日
16	黄锦树	经典非永世不变	《星洲日报》"尊重民意" 1996 年 6 月 9 日
17	黄锦树	论陈大为治洪书（上、中、下）	《南洋商报》"南洋文艺" 1996 年 7 月 5 日、10 日、12 日
18	黄锦树	拓荒播种与道德写作——小论方北方	《南洋商报》"南洋文艺" 1996 年 9 月 27 日

---

① 此表未收入 1998 年《南洋商报》"南洋文艺"专栏"有所建树"的批评文章，该专栏下文有统计。

续表

序号	作者	题目	出处
19	黄锦树	对于《马华当代文学大系》的几点意见	《南洋商报》"南洋文艺" 1996年11月1日
20	黄锦树	鼎之余温——温任平兄弟与马华文学史	《南洋商报》"南洋文艺" 1996年12月6日、11日
21	黄锦树	马华文学的悲哀	《南洋商报》"南洋文艺" 1996年12月18日
22	黄锦树	朝向一个健全的文学体制之建立——对"新"作协的一些建议	《南洋商报》"南洋文艺" 1997年2月14日
23	黄锦树	对《马华当代文学大系》的几点建议（补）	《南洋商报》"南洋文艺" 1997年2月14日
24	黄锦树	诗选、人选与误导性——回应叶啸	《南洋商报》"南洋文艺" 1997年4月30日
25	黄锦树等	让马华创作回到原处——一场"干扰"的文学对谈录	《星洲日报》"星洲人物" 1997年9月7日
26	黄锦树	痛苦的道义——给方北方先生的公开信	《南洋商报》"南洋文艺" 1998年1月7日
27	黄锦树	烧芭余话	《星洲日报》"自由论谈" 1998年1月25日
28	黄锦树	草草	《南洋商报》"南洋文艺" 1998年2月25日
29	黄锦树	传统：自然与超自然	《南洋商报》"南洋文艺" 1998年7月22日
30	黄锦树	作为对象的乡土	《南洋商报》"南洋文艺" 1998年8月15日
31	黄锦树	被建构的认同：国家、民族、乡土、近代性	《南洋商报》"南洋文艺" 1998年9月5日
32	黄锦树	知识结构与知识代沟	《南洋商报》"南洋文艺" 1998年10月17日
33	黄锦树	日常语论诗语言	《南洋商报》"南洋文艺" 1998年11月21日
34	黄锦树	马华现实主义的出路	《南洋商报》"南洋文艺" 1998年12月30日
35	黄锦树	现代中文之"文"的限度	《南洋商报》"南洋文艺" 1999年3月16日
36	黄锦树	我所不及处	《南洋商报》"南洋文艺" 1999年8月10日
37	黄锦树	铁抗与马华现实主义的道路	《南洋商报》"南洋文艺" 2000年7月18日
38	黄锦树	大系，全集，代表作	《南洋商报》"南洋文艺" 2000年7月29日
39	林建国	马华文学的未来：有来还是没来？	《南洋商报》"南洋文艺" 1996年1月9日

续表

序号	作者	题目	出处
40	林建国	等待大系	《南洋商报》"南洋文艺" 1997年4月18日
41	林建国	大中华我族心中的心理作祟	《星洲日报》"尊重民意" 1998年3月1日
42	林建国	现代主义与现实主义——黄锦树对马华文学的介入（上、下）	《南洋商报》"南洋文艺" 1998年3月18日、20日
43	林建国	再见，中国——"断奶"的理由再议	《星洲日报》"自由论谈" 1998年5月24日
44	林建国	建立健康的批评文化	《星洲日报》"文艺春秋" 1998年5月31日

上述多篇掷地有声、颇具争议的论文，参与了马华文坛的种种论争，甚至引来了谩骂与攻击，也吸引了广大读者的关注和思考。借助报纸副刊，以黄锦树、林建国为代表的新生代，成为文化场域变迁的重要动力。可见，不论是上述副刊的编者，还是论文的作者，均以自己的方式实现了在文坛上"有所建树"。

不仅如此，张永修在主编《南洋商报》"南洋文艺"期间，于1998年1月19日至1998年6月10日，专门开设"有所建树"专栏，由林建国和黄锦树轮流主笔，历时约六个月，共出6期。"有所建树"第一期刊登的"编者语"指出："此专栏每月推出，由林建国及黄锦树轮流上阵，寄望他俩的论述对马华文学有所建树。"

表2　　　　《南洋文艺》"有所建树"专栏所载文章

序号	作者	题目	出处
1	林建国	后浪	《南洋文艺》1998年1月19日
2	黄锦树	前驱	《南洋文艺》1998年3月4日
3	黄锦树	一般见识	《南洋文艺》1998年4月24日
4	林建国	"写实派"正名	《南洋文艺》1998年5月6日
5	林建国	马华文学和人民记忆	《南洋文艺》1998年5月23日
6	黄锦树	跟梦境一个样	《南洋文艺》1998年6月10日

黄锦树的批评新锐、大胆，充满火药味。林建国的批评，注重学理性，更多了一些自省意识。他们的批评文章"真的是对马华文学有

所建树，编者的期望并没有落空"①。

第三节　报纸副刊与新生代文学批评

在华文出版和网络并不发达的 90 年代马华文坛，报纸副刊对马华文学的生长产生了重要影响，这种影响延伸到文学批评领域。报纸副刊以合理的方式介入到 90 年代的新生代批评活动中，建构了一个喧闹的副刊批评空间，这一空间造成批评话语的狂欢，一度使新生代批评与传统批评之间形成紧张的对抗。

一　合理的在场：新生代批评的副刊空间

> 马华文学论述在近几年大量的涌现，是论者勤于思考与写作的成果，这也和园地的开放不无关系。②（张永修）

1988 年，《蕉风》9 月号（第 418 期）发表题为《评论文字的匮乏》的编辑手记，指出"在大马华文文坛，评论文字的匮乏，已非一朝一夕之事"，并将此归结为三个方面的原因："①科班出身的学者、学生不多。②一般读、作者对评论的看法有所偏颇。③文学读者群有所局限。"③ 在《蕉风》第 425 期谢川成的回响文章《也谈评论文字的匮乏》中，谢川成结合自己的批评实践，认为文学副刊及期刊编者对文学评论的态度也"直接或间接地影响大马华文文学评论的发展"：

> 如果我的观察没有错，本地许多文学刊物、副刊的编者视文学评论为"不祥之物"。尤其是收到一些具有争论性的文章，他们通常不刊登，以免引起论争。他们担心文章刊登之后会得罪某

---

① 张光达：《众声合唱——回顾 1998〈南洋文艺〉的文学现象和创作》，《南洋商报》"南洋文艺" 1999 年 1 月 9 日。

② 张永修：《马华文学论述在南洋文艺（1994 年 5 月—1997 年 6 月）》（下），《南洋商报》"南洋文艺" 1997 年 12 月 31 日。

③ 编者：《评论文字的匮乏》，《蕉风》1988 年 9 月号，总第 418 期。

些作者或引起笔战。率直言之，他们不喜欢刊登负性的批评文字，他们害怕读者不欢迎这类文字。也因为如此，这几年来，我们所读到的都是一些"鼓励性"很高的文学评论。

　　本地大部分文学副刊、刊物的主编比较被动，通常是收到什么稿件就刊登什么稿件，很少真正地策划为马华文坛做点事。他们选好稿件，一期一期地刊出，有些编者甚至为半年以后的副刊选定了稿件，平时不需花心思，版面设计亦平淡无奇。……本地文坛这几年死气沉沉，评论文字近于绝迹，我想编者要负起一半的责任。①

　　进入90年代，《南洋商报》"南洋文艺"和《星洲日报》"文艺春秋"，坚持创作与批评并重的编辑方针②，有意识地刊登大量的马华文学评论，包括富于争论性的批评文字，改变了马华文学评论文字匮乏的面貌，在90年代中后期收获了许多重要的批评成果。同时，两报文学副刊编辑秉持园地开放的精神，给许多优秀的新生代批评者，如张光达、刘育龙、黄锦树、林建国、陈大为等，提供了宝贵的批评园地，改变了马华文学批评由中生代及国外学者主导的格局，建构了马华新生代批评的副刊空间。

　　《南洋商报》"南洋文艺"是以刊登诗歌、散文、小说和评论为主的纯文学副刊，它最大的特色是"刊登大量的文学理论或评论文章，这一点也是它至今为止所取得的最大的成就，目前还没有其他报刊的文艺版能够望其项背"③。如果说在80年代"南洋文艺"的编者还存在上文谢川成提到的"比较被动"、"很少真正地策划"等问题，进

---

① 谢川成：《也谈评论文字的匮乏》，《蕉风》1989年4月号，总第425期。
② 《南洋文艺》主编张永修在《近处观战》中就曾直言："我一直认为，文学创作与文学评论是相辅相成的。专业的批评体制的建立，不仅有助提升读者的鉴赏水平，而且对创作者而言，也起着一种鼓舞与督促的作用。因此，我有意识的在《南洋文艺》刊登了相当大量的文学论述。"张永修等编：《辣味马华文学》，雪兰莪中华大会堂、马来西亚留台校友会联合总会2002年版，第d页。
③ 张光达：《众声合唱——回顾1998〈南洋文艺〉的文学现象和创作》，《南洋商报》"南洋文艺"1999年1月9日。

入 90 年代特别是 1994 年 5 月新生代编辑张永修接手之后，积极主动和专辑策划成为"南洋文艺"最大的编辑特色。以 1994 年 6 月—1997 年 6 月为例，《南洋文艺》先后策划了"马华文学倒数"、"双月文学点评"、"进谏马华文学"、"亮丽的星图"、"但愿人长久"和"大系探讨"等马华文学评论专辑，包括在地和旅台在内的几乎所有新生代批评者都参与了这些评论专辑，如庄若、李天葆、张光达、刘育龙、林春美、黄锦树、林建国、林幸谦、辛金顺、陈大为、黄昕胜等，这些马华文学批评以专辑策划的形式推出，既强化了文学批评的系统性和集中性，也使文学批评以一种近乎商业的形式进入受众的视野，在副刊有限的文化空间里营造了一种有利于对话的舆论氛围。除了专辑策划，"南洋文艺"还开设了"文学观点"栏目，专门刊登文学批评的自由来稿，90 年代也累积了十分丰厚的批评成果。

与《南洋商报》"南洋文艺"类似，《星洲日报》"文艺春秋"在刊登诗歌、散文和小说的同时也发表文学评论，且富于学理性。相对于"南洋文艺"，"文艺春秋"对评论专辑的策划并不十分突出，但"文艺春秋"也不惧争论性文章，揭开 90 年代马华文学系列论争序幕的《"马华文学"全称之商榷——初论马来西亚的华文文学与华人文学》就发表在 1991 年 1 月 19 日和 22 日的"文艺春秋"上。在 90 年代前期，张永修主编期间的"星云"也时常刊登一些短小精悍的批评文字，1992 年因《开庭审讯》而引发的"经典缺席"论争在"星云"的推动下成为 90 年代马华文学发展的重要事件。90 年代中后期，逢周日出版的"星洲广场"系列子副刊，如"尊重民意"、"自由论谈"、"新新时代"等，也成为《星洲日报》重要的批评空间，与"文艺春秋"追求学院化的文学批评不同，"星洲广场"系列更像是一个文化论坛，争议性课题成为它们的首选，可以发现，这一时期马华文坛爆发的"断奶战"、"文学与道义"论争和"旅台与本土作家跨世纪对谈"争论多在"星洲广场"系列上展开。

"在文学体制中，文艺副刊是非常重要的一环（尤其在文学杂志缺乏的地方），往往决定了一个地域和世代的文学成就，也是文学知识贫乏的地方最基本的文学营养的来源，是文学接班人陶养和试练的舞台。"① 在马华文坛，文艺副刊经过历史淘洗已经内化为文坛结构的一部分，成为"合理的在场"，参与马华文学的生产、传播和消费。马华新生代批评在90年代的崛起，仰赖报纸副刊提供的批评空间，黄锦树、林建国等旅台学者的马华文学批评能够"回归"大马，与副刊等提供的开放的批评空间密切相关："回顾过去十几年旅台作家在西马文坛的'活动'，除了王祖安主编期间的《星洲日报》'文艺春秋'和张永修主编的《南洋商报》'南洋文艺'两大副刊，最支持旅台作家的刊物便是先后由小黑和朵拉夫妇，以及林春美主编的《蕉风》。这三个副刊/刊物是马华文坛最重要的发表园地，至少对西马作家而言，它们的版面象征着当代马华文坛的'主流'舞台。旅台文学得以'回归祖国'，三大文学媒体确实扮演着决定性的角色。"②

90年代马华文学批评的副刊空间，在张永修、王祖安等编辑的经营下，开始朝着公共论坛的方向发展，具有开放性、对话性和启迪性的典型特征，有意挑起/引导富有争议性的文学议题，吸纳老中青三代批评者参与其中，营造批评的狂欢化景象，马华文学定位、经典缺席、重写马华文学史、中国性等论争课题也只能诞生于这样的副刊空间中。同时，副刊空间的对话性和启迪性使新生代对相关议题的思考走向深入，黄锦树和林建国等诸多深具理论性和启发性的文学批评，都是在论争的"对话"过程中生发出来的。

二 话语的狂欢：副刊语境中的文学论争

> 论者与论者常常不能够心平气和的讨论一件文学课题，一开始就采用非常激烈的措辞和态度来攻击对方，大有非把对方置死不可的意图。③（张光达）

---

① 黄锦树：《一般见识》，《南洋商报》"南洋文艺"1998年4月24日。
② 陈大为等编：《赤道回声：马华文学读本Ⅱ》，万卷楼图书股份有限公司2004年版，第Ⅷ页。
③ 张光达：《建构马华文学（史）观——90年代马华文学观念回顾》，载张永修等主编《辣味马华文学——90年代马华文学争论性课题文选》，雪兰莪中华大会堂、马来西亚留台校友会联合总会出版2002年版，第ⅱ页。

黄锦树自称是鹅（他最近说他"鹅立鸡群"），他必定是一只爱在泥泞翻滚的白鹅；白色羽毛是他创作与论述中闪现的表象；他暗底里翻滚的全部心浮气躁与理直气壮的霸道都已注解在他冗长的注脚里一再"自我消解"，但一切仅以泥泞不堪的状态显示。①（翁弦蔚）

随着传媒时代的到来，包括报纸在内的现代传媒，"以权力化的'传媒符号'，深刻地改造着社会结构与文化结构，也深深地改造着文艺现状，包括文艺批评及文艺批评的话语建构与转型"②。这是一种前所未见的传媒权力："媒介的力量来自于它与市场的合谋。虽然市场的形成总是受到有着权力部门为依靠的媒介的制衡，并且也只有借助于媒介的广泛传播而获取其强大的效益；但反过来媒介要体现自身的这种功能，不能不在一定程度上向无形而实在、如同幽灵般出没于后工业社会的'市场需求'做出让步。所以，在商品经济这个现代社会豪华大厦的基础的促进下，媒介与市场最终在'娱乐'这面旗帜下结为同盟。"③80年代后期开始，马来西亚华文报纸进入集团化的发展模式，整个市场几乎被星洲媒体集团与南洋报业集团所控制，《星洲日报》和《南洋商报》成为90年代马来西亚影响力最大的两家华文报纸。垄断的形成进一步强化了《星洲日报》和《南洋商报》的话语权力，并日复一日地渗透到文学批评中。

在马来西亚华文文学体制中，报纸副刊既是文学最主要的发表园地，也是文学最关键的传播媒介，马华文学批评的生产与传播也主要仰赖报纸副刊，这就导致了文学批评的副刊化/传媒化，文学批评既是文学文本，又是副刊文本/传媒文本，宿命般地遗传并承载着"现代传媒的'感性狂欢'的'家族病'"："'传媒文本'是现代意义上文化生产

---

① 翁弦蔚：《在解体与沉默之间》，《蕉风》1998年10月号，总第486期。
② 张邦卫：《媒介诗学：传媒视野下的文学与文学理论》，社会科学文献出版社2006年版，第247页。
③ 徐岱：《媒介时代的诗性立场》，载张邦卫《媒介诗学：传媒视野下的文学与文学理论》，社会科学文献出版社2006年版，第2页。

的结果，无论如何它都脱不了商品的本性和利润的驱策。所以，它总是播撒平面化、大众化、商品化、世俗化、直观化、浅显化、产业化的'传媒符号'，以抚慰现代社会或产业社会的消费大众，建构世俗的'快乐大本营'。"① 在马来西亚华人社会，据黄锦树研究，普遍存在一种重形式不重内容的"表演文化"："具祭仪作用的表演性凌越了一切，甚至反过来使得表演性成为文化活动的内在属性"，"如此的文化表征形态注重的其实是文化的情绪功能，但往往在效果上也仅止于满足一时的情绪"。② 90 年代，这种在效果上仅止于满足一时情绪的"表演文化"，裹挟着"现代传媒的'感性狂欢'的'家族病'"，在文坛制造了一个接着一个轰动一时的文学话题，文学论争成为这一时期批评展开的主要方式，循迹而至的是批评话语的狂欢化，消解了文学批评的诗学属性，人们在激烈地讨论马华文学的同时，也在尽情地享受论争带来的话语快感；毁誉参半的"黄锦树现象"，既是文坛思潮嬗变的结果，也是媒体作用于文学诞生的畸形产儿。

"媒介时代的文学场，经过重组的阵痛后，涌现了许多的新兴要素，最明显的是媒介本身及其所衍生的媒介文化，然后是媒介时代的文学在生产、流通与传播及消费过程中，文化权力不断膨胀的编辑、记者、出版、书商与书评等。在媒介时代，由于全球化、市场化、消费化语境全力向文学与文学场的渗透，它们从台后走向台前、从幕后走向幕前、从边缘走向中心、从附属者走向掌控者、从传播者走向制造者。"③ 以往人们只注意到 90 年代马华文学论争异常激烈而频繁的现象，却很少探究它与报纸副刊的复杂关系④。如果没有报纸副刊对

---

① 张邦卫：《媒介诗学：传媒视野下的文学与文学理论》，社会科学文献出版社 2006 年版，第 247 页。

② 黄锦树：《中国性与表演性：论马华文化与文学的限度》，《马来西亚华人研究学刊》1997 年第 1 期。

③ 张邦卫：《媒介诗学：传媒视野下的文学与文学理论》，社会科学文献出版社 2006 年版，第 345 页。

④ 在马来西亚，除了张永修的《近处观战》从编辑的角度有所涉及，其他无论是在地还是旅台都没有人反思文学论争与报纸副刊的关系。在中国大陆，暨南大学黄羡羡的硕士学位论文《90 年代马华文学论争的一种回顾及反思》算是这方面的先行者。

文学批评的积极介入，90年代的马华文坛肯定要冷清许多，大部分的文学论争可能根本不会发生。

1992年由褚素莱的《开庭审讯》引发的马华文学定位及经典缺席论争，源于张永修在《星洲日报》"星云"开设"文学的激荡"专栏，有意召唤读者探讨此课题；1995年黄锦树与林幸谦之间关于中国性的论争，出现在《南洋商报》"南洋文艺"张永修策划的"双月文学点评"系列，据林幸谦在《窗外的他者》中的自述，他之所以会回应黄锦树对他的批评，是因为收到了"南洋文艺"编辑张永修寄给他的黄锦树文章的剪报，如果没有张永修的"多此一举"，论争很可能不会发生；1996—1997年关于《马华当代文学大系》的讨论，也是"南洋文艺"编辑张永修策划的产物："1996年作协决定出版大系，开设在报刊上公开征稿。……有鉴于这是继方修所编《马华新文学大系》约30年之后的第二套大系，意义非凡，因此我在《南洋文艺》特设'大系探讨'栏目，邀约关心大系编纂的作家集思广益，以期作协能将大系编得更完善。'大系探讨'栏目获得多为马华作家积极与热情的反应"①；1997—1998年发生的"断奶战"，如果不是《星洲日报》"尊重民意"编辑"火上浇油"，在"一家课题两家言"栏目策划"马华文学需不需要断奶？"专题，刊发林建国和陈雪风观点相左的文章，这场论争也不可能演化为一场影响深远的"骂战"；同一年，让黄锦树备受骂名的"文学研究与道义"的论争，据张永修自述，也可追溯到他在"南洋文艺"所做的一个特辑："那是在1996年9月，我趁中秋佳节推出'但愿人长久'系列，其中方北方特辑'大河的水声'，邀请了黄锦树评论方北方。黄写了《拓荒播种与道德写作：小论方北方》之后，请我协助收集方北方的作品资料，以便更全面地了解这位拓荒播种者。我向方北方道明原委，并请其公子方成与方昂帮忙影印一些相关的资料，然后通过我转交黄锦树。1997年，黄锦树发表了有关方北方文论及其三部曲的长篇论文《马华现实主义的

---

① 张永修：《近处观战》，《辣味马华文学——90年代马华文学争论性课题文选》，雪兰莪中华大会堂、马来西亚留台校友会联合总会2002年版，第e页。

实践困境》。这篇措辞严厉的论文很快就引发了一场论争，而其中最广为谈论的话题是：既向作者索取资料，那么在道义上应不应该对他做出负面的评价？"① 由此可见，90年代的诸多文学论争大都不是文坛自发产生，而是报纸副刊编辑策划的产物。在传媒时代，策划是报纸文艺副刊编辑惯用的手段，是传媒干预文学的最直接表现。就90年代的马华文学论争来讲，什么样的议题能进入公众视野引起争论？以什么样的方式展开争论？什么人有资格参与争论？这些都不直接取决于批评者本人，而依赖于报纸副刊这只无形的手在幕后的策划。

置身于副刊语境中的90年代马华文学论争，就像接连上演的"批评表演"，追寻着话语的感性狂欢，肤浅、片面、极端、谩骂的言说充斥文坛，"马华作家终年以笔名匿藏在左派意识的森林以阴森的杂文集体向黄锦树发动现实的游击战，黄锦树就焚身以火不惜以专业的火药引爆他全部的学术论著愤怒讨伐之；我们戴着口罩亲眼目睹整座森林被烧得乌烟瘴气。这是他们分别向鲁迅致敬的拙劣方式。但各文本之间却永不相同。'我只觉得他们吵闹。'"② 我们虽没有亲历这些论争，但在时隔10多年之后，当我们拂去覆盖在报纸副刊上的历史尘埃，重新去检视它们的时候，仍然能够感受到阵阵呛鼻的"辣味"。以1997—1998年的"断奶战"为例，林建国的《马华文学"断奶"的理由》最后见报时被编辑改为《大中华我族中心的心理作祟》，与原题相比，见报后的题目更具"冲击力"和"杀伤力"，这是副刊编辑为了制造噱头使用的伎俩。除了修改题目，编辑在对林文进行删改之后仍然保留了"阴谋"、"东厂锦衣卫"、"奴役"、"意淫"、"招安"等火药味极浓的词汇，显然也是刻意为之，意在挑起一场更大的争论。"虽然学院批评的语言方式在其产生的过程中与传媒格格不入，保持着相当的距离，但是，当它或主动寻求大众传媒的关注或被动地被大众传媒捕获与吸纳的时候，往往会经由大众传媒一系列的'改写'、'翻译'，而或快或慢地进入大众传媒的表意系统；而

---

① 张永修：《近处观战》，载张永修等主编《辣味马华文学——90年代马华文学争论性课题文选》，雪兰莪中华大会堂、马来西亚留台校友会联合总会2002年版，第d页。
② 翁弦蔚：《在解体与沉默之间》，《蕉风》1998年10月号，总第486期。

这时候批评为自身的凸显和流行付出的代价是歧义、误解和曲解的衍生。"① 这也难怪黄锦树要为林建国感到不值，认为他"是被媒体利用了"②。话语的狂欢在《大中华我族中心的心理作祟》中已有所显现，而在后来读者对林建国一窝蜂的"声讨"中，这种趋势愈演愈烈，最终以媒体与大众共同狂欢收场。《星洲日报》"自由论谈"在1998年3月8日和15日开辟两辑"断奶回响"，刊登的文章也多是情绪化的文字：

> 大凡一个男人，婴孩时期吮吸母乳，是天经地义的……长大了，自己独立，不依父母，但是否能"断奶"？绝不，过来人都晓得，这时是吸其他女人的奶——女朋友，情妇及老婆……林建国和黄锦树不知是否已成婚，或者有没有拍拖？难道对"断奶"的道理都不懂？③
>
> 林建国是华裔马来西亚人，在台湾留学，居然受到台湾那种搞统战的厉害手段洗脑，反过来向马华文坛开炮，令马华文学与中国文学脱节，离间马华作者与中国作者的联系与友谊，这方是绝大的阴谋，居心巨测。我奉劝林建国，以及和他一鼻孔出气的黄锦树，尽快悬崖勒马，改变态度，真正从学术立场及文化基础好好研究文学，包括马华文学，不要以政治眼光来论文学，这是很危险的，否则他们将面对严重的后果。④

这样的文字以"回响"的形式刊登在报纸副刊上，只能使讨论的问题走向肤浅化和娱乐化，在话语的狂欢中满足媒体与大众的快感需求。

黄锦树是90年代马华文学论争中最富争议性的新生代批评者，其"成败荣辱""皆拜"报纸副刊所赐。一方面，黄锦树所张扬的叛

---

① 林舟：《大众传播与当代文学批评的空间构成》，《南方文坛》2004年第4期。
② 黄锦树：《一般见识》，《南洋商报》"南洋文艺"1998年4月24日。
③ 陈醉：《未吸其乳何需"断奶"》，《星洲日报》"自由论谈"1998年3月8日。
④ 崔将：《勿以政治眼光论文学》，《星洲日报》"自由论谈"1998年3月15日。

逆精神与大众传媒求新求变的诉求不谋而合，报纸副刊借助其日益膨胀的传媒权力，将黄锦树塑造成马华文坛的"一股逆流"（何启良语）①，使他在90年代成为集万千目光于一身的"学术明星"和"媒体宠儿"，每每出场总能在文坛掀起一股轩然大波。另一方面，报纸副刊也是一个巨大的陷阱："媒介文化是一种'权力文化'，它凭借着技术化、市场化、全球化的力量甚至已经成为所谓的'美学意识形态'。在其中，真实的东西与虚假的东西并存，现实的追求与虚幻的梦想共生；手段支配目的，工具理性强奸价值理性，形式的合理性僭越价值的合理性；感性的狂欢替代理性的沉思，图像的快餐化的一览无余替代语言的空间化形象，形而下的感官享受替代形而上的精神追求。"②深陷其中的黄锦树"沾染"了媒介文化的一些"恶习"。这使黄锦树的批评锋芒有余而内蕴不足，甚至近乎"草莽"。吊诡的是，黄锦树虽然对报纸副刊的媒介文化及其对人的形塑能力有较为清醒的认识，但他却似乎甘为传媒所"利用"，享受着话语狂欢带给他的快感，正如王德威所评价的："他洞悉学界文坛的诡谲腐败，却又如此轻易地亮出自己的底牌，成为众矢之的。他的批判针针见血，但惊人之语下，难掩一丝恶作剧式的痛快。"③

以下黄锦树不同文章的两段话，也可以作为一种注解：

> 我在一封"检查通过"的给方北方先生的公开信中提到不屑回应那些"耻与同列"的"人才"，说句心底话，我其实是蛮想回应的，因为这种文章很好写，比创作容易上千百倍。而且可以搞得很过瘾——可以杀个片甲不留，或者烧成一片焦土。④

---

① 何启良：《"黄锦树现象"的深层意义》，《南洋商报》"人文" 1998年1月18日。
② 张邦卫：《媒介诗学：传媒视野下的文学与文学理论》，社会科学文献出版社 2006年版，第348页。
③ 王德威：《坏孩子黄锦树——黄锦树的马华论述与叙述》，黄锦树：《由岛至岛》，麦田出版社2002年版，第11—12页。
④ 黄锦树：《烧芭余话》，《星洲日报》"自由论谈" 1998年1月25日。

《烧》文气话之多,可以想见;因为那场戏的戏码是"吞剑"和"喷火"——因为被批评的对象的戏码是"跳火圈"——我倒介意错字过多,有伤文气。真正的问题或许在于,我对这种"表演文化"竟也有点着迷,一如玩火,"树在火中长起……"(洛夫,《石室之死亡》)……也可能有点擦枪走火。①

当黄锦树对自己的"表演""竟也有点着迷"的时候,观看甚至参与这些"表演"的读者也在享受着黄锦树带给他们的"快乐":"听他知无不言,言无不尽的谈话也的确很过瘾。这种过瘾感在阅读鲁迅批评新月派嬉笑怒骂的文章也领略过一次。"②黄锦树"恨铁不成钢"的激烈言论就这样被无情地"消费"掉了,10年的"表演"最后只剩下"表演",马华文学尤其是批评或许并没有发生根本变化,传媒时代的人们依然追逐着批评的感性狂欢。

三 辩证的反思:朝向一个学理性批评空间

> 没有对批评的批评就没有批评。③(蒂博代)

副刊作为"合理的在场",其开放性、大众性等特点对90年代马华新生代文学批评产生了积极影响:马华新生代批评者借助《南洋商报》"南洋文艺"和《星洲日报》"文艺春秋"等报纸副刊提供的批评空间,由稚嫩走向成熟,并主导了90年代以来马华文学批评的走向;新生代批评与报纸副刊的结合,使林建国、黄锦树、庄华兴等学院派批评者走出象牙塔,面对大众,形成批评者与读者的有效互动;副刊巨大影响力的推动下,新生代批评者形塑了马华文学批评生态新的秩序和面貌,一些具有理论深度的批评开始取代以往印象式的批评,新生代逐渐取代中生代成为批评的主体。

---

① 黄锦树:《草草》,《南洋商报》"南洋文艺"1998年2月25日。
② 李开璇:《放火的人》,《星洲日报》"自由论谈"1998年2月22日。
③ [法]蒂博代:《六说文学批评》,赵坚译,生活·读书·新知三联书店2002年版,第78页。

在传媒时代,否认报纸等现代传媒对马华文学包括新生代批评的积极影响无异于自欺欺人,但是,在肯定马华新生代文学批评场域中报纸副刊的合理性及能动性的同时,我们也应该意识到它给马华新生代文学批评带来的危机。"作为社会各种信息的中介,大众传媒要求尽可能地接触最大数量的受众,所以,它必须尽可能地采用人们容易理解的书写方式或表达方式。……因此,大众传媒所期待的文学批评,是通俗易懂、直截了当的批评。……同样,适应于大众传媒尽可能接触最大数量受众的需要,那种富于刺激性和冲击力,耸人听闻、吸引眼球的语言方式受到极大的鼓励,其极端便是所谓'酷评'和'艳评'的走俏。相应的,文本细读、微言大义式的批评,长线的、历史总结式的批评,注重学理规范、讲究技术法则的批评,则无可逆挽地受到大众传媒的排斥。……与追求通俗易解相联系,大众传媒因其对公众吸引力的永无止境的追求,发展出对新异奇特的无尽癖好和偏嗜。"[①] 类似的现象,在 90 年代马华文坛接连"上演"的文学论争中可见一斑。报纸副刊对 90 年代马华文学的积极介入,在导致文学作品的文学性部分流失的同时,也造成了文学批评学理性和批评意义的部分流失,甚至出现只有"争论"没有"批评"的现象。"对大众传媒要求的通俗活泼的语言方式的顺应,可能导致文学批评在产生快感的同时将快感作为目的,而未能将其作为接近和通往批评对象并生产出意义的途径,文学批评成为即时消费、即用即弃的别一种'创作'。对大众传媒的新闻时效性和新鲜性原则的顺应,文学批评与对象之间时距的缩短,对时间刻度标示出的'新'的追捧,则可能导致文学评论作为'时评',而放弃对恒久的精神价值的关注和丧失对美学趣味的敏感。而传媒先于文学批评提供甚至规定了批评的对象,为后者省去了寻找与发现的过程,同时也动摇着批评的独立与公正,从而销蚀批评应有的批判精神。"[②]

对副刊空间里的马华新生代批评的反思,意在指出副刊对新生代

---

① 林舟:《大众传播与当代文学批评的空间构成》,《南方文坛》2004 年第 4 期。

② 同上。

批评的价值与局限，马华新生代批评必须走出副刊隐藏的各种"陷阱"，找到一个副刊与批评积极互动的结合点，"并从媒体的制约中重新返回自我"①，坚守批评的独立性。最后，我们期待马华文坛能够建立一个更具学理性的批评空间。

---

① 张邦卫：《媒介诗学：传媒视野下的文学与文学理论》，社会科学文献出版社2006年版，第265页。

第七章

"花踪"与新生代群体的崛起

1990年3月,《星洲日报》宣布举办"星洲日报文学奖",同年6月详列征文细则,并更名为"花踪文学奖"。从1991年开始,花踪文学奖每两年举办一次,从未间断,至今已历十二届。在这二十余年时间里,花踪文学奖作为马来西亚最重要的华文文学奖,结出了累累的硕果。"花踪"俨然已成为马华文坛的一面旗帜,受到华人世界的高度关注,甚至被誉为"文学奥斯卡"。

第一节 《星洲日报》与花踪文学奖

一 "花踪"的诞生背景

文学和艺术的发展需要多方面的支持,包括物质的支持,正如布尔迪厄所言,"还是金钱能够保证在金钱方面的自由。特别是在提供安全、保障和保护网方面,财富赋予它所青睐的东西以勇气——在艺术方面比在其他方面更甚。"① 然而,在马来西亚,因为失去马来西亚政府的支持,华文的出版情况堪忧。马华文坛的文学著作基本上都由作者自行结集出版,这些著作的销量大多不高,"每本只在1千至3千本之间,有的则只印1千本,真正发行到书局售卖的可能只有3百本,其他的都免费赠送给文友。"② 在如此萧条的出版环境下,华文写

---

① [法]皮埃尔·布尔迪厄:《艺术的法则》,刘晖译,中央编译出版社2001年版,第101页。

② 叶啸:《马华如何文学》,载许文荣主编《回首八十载,走向新世纪》,南方学院2009年版,第395页。

作需要更多的扶持和鼓励。马华作家,要有一份肥沃的土地的滋养,才能让自己的创作生根发芽。

在花踪文学奖创办之前,马来西亚华人社团开展过一系列的文化活动,包括举办各类文学创作比赛、举办文学讲座和创办写作讲习班等,以促进马华文学的发展。据统计,1980年代,各种社会团体和文艺组织所举办的文学奖已不下30项。① 马华著名作家方北方在评价其中的一个文学奖的时候说:"丰厚的文学奖,除反映华人社会关心马华文艺发展的程度,也具有鼓励写作人积极从事创作,须面对提高作品的内容和充实艺术修养的意义,从而促使马华文艺出现丰收的春天。"② 鼓励写作、提升内容,文学奖对马华文学的发展有着深远的意义。

华文报纸的文艺副刊是马华文学的传播重镇,支撑着马华文学的"半壁江山"。因此,推动马来西亚华文文学的发展,"华文报章应该扮演积极的角色,因为凭着它们所具备的优越条件,既可以拨出园地,栽培马华写作人,亦可以开展各种的文艺活动,以唤起华社对马华文学的注意与重视。"③ 正是在马华文学式微的大环境下,作为马来西亚重要华报纸的《星洲日报》,自觉挑起发扬文学的重担,举办花踪文学奖。

"花踪"是"华宗"的谐音,得名于新加坡艺术名家陈瑞献给《星洲日报》献上的一座木雕。玫瑰与海鸥融为一体的木雕寓意着"海水到处有华人,华人到处有花踪"。这一"花踪"名句后来被写入《花踪之歌》,木雕也被铸成铜雕,作为花踪文学奖奖杯,承载着主办方发扬和传承华人文化的决心。花踪文学奖在创立之初定下的宗旨是:鼓励创作、发扬文学和传承薪火(第二届改为"开拓国际视野,提升文学品质,反映时代精神")。这正和方北方对文学奖的评价

---

① 林春美:《如何塑造奥斯卡》,《性别与本土——在地的马华文学论述》,大将出版社2009年版,第46页。

② 方北方:《马华文学及其他》,三联书店香港分店、新加坡文学书屋联合出版1987年版,第54页。

③ 云里风感言,载萧依钊主编《花踪文汇1》,星洲日报出版社1993年版,第12页。

不谋而合。文学奖，作为"文学场"的组成部分，激励效用和传播机制都对文化的构建起到不可小觑的作用。

二 "花踪"的奖项设置

要真正了解花踪文学奖的内涵，在作家、作品研究的同时，也必须对作为传播机制的奖项设置给予高度关注。正如布尔迪厄的场域理论所言，作品、作家、受众和传播等因素，在文化场域中的位置都是结构性的，并相互影响。

花踪文学奖的征文方法、奖项类别、评选方法等，都借鉴了当时中国台湾的《中国时报》的"时报文学奖"和《联合报》的"联合报文学奖"；主要设有报告文学奖、马华小说奖、散文奖、新诗奖、世界华文小说奖（第二届增设，第七届起取消）、新秀奖（第三届增设，分为小说组、散文组、新诗组）、儿童文学奖（第五届增设，第十届起取消）、世界华文文学奖（第六届增设）、马华文学大奖（第十届增设），另设有小说组、散文组、新诗组三组推荐奖各一项（第十届起取消）。花踪文学奖的每一个奖项都由各自的评审委员会选出，不同奖项甄选过程也不尽相同。

如果说，文学奖在本质上说是一场充斥着权力运作的"游戏"。那么，这场"游戏"要体现其权力运作，首先要确定自身的地位。马华文学继承了中国文学传统，在地的生活经历以及发展华族文化的要求，又使马华文学形成了自己的独特性：既不等同于马来西亚其他语种文学，也不等同于中国文学，这是马华文学主体性所在。正因如此，马华文学曾经处于双重的边缘。黎紫书说："尽管世华文坛有好些文人长者对马华这棵小树多有关照，但马华文学始终得不到中文世界真正的重视。无论在国内或是在国外，马华文学都只能处在边缘。"[①]《星洲日报》定位是回归本土、面向国际。同样的定位，也贯穿在了"花踪"的奖项设置中：既要在本土为华人拓展话语空间，又要让这一出自马来西亚的文学奖得到华文世界的认可。在历届的颁奖

---

① 黎紫书：《经营马来特色，书写家国记忆》，《文学报》2012年4月5日第4版。

典礼之上，多位著名歌唱家曾演绎《花踪之歌》，每一册的《花踪文汇》也都将《花踪之歌》收录在内。这首在花踪文学奖之中承载着极重分量的《花踪之歌》写道："飘洋便过了海，披荆就斩了棘，落地也生了根。静静开花，缓缓结果。海水到处有华人，华人到处有花踪。"① 这是主办方诚挚的期望和对花踪文学奖的定位：一方面，漂洋过海、落地生根之后结出"花"与"果"，象征着花踪文学奖在马来西亚的本土立场；另一方面，"华人到处有花踪"，寄托着主办方对花踪文学奖的殷切期望。

花踪文学奖创立之初定下的宗旨是鼓励创作、发扬文学和传承薪火。所谓的"传承薪火"，自然首先是传承马来西亚的华人文化薪火，发扬的也是马来西亚华文文学。首届花踪文学奖设有的奖项包括报告文学奖、散文奖、新诗奖、小说奖，这四个奖项立足本土，应征条件中明确规定"公开给马来西亚公民应征"。花踪文学奖的奖项设置从创立至今多次改动，第一届设立下的上述奖项却一直延续至今。马华小说、散文、新诗三组的终审评委除了选出三组的得奖作品外，每组还选出一名推荐奖得主，以表彰在过去两年中有突出文学表现的作者，"这除了可作为主办当局给予支持该报的作者的一项回馈之外，同时也有鼓励马华作者积极投稿该报（或至少把最好的作品留给该报），以及激发作者们以高度自觉去提升创作水平的作用。"② 之后增设的奖项，除世界华文小说奖和世界华文文学奖之外，也都只针对马来西亚公民开放。正是考虑到这种"本土色彩"，花踪文学奖从第三届开始，在决审评委中加入一位马华本土作家，以求在评奖的公正和多元的同时，更有利于挖掘与发扬马华文学的本土性风采。

花踪文学奖从第十届开始，增设了"马华文学大奖"，授奖于过去两年对马华文学有突出贡献的马华作家。得奖者除获得高额的奖金（马币1万元，是所有征文种类中奖金最高的奖项）外，《星洲日报》社还将为其出版一本作品（至今的获得者有：木焱、梁靖芬、黎紫

---

① 萧依钊：《从"花踪"铜雕到〈花踪之歌〉》，载萧依钊主编《花踪文汇1》，星洲日报出版社1993年版，序言。

② 黎紫书编著：《花海无涯》，有人出版社2004年版，第14页。

书、沙禽)。马华文学大奖主评焦桐说,这个奖有两层用意,一是肯定本土文学的创作,二是定位本土文学的坐标。① "马华文学"这个名称决定了它首先是马来西亚文学,然后才是华人文学,它不同于马来西亚的马来文学和淡米尔文学,同时也不能简单看作是中国文学在马来西亚的分支,马华文学有着自己的主体性。马华文学大奖的诞生,肯定了本土的写作,在年轻人中树立起马华文学的标杆,为建构自身的主体性做出了尝试。

花踪文学奖的贡献,还在于对马来西亚较为冷门的文学类型——报告文学和儿童文学的推动作用。花踪文学奖工作委员会(以下简称"工委会")主席刘鉴铨曾坦言报告文学在马来西亚本地文坛尚处萌芽阶段,很多写作者都不熟悉这种文体。作为传媒的《星洲日报》,希望借助文学奖的形式来鼓励本土作家在报告文学方面的创作。刘鉴铨认为,"报告文学与小说是现代文学的主力,但却比小说更富现实性、批判性、更能反映出时代的色彩、社会的脉动。鉴于此,我们把报告文学奖列为'花踪'文学奖的第一个奖项,而且奖金和小说的一样高,作为大众传媒,《星洲日报》希望藉此能在本地掀起报告文学的创作风气。"② 虽然收到的反响不如预期,主办方依然怀着鼓励创作的精神,坚持将报告文学奖延续下来。第五届增设的儿童文学奖,一方面,鼓励了儿童文学的创作,另一方面,也反映出主办方对新一代成长的自觉担当。

从第二届开始,花踪文学奖的宗旨改为"开拓国际视野,提升文学品质,反映时代精神"。宗旨的改变,是花踪文学奖对自身期望与要求的提高。"开拓国际视野",这正如《花踪之歌》中"华人到处有花踪"这句歌词的内蕴一般,期待着花踪文学奖可以走出马来西亚,走向世界。

首届花踪文学奖之后,中国台湾诗人痖弦、美国华裔作家於梨

---

① 《再绽放艳丽文学花朵·花踪新锐涌现》,2009年8月,花踪文学奖网(http://www.sinchew.com.my/huazong/? p = 326)。

② 刘鉴铨:《期望〈花踪〉处处》,载萧依钊主编《花踪文汇1》,星洲日报出版社1993年版,序言。

华、新加坡艺术家陈瑞献便建议增设世界华文文学相关奖项，主办方欣然接纳了他们的建议，于第二届增设了世界华文小说奖。这个奖项不再局限于马来西亚，而是面向世界华人，旨在"使马华文学与世界华文文学建立联系，为世华文学作出贡献。"① 首次举办的世界华文小说奖收到的作品来自中国大陆、台湾、香港，以及美国、英国、法国、泰国、新加坡、菲律宾、文莱、澳大利亚等地；甚至，它还成了花踪文学奖所有征文类别中收到稿件最多的奖项（如第五届的花踪文学奖的世界华文小说奖收到363篇稿件，马华部分的小说奖收到70篇稿件，散文奖收到93篇稿件，新诗奖收到132篇稿件，报告文学奖收到4篇稿件，儿童文学奖收到108篇稿件）。花踪文学奖可谓借世界华文小说奖成功地迈出了从本土走向世界的脚步，切实实现了"花踪"的主题："海水到处有华人，华人到处有花踪"。世界华文小说奖的增设得到了诸多作家的肯定，作家蒋勋说，"世界华文小说在这里扮演重要的角色，它提供了世界华人一个共同的舞台。"② 直到另一项面向华文世界的奖项——世界华文文学奖的设立之后，世界华文小说奖才悄然隐退于"花踪"的历史之中。

效仿诺贝尔文学奖评奖机制，世界华文文学奖的评奖委员会由18位来自世界各地的著名华文作家、学者组成，让花踪文学奖再一次受到了世界的瞩目，在华文文学界引起轰动。迄今为止的得主包括王安忆、陈映真、西西、杨牧、聂华苓、王文兴、阎连科。"经由各地中文传媒竞相报道，竟成中文文坛的瞩目焦点……'花踪'因此而被形容为'华文文学的重镇'。"③ 世界华文文学奖的增设，使花踪文学奖在走向世界的历程中又迈出了一大步。

作家碧澄和云里风都谈及过花踪文学奖对马华文学的意义："星

---

① 刘鉴铨：《第2个花季》，载萧依钊主编《花踪文汇2》，星洲日报出版社1995年版，序言。

② 蒋勋：《花踪感想点滴》，载萧依钊主编《花踪文汇5》，星洲日报出版社2001年版，第285页。

③ 萧依钊：《海内外作家的心血结晶》，载萧依钊主编《花踪文汇7》，星洲日报出版社2005年版，序言。

洲日报主办'花踪'文学奖是一个好的开始,从推广、发扬马华文学的角度来说,已经发挥了身为大众传播媒体所扮演的角色。"① "作为文化界先驱的华文报章,对于发展马华文学,负有重大的使命,《星洲日报》在这方面具有充分的条件去扮演重要的角色。它所主办的花踪文学奖,无疑地已发挥了无比的影响力,并产生了良好的效果。"②

三 花踪文学奖的"奥斯卡"效应

花踪文学奖从诞生之初颇受各界瞩目,在马来西亚创下了六项纪录:一是首个由报社独立承办的文学奖;二是总奖金最高的华文文学奖;三是首创文学推荐奖;四是以文学奖名义,邀请海外作家、学者做全国巡回讲座,出席人数也创下纪录;五是首创国际文艺营;六是空前盛大的文学奖颁奖礼。③ 在如此荣光之下,它被誉为"文学奥斯卡"。

花踪文学奖作为《星洲日报》的重要文化品牌,最大的优势在于借助报刊这一平台进行的大力宣传,得奖作品亦可以借此广泛传播。征文与讲座等相关信息,在《星洲日报》的综合版、副刊、大柔佛等版面均有较高频率的刊登。这些信息通常是图文并茂,并占据不小的版面,如著名作家张曼娟、王蒙的文学讲座信息曾连续在多天的"星云"版刊登。奖项揭晓之后,在"文艺春秋"版面上会刊登每个奖项的评审会议记录以及得奖作品,之后主办方还将它们集结成《花踪文汇》,让佳作得以广泛传播。

花踪文学奖所颁发的奖金额数之高在马来西亚亦创下纪录。第一届花踪文学奖总奖金额度达马币56000元,到第十二届总奖金额度已提升至马币65300元。高额的奖金意味着对优秀作家、优秀作品的认可,无论是出自于经济上的考量或是文学上的认同,都能激励写作者,特别是年轻作家。散文作家梅淑贞认为:"星洲日报创办文学奖

---

① 碧澄感言,载萧依钊主编《花踪文汇1》,星洲日报出版社1993年版,第15页。
② 云里风:《树立鲜明的里程碑》,载萧依钊主编《花踪文汇2》,星洲日报出版社1993年版,第228页。
③ 萧依钊主编:《花踪文汇3》,星洲日报出版社1997年版,第5页。

是件好事。甭管是有人抱着为'利'而来也好，或是为'名'来也罢，还是为'名'为'利'都好，肯定是他们都要拿出真本领来，这也是激发起文学创作的泉源之一。"①

花踪文学奖对马华作家而言更有特殊意义。曾获台湾两大诗奖的马华旅台作家陈大为说："在马华的诸多文学奖当中，我只认同'花踪'，所以我一直虎视眈眈，但一再失手。"②花踪文学奖之所以可以得到广泛的认同，离不开它较为客观、公正、公开的奖项评审。除了"推荐奖"、"世界华文文学奖"之外，每一个奖项都经过两轮甚至三轮的筛选评出获奖作品。主办方也凭借自己雄厚的实力力邀在国际华文文坛上具有较高知名度的作家、学者参与评奖，并将每一次的记录借《星洲日报》公之于众。决审会议记录的公开，增进读者对文学作品的理解以及对文学创作的把握，能为年轻一辈的写作者照亮文学的道路。第七届花踪文学奖结束后，主办方还出版了由黎紫书主编的《花海无涯》，对历届以来的花踪文学奖进行回顾和分析，并进行性学术探讨。主办方借助传媒打造文学品牌，为获奖作品的广泛传播提供了平台，也为"花踪"的爱好者和研究者提供了便利。评委的知名度和评奖的透明度，让奖项的公信力得到了保证，也使得"花踪"在本土和世界范围内都具有一定影响力，成为马来西亚的华文文学奖中最受瞩目的奖项。

花踪文学奖更是一个集评奖、颁奖、文学研讨及文学讲座为一体的盛典。颁奖典礼声势浩大、隆重绚丽，主办方、评委、得奖者和文学爱好者齐聚一堂，加上主办方邀请的歌舞团、艺术家的表演（花踪文学奖颁奖礼邀请过的艺术家包括中国大陆京剧名家王晓燕、著名梅派京剧传人万惠民、琵琶演奏家范俏倩、台湾著名大提琴家张正杰、大马著名女高音卓如燕等），热闹非凡。在马来西亚这个华人文化处于边缘地位的国度，这些满溢着"中国性"的表演，已经成为一种强化华人身份和强调华人文化的仪式，不断唤起着人们的民族情感与记

---

① 梅淑贞感言，载萧依钊主编《花踪文汇1》，星洲日报出版社1993年版，第17页。
② 陈大为：《意义重大》，载萧依钊主编《花踪文汇3》，星洲日报出版社1997年版，第240页。

忆。花踪文学奖的颁奖典礼，在助兴的文艺节目上别出心裁，颁奖过程同样极具特色，宛如娱乐界的颁奖盛典一般。首届花踪文学奖颁奖典礼，就吸引了来自各地超过一千名观众，场面火爆。

主办方借着在"花踪"颁奖典礼时著名作家、学者齐聚一堂的机会，在颁奖的同时举办"花踪国际文艺营"。世界各地的著名作家、学者在参与花踪文学奖决审的同时，也都在文艺营中担任文学专题主讲。首届"花踪文艺营"，参与者之多超乎了主办方预料，筹委会多次更改会场，依然不足以满足需求。此外，在前后两届花踪文学奖的间隔期间，主办方还以"花踪系列讲座"形式，为两年一次的文学奖"保温"，邀请华文界享有盛誉的作家主讲，每次讲座也都反响热烈。以第一届花踪文学奖为例，"花踪系列讲座"的主讲包括黄春明、王蒙、痖弦、於梨华、郑明娳、张贤亮、张洁等著名作家、学者。

马来西亚作家协会曾多次表示，希望寄托在华族下一代身上。[①]花踪文学奖也将自身的目标定为"传承薪火"，期待着年轻作家接过文学的接力棒。从第二届开始，新生代的作家崭露头角，并渐渐成为花踪文学奖最重要的得奖群体。新生代作家生长在马来西亚，从祖辈身上继承了中国文化，努力于中文写作。但是，能让他们一展拳脚的机会不多。华文报刊是马来西亚最重要的文学园地之一，"征文比赛能提高马华文学的素质，促使常写作的人进修，新秀跟上脚步，在创作上起着鼓励的作用。"[②]"花踪"这块土地，激励着许多马华新秀萌芽生长，渐渐成为日后的参天大树。他们的书写，展现了新生代华人的生存环境和内心世界，也形成了对文化"霸权"的抵抗。二十多年的时间也证明，文学奖与传媒结合的"花踪"机制，为马华文坛挖掘、培养了一批优秀的新生代作家，推动着马华文学的发展。

《星洲日报》通过自身的传播和资本优势，将花踪文学奖打造成"文学奥斯卡"，让更多的人将目光投向了文学这块被冷落已久的土地，给予了文学场巨大的象征资本。

---

① 庄华兴：《国家文学：宰制与回应》，大将出版社2006年版，第20页。
② 梁志庆感言，载萧依钊主编《花踪文汇1》，星洲日报出版社1993年版，第18页。

第二节 "花踪"与新生代的成长

一 "花踪"与文学场"占位"

花踪文学奖自 1991 年始，每两年花开一度，轮回绽放。花开花落，二十余年弹指一挥，刹那芳华。在不断切换的画面中，炫目的聚光灯一次次映照着一张张从青涩惊喜到成熟淡定的面孔。从一开始，"花踪"就与马华新生代有着不解之缘，二者可谓是共同成长。

布尔迪厄将文学场中的斗争归结于文学的定义之争，"文学场是个力量场，这个场对所有进入其中的人发挥作用，而且依据着他们在场中所占据的位置以不同方式发挥作用，这个场同时也是个充满竞争的斗争场，这些斗争倾向于保存或改变这个力量的场。""文学竞争的中心赌注之一是对文学合法性的垄断，也就是说，对话语权的垄断……更确切地说，文化生产场的对立两极的占据者之间的斗争是以垄断作家的合法定义的规定为赌注的，斗争围绕着自主与非自主之间的对立而形成是可以理解的。"① 不同位置的占据者都根据各自所拥有的资本，希望将其对文学的界定普遍化和合法化，以此来改善和保证其在文学场中的位置。

在马来西亚的文学生态中，"国家文化透过官方制定的文化教育法令，建构出一种政治化种族化语言文化教育法令，建构出一种政治化种族化语言文化问题策略的'主导文化'，把马来西亚华族用中文书写的'马华文学'排除在国家主流体制之外，令它自生自灭"②。如此，马来西亚国家文学奖凭借官方权力的支撑在文学场中占据了天然的优势，而以传承华文为宗旨的马华文学奖则与之对应占据文学场两极，为话语权和地位而展开激烈斗争。就马华文学而言，文学场中

---

① ［法］皮埃尔·布迪厄：《艺术的法则》，刘晖译，中央编译出版社 2001 年版，第 209、201 页。

② 张光达：《文学体制与 60 年代马华现代主义：文学理论与重写马华文学史（上 2）》，《星洲日报》"文艺春秋" 2003 年 5 月 4 日。

的斗争，还涉及老一代作家与新生代作家。随着新生代的崛起，他们不满足于主导马华文学的传统现实主义（最明显的例子要数90年代的那些旷日持久的激烈论争）。他们以反叛的姿态走上文坛，试图构建新的文学版图与文学理想。花踪文学奖，也就俨然成为他们争取在文学场占位的重要平台。从第二届花踪文学奖开始，庄若、陈大为、钟怡雯、林幸谦、刘国寄、吕育陶、翁弦尉、林艾霖、黎紫书、陈志鸿、龚万辉、梁靖芬、曾翎龙、许裕全等6字辈、7字辈作家，在这方舞台上来来往往：从崭露头角到发展壮大，几乎横扫"花踪"马华小说、散文、新诗等诸多奖项。

"权力无所不在，并非因为它有特权能使万事巩固在它战无不胜的整体之下，而是因为它不断地产生出来，在每一点中，或更确切地说在点与点之间的每层关系中。权力无所不在，不是说它包容万物，而是说它来自所有的地方。"[①] 焦桐曾一针见血谈过文学奖权力磁场，"具有为一种权力位阶的生产，评审被世俗化为德高望重者，参赛者被世俗化为有待提携的后进，只有获奖者才能靠那名声晋升位阶，甚至转而担任评审，获奖者的名声不是孤立的荣誉或金钱利益，它通过媒体的权力操作，取得某一种合法性的位阶。这种尊卑关系在每一次的文学奖活动中重复生产出来。"[②] 换句话，一方面，获奖者通过文学奖所赐予的物质与精神的奖掖而实现"权力"的转移；另一方面，文学奖也发挥着中心权力的作用，把自身的价值倾向和意识形态投射于评判标准与评判过程之中，进而潜移默化为作者与读者的审美观念，从而影响文学创作与阅读的走向。

"所有的位置，从其存在本身和它们加在占据者身上的决定性看，依赖于它们在场的结构中也就是在资本（或权力）种类的分布结构中目前的和潜在的状态，资本（或权力）的拥有支配着场中所牵涉的特

---

① ［法］米歇尔·福柯：《性史》，姬旭升译，青海人民出版社1999年版，第81页。
② 焦桐：《台湾文学奖的街头运动：1977～世界末》，1998年，犀鸟文艺网（http://www.hornbill.cdc.net.my/collection/jiaotong/main1.htm）。

殊利益的获取（比如文学权威）。"① 布尔迪厄在《文化资本与学术炼金术》中将资本分为经济资本、文化资本与社会资本三种基本形态，其中文化资本在抽象外衣的隐蔽下指涉着象征资本。文学奖作为文学场中的文学价值的认定机构理所当然具备着颁发一定经济资本与象征资本的权力。"花踪一出，谁与争锋"，花踪文学奖在新生代作家心中的意义不言而喻。其总金额逐年上升，高额奖金在马来西亚华社中创下纪录。固然，经济资本对参赛者诱惑力不可忽视，但与象征资本比较则堪称微弱。"花踪"凭借着铺天盖地的造势宣传、透明化的评审机制、众星云集的阵容、豪华的颁奖典礼、传承华文的宏大光环，不再仅仅是一个简单的文学活动，而是一场巨大的文学盛宴，一个马华文坛响亮的品牌，也是一个"造星"与"追星"的文学"工厂"或称殿堂：在华文边陲开出的璀璨夺目的"海上之花"，散发着让人难以抵挡的魅力。

此外，与国家奖相对，作为民间媒体举办的奖项——花踪文学奖还有着非媒体奖项无法企及的得天独厚优势，即其背后强大的媒体机器，有着完整且强大的集宣传造势、刊载、出版于一身的渠道，这也大大提高了获奖作家及作品的曝光度和知名度。兼具这些背景支撑所转化的象征资本是不可低估的，得到了花踪文学奖，也意味着得到了一张马华文坛的通行证：对于默默无闻的新人来说这好比破晓春阳；对于小有成就的作家来看，不仅仅是锦上添花，更是身份认定，是成功获得本土文学场"占位"的一种象征。

二 步入"花踪"舞台的新生代

"春花秋实香满路，一径春泥总护花"，花踪文学奖一直秉承着传承薪火的宗旨，为马华文坛挖掘潜力，播散希望，不断注入新鲜血，吸引越来越多的新生力量加入创作行列并灌溉其成长。在《花踪文汇1》的"序言"中，《星洲日报》社长张晓卿、《星洲日报》总编辑兼

---

① [法]皮埃尔·布迪厄：《艺术的法则》，刘晖译，中央编译出版社2001年版，第207页。

花踪文学奖工委会主席刘鉴铨、工委会秘书萧依钊，都谈到对花踪文学奖传承文化薪火的期许。在第一届花踪文学奖决审会上，《星洲日报》总编辑刘鉴铨更直接地表明："星洲日报举办文学奖的目的是鼓励更多人，特别是年轻人投入创作的行列。"①

从第二届"花踪"开始，新生代作家便屡屡出现在得奖名单上。年仅二十四岁的李天葆凭借《州府人物连环志》，获得第二届马华小说奖三位终审评委的一致认同，成为该届马华小说首奖得主。同届的年轻获奖者还有吕育陶、林若隐、寒黎等。他们的获奖，正式开启了新生代在"花踪"的征战之路，也预示着马华文坛代际更迭的开始。在第三届评出的各项奖项中，新生代作家占据着更大的比例，到第四、第五届花踪文学奖，马华小说、散文、新诗三组的得奖作品皆出自新生代作家笔下。一批又一批新人走上了"花踪"的舞台，"花踪"俨然成为新生代作家们的竞技场，"这是花踪，花踪就是这么个可以让写得好的新人冒出头来，并且让他们得到应得的掌声与注目的地方。"②

花踪文学奖还首创了推荐奖，旨在鼓励笔耕不辍和不断逾越自我的作家的创作。"文学，需要土壤，需要保温。文学创作之路是难走的，在这条道路上，许多人当了逃兵。星洲日报设立推荐奖的目的，是要给那些长期笔耕作的作者一些掌声，一种肯定和支持。"③当然，也不能忽视花踪文学奖背后《星洲日报》运作的"权力"痕迹：此奖项入选提名标准中所谓"笔耕不倦"，只限于在其旗下的文艺副刊"文艺春秋"和"星云"发表至少2篇小说或3篇散文或3篇新诗，而参赛者在其他报刊上发表的作品则不被考虑。进入此奖项决审的作者，首先必须在《星洲日报》副刊上发表作品，然后又经过报社编辑人员的推选，此举既在于吸引马华作家扎根于此，也以权力话语姿态打击了其他竞争对手。因此，在推荐奖中，权力运作的痕迹比其他各

---

① 刘鉴铨感言，载萧依钊主编《花踪文汇1》，星洲日报出版社1993年版，第31页。
② 黎紫书：《花海无涯》，有人出版社2004年版，第69页。
③ 萧依钊：《水平技巧逐年提高》，载萧依钊主编《花踪文汇6》，星洲日报出版社2003年版，第267页。

项甄选奖更为明显,导向性也更加突出——更倾向于新生代作家群体。这从表3和表4所展示的名单上不难看出些端倪。

表3 马华小说、散文、新诗推荐奖候选名单(第1届至第5届)

推荐奖候选	1	2	3	4	5
小说	小黑 武庄 雨川 年红	黄锦树 潘雨桐 雨川 洪祖秋 沈洪全	潘雨桐 雨川 方成 毅修	雨川 潘雨桐 黎紫书 朵拉 柯志明	黎紫书 陈志鸿 李天葆
散文	褚素莱 毅修 苏清强 钟怡雯 艾斯 小黑	李国七 毅修 寒黎 钟怡雯 朱英 钟可斯等	林幸谦 钟怡雯 林城武	年红 陈绍安 刘国寄 邝眉 莞然 许裕全 钟怡雯	陈大为 钟怡雯
新诗	付承得 李敬德 方昂 小曼 龙川 陈强华 张光达	小曼 陈强华 陈大为 吕育陶 等12人	方昂 吕育陶 陈强华 陈大为 林惠洲 殷建波 游川 叶明	方昂 林惠洲 许裕全 吕育陶 陈强华 陈大为 沙禽 林金武 方路	陈大为 陈强华 辛金顺

表4 马华小说、散文、新诗推荐奖获奖名单(第1届至第5届)

推荐奖 获奖名单	1	2	3	4	5
小说	小黑	潘雨桐	潘雨桐	黎紫书	陈志鸿,黎紫书
散文	褚素莱	寒黎	林幸谦	钟怡雯	陈大为
新诗	方昂	小曼	方昂	陈大为	陈强华

从第一届开始,新生代作家就成了推荐奖的主要候选人,此后,新生代作家所占比例越来越大,直至囊括各大奖项,到第四、五届时,推荐奖已经被新生代作家们尽收囊中。

为了培养年轻一代的作家,1995年第三届花踪文学奖增设新秀奖,打出"翻滚吧,后浪"的口号,专门面向20岁或以下的青少年。

虽然新秀奖的奖金不高，但是"花踪"光环的象征资本，远远大于这些物质的奖励。拿督、评委、海内外学者纷纷给予新秀们真挚的鼓励和建议，增加了新生代广施拳脚的信心和积极性，作家陈志鸿就是这样开始了他的文学之路。

"花踪"在文学奖颁奖以外举办的国际文艺营活动，对新生代作家成长也起着细雨润物的作用。主办方以文学奖名义广邀海内外知名学者，如余秋雨、严歌苓、於梨华、郑愁予、王安忆、张抗抗、陈若曦、张大春、陈思和、刘心武等担任主讲，对新生代作家思维拓展与艺术创新都产生了积极意义。

另外，每届花踪文学奖都会隆重推出《花踪文汇》，刊登获奖作品及决审会议记录。评委的见解与分析，对于马华作家来说正如一面清晰的多棱镜，常常贯穿着评委的欣慰、惊喜、震撼，也伴随着评委取舍难断的纠结。如黎紫书小说《把她写进小说里》中所引发的语言传统与革新的讨论；钟怡雯、林幸谦等人散文所引发的"完美与原创"、"美学与情感"、"应该躲在书房，还是应该走出书房"的分歧；庄若的新诗《松鼠》内蕴的空灵纯净所衍生出的关于诗意、诗性与本质的讨论。透过这些精彩的评点，马华作家，尤其是新生代作家得以窥探与审视自身的优势和不足，捕捉文界的风潮与方向。

秉承着开阔视野，提升文学品质，反映时代精神的宗旨，花踪文学奖在摸索中开始彰显出其面向世界的气魄与自信。评委的多元化和世界华文小说奖的设立，使得新生代作家有了直接与世界华文作家对话，并与其他地区的华文文学作者同台竞技的机会。第三届花踪文学奖设定世界华文小说奖，以及第五届改设为世界华文文学奖，把马华新生代作家推上了世界华语文坛的平台。马华作家与来自世界各地的作家，在世界华文小说奖上的角逐充分展示马华新生代的实力：第五届世界华文小说奖，马华新生代作家夺得两个佳作奖，第六届时，黎紫书以极具本土色彩的《国北边陲》，力压其他地区的华文作者，摘得世界华文小说奖桂冠。评委陈思和盛赞黎紫书的作品，认为她的小说在中国大陆和台湾，也是一流之作。

花踪文学奖对新生代们激励作用不言而喻。多次获得花踪文学奖，在台湾等地也屡获大奖的黎紫书，在获得第四届散文奖首奖之后，表示得到花踪文学奖是她的"一点点的骄傲"。获得第六届世界华文小说奖时，她说"但每每记得自己曾得过奖，居然还很欢喜"。① 第六届的新诗佳作奖获得者蔡吉祥表示获得"花踪"是多年来的心愿："有一年，在台下看花踪颁奖礼，内心响起一把声音——我也要来'摘花'。五年后，梦想成真，我终于在国内最大型的文学奖中，摘得好花一朵。"② 获第九届马华小说佳作奖、马华散文佳作奖的曾翎龙，在得奖感言中也坦言自己曾进过六次花踪文学奖决审都空手而归，依然坚持写作希望折桂。

赴台留学并留居台湾的马华作家，同样认为花踪文学奖是马华文坛最成功的文学奖，期望获得花踪文学奖以彰显自己的马华身份。在中国台湾、新加坡、马来西亚等地已获得多项重要文学奖的钟怡雯，获第三届花踪文学奖散文首奖时表示，每年陈大为都"逼"着她参赛。陈大为更是直接表达了自己的想法："我不是在追逐《花踪》的名利，也不是在寻求这项肯定，而是一种身分的认同。虽然我的创作生命从台湾开始，所师法/所吸收的全是中国养分，虽然我得过3次台湾的两大诗奖，并且第一本诗集也在台北出版，虽然我的诗作题材一向都非关大马，但我毕竟是大马人，马华文坛的一分子，所以我必须替自己寻找这个身分的认同。在马华的诸多文学奖当中，我只认同'花踪'，所以我一直虎视眈眈，但一再失手。如今，总算弥补了心中这个缺憾。"③ 曾获"时报文学奖"和"香港市政府中文创作奖"的林幸谦，在获得第三届花踪文学奖散文推荐奖时，表达了花踪文学奖对他的特殊意义："能够得到此奖，让我感到我并没有远离家乡，仍旧生活在这里。这里有我最珍贵的记忆。"④ 黄锦树也曾透露自己曾经

---

① 黎紫书感言，载萧依钊主编《花踪文汇6》，星洲日报出版社2003年版，第20页。
② 蔡吉祥感言，载萧依钊主编《花踪文汇6》，星洲日报出版社2003年版，第218页。
③ 陈大为：《意义重大》，载萧依钊主编《花踪文汇3》，星洲日报出版社1997年版，第240页。
④ 林幸谦：《感觉并未远离家乡》，载萧依钊主编《花踪文汇3》，星洲日报出版社1997年版，第368页。

多次投稿参加花踪文学奖的评审。

在华文处于边缘地位的马来西亚,用华文写作是孤独的。花踪文学奖隆重如奥斯卡的颁奖礼,已经不单单只是对参赛者本人及作品的肯定,更是以一种隆重的文化盛宴,激励着那些已经站上颁奖台或者想要站上颁奖台的新生代作家们。刘国寄坦言"在探索中得到花踪的肯定,宛如在路途上摘了一片花香,这花香,也静静的在心田的际缝中沁出绵密的情愫,作为日后的继续编织、叙述的源泉,一如近来绵绵密密的夜雨。"[①]"花踪之女"黎紫书在"花踪之夜"说过,她一直都在发梦,梦想自己的作品有朝一日走向世界。在创作的路途中,有幸遇到扶持与鼓励自己的人,让她敢做这种梦。诚然,马华新生代的发展离不开自身的努力,但也不可否认,"花踪"为新生代作家提供了起飞的平台,使新生代作家以后生可畏的姿态迅速成长。"花踪"凭借其苦心经营树立起的权威,成为新生代作家心中的标杆。

三 "花踪"与新生代"文学典律"的生成

"就评奖所从事的文学价值的生产而言,不同的文学评奖依据不同的审美价值体系,每一种处于强势的审美价值体系都试图以自己的标准重新建立文学场的等级次序,可以说,文学评奖是集中体现文学场内各种力量、各种在场者争权的场所。"[②] 文学奖内部权力纠缠的中心磁场,往往会成为某种文学价值导向标,并以此生成"文学典律"。一般而言,文学典律具有双重的意义,它既"是文学系统次群体之当权派(至少是拥有一定的权力资源者)在某段时间自许多文本中选取认可的一套文本。"[③] 同时,"她不只是一套具体的、物质性的文本,更是抽象性的思想与价值的框架,为文学环境生态的一环,有助于我

[①] 刘国寄感言,载萧依钊主编《花踪文汇4》,星洲日报出版社1999年版,第130页。

[②] 张邦卫:《媒介诗学:传媒视野下的文学与文学理论》,社会科学文献出版社2006年版,第366页。

[③] 张锦忠:《典律与马华文学论述》,载张永修等主编《辣味马华文学》,雪兰莪中华大会堂、马来西亚留台校友会联合总会2002年版,第143页。

们了解文本的文学价值与实际应用功能及来龙去脉"。① 所以, 文学典律是具体和抽象的统一: 一方面, 可视为具体的榜样, 指文学史上被挑选与指定的重要作家及经典作品, 这些作家及作品往往会在某特定年代被列入经典文选或者重要教材中, 作为被学习与模仿的典范; 另一方面, 又可指涉建立于具体文本基础上的抽象价值标杆框架, 即由文学权威所推动与维系的一种价值尺度, 一种被普遍接受的创作观念与阅读标准。而本书所探讨的"文学典律"更倾向于后者——是一种建制化的典律, 一种抽象化的思想与审美价值框架, 文学典律以其选择性发挥着对后代文学作者的引导、示范价值。

结合"花踪"文学奖来看, "文学奖是文学典律的生成的重要机制, 而文学典律的形成是文学史中的重要课题。所谓典律, 是众望所归的创作与阅读标准, 其形成与存在有赖于文学权威的推动与维系——少数权威的声音可以主导形势及影响多数人的观点。"② 这里的所谓少数, 可以指文学奖的主办方、评委、副刊主编等。副刊编辑主导着副刊作品的甄选与刊载, 所刊作品的总体风貌与走向, 与他们意欲追求的效果必然有着较高的关联度与契合点; 而参与初审和复审者, 也大多是副刊编辑, 经过他们的层层筛选, 难免会将最接近契合点的作品提交决审; 在最后的决审环节中, 参与决审评选的评委, 各执或同或异的文学观与审美标准, 通过"各执一词"与寻求"交叉平衡"形成最终"解释权"。这种解释权(即评审方式、标准及其最终结果) 所积聚的某种观念、标准和倾向再经过媒体的传播而最终汇成文学典律, 成为某种文学生态、文学体制的导向标, 并汇成一股不可忽视的力量渗透于文学未来的发展中。

对于花踪文学奖而言, 这个内化的文学典律在经历了多届的积累是"怎么"呈现出来的, "如何"发挥影响的呢? 最直接也是最有效的方法就是从历届花踪文学奖评审会议记录的对照中来窥探这个权力的掌握者评委要"什么"。深入追究起来, 除却语言的表现力、容量

---

① 张锦忠: 《典律与马华文学论述》, 载张永修等主编《辣味马华文学》, 雪兰莪中华大会堂、马来西亚留台校友会联合总会2002年版, 第144页。
② 黎紫书: 《花海无涯》, 有人出版社2004年版, 第71页。

的宏厚、艺术的创新、思想的深度等这些放之四海而皆准的标准外，在地的场域使得"花踪"附加着相当程度的本土性。

　　本土色彩是评委们非常看重的标准之一，往往有着浓厚的本土性作品更能受到评委们的青睐。"本土性"在每一届的马华小说决审中都成为评委们议论的焦点：在第二届马华小说决审中，於梨华提到《流失的悲沙》一文"可以接受，因为它有本土色彩，可以引起一般共鸣。"① 在第三届的决审中，《古巴列传》受到评委尤今的青睐，其中一个原因也是作品具有现实意义，非常具有本土色彩。第四届决审中，张抗抗指出《大水》一文的缺陷，"也就是作为马华小说，作者似乎没有意识到作为华人对这片土地的珍惜和历史性的感觉。"② 第五届决审中，梁放将《铁马冰河入梦来》排在前列，是因为这篇小说的地方性比较强。评委们对本土性的讨论成了马华小说决审中的常态，同时，散文、新诗组别的评委们也没有忽视本土性的重要。如在第二届的散文推荐奖上，陈若曦和周维介一致认为应该推荐本土性较强的作品；第五届新诗决审时郑树森指出地域色彩非常重要，他认为作品只有在本地受到欣赏才能够跨越国界。

　　当然，本土性并不是唯一的评判标准。在本土性之外，还有"文学性"这一更高的风向标。在第五届的马华小说终审时，评委就黎紫书的《流年》一文展开了激烈的讨论。梁放质疑这篇小说作为马华小说的本地色彩不强，希尼尔则觉得作者的文字功底很好，能以极好的意象与古诗词入文，大加赞赏，在最后的表决中《流年》得到最高分，获得该届马华小说首奖。纵观"花踪"的得奖作品，现代性、前卫性、多元性在新生代作家的作品表现得十分明显，新生代的这种审美趋向也被评委逐渐认可。如第三届马华小说首奖黎紫书的《把她写进小说里》，文字非常细致丰满，叙事技巧新颖、意象新奇，甚至运用了一些非常规的句法。几位评委就这篇作品展开了热烈讨论，最后

---

　　① 决审会议记录，载萧依钊主编《花踪文汇2》，星洲日报出版社1995年版，第76页。
　　② 决审会议记录，载萧依钊主编《花踪文汇4》，星洲日报出版社1999年版，第111页。

选择了向年轻人的这种"玩弄和堆砌"的语言"妥协"。小说佳作奖林艾霖的《天堂鸟》,兼具时空跳跃、交织,以穿插的方式引入出一个个人物形象,结构跳跃而不失条理。新诗首奖游以飘的《搭乘"快乐"号火车》,以乘火车的经验写人生多姿多彩的历程,在开阔的境界中诠释对人生的独特看法,获得评委的一致称赞。不论在小说、散文领域还是新诗领域,评委们对这些语言实验和叙事技巧的"妥协"——是另一种层面上的肯定,助长了新生代作家现代性、前卫性、多元性创作的底气。此后的创作,尤其是新生代的创作,种种前卫性实验、陌生化手法、互文性技巧等渐趋流行、比比皆是。如第五届散文首奖作品——翁弦尉的《弃物祭文》,以意识流的结构,开放、多元的解构,"表现"了现代社会对人的物化,洋溢着实验性的风采,现代感十足。

  如果就此推论,"花踪"刻意引导着现代主义创作趋势,不免些夸大其词。但是"花踪"所导向的多元之路,恰与新生代所具有的反叛与创新特质,在某种程度上形成呼应与共赢;从而,在客观上,对新生代所吁求的现代主义,起到了推波助澜的作用。这种呼应与共赢,使得新生代作家雄心勃勃,席卷越来越多奖项,逐渐占据上风。也正是在此呼应与共赢的基础上,"现代文学典律"随之孕育、生成,影响并引领着90年代的创作思潮。在90年代众声喧哗的焦虑与期待中,这无疑间接给出"马华文学何处去"的指向,让文学场争取话语权的各个流派与读者们都明了:在传统现实主义风貌之外,马华文学还有更多元的发展空间,不管是现代主义抑或是之后的后现代主义。当然,奖项与参赛作家之间实际也对应着前文所引福柯的权力关系网,两者在这张网上交织着,既是权力的服从者又是使用者。所以说,在权力关系中既不存在着绝对的二元对立,也并非保持着单向的施予关系。权力是相互的,参与者在被建构的同时也在被建构。

  如果说"花踪"的光环,一度是不少新生代作家文学履历中一个鲜明的标签;那么现今后者已成为了前者所引以为傲的响亮品牌、成果和现象。新生代作家的获奖作品,产生了一系列的宣传效应:积聚人气和目光,点爆文学爱好者的激情,吸引渴望成名的新人奋起直追。在如此的反复循环中，新生代获奖作家，大大提升了花踪文学奖的影响力与声势。他们也为花踪文学奖的改革与发展提供了参考性方向，进而参与了权力的建构。其一，得奖者与之后的参赛者——"在征文比赛中，得奖者对落选者而言也是有权力的。得奖者的权力表现为一种无意图的影响，影响后来再参赛者的写作手段。"[①] 新生代获奖作家的写作走向与技巧等，或多或少影响着急于寻求定位的青年作者的文学创作，在第六、七届评奖时晦涩阴暗流行及同性恋题材成风的例子中可以得到验证。其二，参赛者与评委——除却他们中一些人本身为《星洲日报》的工作人员这一外在因素，总体来说随着新生代创作风格的定型，新生代获奖者在之后几届都不同程度地参与到评审过程中。像陈强华、黎紫书、庄若、吕育陶、李天葆、刘育龙、林艾霖、梁靖芬、许裕全等都参加过"花踪"的三项马华文学奖（小说、散文、诗歌）复审或新秀奖决审工作。相信随着新生代作家资历与资本的不断累积，他们也终将逐渐参与到马华小说、新诗、散文的决审中，更加接近于权力的磁场中心，也更加巩固自身地位，同时巩固自身的美学原则。

总而言之，不管过去、现在抑或未来，花踪文学奖对马华文坛的意义是不言而喻的。她显著地加速着代际更替，勾勒出中生代与新生代之间的"交接"轨迹，见证并影响着新生代逐渐稳健壮大，从初出茅庐到占据上风，成为马华文坛中流砥柱。"然而，说到根本处，花踪是不可能独立于马华文坛而存在的，她的作用力建立在马华文学的潜力之上，只有当文坛上的创作欲望和创造力最沸腾的时候，花踪的作用力才可以发挥得淋漓尽致……"[②] 我们不能过于夸大和苛求花踪文学奖的作用，毕竟文学奖与马华作家之间存在着双向互动的关系，"花踪"在为马华文坛提供一个"标杆"，树立一个榜样；同时，也需要马华作家们自身引以关注，领会其深意，突破瓶颈。只有在内外兼修之下，马华文学才有走出去的契机。或许在不久的将来，真正实现"马华文学的抬头——由文学的边陲，至'东

---

① 焦桐：《台湾文学奖的街头运动：1977—世界末》，1998 年，犀鸟文艺网（http://www.hornbill.cdc.net.my/collection/jiaotong/main1.htm）。

② 黎紫书：《花海无涯》，有人出版社 2004 年版，第 93—94 页。

南亚华文的重镇再至中国华文文学在海外的重要分支',乃至于'世界华文文学重要的一支'。"①

第三节 "花踪"与新生代文学追求

一 "花踪"与新生代创作的"本土性"

本土性是写作者主体性表现的基本要素之一。如果失却这种本土性,对处于双重边缘境地的马华文学作者来说,容易产生身份认同的焦虑。从20世纪40年代末在马华文坛发生的"侨民文艺"与"马华文艺的独特性"论争开始,本土性之重要就一直被强调,没有马来西亚的本土性,马华文艺的独特性就无从谈起,只能沦为中国文学的海外分支,这是马华作者们一直在努力想要避免的。他们努力想要建构起来的马华文学的主体性,正是以本土性为基石。

新生代作家在花踪文学奖的"哺育"之下,接承了前辈作家们的衣钵,在文学道路上披荆斩棘。本土性,作为马华文学的基石,同样深刻地镌刻在了新生代作家的创作中。下文将从花踪文学奖90年代的得奖作品中剖析新生代作家们创作的"本土性"。

笔者无意将有着复杂内涵的"本土性"简化为本土色彩,毕竟"本土性"是充满张力的一个概念,然而"本土"的"在场"——作为物质层面的本土色彩的体现,确实是"本土性"最基础一环。强调本土色彩,一直是马华文学的特色。这种在地的场域决定的本土色彩,如前所述,也是评委们在考量得奖作品时候的重要因素。在花踪文学奖中,新生代作家笔下的作品或是涉及本土的政治、历史元素,或是具有乡土色彩,或是运用了黏稠的意象,营造出潮湿、阴郁的"南洋"氛围。作家们纷纷讨论华族的文化状态,书写自己的文化传统,诚如作家唐林所言"如今的马华文学是建立完整的本土意识的文

---

① 黎紫书:《花海无涯》,有人出版社2004年版,第92页。

学"。①

在地的属性使得他们对南洋这片土地充满感情。最直观的是游以飘的《南洋博物馆》(第四届新诗首奖),以博物馆的文物联想再现了南洋的移民、抗战与殖民史,感慨华人在世事变迁中的漂泊流离,更展现出在时过境迁之后华人族裔由盛转衰的历史沧桑感。

"马来西亚华人的祖辈也许来自中国大陆,一旦在马来半岛落地生根,自然发展出在地的传统。……这个传统更带有移民色彩,一种在错置的时空中对中原文化的遥想,对原本就十分可疑的'正朔'莫名所以的乡愁。"② 对"原乡"、"故乡"的书写反映着作者对自己身份的定位,也最能体现出马华文学的本土性。对故乡的追寻一直以来是中国文学中浓墨重彩的一笔,在远离故土的马来西亚的华文作家笔下,"乡愁"更是一个被反复吟咏的主题。作者的怀乡"象征着人类对于自己生命的源头、立足的根基、情感的凭依、心灵的栖息地的眷念。"

在李天葆以充满古典与怀旧气息的《州府人物连环志》(第二届小说首奖)登上"花踪"舞台之初,就备受好评。《州府人物连环志》这篇作品乍看之下充满着"中国性",内里却深刻揭示了大马华人的生存境遇。李天葆以苍凉的笔调分六个部分写了从唐山到州府生活的六个人物的生活片段,表现出第一代的华人移民与故土剪不断的情感牵绊。《州府人物连环志》中一群唐山来客,无论在州府过得是好是坏,甚至已深深扎根在了州府,内心都有远离故土的寥落之感,也都无法割断和故国的血脉羁绊。新生代作家李天葆在这篇作品里,通过想象还原了一个时代的大马华人的原乡情结。另外,由于缺乏在中国的生活经验,对中国记忆模糊,新生代作家也常常通过对祖辈的回忆来书写乡愁。庄华兴的《扁担的身世》(第二届马华小说佳作)中"我"的阿公过番,是想要攒点钱回乡修祖坟。随着岁月流逝、时

---

① 唐林:《有交流才有进步》,载萧依钊主编《花踪文汇3》,星洲日报出版社1997年版,第393页。

② 王德威:《异化的国族,错位的寓言》,载黎紫书《野菩萨》,新星出版社2013年版,第4页。

局变迁，故乡已人面全非，阿公胸中回乡的路从此也荒芜了。回乡的路阻塞了，但阿公对旧友的感情和对阿婆的爱，都可以理解成是对故人、故土割不断的情感。这类作品在新世纪后的得奖作品中还时有出现，如第八届马华小说佳作奖作品《泅》。

当然，作为在马来西亚长大的第二代甚至第三代移民的新生代作家，他们笔下的"乡"常常仅仅指向承载着他们回忆和情感的马来西亚的土地。庄华兴的《流失的悲沙》（第二届小说佳作）中主人公一家居住在地陷多发的地区，在经历过一次次地陷之后他依然恋恋不舍这一块土地。他的儿子阿盛因土崩去世之后，他依然和媳妇坚守着。最后不得不离开，他在车上，看到熟悉的景物一一摇落在后，"他的心隐隐地痛，广袤的这一篇悲沙里，埋藏着他太多的记忆。"他留恋的这一块土地并不是故国，而是已经深深植根的马来西亚的土地。刘国寄的《大水》（第四届马华小说佳作）同样讲述了一个老人对土地的坚守。老人的大儿子念完书之后迁至外地，二儿子阿呆是个白痴，村人经常劝他跟着大儿子出去享福，他却不愿离开充满着回忆的这块地方。他固执地留下来，理由是村落附近的小瀑布边睡着他的亲人和祖先。土地，埋藏着他的记忆，和他血脉相连，最后他也为了追寻传说中的玉龙而从容殒身于大水之中，成为土地的一部分。

对土地的牵绊同样也体现在散文的创作之中。钟怡雯的《岛屿纪事》（第一届散文佳作奖）和禤素莱的《吉山流水去无声》（第一届散文推荐奖）同样以对故乡的回忆为主题，以故乡昔日美好、淳朴的人情风物比照当下被现代文明侵蚀后的乡村，两篇文章都暗含着精神上对昔日"桃花源"的追寻，有一种苍凉、无奈之感。怀乡之作可谓是散文中的重头戏，如第二届的得奖散文都是以此为主题，柏一的散文《歌声飘过一条街》表达了在马来西亚乡村生活多年的老人在迁离故土、去往都市时流露出来的不舍和依恋；刘慧华的《两岸山水》凭着记忆描绘年少时候的村庄。无论是对"原乡"还是"故乡"的追怀，都反映出马华新生代作家的独特性：一方面不被所在国的文化所同化，传承着中华文化的精神，另一方面，又因为在地的生活经历而更多地将情感投向自己身处的地域。

马来西亚是一个多民族国家，三大族裔——马来族、华族、印度族之间的种族问题也一直是马华社会的焦点。种族问题，曾在马来西亚引起多次的骚乱，在新生代作家的笔下，非常具有本土色彩的族裔问题也得到反映。90年代"花踪"中新生代笔下异族书写的小说作品主要有曾丽连的《茧里哭声回响》（第一届马华小说佳作）、陈绍安的《古巴列传》（第三届马华小说佳作）、杨锦扬《晨兴圣歌》（第五届小说佳作）。《茧里哭声回响》反映了一个下层印度家庭的悲剧，他们生活贫困，家庭矛盾尖锐，生活无所寄望，唯一的希望——拿督的当选，不过是个政治骗局。《古巴列传》中印度青年再也古巴从小在华人木屋区长大，具有正义感，重情重义。他曾经受到华人的歧视，被视为异类，一气之下离开故土。然而当他曾经生活的华人木屋区受到强拆危险之时，他不惜以身犯险对抗马来西亚的官方政府，为华人争取利益。华人却一盘散沙、过河拆桥，导致古巴最后因为失去支持而在与政府的对抗中失败。《晨兴圣歌》以史诗般的气魄表现沙捞越土著人的历史，作者将土著人与代表西方文明的牧师并置，展现出民族主义在现代文明大潮之下的复杂处境。异族书写也体现在新世纪之后的新生代作家创作之中，包括陈绍安的《禁忌》（第六届马华小说佳作）、梁靖芬的《土遁》（第七届马华小说佳作）、曾翎龙的《寻找小斯》（第九届马华小说佳作）等，这些作品写到异族形象的时候，都比较突出地表现了几个族裔之间的关系。许裕全的诗歌《异乡的查齐尔》（第五届新诗佳作）写到了非法外劳的艰辛生活。纵观"花踪"涉及异族的作品，我们可以发现，新生代作家既看到在马来西亚不同族裔之间的矛盾，也看到族裔之间的交流与融合，具有本土性和时代特征。随着时间的推移，他们对异族形象越来越正面的书写，在一定程度上反映出华人的自省，也意味着华人自我中心意识的减弱。

本土的政治和历史题材，也是新生代作家笔下常见的主题。陈绍安的《古巴列传》（第三届马华小说佳作）中槟榔阿当木屋区是垦荒的华人早年建立的，但是随着城市的发展，木屋区成了政府必须征用的区域。虽然古巴怀着坚定的信念为民请命，但是官方的各种手段和支持者的内讧，导致了木屋区最终落入了政府手中。文中对政府的自私行为有深刻讽刺。陈志鸿的《铁马冰河入梦来》（第五届马华小说佳作）描写了40年代泰南栈的历史，从马来西亚历史侧面反映出第二次世界大战造成的创伤。新生代对政治题材的关注一直持续，在新世纪延续着他们90年代的创作。陈绍安的《禁忌》（第七届马华小说佳作）在表现种族关系之外，还写一场政治补选。文中用元小说的手法不断暗示这个选举的虚构性，并将一段不得善终的异族恋爱写得感人至深，更衬托出政治的荒诞、虚假。翁弦尉的《昨日遗书》（第七届马华小说佳作）中的"你"以卖华文书为生，曾因卖左派的书被捕入狱，后来"你"却毅然跟随朋友用余生拯救在这岛国即将被焚毁的废弃方块书。早年意气风发的进步青年都已在无声无息中老去，就连象征和记录着时代的方块书也渐渐被人抛弃。小说反映了马来西亚时代的变迁，为岛国华文时代的过去感到忧伤，是一曲文化悲歌。新诗中也有不少是讽刺马来西亚政治的作品，如第二届新诗佳作奖作品《在我万能的想象王国》。

新生代作家创作的本土性不止于此，除上述作品外，其他作品也在各个层面上反映马来西亚的本土色彩——许多作品南洋气息浓郁，处处可见胶林、阴雨等南洋景致，如黎紫书的《把她写进小说里》（第三届小说首奖）和《推开阁楼之窗》（第四届小说首奖）中营造出的阴郁沉闷氛围，林俊欣的《树》（第四届小说佳作）所描写的深具神秘气息的胶林，刘国寄的《穿过雨镇》（第五届小说佳作）中"雨"的意象：一开篇就营造出潮湿的氛围，为下文在大雨中发生的几次悲剧做出铺垫。"雨"和"水"这两个字眼在文中出现超过110次（还不包括泪、滑、流、滴、哭、泣等相关字眼），整篇文章几乎可以说是"泡"在了雨水之中，述说着女性在风雨飘摇中的不幸。相似的例子不胜枚举，可以说，马华新生代作家用文字为我们描绘出马来西亚的文化画卷。

这些南洋景象——所谓的本土色彩，作为最基本的"本土性"体现在了新生代作家们的创作之中。"本土性"却不仅仅是简单的对本土的书写。创建自身的民族话语和艺术精神是作家应有的担当，同时，文学在当下的发展无可规避全球化的趋势。生活在特定区域的人们拥有不同于其他区域的文化，这是文化的本土性。然而全球化语境下，每个民族的政治、经济、文化等各方面都不可能是绝对封闭的，新生代作家中的很大一部分求学或者游走于海外，视野不再仅仅局限在大马本土。新生代的"本土性"，有时候也表现在将"本土"置于更宽广的"世界"领域里来。因而，"本土性"更是一种身份意识和文化属性。

留学台湾的钟怡雯在多篇得奖散文里面都描写自己的故乡或者祖辈。《岛屿纪事》（第一届散文首奖）从小学的回忆开始，追溯对学校、老师、同学、父辈的记忆。儿时的"桃花源"早已被文明的浪潮席卷而去，而作者庆幸着自己回忆里的岛屿却从未失去。《可能的地图》（第三届散文首奖）以"我"为祖父寻找昔日老家为线索，去探寻祖父未知的过去。最后这样的追寻却无果告终，"属于祖父的，应当存在另一个不同的时空。那是我无法落足的所在。它可能存在，也许消失。"①《凝视》（第五届散文佳作）从家族相册里曾祖父曾祖母的照片说起，二老的照片似乎一直凝视着"我"，"我"也通过照片仿佛有着能与祖辈沟通的感觉，最近就算搬离了故居不再受到祖辈的"凝视"，那眼神却似乎与我永恒地相望。钟怡雯笔下不断被追溯故乡和祖辈，隐喻着作者自身与那片土地不可分割的血脉牵连。然而这种回望又以一种更加超拔和冷静的姿态娓娓道来，展现出往事不可追的态度，表现出独特的身份意识，是一种不在"本土"的"本土书写"。

在台湾和香港两地求学，并在香港执教的林幸谦，同样在文字中表现出独特的"本土性"。在《破碎的话语》（第三届散文佳作）中，作者沿着繁华都市（香港）中的欲望气息和浮华景观，牵出对中国历史进程的思索，同时，"我在此体验着另一种海外中国人的边缘处境，冷淡地，和全世界的海外中国人共目睹分裂的视野。"②从马来西亚，

---

① 钟怡雯：《可能的地图》，载萧依钊主编《花踪文汇3》，星洲日报出版社1997年版，第205页。

② 林幸谦：《破碎的话语》，载萧依钊主编《花踪文汇3》，星洲日报出版社1997年版，第209页。

到台湾，再到香港，这种远离故土的流离之感在林幸谦文中表现得十分明显。接近文末的部分，作者直抒胸臆，"漂泊的宇宙和黄昏，一再落在天涯，我那南方半岛的故乡，也年复一年一再提供我追思的泉源。那些美丽动人的地名遍布的海上：马来西亚、苏门答腊、婆罗洲，讲述着南中国海的心事。"作为一位马华作家，求学于多地的经历让他更能体会出华文与华人在各处的处境，也更让他频频回望马来西亚，这片让他追思的土地。他作为马来西亚华人自觉的身份意识于此也彰显出来。

禤素莱在身份意识上表现得比其他作家更为突出。在她的《沉吟至今》（第一届散文推荐奖）中，海外旅行的"我"因为黑头发黑眼睛黄皮肤，被误认为是中国学生。但是，"我一个人继续着我的路途，能令我忧心如焚的肯定不会是那个国家，那个国家根本不在我的记忆里。"[①] 最后"我"一字一句地喊出了"I am a Malaysian!"在文中表现出的是一位马来西亚公民的国家意识，中国已不再是一个想要回而回不去的原乡，也不是苦苦追寻的文化家园，而只不过是一个与"我"没有太大关系的国度，不在我的记忆里。这也许是新生代区别于他们的前辈的一个重要的特征，他们的"本土性"，要比追寻着文化中国的前辈们来得更彻底。

二 "花踪"与新生代创作的美学追求

20世纪90年代，社会瞬息万变，身处大马或者游走于海外的马华作家都无法摆脱全球化的浪潮和信息科技发展的影响。在这个大环境下，新生代作家无论是从自身经历、传媒还是网络，获取到的信息量都是巨大的，他们与世界的联系也更加紧密。在新生代作家们登上历史舞台之时，现代主义已经成为马华文坛的一支。"花踪"这个舞台，为马华作家提供了与世界华文文学接触甚至竞争的机会，也为现代主义文学思潮与创作提供了良好的展现平台。此外，不少花踪文学

---

① 禤素莱：《沉吟至今》，载萧依钊主编《花踪文汇1》，星洲日报出版社1993年版，第105页。

奖得奖的新生代作家，曾在中国大陆、台湾、香港等地接受较高层次的教育：陈大为，台湾师范大学文学硕士、博士；钟怡雯，台湾师范大学文学硕士、博士；翁婉君，台湾大学国文所硕士；黄锦树，淡江大学国文所硕士，台湾"清华大学"中文系博士；林幸谦，台湾政治大学文学硕士，香港中文大学哲学博士；翁弦尉，南京大学中文系硕士，北京大学中文系博士；黄灵燕，北京大学中文系博士；梁靖芬，北京大学中文系硕士……高学历并不等同于杰出的写作能力，然而这种求学经历，给作家带来了宽广的视野。正如典律的生成，并不意味着现代主义的一统天下，新生代的创作也不尽归于现代主义。但是，在90年代多种因素的合力之下，现代主义和后现代主义美学已经成为新生代作家的重要追求。

邝眉的《素人自画》（第四届散文佳作）本身就是一篇新生代的写作宣言。文中以绘画艺术为论题，以臼齿象征艺术的教条，主张艺术不应为规则所限。借此作者也表现出对文学的看法："文字惯性聚集，笼统写法，已唤不起令人惊艳的感受，失去弹性的魅力。文字的写法如果能够像绘画那样充满生命力的移形换样，该有多精彩！技巧方面，例如卡夫卡，村上春树等作品，常叫人惊喜！"[①]

詹明信的"文化分期"说把资本主义分成了三个阶段，"二战"之后的西方则处于第三阶段——晚期资本主义阶段，随之而起的是作为其文化表征的后现代主义。后现代主义的一大特征是解构，表现在文学创作上则是许多文学流派所进行的语言实验和话语游戏。生活全球化语境下的马华新生代作家，自然也深受影响，他们在写作题材丰富的同时，手法也越来越多元。在这一点上，元小说可以作为代表。元小说（即"后设小说"）的手法在花踪文学奖的得奖作品中多有表现。"'元小说'，专指'关于小说的小说'，即把小说本身作为对象，有强烈的自我意识，在小说创作中使用露迹、戏仿、拼贴、时空变换等各种元小说技法自觉暴露其虚构性的本质，将文本作为纯粹的语言

[①] 邝眉：《素人自画》，载萧依钊主编《花踪文汇4》，星洲日报出版社1999年版，第193页。

的产物,使叙事与批评相结合,从而反思艺术与现实的关系,揭示小说规律的小说类型。"① 黎紫书的《把她写进小说里》(第三届马华小说首奖)可以说在"花踪"拉开了元小说手法的序幕。小说以"我"——一个小说家的角度来讲述村妇江九嫂的故事。作品名字已经将小说的后设性暴露无遗,小说最表面一层的叙事线索就是作为主人公的"我"要将江九嫂的过往当成小说写出来。开篇第一句已经将整篇文本的虚构性和真实性的界限打破:"至今,我还在思索该如何把她完整的结构成一部小说。"② 作品开篇交代"我"要将江九嫂的故事写成小说的缘由,一切源于"我"和弟弟的一次赌气。"我"一直想要写一部伟大的小说,觉得江九嫂这样的平凡女人的故事写出来也并不能成为"我"写作历程中的亮点,然而弟弟对"我"的轻蔑让我下定决心以江九嫂为主角尝试写一部成功的小说。这样的一个开端本身就在讨论着创作的原则:以平凡的人物为主角能不能成就一部伟大的作品?接下来"我"对江九嫂过往的追溯和我对她的描写,都可以看作是在一步步探寻这个问题的解答。在《把她写进小说里》中,"我"既是书中的人物,又在尝试写着别人的故事,因此江九嫂的故事既在"我"所在的现实中,又在"我"虚构的书中之书里。江九嫂的一生在"我"的不断回忆和探寻中被拼合出来,在许多描述中,回忆和"我"的虚构被作者黎紫书有意模糊起来,让读者分不清楚虚构与真实。作品中"我"不断出来干预关于江九嫂故事的讲述,甚至有意告知读者江九嫂的故事很大程度上是源自于"我"的想象和"我"有意的预设。比如当文中描述到仿佛是"我"所打听到的关于江九嫂与他人的屋地纠纷之时,出现一句"我的小说写到这里便无法继续……"作品中的两层故事因此被糅合在一起,彼此渗透交叉,没有办法完全区分。"我"从他人那里听来的传说,又被"我"添加各种细节,"我"还反复思考某些对白,斟酌着是否要以一个新的视角重新铺排小说。"我"不停地追述和想象关于江九嫂的一切,最终,

---

① 万晓艳:《元小说理论研究》,硕士学位论文,山东师范大学,2010年,第5页。
② 黎紫书:《把她写进小说里》,载萧依钊主编《花踪文汇3》,星洲日报出版社1997年版,第143页。

整个《把她写进小说里》的文本顺着"我"对她故事的追寻和想象而完成了本身的叙述。黎紫书在这篇作品里打破了固有的现实主义手法,让作者的主体性得到更好的体现,同时很好地表现了对创作一些的思考,为马华小说的叙事可能性拓展了更大的空间。

从黎紫书开始,元小说手法遍较为频繁地被运用在创作中。如在第六届的花踪文学奖马华小说部分,就出现了两篇具有元小说色彩的作品,分别是梁靖芬的《水颤》和陈绍安的《禁忌》。《水颤》中,"我"不断地在文本中强调对郑和下西洋故事的叙述的不可靠性,甚至设计让祖上郑和遇上了哥伦布。"当然我祖上不可能认识哥伦布。可是谁会在意呢?如果我祖上可以留下石上脚印,让我祖上与哥伦布对话只不过更能增加祖上的睿智威武。"① 接下来"我"虚构了郑和和哥伦布见面的场景,"我忍不住给祖上安排贴心伙伴。"在文章的最后,郑和与哥伦布又再次见面了。文章中的多处描写都指向了我祖上郑和的这段故事的叙事的不可靠性,以元小说的手法消解了正统的历史。《禁忌》这篇文章的全题是《禁忌——虚构补选文体与真实小说观念之差》,在标题中已经点名文中有"虚构"的色彩。在这篇文章写到的有数据、日期等材料支撑的政治选举中,作者不停地强调其中的虚构色彩,并把它写得非常荒谬;在虚构的异族恋爱故事中,又写得非常真实。在文章中作者多次强调:"小说是真实的,生活很虚幻。"作者用元小说的方法,有意弄混真实与虚构,抒发马来西亚社会异族恋爱悲剧的隐痛,同时也讽刺了政治的肮脏和荒谬。

寓言书写也是新生代写作的特色之一。新生代作家不再局限于现实主义的写作方式,也常常以寓言书写的形式来表达自己的理想。"寓言都是一种叙事文体,作者通过构造人物情节,有时还包括场景的描写,构成完整的'字面'意义,即第一层意义,同时借此喻表现另一层相关的意义。"② 詹明信在分析第三世界文学时认为,这些文学

---

① 梁靖芬:《水颤》,载萧依钊主编《花踪文汇6》,星洲日报出版社2001年版,第137页。

② [美] M. H. 艾布拉姆斯:《文学术语词典(第七版)》,吴松江译,北京大学出版社2009年版,第11页。

文本都是以政治寓言和民族寓言的形式出现的。这个理论虽然一定程度上是建立在白人中心主义的文化语境中的，然而他关于寓言书写的论述还是值得我们参考借鉴。在寓言书写上，黎紫书的小说《国北边陲》（第六届世界华文小说奖首奖）是最典型的代表，这篇作品具有后现代主义的魔幻色彩，以家族命运来指涉马来西亚华族的命运。作品中的"你"通过父亲遗物中的笔记和信件一步步追寻和还原着家族的历史，并跟随者祖辈的脚步去寻找传说中的龙舌苋。龙舌苋的根部是可以让家族血脉得以延续下来的解药，整个家族祖祖辈辈找寻龙舌苋，若不得则命陨中年。这似乎是一则关于民族文化的寓言，没有文化的根基则无法延续家族，甚至民族的命脉。可是最后"你"发现要找寻的龙舌苋却是无根，龙舌苋其实也不是家族血脉可以延续的唯一解药，隐喻着族群主义和族群迷信都是一种困境，只有以一种更加开放的姿态容纳其他的文化，并以此重塑自身的旺盛生命力，方是根治之药。"你"的个体与家族命运，就是马来西亚华族命运的一种指涉。

翁弦尉的《弃物祭文》（第五届散文首奖）同样是一篇以寓言来书写国族的作品。岛上的时间将"我"的种种感觉都燃烧殆尽，化成种种工业制品，"我"的生活变得机械化。作品还用蚂蚁来象征这座岛屿城市里每天疲惫于工作和琐事的人们，坐公车时蚂蚁垂下的触角就是人们在上班路上无精打采的隐喻。人们唯恐丢掉的"票根"又像是生活里种种规则以及机械化的程序，象征着人们被现代化的文明所困，已经完全失去了自主性，沦为了文明的奴隶，只能像一只只蚂蚁，毫无目的地在这个机械化的城市里劳碌奔波。在新诗体裁上，游以飘的《在我万能的想象王国》（第二届小说佳作）是在童话外壳包裹下的政治寓言。国王"为大人与小孩设计一套同样的发型和公民课本"，他拳头状的皇冠在城市上空罩下阴影，覆盖着所有的宣传渠道，"藉以防止皇宫的尊严/被阳光晒伤"，是对大马教育体制和传播体制的极大讽刺。后文还以王国中的种种景况隐喻嘲讽政府的愚民政策、宗族歧视、政治表演、思想管制等，在结尾，一句"得承认这地图始终是马来西亚"道破天机——寓言中所有嘲讽与指责都指向了马来西亚。

元小说手法和寓言写作在花踪文学奖的出现，表明马华新生代作家走出了长期占据马华文坛的现实主义的束缚，紧跟世界文坛的脚步，开始对小说、散文、诗歌的形式本身进行有意识的思考和实践。

马华新生代作家们在语言的运用上也更加自觉。他们的前辈李永平在语言上煞费苦心，而新生代在语言上的追求又不同于李永平等人对语言纯粹的中国性的追求，而是一种更多元化的语言运用。

新生代作家们在创作中往往大胆地打破常规语言，以陌生化的效果将文字呈现在读者面前。黎紫书的《把她写进小说里》（第三届小说首奖）的语言是非常典型的一例，文章大量的词句都被评委指为过于拼凑、刻意，如"5月的能量"、"捆住我的文学绳索"、"保持着无语问苍天的姿态"此类。语言的不规则运用让评委们展开了讨论，有评委认为这种语言是一种破碎的语言。但这篇文章最后得了首奖，也证明这种语言已经开始被接受。黎氏日后的创作大抵都是用这样一种语言在进行，也频频得到肯定与嘉许。钟怡雯也是一位致力于语言运用的新生代作家。她的《可能的地图》（第三届散文首奖）一文中充满着诗化的语言，如"或已悬空的地理"、"穿越时空的银河"等，也有"日落的阳光像是条大白舌头舔走希望"一类的新奇意象。钟怡雯的散文虽屡次被评委指出缺乏足够深刻的文化内蕴，但是她对文字的经营却得到了广泛的认可。前文论述过的翁弦尉的《弃物祭文》一文运用了意识流的手法，极具实验性和现代性，以开放式的结构赋予了语言、文字新的活力，整篇文章结构和语言都显得非常独特。评委在讨论这篇作品与其他作品的比较时，提到这是"传统散文和新式的散文的拔河"。（永乐多斯语）

在新诗评审的时候也有评委指出，"纵观参赛诗作，惊喜除了表现手法多为现代诗式外，连精神也是现代诗式的，这无非是走出长期笼罩大马文坛的写实主义影子的一大步伐。"① 除了现代形式和现代精神外，对现代文明的反思以及网络语言入诗等现象，也表现出了马华新生代作家写作题材的扩大。吕育陶的作品就是一例。《造谣者的自

---

① 决审会议记录，载萧依钊主编《花踪文汇1》，星洲日报出版社1993年版，第22页。

辩书》(第五届新诗佳作)运用了大量的网络语言和网络表情,营造出陌生化效果,充满时代感和新鲜感;《和 ch 的电邮,网站,电子贺卡以及无尽网络游戏》(第六届新诗佳作) 也以网络的形式隐喻现实的荒谬。在形式、内容和精神层面上,马华新生代作家笔下的诗歌,都开辟了一条更为多元化的道路。

新生代作家们在文学上的探索并未随着20世纪的结束而止步,他们在新世纪依然用自己的创作实践着对马华文学美学丰富可能性的探索。

三 "花踪"盛宴之后的反思

历经二十几年的花踪文学奖培育了一批又一批新人,成为马华文坛上有着里程碑意义的一个文学奖项。"花踪"挖掘了许多优秀的新生代作家,并让他们迅速成为马华文坛的中坚力量,丰富了马华文学的创作队伍,也让马华文学更加繁荣和多元。但是,历经多年的发展,"花踪"似乎渐渐进入了一个瓶颈期。

首先,是来稿的低迷。以马华小说、散文、新诗这三个第一届就存在的奖项来看,第七届时,三种文体的来稿量都达到了高峰:小说156篇,散文170篇,新诗266首。此后,似乎"物极必反",来稿的数量出现了下降趋势。第八届时,小说来稿只有48篇,第九届更是只有44篇。散文和新诗的来稿量也不乐观:第八届散文来稿82篇,新诗102首;第九届散文来稿72篇,新诗98首。报告文学的来稿数量更少,第五届时甚至出现因为来稿只有4篇,导致该届报告文学奖评奖从缺。来稿数量的急剧下滑,直观地反映着"花踪"在各个时期的受关注程度及其影响的下降。

其次,得奖作家的重复化。有不少作家曾获得多届的奖项;同一届评奖中,一个作家跨组别获得多个奖项也时有发生。正如龚万辉在《热血同学会》一文所说:"参加每一届的花踪,都像是出席一场同学会。"[①] 在前五届的得奖名单中,黎紫书、陈志鸿、陈大为、钟怡雯、

---

① 龚万辉:《热血同学会》,2013 年 8 月,花踪文学奖网 (http://www.sinchew.com.my/huazong/? p = 1013)。

吕育陶、庄若等名字频频出现,无论在甄选奖还是推荐奖中都所向披靡,似乎只要这些人参与到角逐中,就已经是稳操胜券。紧接其后步入"花踪"舞台的翁弦尉、黄灵燕等人,也多次站上领奖台。在"花踪"有着传奇色彩的黎紫书,从第三届到第七届连续五届获奖,在第四届更是连中三元,一举夺下小说首奖、散文首奖和小说推荐奖。翁弦尉连续四届获奖,横跨小说、散文、诗歌三个组别:第五届散文首奖,第六、第七届小说佳作奖,第七届新诗佳作奖。黄灵燕连续四届获得散文奖:第五、第七届散文佳作,第六、第八届散文首奖。在黎紫书、黄灵燕、翁弦尉等名字渐渐退出"花踪"之后,梁靖芬、龚万辉、曾翎龙等名字,开始闪耀在这个舞台上;如龚万辉就从第八届到第十二届都夺得奖项。在不同的阶段,后浪推前浪,形成获奖作家的代际更迭。但每一次的更迭,似乎都呈现出一种固定化的模式,实力较强的几个人占据着这个舞台。沿着"花踪"的历届得奖作品,基本上就能窥探到那几位作家的文学成长之路。有作家说道:"相对台湾来说,在大马能够持续创作的写作者人数原本就有限,历年新秀冒现的数量也屈指可数。我以为大马的文学奖和台湾不一样的地方在于,台湾两大报文学奖一开始以'拔擢新人'为目的,比较像是年度新人奖,而大马的文学奖却渐渐演变成本地作家们一年一度交出各自成绩单的成果展。"① 这或许正道出了"花踪",也道出了马华文坛的真实处境:写作者太少,新秀跟不上脚步。从拔擢新人起步,到交出成绩单的成果展,这似乎与"花踪"的创办宗旨已经有些背道而驰了。

"花踪"的衰落,究其原因十分复杂;与华人文化在马来西亚的发展以及文学创作与文学思潮的起伏都不无关系。"花踪"创立之初,当一批新生代作家通过"花踪"步入写作之路时,华人在马来西亚的处境十分严峻。这种严峻的社会现实,更能激发华人强烈的族群意识:以文学创作传承、复兴华族文化,建构国族"想象的共同体"。面对较为严苛的写作环境,华文报纸副刊几乎可以说是这些作家发表

---

① 龚万辉:《热血同学会》,2013年8月,花踪文学奖网(http://www.sinchew.com.my/huazong/? p = 1013)。

作品最重要的舞台；能在文学奖中得到认同，更是一种极大的鼓励。因此，许多年轻人都向往着通过"花踪"达到他们"象征权力的转移"。90年代中后期，尤其是新世纪以来，随着7字辈、8字辈作家陆续登上"花踪"舞台，上述情况发生了改变。7字辈、8字辈作家的成长过程，相对于前辈作家而言安稳得多。他们从小接受的是马来西亚国民教育，远离了战争，也逐渐远离了被殖民的记忆，对自己公民身份的认同没有障碍。他们走上创作之路时，经济全球化趋势愈加明显，马来西亚和中国之间的关系（包括经济、政治以及文化上的联系）越来越密切，国内族群关系也有所改善，国族认同的焦虑有所缓解，他们不必执着于用华文写作来彰显自己的文化身份。这些作家们对中国的情感，也不像他们的前辈们那么复杂与纠结，不用通过频频回望"原乡"的方式在文字中溯源自己的血脉。正如游走海外的黎紫书提到，"我这一代渐渐没了祖国情意结，接踵而来的后辈就更不用说了。……我的中国朋友说我没有归属感。是的，在国族身份的认同上，我确实无所谓何去何从。今年中去美国参加个文学交流活动，就要我谈离散。我想到自己象北冰洋上崩裂出来的一块冰石，只好随波逐流，终于有一日会融入海中而无迹可寻。"① 加之，随着海外发表园地的拓展，以及网络科技的迅速发展，网络给予每个人平等的书写权力，博客、论坛和其他各种网页都能成为文学爱好者舞文弄墨的园地。这种种纠葛体现在"花踪"之中，就是来稿数量的明显减少。

更为重要的是，从文学内部来看，当黎紫书、钟怡雯、陈大为等人的美学模式被广泛认同后，新生代的美学就大致被固定下来，新的美学生长点与冲击力并没有接踵出现。在花踪文学奖起步之时，"花踪"要树立起权威，必然要以反叛的姿态建构一种新的文学典律。在这种"重建"过程中，《星洲日报》和"花踪"都借此获得了自身强大的象征资本和话语权力；也正是因为已经"获得"，其改革和创新的步伐就渐渐迟缓。后起之秀只能在前人开创的路途上行走，难以无

---

① 黎紫书：《曾经以为我是中国人（系列二）》，2006年11月，黎紫书博客（http://zishuli.blog.hexun.com/6347460_d.html）。

法超越前人；从而，也就导致了得奖作家的不断重复。

"花踪"的衰落，还体现在创作之中。新生代作家们笔下的题材越来越广泛，叙事手法和语言运用也都越来越多元；但在新生代作家的作品中，我们会发现流行电影、电视剧、港台音乐、摇滚乐、披头士等频频出现在他们的写作之中。流行文化的濡养，不仅给这一代人打开了展望世界的窗户，还让他们接受了西方各种思潮的影响，如流行文化中经常表现出来的多元、模糊、反传统、消解中心等特征。多元化的创作固然给马华文学带来了新鲜的空气，在多元景观之下却流动着暗涌，下文试以小说为例分析。

文字和内容的灰色化、破碎化是体现在新生代创作中的一个显著弊病。这也许与"黎紫书影响"有着一定关系。黎氏的《把她写进小说里》和《推开阁楼之窗》的基调较为灰暗，犹如《推开阁楼之窗》一文中身在"阁楼"中的女主人公一般生存在不见天日的环境中。纵观"花踪"中几篇叙说女性命运的小说，故事基调都较为灰暗。如黎紫书《把她写进小说里》（第三届）、林艾霖《天堂鸟》（第三届）、黎紫书《推开阁楼之窗》（第三届）、尼雅《微笑》（第四届）、刘国寄《穿过雨镇》（第五届）、夏绍华《夜雾》（第六届）、梁靖芬《玛乔恩的火》（第九届），每一篇都有自杀或者他杀的非正常死亡描写：《把她写进小说里》中女主角妹妹的投湖自尽；《推开阁楼之窗》中小爱的母亲自杀，神秘男人被谋杀，小爱溺死了自己的孩子；《天堂鸟》中女主角自杀冻死在喜马拉雅山雪峰；《微笑》中"我"的姐姐为情自杀；《穿过雨镇》写了一起自杀和两起他杀事件；《夜雾》写到妻子用计让毒蛇咬死了自己的丈夫；《玛乔恩的火》中因金妮重病去世。

在第七届马华小说评审的时候，评委就表露出对这种写作趋势的不满。刘心武坦言："直觉认为入选作品不太好，怎么好像全人类的情绪都被压抑，10篇都很悲观。在情绪、色彩上，调门和叙述方式一样。"[①] 该届的小说首奖得主夏绍华在得奖感言里，嘲讽地说道自己是

---

① 决审会议记录，载萧依钊主编《花踪文汇7》，星洲日报出版社2005年版，第80页。

模仿黎紫书的风格而写作。这也许是对"花踪"价值取向的深刻嘲讽:"花踪"对黎紫书的认可,似乎宣告着这种破碎的话语和阴暗的"身世"更能打动评委,因此后来者们纷纷效仿。"灰暗"似乎是一个巨大的牢笼,困住了新生代作家们在文学价值取向上多元的选择。"花踪"得奖作品中的欲望书写与灰暗的文字格调相辅相成。灰暗的文字包裹之下,往往是欲望的宣泄;同性恋书写和性描写是其中非常典型的代表。第六届马华小说终审时,评委就对描写同性恋小说的数量之多表示出不解。这样的书写一方面是以边缘的身份隐喻华人在马来西亚的边缘处境,另一方面,这种带着一定"猎奇"趣味的书写也是作者们为了博取评委关注的一种叙述策略。花踪文学奖历经二十余年,涉及同性恋题材的文章包括:林艾霖的《天堂鸟》(第三届)、林俊欣的《树》(第四届)、翁弦尉的《上邪》(第六届)、梁伟彬的《梦境与重整》(第六届)、梁靖芬的《玛乔恩的火》(第九届);涉及性描写的包括《树》、《梦境与重整》、陈绍安的《禁忌》(第六届)、夏绍华的《夜雾》(第七届)、张柏榗的《捕梦网》(第十届)和吴道顺的《藤箱》(第十届)。需要特别强调的是,《树》、《夜雾》、《捕梦网》这三篇作品还涉及乱伦。《树》中的祖父对自己的亲孙子有着暧昧的举动;《夜雾》中父亲猥亵自己的女儿;《捕梦网》中作者用大幅的篇幅描写了主人公"我"与双胞胎姐姐发生性关系。关于同性恋的书写和性描写的文本更多地集中在比较后的几期"花踪",这类作品的出现,反映出马华作家越来越开放的思想,他们正一步步摆脱传统的束缚,大胆地开拓文学题材。但是作家们如此集中地书写边缘化的感情或者书写情欲,也是一个值得注意的现象。在部分作品,如《夜雾》和《捕梦网》中,作者以露骨的性描写和乱伦情节来表现人性中非理性、黑暗面,让人觉得过于刻意与猎奇。作家纷纷求新求异,刻意书写和放大人性中的黑暗及欲望,使得非常阴暗的文字和有意的欲望书写成为一种创作风气——这也与文学奖评奖机制中蕴含着的某些投机性、负面性有着密切关系。

在"花踪"前期较常出现"大"的题材,如反映历史、政治,或是写华人的生存状态等,到了后期这些题材渐渐销声匿迹,取而代之的是不少追寻童年回忆的作品。这些作品没有太大"野心",只是怀着浓重的怀旧情结去勾勒童年。这些作品主要有龚万辉的《隐身》(第八届)、翁婉君的《泗》(第八届)、龚万辉的《画梦》(第九届),另外曾翎龙的《寻找小斯》(第九届)和吴道顺的《藤箱》(第十届)等作品中也穿插写了不少童年的回忆。在这些作家笔下,童年时光总是美好却又寂寞,在文中他们都表现了对童年极度的不舍。"怀旧情绪就是在过往的生活中去发现人生的意义和存在价值,表现为对过往生活的追思和怀恋。当然,怀旧并非总是要求历史退回到过去的岁月,而是欲在更高的人生阶梯上找回失去的人生中有意义有价值的东西,以达到心灵的平衡。"[①] 且不论在马华小说中,这种对童年的眷恋是在追寻人生意义还是寻求心理平衡,我们至少可以得出的结论:在近几届的马华小说中,书写具有社会现实意义的作品逐渐减少。虽然这样非常具有私人化色彩的童年书写让文学园地更加丰富多彩,可是几乎放弃社会意识的"小叙事"还是会影响到文学的健康发展。"文以载道",让文学肩负过重的社会责任会给文学带来伤害;缺乏社会意识、放弃社会责任,同样有可能给文学带来伤害。翁弦尉的《上邪》(第六届小说佳作)就是其中一例。作品本来要表达的是一段刻骨铭心的少年之间的同性之爱,却穿插了大学生下乡和环境污染等问题,"就像一个小缸里塞了太多内涵。"[②] 有评委不止一次指出参赛作品的野心太大,却由于作家自身能力的限制无法很好地将自己要表达的东西完整地表达,反而让其中的一些内容成为累赘。

"花踪"的兴盛,与"花踪"运作中文道与商道的结合有关;"花踪"的衰落,也与"花踪"运作中文道与商道结合所带来的负面效应有关。在"花踪"创下的六个纪录中:首个由报社独立承办的文学奖,总奖金最高的华文文学奖,空前盛大的文学奖颁奖礼;都体现着商业运作的明显痕迹。首先,作为报社承办的文学奖,无论报社如何强调举办这个奖是出于文化的道义还是自觉的使命感,花踪文学奖

[①] 童庆炳等著:《现代心理美学》,中国社会科学出版社1993年版,第119页。
[②] 决审会议记录,载萧依钊主编《花踪文汇6》,星洲日报出版社2003年版,第130页。

始终不可能脱离报社的商业化运作，比如前文论说过的"典律构建"：一方面，文学奖的商业机制（宣传、评审、颁奖及后续的出版等环节）强化了"文学典律"建构；另一方面，参与构建的《星洲日报》也进一步巩固了自身的话语权。"文学典律"有着"选取"的过程，也就有一定的排他性。《星洲日报》凭借着自身不断巩固的话语权，按照自身的审美取向引导作者们的写作，并将这一批作者"限制"在自己的"辖区"之内：推荐奖候选人，由《星洲日报》文艺副刊"文艺春秋"、"星云"的主编挑选，入选者需在过去两年中，在这两个副刊版面发表过一定量的作品；小说组推荐奖得主，必须至少在此两版面发表过两篇小说的作者；散文组和新诗组的要求则是三篇。这种对推荐奖得主的限定，不能不说是出于报社的商业动机，昭显了它的排他性；只有与《星洲日报》关系较为紧密的作者，方能得到推荐奖；这对其他文学刊物，特别是对其他华文报纸副刊，无疑是一种沉重的打击。"花踪"的商业包装，如"花踪文学奖"的颁奖典礼，也经常引人诟病。报社精心"包装"下的"花踪"，更接近文学庆典一类的文化活动，而且，远道而来的外国评委占据着主角的位置，"从媒体积极所创造的轰动效应来看，奥斯卡的明星终究只是前来颁奖的外国作家"。[①] 这种情形颇具讽刺意味。

花踪文学奖，尽管在多年的发展中出现了起伏、存在着缺陷，其对马华文学的贡献却是不言而喻。"花踪"，就像是一个微缩版的马华文坛，见证着过去二十余年马华文坛的代际更迭和创作潮流的变迁；为马华文坛挖掘与扶植的新生代，已经撑起了马华文学的一片天。那些从"花踪"走出来的作家，在文坛继续闯荡，获得了许多"花踪"之外的重要文学奖项；使马华文学在本土和世界范围内受到更大的关注和肯定。"路漫漫其修远兮"，当一批又一批的新生代作家不断成长、披荆斩棘之时，"马华文学的抬头"也许就在不远的将来。

[①] 林春美：《如何塑造奥斯卡》，载林春美《性别与本土——在地的马华文学论述》，大将出版社2009年版，第59页。

第八章

反思：90年代马华报纸与新生代文学

20世纪90年代，是马华文学发展的黄金时期；文坛的热闹与繁荣程度、文学创作与批评的生动性与深刻性，有目共睹。经过这10年的发展；文学新生代成为马华文坛的主力，马华文学也迅速成为世界华文文学版图中的新星与重镇。

第一节　依附或互动？

在马来西亚，有所谓"副刊即文坛，文坛即副刊"的说法；形象地概括了20世纪90年代马华文坛的重要特征：文学园地稀少，报纸副刊作用极为重要。但是，此说并非完全准确。其一，在华文报纸副刊之外，还有奋斗多年的《蕉风》杂志，以及马来西亚华文作家协会、马来西亚华人文化协会等文学、文化团体等，共同为马华文学的发展做出了重要贡献。其二，与文学互动的不仅仅是报纸副刊，更有报纸、报社；如"花踪文学奖"，从举办到活动设计、组织，均大大超出副刊领地与副刊的权限。华文报纸提供的不仅是华文文学的发表园地，也提供了华文文学的活动园地、生长园地及其文学氛围；相对于其他国家与地区而言，马华文学的空间虽嫌狭小，但是，在《蕉风》杂志，以及大马作家协会、大马华人文化协会等文学、文化团体等的共同努力之下，加之华文报纸的大力支持，才有了90年代较为热闹的马华文坛。其三，报纸副刊本身的存亡兴衰、副刊编辑的挑选与使用——副刊"把关人"的甄选与使用，均取决于报社。因此，报纸即文坛，文坛即报纸的说法，相较而言会更贴切一些。

但是，不论上述哪种说法，都指向一个事实：20世纪90年代，马华报纸及副刊与马华文学关系密切；在很大程度上，马华文学栖身于报纸及其副刊；华文报纸作为传播力量，作为文学活动的发起与组织者，作为副刊"地盘"的"拥有者"，直接与间接地影响着90年代马华文学作者、读者、批评者，以及文学观念、文学风格、文学思潮；直接或间接地影响着90年代马华文学的走向与发展。

如此，有可能引发一个疑问：栖身是否等同于依附？也就是说，马华文学与马华报纸的关系，到底是依附还是互动？我们认为：是共谋中的互动，而不是依附。主要理由有三个。

其一，守护、滋润华人生存之魂的共同使命，使华文报纸与华文文学不谋而合、因缘际会。

华人族群的存在与发展，取决于华人血脉的存在与华人对自我身份——华人血脉与文脉的认同。曹云华指出："怎么样来辨别一个人是否是华人呢？根据目前东南亚华人的具体情况，单纯从外表上、血统上、语言上或宗教信仰等方面都难以确认，唯一简单可行的办法，就是根据这个人的民族心理，即他本人的民族认同，他认为自己是华人，那么，他就是华人。作为东南亚的华人，这个提法包含了三层意思，首先，从国籍和政治认同的角度看，他是东南亚人，如泰国人、马来西亚人、新加坡人等等；其次，从民族认同的角度看，他是华族移民的后裔，或者具有华人血统；再次，是从文化认同的角度看，他在文化方面仍然保留了华人的许多特色。"[①] 因此，对东南亚华裔而言，包括具有和部分具有华人血统的华族移民的后裔，所谓"民族心理"，主要是指他们对自己华人血脉与文脉的认同；对自己华人血脉与文脉的认同，也是华人族群能否得以长期生存与发展的灵魂。可见，华人的血脉与文脉的延续与发展，以及华裔对自己华人血脉与文脉的认同，是东南亚华人生存之魂，是东南亚华族生存与发展之魂。

与剑拔弩张的70、80年代相比，20世纪90年代马来西亚的社会环境与族群关系均有好转。但是，对已经无意于"党派政治"的华人

[①] 曹云华：《变异与保持——东南亚华人的文化适应》，中国华侨出版社2001年版，第9页。

而言,依然深感生存的两难:既要本土化,又非被同化。但是,本土化,在某种语境中有可能演变成为一个政治话题,与种族政治挂钩:"在许多马来人的心目中,要效忠马来西亚,一切应该本土化。(此本土化,就是同化,完全被同化,去中华化;反之,就是不效忠马来西亚;因此,是无法等同于华人的本土化,传承中华文化。)……这种堂而皇之的理由为族群之间制造了新的宰制关系"①。可见,生存的两难、失魂的危机、被同化的危险,像一把利剑时刻悬挂在华人的心头。

  危难之时,谁来护魂,谁能护魂?华文报纸与华文文学不谋而合、因缘际会。

  华文报纸与华人社团、华文教育,向来是华人社会得以生存与发展的三大支柱。危难之际,首先是《星洲日报》《南洋商报》等挺身而出。1988年,在"党派政治"以及商业化大潮中,张晓卿即以守魂与护魂为使命,接手复办《星洲日报》;并使该报逐渐"由早期一份普通的侨民报纸,蜕变为今天深具影响力的人民喉舌"②。张晓卿认为,"透过优美的方块文字所撰写出来的作品,不仅隐藏着隽永的中华文化之美;字与字之间串联而成的文句背后,延续着炎黄子孙文化思潮的脉动。"③ 因此,"人民喉舌",有必要"在文化良知的驱策和众人的期待与鼓舞之下,勇敢地负起一份艰巨但充满意义的文化传承工作"④。当然,在"报纸即文坛、文坛即报纸"的语境中,华文文学,必须依托华文报纸这个舞台,这片土壤,这种特殊的发酵机制,才能生存与发展,才能发挥出自身"隐藏着隽永的中华文化之美","延续着炎黄子孙文化思潮的脉动"的特殊作

---

① 何国忠:《马来西亚华人:身份认同、文化与族群政治》,马来西亚华社研究中心2006年版,第100页。
② 张晓卿:《让我们开始新的长征——星洲日报复刊有感》,《星洲日报》1988年4月8日。
③ 张晓卿:《面对挑战 勇敢跨越》,载《花踪文汇9》,星洲日报出版社2009年版,第2页。
④ 张晓卿:《期许与愿望》,载《花踪文汇1》,星洲日报出版社1992年版,献词。

用。所以，在文学被报纸普遍压缩和遗弃的时代，由于共同的历史使命，马来西亚华文报纸与华文文学因缘际会、不谋而合、互相依赖，在"宽松与紧张"之间，共同承担起细雨滋物般地守护与滋润族群灵魂的历史使命。

其二，守护、滋润华人生存之魂的现实策略，使华文报纸与华文文学不谋而合、因缘际会。

作为主动承当重要使命的私营传媒机构老板张晓卿，当然深谙充任"人民喉舌"的多重风险。首先，是商业风险。20世纪90年代，是文学"逊位"于经济的时代，也是副刊文学走向萎缩与尴尬的时代。许多国家与地区的华文报纸，为了适应经济社会的需求，限制与取消文学副刊，文学版面越来越少。对此，张晓卿十分清楚，他指出："目前，香港地区报纸的文艺副刊园地，也在逐渐消失中。甚至连台湾主流报纸的文艺副刊，也逐渐转向轻松和轻便式文体；严肃的文学作品逐渐为小品文所取代。"① 但是，他仍然认为：在商业化社会中，"现实生活的紧绷、冷酷与冷漠"，使得人们变得浮躁；唯"文学创作，能让我们暂时抽离现实生活的紧绷、冷酷与冷漠，天马行空无碍的创造及想象空间，能为我们打造无价、宁静与美好的境界，静下心来，把心沉淀的静态写作行为，能让在庸庸碌碌追求更优物质生活的人们，找到让心灵回归纯净平衡的原点。"并且，"始终相信，文学是促进社会根基更稳固昌盛的事业，因此深耕文学发展，绝对是不容忽视的重要领域"②。为了充任"人民喉舌"，张晓卿可谓将社会责任置于商业风险之上，在商不言商、在商不为商，举其全力扶持与推动文学与文化的发展。包括：大力拓展文学副刊、选好与支持文学副刊"把门人"，不计成本地举办"花踪文学奖"等。因此，不仅华文文学的创作与批评，而且，多种类型的文学活动，都主要栖身并依赖华文报纸。

---

① 张晓卿：《推动文学的摇篮手》，载《花踪文汇8》，星洲日报出版社2007年版，序言。
② 张晓卿：《面对挑战 勇敢跨越》，载《花踪文汇9》，星洲日报出版社2009年版，第3页。

其次，张晓卿也深谙充任"人民喉舌"的社会风险，当然，也非常清楚如何恰当地化解与回避这种风险；这大约也是他格外看重与推进副刊与文学发展的重要原因。

在90年代的马来西亚，文学问题往往内在性与必然性地牵扯着族群的生存与走向。因此，文学便具有了特殊意义，一个活动、一篇文章、一场论争等，都能够非同寻常地挑动人们敏感的神经，引发华人社会的关注与振动。文学关系也往往成为政治关系的隐喻与预言。这种特殊的内在性与必然性，使得华文文学与华文报纸因缘际会、共担使命。同时，华文文学又独具双重疏离的特质——文学不是宣传，既可以关注、浇注灵魂，又不等同政治宣传；更由于语言的限制，华文文学主要作用于华人社会而疏离于主流社会，出格也不易出位；因此，华文文学既能与华文报纸共担使命，又能够最大限度地减轻社会风险。许文荣在《南方喧哗：马华文学的政治抵抗诗学》中，谈到过马华报纸、文学与政治的关系。他认为："文学在政治抗争中所扮演的角色是不容被忽视的，特别是华文文学由于不受官方所器重而使它轻易地避过官方的监视（华文报就没有那么幸运了），同时由于语言的隔阂（以中文书写），主宰民族对它的干扰也微乎其微，这使它有更大的空间表征自己，更真实地再现/表现以及诠释华人的政治理想与愿望。"[①] 也就是说，马华文学，既可细雨滋物地守护、滋润华人族群之魂，又可以因其在政治上、"语言上"的"悄然无声"，规避许多不必要的麻烦与猜忌。

其三，守护、滋润华人生存之魂的共同目的与不同方式，使华文报纸与华文文学既不谋而合，又"各行其是"。

不同国家华人族群的血脉与文脉，必须经历"本土化"过程：既要"本土化"，又非被同化，才具有独特性与生命力。失去了"本土化"，华人族群难以融入所在国，易于受到主流社会的轻视与诟病。然而，所谓"本土化"，也必须有利于华人血脉与文脉的绵延与发展；

[①] 许文荣：《南方喧哗：马华文学的政治抵抗诗学》，南方学院出版社2004年版，第31页。

否则，随着时间的推移，华族的血脉与文脉都可能被淡化，甚至被同化。因此，"本土化"，不仅是个政治话题，与外在的种族政治挂钩；而且，也是个文化话题，与内在的族群文化心理挂钩。作为30年代出生的华人，张晓卿有着老一代华人的特质：深受中华文化熏陶，对中国文字、文学都具有深厚的感情。而作为60、70年代出生的文学新生代，心境变化巨大：来自中原的遥远记忆早已消失，加之西方后殖民主义理论的适时配合以及自我对文化"双刃剑"的磨砺，展露出了某种新的"本土化"话语姿态：在"清除"自身中国文化印记与"澄清"马来西亚国民身份之间，建立起隐秘的关联。如果说，在此之前，老一辈华人更注重华人血脉与文脉"本体"的绵延与发展的话；新生代则更加注重华人血脉与文脉"在地化"的绵延与发展。尽管如此，张晓卿及他麾下的华文报纸，亦不曾因新老华人代际思维方式的差异强加于人，而是主动扛起"黑暗的闸门"：包括商业风险与社会风险，使新生代文学获得充分表达与发挥的机遇与空间。从"花综文学奖"的评选，到报纸副刊编辑的选择、使用等，均见华文报纸与华文文学既不谋而合，又"各行其是"。正是新生代文学编辑张永修等人的被发掘与重用，新生代文学才得以蓬勃发展。而且，在副刊这个园地里，文学编辑、创作者与批评者，在文学精神上或者说是在"本土化"的话语姿态方面，都是独立的主体，都充分显示出各自的文学个性。

由此，华文报纸与华文文学的共同渴望与互相需求，决定了报纸与文学二者的共谋与互动。二者间的关系，呈现着双向交互性共谋与互动：互相依赖、共求发展；而非单向性依赖：一方为主，一方附着。20世纪90年代，能够成为马华文学发展中的黄金时期——文坛的繁荣与文本的生动、深刻，也都离不开媒体与文学的合谋与互动。

第二节　共同的抵抗：生动与深刻的时代文学

20世纪90年代，马华文坛是新秀登台表演并完成蜕变的特殊历史阶段，推动新生代作家历史出场是多种因素的综合作用，无疑与华文报纸副刊的扶持密切相关。

1. 两代华人：同中有异的文学之路

新生代作家，80年代已在马华文坛崭露头角，90年代更以一种前所未有的决绝姿态，宣告与"垄断马华文学的现实主义流派在文学史上作了一个决裂"。①"决裂"的代表人物之一是方北方。

方北方是马来西亚著名华文作家，也是主要受到批评的"现实主义"作家。他1919年出生于广东惠来，1928年南渡槟城，17岁即在《光华日报》发表作品，代表作有中篇小说《娘惹与峇峇》（1954），长篇小说《迟亮的早晨》（1957）；以及由《树大根深》（1985），《枝荣叶茂》（又名《头家门下》，1980）和《花飘果堕》（又名《五百万人五百万条心》，1994）三部长篇小说构成的《马来亚三部曲》。叶啸说："我称他为马华文学的播种人"，"代表的是马来西亚华文文学与华文教育史上一座鲜明的里程碑"②。潘碧华指出："当我们读他的小说时，实际上也在读着他的生命。""电影的拍摄技巧又给予了方北方许多创作灵感，大量应用当时流行的语言和电影叙述手法于小说创作中。所以，方北方的作品风靡了1960、70年代的青年文艺界是不无道理的。"③《头家门下》"经拍摄成长篇电视剧播映，成为第一位将小说搬上电视节目的马华作家。方北方甚至亲自将小说改编成十八集剧本，保留了小说的大部分面貌，由大马国家电视台拍摄，连映三个月"。

但是，方北方有些作品，也确有"重史料"、"轻艺术"现象，导致其小说偏向于"经典文献"，而非"经典文学"④。

---

① 何启良：《"黄锦树现象"的深层意义》，《南洋商报》"人文" 1998年1月18日。
② 叶啸：《出版〈方北方全集〉的多重意义》，《方北方全集1·小说卷1》，方北方全集出版工委会、马来西亚华文作家协会2009年版，第6页。
③ 潘碧华：《以文字堆砌生命堡垒的方北方》，《方北方全集1·小说卷1》，方北方全集出版工委会、马来西亚华文作家协会2009年版，第9、42页。
④ 参见叶啸《出版〈方北方全集〉的多重意义》，《方北方全集1·小说卷1》，方北方全集出版工委会、马来西亚华文作家协会2009年版，第7页。

如"在《花飘果堕》一书中,他大量运用研讨会、座谈会、演讲、宣言、新闻、备忘录等有关的文本文件,成为小说的一部分,无形中消解了小说的传统叙事功能"。因此,黄锦树对方北方小说"写作手法粗糙"的批判,也并非全无道理。但是,缺欠是缺欠,成就归成就。因为某些缺欠,全盘否定方北方的成就,进而否定几十年来马华"现实主义流派",显然是有些武断。对此,黄锦树也十分清楚,他说"对我来说,也许也是一种必要的策略。因为我不仅想解释世界,更企图改变世界。'学术本以救偏,及其所至,偏亦随之',这就是所谓的'矫枉过正'——不发挥十分的力道,无法打破这封闭的结构,也不会有人对你谈的问题当真。"[①] 可见,批判者的思维与话语方式,多少有些类似于20世纪80年代徐敬亚的《崛起的诗群》。从"文学"与"非文学"等诸多批判话语中,其实也透露出一种信息:批判者所要"矫枉"的,不仅是美学或者文学上的"主义",更有两代人之间心灵深处的同中之异。

20世纪80—90年代,受萨特存在主义哲学影响,"我是谁,我来自哪里,我要到哪里去",曾经成为不同国家、族群、年龄人们的共同思考。今天,沿着这种思路,我们可以发现,新老作家某些"与生俱来"的同与异。

20世纪90年代,老一代作家已经"由侨民归化为公民",新生代作家则"出生即为公民"。这时的新老作家都已认同"我是马来西亚人—马来西亚华人",而且,为此而努力奋斗。但是,对"我来自哪里"的回答,新老作家,不尽相同。老一代作家,多来自中国,在中国受过教育,即使身份转换之后,国与"乡"的含义,再他们的意念中也显得暧昧甚至分离:在政治层面,常常指向入籍国——经验或者经历中的"乡";在文化、心理层面则指向"我已去"或"已去我"的实体性"故乡";因此,他们更注重华人血脉与文脉"本体"的在地性绵延与发展。

[①] 林春美:《当文学碰上道德——夜访林建国、黄锦树》,《蕉风》1998年1、2月号。

新生代作家，是拥有居住国国籍的第三代、第四代，还有些是第五代华人。他们在居住国出生、接受教育；拥有一体化的国与"乡"：给予了他们生命、童年、亲情、事业与政治身份的国，与他们正在追寻、建构的华族文化之"乡"。在他们心目中，中国只是一个属于祖辈引以为傲、引以为荣的名字，存在于祖辈成长的经验与历史里。钟怡雯指出："相对于曾经在中国大陆生活过的祖父或父亲辈，马来西亚第二代、第三代华人最直接的中国经验，就是到中国大陆去旅行或探亲……他们不像出生于中国的祖先想回到那块土地，这些第二代、第三代的华人，在生活习惯上已深深本土化，其实已具备多重认同的身份，他们所认同的中国，纯粹是以文化中国的形式而存在。"① 他们更注重华人血脉与文脉的"在地化"绵延与发展。

30年代出生于马来西亚的张晓卿，具有老一代华人的特质：深受中华文化熏陶，对中国文字、文学具有深厚感情。但是，作为资深"媒介人掌门人"，他深知马来西亚华人争取"我是马来西亚人—马来西亚华人"权力与利益的艰难，深知以文学与文化方式争取上述权利与利益时"百花齐放"与扶持新人的重要。他有自己的思维方式与美学原则，但是，他并没有以自己的方式与原则，去要求与限制报纸副刊的发展，而是通过多种方式，支持各种文学、文化活动，支持老中青作家。尤其通过选择新生代张永修等出任副刊编辑，使新生代作家得以以整体的姿态登上舞文坛，在诗歌、散文、小说与批评等多方面大显身手，展示出巨大的群体冲击力。

2. 两代华人：异中有同的抵抗之路

20世纪50—80年代，方北方等老作家，开创马华文坛"现实主义流派"时，正值马来西亚族群政治形成、发展期。一方面，华人"对这里的乡土有了感情，对建国产生热切的寄望"，积极投身到"归化"的行列中；另一方面，他们要在"本土化"进程中，强调自己的"中国性"，强调他们华人血脉与文脉"本体"的在地性绵延与发展，

---

① 钟怡雯：《从追寻到伪装——马华散文的中国图像》，载陈大为、钟怡文、胡金伦主编《赤道回声——马华文学读本2》，万卷楼图书股份有限公司2004年版，第285页。

以抵抗族群政治带来的种种压力。因此，方北方的《娘惹与峇峇》、《马来亚三部曲》，韦晕的《还乡愿》、《寄泊站》，云里风的《望子成龙》、《相逢怨》等作品，均有着浓厚的"本体"在地绵延与发展特质。

黄锦树、黎紫书等新生代作家以群体方式走上文坛，正值马来西亚经济开放与政治上的缓和期，也是族群矛盾较少的时期。一方面，新生代作家强调自己生在此、长在此、受教育在此，"我属于我自己的国家"：作为"天生"的马来西亚人的"自在"与自豪；另一方面，他们试图在"本土化"的进程中，通过所谓的"去中国性"，强调他们华人血脉与文脉的"在地"绵延与发展，以减轻和抵抗被边缘化、被同化的压力，争取自己作为"公民"的应有权利。因而，曾几何时，一个遥远的召唤，一个美好的愿景，似乎都在"门外"招手，包括族群文学有可能进入国家文学的曙光。这种理想与愿景，生动而鲜活地表现在新生代的文学创作中。黎紫书第一部长篇小说《告别的年代》，也许就象征着告别老一代的"暧昧与分离"，满欢喜地走向"在地"成长。在报纸副刊的策划与推动下，受到南马、北马、东马及东海岸众多作者、读者追捧的新生代文化散文，同样极具象征性：告别老一代的"隔海之望"，以"大马风情话"、"都市地志"、"文学造街"等"在地"的文学史再造，完成新生代的"在地"叙事与"在地"成长。在文学论争中，则是主动要求"澄清"马来西亚国民身份、清除自身的中国文化印记，包括与中国文学断奶等。

就文学的"流派"与"美学建构"等诸多显性层面来看，上述"告别"意味着"决裂"与"分道扬镳"。但是，在文学的背后，就文学的文化思维和文化意义而言，所谓"告别"，只是"告别"一种旧的文学抵抗："归化"公民争取"归化"后利益的文学抵抗；开启一种新的文学抵抗——"天生"公民争取"天赋"权利的文学抵抗。张光达曾将1995年之前的诗歌称为"前政治诗"，"基本语调是明朗浅白、好发议论、充满忧患意识"；将1995年之后的诗歌称为"后政治诗"，"采用戏谑嘲弄的语气，大胆揭露政治社会的黑暗面或是政策的偏差。"① 可见，在各种文学奖、年选、副刊占据了显赫位置的新生代诗人，不论操练的是"前政治诗"还是"后政治诗"，他们都是用汉语文字演绎着心灵的悲欢，用坚实的身影"舞蹈"出"告别"后的抵抗。

第三节 抵抗与妥协：艰辛与悲情的"文化表演"

当新生代作家与华文传媒互相配合，以文字"高歌""我属于我自己的国家"，"高歌"作为"天生"的马来西亚华人的"自在"与自豪之时，他们发现，这种"告别"了"旧抵抗"的"新抵抗"依然无效：新的话语姿态无效，生动与深刻的文字"舞蹈"无效；华文文学进入国家文学遥遥无期，华裔学习、就业等方面仍然受到诸多限制。一句话，"我"仍然被"自己的国家"所排斥；除非，在引以为豪的"马来西亚华人"身份中去掉一个"华"字，成为被同化的马来西亚人。困境开始困扰新生代作家的自我感觉与国家情感，他们不仅对曾经憧憬过的理想与愿景充满疑问，对汉字表达功能与叙事力度的信心也开始动摇。

族群间矛盾的缓和，更多来自经济发展的压力，来自主导方有限度的"宽容"；而现有的政治、文化机制，不可能改变。现实逼迫着新生代在困境与困扰中，寻找"妥协性"的文学抵抗之路。庄华兴认为，华社应关心的不是"国家文学"概念在理论上是否成立，或存在多大的缺陷，而是如何去"导正"更多的马华作家进行华马双语创作。当然，也有人认为：双语创作是否能够使马华文学进入"国家文学"，还需要时间的检验②。困境与疑问，也使新生代作家原本较为硬朗与浪漫的文风，饱蘸了"妥协性"色彩，饱蘸了艰辛与悲情。书写马共历史，曾经是马来西亚华文创作中的一大"禁忌"。90 年代，一

---

① 张光达：《马华当代诗论——政治性、后现代性与文化属性》，秀威资讯科技股份有限公司 2009 年版，第 10 页。

② 黄锦树对庄华兴提出的这一思路就不是很赞成，两人就此有过一番争论，相关文章可见庄华兴《国家文学：宰制与回应》附录部分。

批新生代作家闯进这一禁区。黎紫书的《山瘟》、《夜行》,黄锦树的《鱼骸》、《大卷宗》、《撤退》等,从题材上来看,都与马共历史的密切相关,似乎实现了题材上的重大突破。但是,细细看来,他们的作品多选用"旁观叙事"的姿态,一旦涉及所谓"马共"形象与历史,呈现出的都是暴力化、魔幻化、情欲化的碎片,将读者与文本中的"历史"拉得更远,使已经扑朔迷离的马共"故事"变得更加古怪与离奇。困境与疑问,也带来了新生代文化散文浪潮的消退。90年代后期,尽管《星云》策划了若干专题,如《世纪末风情》系列、"干榜风情话"系列等,无论是作家的创作激情、作品的影响力水准,还是读者的追捧热情,都远不能与此前的"大马风情话"同日而语。

在现代传媒的推动之下,90年代的马华文坛,一场接一场"气愤填膺"式的"文学批判",一个接一个轰动一时的文学话题,甚至包括一系列超大型的文学、文化活动;似乎都走向了"嘉年华"的性质。策划、组织、参与各种重要文学、文化议题与活动的华文传媒、社会团体、新老作家,包括众多的听众与读者,他们均饱含融入"国族"的强烈愿望,或为华人血脉与文脉"本体"的在地性绵延与发展鼓与呼,或为华人血脉与文脉的"在地"性绵延与发展呐与喊。即便如此,这些重要的文学与文化议题、活动,往往是虎头蛇尾,沦为某种意义上的"祭仪"与"表演"。人们在激烈地争论的同时,也尽情享受了论争带来的"话语快感",宣泄着各种压抑已久的情绪。这种"表演文化"吸引了无数的观众与眼球;但是,往往却以狂欢的形式消解了严肃的内容与批判的理性。如黄锦树认为,"具祭仪作用的表演性凌越了一切,甚至反过来使得表演性成为文化活动的内在属性","如此的文化表征形态注重的其实是文化的情绪功能,但往往在效果上也仅止于满足一时的情绪"。[1] 应该说,不是华人社会向往"祭仪"与"表演",而是,族群政治、边缘处境,以及有形与无形地外在压力,使得华人社会的各种努力虽然热闹与精彩,却难以获得主流社会

---

[1] 黄锦树:《中国性与表演性:论马华文化与文学的限度》,《马来西亚华人研究学刊》1997年第1期。

的承认与接纳；况且，华人社会所开展的各种活动，包括文学、文化活动，都须规范在主流社会能够容忍的话语姿态与尺度之内。

如此，也许我们可以加深对90年代马华文坛的理解：艰辛与悲情的文学风格，是执意反抗与无奈妥协的产物；它不仅呈现在新生代文学之中，此前，更呈现在"老生代"文学之中；可能，还会出现在将来的华文文学中。

第四节 互动之后：反思

在20世纪90年代马来西亚——这个特定的时空，华文报纸与华文文学的因缘际会，实现了二者的双赢；华文报纸的形象与声誉得到提升，马华文学走过黄金十年。如今，现实已经成为历史；但是，仍值得回味与反思。

首先，抵抗与妥协，是对立还是统一？

何国忠指出："由于族群之间在文化层面上有许多不同点，族群标签从来不曾淡化过。马来西亚的文化发展长期笼罩在政治的阴影下，而政策的贯彻又被族群问题所主导，文化问题就在族群问题不能消弭下带给华人长期的负担和挑战，也使华社起了错综复杂的反应"[①]。20世纪80年代以来，华人的文化抵抗从未停止。只不过，在"族群标签从来不曾淡化过"的马来西亚，华人的抵抗是以"错综复杂的反应"——以排斥与抵抗、抵抗与妥协的复杂方式呈现的。张晓卿在《星洲日报复刊有感》中说，"本报这次能够排除万难，恢复出版，本人虽然尽了一点绵力，但是当局的谅解仍是关键所在。"[①] 虽然，这很可能是一种以退为进的言说，是一种新的抵抗的开始；但是，其中的"谅解"之言，已经足见抵抗与妥协的复杂：抵抗需从妥协起步，抵抗需与妥协同构。换句话说，在守护、滋润华人生存之魂的"抵抗"中，抵抗是携带着妥协的抵抗，妥协则是立足于抵抗的妥

---

① 张晓卿：《让我们开始新的长征——星洲日报复刊有感》，《星洲日报》1988年4月8日。

协。抵抗与妥协变得"错综复杂"的原因,是意欲在"族群标签从来不曾淡化"的语境中守护、滋润华人生存之魂。因此,抵抗与妥协"错综复杂",既对立也统一。马华新生代文学,也因此而精彩与独特:排斥与抵抗,使新生代文学展现出生动与深刻;抵抗与妥协,使新生代文学"异化"为艰辛与悲情。

其次,"舞台"依旧,"抵抗"是否亦能依旧?

华文报纸与华文文学因缘际会、互动双赢的重要标志之一,是成功地推进了马华文学的新老代际交替,推进了新生代文学的整体性崛起与快速发展。新生代作家以华族文化继承者自居,但是更强调中华文化的"在地"转换,更关注中华文化的"在地"转换。因此,对于文学新生代来说,20世纪90年代是一个充满机遇的时代:一方面,一个理想,一个遥远的召唤,一个美好的愿景,似乎在招手,包括进入国家文学的有限乐观;另一方面,新的话语姿态——"本土化"姿态,换不来期盼中的国家认可,效忠与待遇的不对等、"热脸与冷屁股"的对比,"我被我自己的国家排斥"的无限失望;二者纠缠在一起,使得新生代的文学"抵抗"生动而深刻,并且,淋漓尽致地展现在华文报纸提供的"舞台"上。

随着时间的推移,新生代中的"70后"作家正在走向"舞台"中央;然而,"舞台"依旧,"抵抗"却逐渐趋少。"70后"作家,似乎更愿意将中国文学影响视为一种与文学本体相关而超越了文化共同体的资源;不少作家的作品离"现实"越来越远,只有黎紫书、贺淑芳、曾翎龙的部分作品流露出"抵抗"意识。这样的发展趋势,使得人们不禁担忧:"舞台"依旧,"抵抗"是否还能依旧?文学与报纸的共谋、互动是否已经成为历史,难以复制与重现?

这个问题已经超出了本书的讨论范畴,但是,值得进一步观察与研究。

后　　记

　　海外华文文学与华语传媒的互动关系在学界是一个备受关注的课题，2009年，我向教育部社科司提交"马来西亚华裔新生代文学与华文传媒的互动研究"项目申请，获准立项，本书即是该项目的成果之一。在研究中，有两个问题一直萦绕在我们脑海：该如何辨识马华报纸副刊与20世纪90年代马华新生代文学的多种可能关系？要怎样重新认识华文报纸副刊语境中的马华新生代文学？最终，我们用了八章的篇幅尝试去回应这两个问题。

　　本书付梓之际，课题组成员为这个项目付出的艰辛仍记忆犹新。为了尽可能地收集齐全20世纪90年代马来西亚《星洲日报》和《南洋商报》文艺副刊的内容，我们将近一年多的时间都只用于翻阅这些陈年旧刊，甚至奔赴北京和厦门的相关书报收藏机构，查缺补漏，其间的曲折已成为一份宝贵的苦涩回忆。

　　本项目在研究过程中，暨南大学图书馆、北京的国家图书馆和厦门大学图书馆在报纸查找和借阅方面提供了许多便利，马来西亚《南洋商报》"南洋文艺"主编张永修，马来西亚华文作家陈大为、黄锦树、许文荣、林春美、潘碧华、李树枝等人也都在资料收集和研究思路方面提供了诸多热情帮助，在此一并致以诚挚的谢意！同时还要感谢中国社会科学出版社的责任编辑慈明亮，他认真出色的工作，使本书减少了许多文字错漏。

　　本书由王列耀总体设计，课题组成员共同完成，主要撰写人员如下：

　　绪论（龙扬志撰写第一节、第四节，温明明撰写第二节、第三节），第一章（温明明），第二章（王珂撰写第一节，温明明撰写第二节，易淑琼撰写第三节），第三章（龙扬志），第四章（陈梦圆撰写第一节，温明明、邹秀子撰写第二节，温明明、彭程撰写第三节），第五章（马素珍），第六章（温明明撰写第一节、第三节，贾颖妮、王珂撰写第二节），第七章（彭贵昌撰写第一节、第三节，陈安娜撰写第二节），第八章（王列耀）。全书由王列耀统稿、审读、初稿增删修订并定稿。在统稿过程中，温明明和彭贵昌也做了一些具体工作。

王列耀

2015年11月9日